普通高等教育“十三五”规划教材
全国高等院校经济与管理类专业系列教材

国家税收

第 3 版

于立宏　主　编
张　立　副主编

中国农业大学出版社
·北京·

内容简介

本书共十九章，系统编入了2019年12月31日之前公布的最新税收法律法规及相关政策。第一章从总体上介绍税收的概念、分类、原则及我国的税收制度等内容。第二章具体讲述税务登记、账簿、凭证管理、纳税申报、税款征收、税务检查、税收法律责任等我国现行税收征收管理制度。第三章至第十八章分税种介绍增值税、消费税、关税、城市维护建设税、烟叶税、车辆购置税、车船税、印花税、资源税、房产税、城镇土地使用税、耕地占用税、契税、土地增值税、企业所得税、个人所得税、环境保护税十七个税种的概念、计算及征收管理等内容，并配有大量练习题和案例分析，利于读者理解吸收。第十九章重点讲述了税务行政复议、税务行政诉讼、税务行政赔偿3种税务行政救济形式。本书所引用的一些地方税收政策均以内蒙古自治区为例，仅供读者参考。

图书在版编目(CIP)数据

国家税收/于立宏主编．—3版．—北京：中国农业大学出版社，2020.3(2020.8重印)
ISBN 978-7-5655-2336-6

Ⅰ.①国…　Ⅱ.①于…　Ⅲ.①国家税收-中国　Ⅳ.①F812.42

中国版本图书馆CIP数据核字(2020)第045184号

书　　名　国家税收　第3版
作　　者　于立宏　主编

策划编辑　孙　勇　潘晓丽　　**责任编辑**　潘晓丽　刘彦龙
封面设计　郑　川
出版发行　中国农业大学出版社
社　　址　北京市海淀区圆明园西路2号　　**邮政编码**　100193
电　　话　发行部 010-62733489,1190　　读者服务部 010-62732336
编辑部 010-62732617,2618　　出　版　部 010-62733440
网　　址　http://www.caupress.cn　　**E-mail**　cbsszs@cau.edu.cn
经　　销　新华书店
印　　刷　北京鑫丰华彩印有限公司
版　　次　2020年3月第3版　　2020年8月第2次印刷
规　　格　787×1 092　16开本　25.75印张　630千字
定　　价　75.00元

第3版编审人员

主　　编　于立宏

副主编　张　立

编写人员　于立宏　张　立　梁润秀　马　梅

主　　审　蒋　涛　齐鑫鑫　李　超　巴　图　王永凯　刘　蕊
樊文伯　红　光　马玉峰　刘冬梅　刘　岩

第 2 版编审人员

主　编　于立宏

副主编　张　立

编　写　（按姓氏笔画排序）

于立宏　马　梅　刘志华　张　立　梁润秀

主　审　赵登峰　王　君　杨惠敏

第 1 版编审人员

主　编　于立宏

副主编　张　立

编　写　(按姓氏笔画排序)

于立宏　马　梅　刘志华　张　立　梁润秀

主　审　赵登峰　王　君　杨惠敏

第 3 版前言

《国家税收》(第 3 版)是在 2016 年出版的《国家税收》第 2 版的基础上修订而成的。本书第 1 版是 2009 年出版的,延续至今,读者的信任和支持给予我极大的动力。

新中国成立特别是改革开放以来,我国经济领域多项关乎国计民生、涉及深层矛盾的改革不断推出,而税收作为改革的突破口和重要组成部分,发挥了先行军的作用。从 2012 年起,我国以营业税改征增值税为契机开展减税降费。2018 年,十三届全国人大一次会议审议通过《国务院机构改革方案》,国税地税机构合并,实行了包括取消外出经营税收管理证明、压缩发票申领时限、全面清理涉税证明事项等一系列税收征管创新举措。与此同时,税收制度体系亦在不断完善之中。2019 年,第十三届全国人民代表大会第二次会议召开,一系列税收优惠政策随之出台,税制改革逐步深化,征管体制改革不断推进。

国家税收制度的调整和改革,要求教材内容随之更新。通过修订此书,以求发现新的理论视角,形成更为系统的研究体系,更好地为高校教学服务。真诚希望本书能够为读者尽快掌握税制改革最新动态、理解国家税收方针政策、提升实际操作能力提供帮助。

本书共 19 章,采用一体化规范的结构层次。每章以学习要点开篇,编写中深入研究概念、特点、原则以及改革变化,每章配备习题和案例,通过练习,使读者能够对章节内容融会贯通、提升理解。

本书由于立宏担任主编,进行总体方案筹划并具体组织编写工作。本书编写人员分工如下:于立宏编写第二、三、四、七、十六、十八章,张立编写第六、八、九、十、十一、十二、十三、十四、十五章,梁润秀编写第一章,马梅编写第五、十九章,第十七章由于立宏和张立共同编写。

在本书出版之际,谨对参加教材审定的税务专家蒋涛、齐鑫鑫、李超、巴图、王永凯、刘蕊、樊文伯表示感谢。

鉴于本书涉及面广、内容复杂,加上新政策不断出台,新的《税收征管法》尚未提请审议,虽然我们已经尽力使书中所涉及政策及时更新,但仍不免有遗漏和不足之处,敬请广大读者批评指正。

于立宏

2019 年 10 月

第 2 版前言

本教材是在 2009 年首版的《国家税收》的基础上修订而成的。

修订的原因有二：一是 2016 年 5 月 1 日起在全国范围内全面推开营业税改征增值税，这是自 1994 年分税制改革以来最重要的一项税制改革，营业税自此退出历史舞台；二是近年来，国家财税体制改革不断加快，在调节经济发展、减少收入差距、合理配置资源等方面发挥着越来越重要的作用。如个人所得税法的修订、消费税政策的重大调整、进出口税收政策的变革，等等。此外，其他各个税种的内容和征收办法或多或少都有些变化。这些税收政策和税制改革的内容，应当及时补充到书中，使读者尽快地掌握税制改革的最新动态，了解国家的税收方针政策，同时，更好地为高校的教学工作服务。

本书共 18 章，采用一体化规范的结构层次，力求体现以下 5 个特点：①实用性。每一章的开篇都有“本章学习要点”，结尾配合读者的自学需要，编写了学习指导，包括练习题或案例分析等内容。②专业性。本书由具有丰富税收理论知识、税收实务知识，并具有多年教学经验的高等学校的教师编写，可以保证本书的专业性和权威性。③前沿性。本书尽可能吸收我国税收制度的最新政策内容。④简明性。在编写中遵循简明扼要的原则，力求做到语言表述通俗易懂，文字简练。⑤实践性。注重理论与实际的紧密结合，在阐述税收理论的同时，运用大量案例进行分析，以便于读者理解、掌握和提高实际操作能力。

本书由于立宏担任主编，进行总体方案策划并具体组织编写工作，张立担任副主编。本书编写人员的分工如下：于立宏编写第二、三、四、七、十六章，张立编写第六、八、九、十、十一、十二、十三、十四、十五、十七章，梁润秀编写第一章，马梅编写第五、十八章。

对于本书仍然需要改进之处，敬请各位读者和专家不吝指正。

编 者

2016 年 6 月

第1版前言

近年来，随着我国经济的持续高速发展和国家税收的大幅度增长，以及我国经济体制改革的不断深化和国家对经济发展宏观调控力度的不断加大，国家适时出台了一系列有关税收管理的新规定、新政策和新的监管制度，使我国的税收理论与实践发生了许多重大的变革。本书正是顺应这一变化而编写的。

为了培养实用型人才及满足高校教学要求，我们组织长期从事现代经济与税收研究和教学工作的同志参加具体写作。在编写过程中注重体现教育部有关高校教育教学改革精神，注重结合学制缩短、加强课程改造和突出实践技能培养等具体要求，注重国家税收的理论知识与实践相结合，吸收国家税收改革实践的新成果，比较全面、系统地阐述了具有中国特色的税收活动的基本知识与方法。

本书共19章，采用一体化规范的结构层次，即每一章的开篇都有"本章学习要点"，结尾配合读者的自学需要编写了学习指导，包括练习题或案例分析等内容。在国家税收基本理论的具体介绍中，坚持以"适度、实用"为原则；充实税收及管理方面的知识，注重基本技能培训，以实现"宽基础、强能力"的培养目标。

本书遵循以培养应用能力为主线，结合实际讲解的内容体系，通俗易懂，便于学习、理解和掌握。为此，我们在教材的编写中突出了以下特点：①在内容编排上，始终把内容的创新和贴近实践放在首位，密切关注国家税收体制及政策的最新变化，将最新的理论政策知识及由体制改革所引起的政策或制度的调整等内容纳入教材中；②在结构体系编排上，涵盖税收工作各个领域，使读者能够对税收知识有更多、更全面的了解；③注重理论与实际的紧密结合，在阐述税收理论的同时，运用大量案例进行分析，以便于读者理解、掌握和提高实际操作能力。

本书的内容和特点决定了其适用范围比较宽，既可作为高校及成人高校财经类、经济类和管理类等专业的教学用书，也可作为财税及企业员工的培训教材，同时也是广大社会读者的有益参考读物。

本书由于立宏担任主编，进行总体方案策划、具体组织编写工作并负责统稿，张立担任副主编；本书最后由赵登峰、王君、杨惠敏等国、地税税务专家审定。本书编写人员的分工如下：于立宏编写第三、四、五、八章，于立宏、刘志华编写第二、十七章，张立编写第七、九、十、十一、十二、十三、十四、十五、十六、十八章，梁润秀编写第一章，马梅编写第六、十九章。

由于编写时间紧，书中难免存在不足之处，恳请各位专家和广大读者给予指正。

编　者

2009年11月

目　录

第一章　税收概述……………………………………………………………………………………1

第一节　税收的基本概念…………………………………………………………………………1

第二节　税收制度的要素…………………………………………………………………………5

第三节　税收的分类 ……………………………………………………………………………10

第四节　税收原则 ………………………………………………………………………………13

第五节　税收负担及其转嫁与归宿 ……………………………………………………………17

第六节　我国税收制度的沿革及现行税制体系 ………………………………………………21

第二章　税收征收管理制度 ……………………………………………………………………28

第一节　税务登记 ………………………………………………………………………………28

第二节　账簿、凭证管理…………………………………………………………………………32

第三节　纳税申报 ………………………………………………………………………………36

第四节　税款征收 ………………………………………………………………………………39

第五节　税务检查 ………………………………………………………………………………44

第六节　税收法律责任 …………………………………………………………………………47

第三章　增值税 …………………………………………………………………………………56

第一节　增值税概述 ……………………………………………………………………………56

第二节　增值税的课征制度 ……………………………………………………………………59

第三节　增值税的计算 …………………………………………………………………………93

第四节　增值税的征收管理……………………………………………………………………106

第四章　消费税…………………………………………………………………………………116

第一节　消费税概述……………………………………………………………………………116

第二节　消费税的课征制度……………………………………………………………………117

第三节　消费税的计算…………………………………………………………………………123

第四节　消费税的征收管理……………………………………………………………………129

第五章　关税……………………………………………………………………………………134

第一节　关税概述………………………………………………………………………………134

第二节　关税的课征制度………………………………………………………………………139

第三节　关税的完税价格………………………………………………………………………141

第四节　关税应纳税额的计算…………………………………………………………………145

第五节　税收优惠………………………………………………………………………………146

第六节　关税的征收管理………………………………………………………………………150

第六章 城市维护建设税及烟叶税 …… 155
第一节 城市维护建设税 …… 155
第二节 教育费附加和地方教育附加 …… 158
第三节 烟叶税 …… 159
第七章 车辆购置税 …… 164
第一节 车辆购置税概述 …… 164
第二节 车辆购置税的课征制度 …… 165
第三节 车辆购置税的计算 …… 166
第四节 车辆购置税的征收管理 …… 169
第八章 车船税 …… 172
第一节 车船税概述 …… 172
第二节 车船税的征收管理 …… 175
第九章 印花税 …… 179
第一节 印花税概述 …… 179
第二节 印花税的计算与征收管理 …… 185
第十章 资源税 …… 195
第一节 资源税纳税义务人、税目与税率 …… 195
第二节 资源税计税依据与应纳税额的计算 …… 199
第三节 资源税税收优惠和征收管理 …… 201
第十一章 房产税 …… 206
第一节 房产税概述 …… 206
第二节 房产税的计算与征收管理 …… 211
第十二章 城镇土地使用税 …… 217
第一节 城镇土地使用税概述 …… 217
第二节 城镇土地使用税的计算与征收管理 …… 221
第十三章 耕地占用税 …… 225
第一节 耕地占用税概述 …… 225
第二节 耕地占用税的计算与征收管理 …… 227
第十四章 契税 …… 230
第一节 契税概述 …… 230
第二节 契税的计算与征收管理 …… 234
第十五章 土地增值税 …… 242
第一节 土地增值税概述 …… 242
第二节 土地增值税的计算 …… 247
第三节 土地增值税的征收管理 …… 252
第十六章 企业所得税 …… 257
第一节 企业所得税概述 …… 257
第二节 企业所得税的课征制度 …… 259
第三节 企业所得税的计算 …… 265

第四节　企业所得税的征收管理…………………………………………………… 285
第十七章　个人所得税…………………………………………………………… 293
第一节　个人所得税概述………………………………………………………… 293
第二节　个人所得税的课征制度………………………………………………… 295
第三节　个人所得税的计算……………………………………………………… 315
第四节　个人所得税的征收管理………………………………………………… 359
第十八章　环境保护税…………………………………………………………… 371
第一节　环境保护税概述………………………………………………………… 371
第二节　纳税人和征税对象……………………………………………………… 372
第三节　税目及税率……………………………………………………………… 373
第四节　计税依据与应纳税额计算……………………………………………… 373
第五节　税收减免………………………………………………………………… 378
第六节　征收管理………………………………………………………………… 378
第十九章　税务行政救济………………………………………………………… 381
第一节　税务行政复议…………………………………………………………… 381
第二节　税务行政诉讼…………………………………………………………… 386
第三节　税务行政赔偿…………………………………………………………… 390

第一章 税收概述

★ 本章学习要点

- 税收的概念
- 税收制度
- 税收的分类
- 税收原则
- 税收负担及其转嫁与归宿
- 我国现行税制体系

第一节 税收的基本概念

一、税收的定义

税收的存在与发展有几千年的历史了，它是伴随着国家财政产生而产生的。税收经历了奴隶社会、封建社会、资本主义社会和社会主义社会四种社会制度。随着社会生产力的发展和国家政治条件的变化，税收也经历了较大的变化和发展。由于所处时代的不同，经济环境等背景的差异，不同国家在不同时代对税收的解释也不尽相同。

早在18世纪，古典经济学家亚当·斯密就指出，税收是“人民拿出自己的一部分私人收入给君主或者国家，作为一笔公共收入”。马克思把税收定义为“赋税是政府机器的经济基础，而不是其他任何东西。”“国家存在的经济体现就是捐税”。

西方国家的一些经济学工具书中对税收的定义也进行了不同的表述。

英国在《新大英百科全书》对税收做了这样的定义：“在现代经济中，税收是国家收入的最重要的来源，税收是强制的和固定的征收，它通常被认为是对政府财政收入的捐献，用来满足政府开支需要。税收是无偿的，它不是通过交换来取得。这一点与政府的其他收入不大相同，如出售公共财产或者发行公共债券等。税收总是为了全体纳税人的福利而征收，每一个纳税人在不受任何利益支配的情况下承担了纳税的义务。”

美国在《现代经济学词典》中对税收的定义是“税收的作用在于为了应付政府开支的需要而筹集财政资金，税收具有强制性，它可以直接向居民个人和公司课征”。在《美国经济学词典》中将税收定义为“税收是居民个人、公共机构和团体向政府强制转让的货币（在某些条件下也可以采取实物或者劳务的形式）。它的征收对象是财产、收入或者资本收益，也可以是附加价格或其他来源”。

我国的专家、学者对税收的定义也有各种不同的认识和观点。几种代表性的表述有:①税收是国家对有纳税义务的组织和个人征收的货币和实物;②税收是国家凭借政治权力,按照法律预先确定的标准,强制地、无偿地向居民或企业征收实物或货币,取得财政收入的一种手段;③税收是国家为了满足社会公共的需要,依据其社会职能,按照法律规定,参与国民收入剩余产品分配的一种形式。尽管这些解释并不完全一致,但都是站在不同的角度,都有一定的依据和道理。

综合以上观点,从现代社会经济发展来看,归纳税收的一个基本定义是:税收是国家为了满足社会公共需要,按照法律规定的标准,强制地、无偿地向居民征收实物或货币,取得财政收入的一种手段。同时税收也是一个分配范畴,是国家参与并调节国民收入分配的一种手段,是财政收入的主要形式。国家在征税过程中所形成的分配关系,使得税收的性质取决于社会经济制度和国家的性质。

二、税收的内涵

为了更好地理解税收的定义,要从以下几个方面来进一步理解税收的概念。

(一)税收主体

税收的主体包括征税主体和纳税主体两个方面。在征税过程中,征税者是国家或政府,其中最主要的征税主体是税务机关。纳税主体是指经济组织、单位和个人。政府征税是为了履行提供公共产品和公共服务的职责,经济组织、单位和个人享用了政府提供的公共产品和公共服务,因此,有义务及时、足额缴纳税款。征税主体和纳税主体之间的关系是:征税主体凭借国家政治权力向纳税主体征税,国家政府处于主动地位,纳税主体处于相对被动的地位,并依法服从征税主体。

(二)税收依据

国家凭借某种权力取得财政收入。国家是一个政权组织,同时国家又是一个社会管理者,它可以凭借政治权力,通过法律程序来规范征纳双方的权利和义务关系,并以此取得税收收入。由此可见,国家政治权力是税收的依据,税收必须借助于法律的形式来进行,才能使社会成员在纳税上得到统一,才能把税收秩序有效地建立起来,也才能及时、足额地获得国家收入,满足公共产品和公共服务的需求。

(三)税收目的

税收是为了满足政府履行其经济和社会管理职能的需要而征收的。国家税收表现为政府作为公共产品和公共服务的提供者而向需求者获取的收入。在市场经济条件下,政府为了弥补市场缺陷和失灵,要向全社会提供一定的公共产品和公共服务,向全社会征税是国家提供社会公共产品和公共服务的收入保证。

(四)税收范畴

税收在社会再生产过程中属于分配范畴,社会再生产中的分配环节将社会产品和国民收入分为不同的份额,税收就是该环节的一种形式。国家征税的过程,就是把一部分国民收入从纳税单位或者个人手中转变为国家所有的分配过程。由于税收将原本属于纳税人的一部分国民收入转归政府所有和支配,因而它体现了一种国民收入的再分配关系。税收分配凭借的是国家政治权力,因而,税收分配所体现的分配关系是一种特定的分配关系。同时,政府为了更好地实现社会公平,也会有意识地利用税收来调节国民收入在不同社会成员之间的分配状况。

(五)税收形态

从历史的演变来看,税收的形态有力役、实物和货币,实物和货币尤其是货币形态为税收的主要形态。随着社会经济的进步,税收形态从实物过渡到以货币形态为主,甚至全部采用货币形态征收。

三、税收的性质

(一)税收的强制性

税收的强制性是指国家凭借政治权力,依托于相关的法律法规实施。任何有纳税义务的单位和个人都必须依法纳税,否则就会受到法律的制裁。在对社会产品的分配过程中,国家政府存在两种权力:所有权和政治权力。前者依据对生产要素的所有权取得收入,后者凭借政治权力占有收入。而税收关系的实现是以政权而非物权为前提的,政权征税是私人财产公共化的过程,是对私人财产的有限"侵犯",没有强制性的国家权力作后盾是不可能实现的。因此,在税收分配中,国家政治权力高于所有权。加之现代市场经济是法制经济,这种以政权为依托的强制性在市场经济条件下就必然转化为法律的强制性。通过税收的法律法规来协调征纳双方的利益冲突,税收的权力义务关系也由此得到法律的确认。这就是每一个社会成员有义务向国家缴纳一部分社会产品,分担一部分社会公共费用,尽一个社会成员应尽的纳税义务;而国家借助于税法的形式来保证税收收入的实现。所以,税收的强制性就是客观规律所产生的强制性的权力义务关系。

(二)税收的无偿性

税收的无偿性就是指国家在征税以后,税款即归国家所有,既不需要再直接归还给纳税人,也不需要向纳税人支付任何报酬或代价。就政府和具体纳税人的关系而言,政府通过征税占有和支配一部分社会产品或资源,不具有直接的返还性,政府用获得的税款用于生产和提供公共产品,满足各方面的公共需求,不是直接用于具体纳税人单方面的需求,而每一位纳税人从政府支出中所获得的利益与其所纳的税款在价值量上也不一定相等。由此可见,税收在本质上具有非市场的"等价交换"性质,它是人们为了享受政府所提供的公共产品而支付的费用。

税收的无偿性是针对具体纳税人而言的。但从国家与全体纳税人的利益关系来看,国家在履行其职能过程中为全体纳税人提供了安全的环境、良好的社会秩序和便利的公共设施等各种社会公共服务,为社会群体成员共同享用,从这个意义上讲,税收又具有整体有偿的特点,即税收是国家对全体纳税人的一般利益返还,不是对某一个纳税人直接的、个别的利益返还。税收的无偿性是税收最重要的特征,它的存在有赖于税收的强制性。

(三)税收的固定性

税收的固定性是指国家在征税以前就以法律或法规的形式预先规定了征税的标准,包括征税对象、征收的数额或比例,并只能按预定的标准征收。征纳双方都必须遵守,不能随意改变。

税收的固定性包含两层含义:一是税法具有相对的稳定性。税法一经公布实施,征纳双方都要共同遵守。纳税人只要取得了应税收入,发生了应税行为或者拥有了应税财产,就必须按照预定标准缴纳税款。同样,国家对于纳税人也只能按照预定的标准征税,不能任意提高或降低预定的征收标准。并且,作为征税主体的国家有责任和义务保证税法在一定时期内相对稳定。二是税收的征收数量具有有限性。国家不能不顾纳税人的利益随意征收税款。在强制性和无偿性的前提下,税收只能按照法律规定的标准有限度地征收。

当然,对于固定性的理解也不能完全绝对化,随着国家政治、经济的发展变化,税收的征税对象、范围和征收标准不可能是固定不变的,但是需要通过法律的程序来进行调整。总的来看税收的固定性体现了一定的连续性的特点,这样才使得税收成为国家经常性的财政收入。

税收的"三性"是相互关联、密不可分的统一体。社会公共产品和公共服务客观需要的性质决定了税收的无偿性特点,税收的无偿性决定了税收的强制性特点,税收的无偿性必须以税收的强制性作保障。税收的强制性和无偿性决定了税收的固定性。因此,税收作为一种重要的财政收入必须要具备这3个特点。

四、税收的职能与作用

税收是国家的产物。税收是在国家产生的基础上,适应国家的需要而产生的。国家为了维护其生存,实现其职能,必须把社会财富的一部分集中到自己手中,于是就产生了税收。反过来,税收又是国家存在的物质基础,它在保证国家发挥其职能方面起着十分重要的作用。税收的作用又主要体现在其职能上。

(一)组织财政收入

只要税收存在,国家自然就会得到财政收入。税收是国家财政收入的最主要来源,古今中外各国,税收收入在财政收入中的比重都很大,一般都在80%~90%,是国家财政的重要支柱,成为国家机器的经济基础。如果没有税收,国家的职能无法实现,那么国家也就无法存续。税收是政府凭借国家强制力参与社会分配、集中一部分剩余产品(不论货币形式或者是实物形式)的一种分配形式。组织国家财政收入是税收原生的最基本职能。国家为了行使自己的职能,需要有足够的财力基础,而这种财力基础主要依赖于财政收入。税收组织财政收入的职能实现程度如何,直接关系到国家机器赖以生存的基础是否稳固的问题。

税收的财政职能,不仅内在于税收取得财政收入的量上,而且内在于税收取得财政收入的质的规定性。由于税收具有强制性、无偿性、固定性,决定了税收取得财政收入具有及时、稳定、可靠的功能,因而成为世界各国最主要的财政收入来源。尽管随着国家财政的发展,一些新的财政收入范畴,如公债、规费等收入不断出现,但是,它们都没有也不可能取代税收在取得财政收入方面的功能。

(二)调节经济

调节经济职能亦称"调节手段职能"。国家为了执行其管理社会和干预经济的职能,除需筹集必要的财政资金作为其物质基础外，还要通过制定一系列正确的经济政策，以及体现并执行国家政策的各种有效手段，才能得以实现。政府凭借国家强制力参与社会分配，必然会改变社会各集团及其成员在国民收入分配中占有的份额，减少了他们可支配的收入，但是这种减少不是均等的，这种利益得失将影响纳税人的经济活动能力和行为，进而对社会经济结构产生影响。

税收作为国家经济政策和财政政策的重要组成部分，对社会生产、分配、交换和消费的每个环节都起着重要的调节作用。首先，根据不同时期、不同经济发展阶段的经济发展战略和产业政策，利用税收杠杆，国家可以有效地调节生产要素在各部门、各地区间的合理流动，协调产业结构，调整社会再生产的比例关系，促进社会经济的协调发展。例如通过减免税、优惠税率等手段，可以扶植和支持短线产品和新兴产业；而通过提高税率、征附加税等办法，则可以限制长线产品和夕阳产业，从而协调经济发展。其次，利用税收手段可以调节社会财富在社会成员之间的分配，逐步实现共同富裕。利用税收手段对高收入者征收一定比例的税收，可以防止收入差距过分悬殊，实现社会公平。再次，通过税收手段，可以有效地调节商品流通，促进商品交换的顺利发展。最后，通过税收手段，国家可以有效地指导和调节消费，实现消费结构合理化和消费水平的不断提高。可见政府可以利用参与社会产品分配和利用税收杠杆有目的地对社会经济活动进行引导，从而合理调整社会经济结构。

（三）保障和监督经营管理

监督管理职能即税收对整个社会经济生活进行有效监督管理的职能，它一方面能够反映有关的经济动态，为国民经济管理提供依据；另一方面能够对经济组织、单位和个人的经济活动进行有效的监督。历史上任何一个国家的税收都具有监督管理职能。

税收与企业的生产经营、财务管理、成本核算等各个方面都有密切的联系。企业必须在严格的财务管理、成本核算的基础上，才能依法正确及时计算缴纳税款。国家通过对纳税人依法征税，并加强税务稽核管理，监督和保障企业进行生产经营、财务管理、成本核算等方面的管理工作。同时国家在取得收入过程中，必然要具体掌握税源、了解情况、发现问题，监督纳税人依法纳税，并对违反税收法令的行为进行监督管理，从而监督社会经济活动方向，维护社会生活秩序。税收政策体现着国家的意志，税收制度是纳税人必须遵守的法律准绳，它约束纳税人的经济行为，使之符合国家的政治要求。因此，税收成为国家监督社会经济活动的强有力工具。

上述税收的财政、经济及监督管理职能不是孤立的，而是一个统一的整体，统一在税收的分配手段中。筹集财政收入的职能是基本的，是实现调节社会经济生活和监督社会经济生活两项职能的基础条件，随着市场经济的发展，调节社会经济生活和监督社会经济生活的职能也变得越来越重要。

第二节 税收制度的要素

税收制度，是指国家以法律或法规的形式确定的各种课税方法的总称。它属于上层建筑范畴，是税务机关向纳税人征税的法律依据，也是纳税人履行义务的法律规范。税收制度要素一般包括：纳税人、课税对象、税基、税率、课税环节、纳税期限、税收优惠、征收方法、纳税地点、违章处理等。其中,纳税人、课税对象、税率是3个基本要素。

一、税收主体

税收法律关系中的主体是国家和纳税人。当一国政府凭借政权组织税收活动时,政府与纳税人之间就会产生特定的税收法律关系。在这种税收法律关系中的主体统称为税收主体,它又可分为权利主体和义务主体。权利主体是指被法律赋予征税权利和义务的国家及其授权的各级税务机关、财政机关、海关。义务主体指纳税主体,也称纳税人,是指税法规定的直接负有纳税义务的单位和个人。纳税人是纳税义务的法律承担者,只有在税法中明确规定了纳税人,才能确定向谁征税。因此,纳税人是税收制度的基本要素之一。纳税人既有自然人,又有法人。自然人一般是指公民或居民个人;法人是指依法成立并能独立行使法定权利和承担法定义务的企业或者社会组织。

纳税人是法律义务的承担者,但不一定就是税收负担的经济承担者。通常把税收负担的最终承担者称为负税人。纳税人与负税人可能一致,也可能不一致。在税收负担不能转嫁的条件下,纳税人与负税人是一致的,缴纳税款的人就是承担税款的人;在税收负担可以转嫁的条件下,纳税人与负税人可能是分离的,纳税人可能把税款转嫁给购买者或消费者承担。因此,纳税人与负税人不是完全一致的。

此外,在税法中还有一个扣缴义务人的规定。扣缴义务人是指,在其经营活动中负有代扣和代收税款并向国库缴纳义务的单位和个人。税务机关按规定付给扣缴义务人代扣代缴手续费,扣缴义务人必须按照法律规定代扣税款,并按规定期限缴纳入库,否则会受到法律的制裁。扣缴义务人的确定是基于税收收入分散、纳税人分散的情况。确定扣缴义务人,能够在源头上控制税收,防止财政收入流失,简化纳税手续。

二、税收客体

税收法律关系中的客体也称为课税对象或征税客体,是指对什么东西征税。课税对象是指税法规定征税标的物,是征税的根据,包括财产、收入、货物、资源、行为等,是征纳双方权利和义务所共指的标的或对象。课税对象用于确定对纳税人哪些所有物或行为征税的问题,它是一种税种区别于另一种税种的主要标志。每一种税名称的由来以及各种税在性质上的差别,也主要取决于不同的征税对象,所以课税对象也是税收制度的基本要素。

课税对象可以从质和量两方面进行具体化,其质的具体化是课税范围和税目,量的具体化是计税依据和计税单位。

三、税基、税目、计税依据和税源

税基是政府课税的依据或基础。解决对谁的"什么"征税的问题。一个税制的经济基础可以是收益、财产、消费等。从税种的小概念上看,税基是据以计算应纳税额的基数或者依据。它反映的是政府征税的广度。

为了满足税制的需要,还必须把课税对象具体化,将课税的标的物划分成具体项目,课税对象的具体化就是税目。规定税目是为了对不同课税项目规定不同的税率或不同的条款进行区别对待,保证征税中的征税范围的确定性,反映征税的广度,便于贯彻国家的税收政策。

计税依据是指计算应纳税额所依据的标准。一般来说，从价计算的税收以计税金额为计税依据。计税金额是指课税对象的数量乘以计税价格的数额。从量计算的税收以课税对象的重量、容积、体积、面积、数量为计税依据。

同时，课税对象与税源有一定的联系。税源是指政府征纳税收的经济来源或最终出处，从根本上说，税源是国家已经创造出来的并且分布在纳税人手中的国民收入，因此税源总是以收入的形式存在的。课税对象既可以是收入，也可以是其他的客体，因此，有些课税对象与税源相同，如所得税的课税对象与税源都是纳税人的所得；而有些税种的课税对象与税源不同，如财产税的课税对象为纳税人的财产，但税源是纳税人的财产收入或者其他收入。因此，税基、税目与税源既有一定的联系，又有概念上的区别。

四、税率

税率是应纳税额与税基之间的比例，它是政府征税深度的体现，解决的是对谁的“什么”征“多少”税的问题。税率是税收制度的核心和中心环节，税率的高低既是决定国家税收收入多少的重要因素，也是决定纳税人税收负担轻重的重要因素，因此，它反映了征税的深度，是国家税收政策的具体体现。税率可以按不同的方法确定。

（一）定额税率

用绝对量表示，以数量、重量、面积等作为计税基数，即按课税对象的数量、重量、面积直接规定的固定税额，通常把这种税率称为定额税率或固定税率，把按这种税率的征税称为从量计征或从量税。它主要适用于品种简单、税额大小变动与价格变动关系不十分密切的税种。在具体运用中的形式主要有地区差别定额税率、幅度差别定额税率、分类分级差别定额税率等。

（二）比例税率和累进税率

这种表现形式是按征税额的相对数量表示，以税基或课税对象的价值量或价格作为计税依据，这是税率常采用的方式。按照税率与计税依据的变动关系又可分为比例税率和累进税率。

1. 比例税率

比例税率是指无论计税基数规模多大，只是用于一个百分比征税的税率，税率不随计税基数的变化而变化，虽然应纳税额随计税基数的变动而增加，但税率保持不变。比例税率主要适用于对商品（货物）、劳务的流转额的征税范围，其优点是：计算简便、便于征管、提高效率；其缺点是：收入缺乏弹性，在一定条件下不利于税收负担公平，即在税收负担上具有累退性，表现为收入越高，负担越轻，不尽合理。在具体运用中，此类税率制度形式可以分为统一比例税率和差别比例税率。所有纳税人按同一比例税率计算纳税为统一比例税率；差别比例税率是指，对于同一税种设置两个或两个以上的比例税率，不同纳税人分别按不同的比例税率计算纳税。差别比例税率还可以按照行业、产品或者地区设计，就形成了行业比例税率、产品比例税率和地区差别比例税率。行业比例税率是按不同行业差别规定不同的税率；产品比例税率是按产品的不同采用不同的税率；地区差别比例税率是对不同的地区实行不同的税率。

2. 累进税率

累进税率是指随着税基的增大，税率水平也随之上升的税率。计税依据越大，税率越高。也就是根据课税对象量的差异，把税基按从小到大的顺序分为若干个等级，相应地把税率按由低到高的顺序排列，设计出不同的税基规模分别对应不同水平的税率来计算纳税。这种税率适用于对所得和财产进行征税，其优点是税额累进负担，具有更好的公平性，税收收入具有弹性；其缺点是不同税率级距的递进对收入分配的影响，有时会导致一定程度效率的损失。

按照计算方法的不同，累进税率包括全额累进税率和超额累进税率、超率累进税率。

在各国税收实践中，都将公平原则放在重要位置，主要采用超额累进税率制度形式。为了解决超额累进税率使用上的复杂性，采用设计"速算扣除数"方法来解决计算烦琐的问题。所谓速算扣除数，指同一税基按全额累进税率计算的税额与按超额累进税率计算的税额之间的差额。

本级速算扣除数＝上级最高所得额×（本级税率－上一级税率）＋上级速算扣除数

应纳税额＝法定税基×适用税率－速算扣除数

在累进税率表既定的情况下，速算扣除数可以事先获得。

五、税收加成、附加和减免

税收主体、客体、税基和税率等要素的规定，构成了税收法律制度中一般性或规范性的基本条款，是税收正则的内容，征纳双方必须严格遵守；而税收加成、附加和减免的规定则属于税收法律制度中的特别条款，构成税收附则的内容。在各国税收制度中都或多或少地规定了一些特殊性的条款。这些特殊条款规定按照其内容或作用可分为两类：一类是加重纳税人负担的条款规定；另一类是减轻纳税人负担的规定，前者主要是指加成和附加，后者是指减免税等税收优惠的规定。

这些特殊条款存在的目的是把税收的严肃性和灵活性结合起来。政府以选择加重一部分纳税人的税收负担的形式或主动放弃一部分纳税人的税收收入的优惠方式，对原有税率水平加以调节，强化税收杠杆的调控功能来贯彻政府的某些特定的经济政策和社会政策。因为在经济运行和社会发展过程中，总会出现个别的、特殊的情况，需要区别对待，有目的地对一些纳税人或经济行为采取一定的调节措施，或惩罚或激励来进行引导，所以特殊条款规定的存在是必要的。

（一）税收加成与附加

所谓税收加成，是对特定的纳税人按照法定税率计算应纳税额后，再加征一定成数的税款。它是税率的延伸，也是税率的补充。加成可以以最高税率为基础，也可以以应纳税额为基础加成。加成幅度从一成到十成，一成即为10%，十成即为100%。所谓税收附加，是指在正税以外另按正税税额的一定比例再征收一部分税额的方法，计征附加税的比率即为附加税的全率累进税率和超倍累进税率。税收附加可以以计税基数为基础确定比例征收，也可以按应纳税额的一定比例征收。

税收加成侧重于调节，它针对的是特定的纳税人，一般是根据国家的方针、政策，为了限制某种经济活动，或调节纳税人收入过高而规定的一种措施。税收附加通常是作为地方财政收入的来源，并且与特殊目的的筹款相联系，它是针对某个税种范围内的所有纳税人规定的，所以它虽然会加重纳税人的负担，但不具有处罚调节的目的。加成与附加这些方法均为调节纳税人过高的收入或为筹集地方财政收入而延伸原税率的方法。

(二)税收减免

所谓税收减免，是指根据国家一定时期的政治、经济、社会政策要求，对生产经营活动中的某些特殊情况给予减轻或免除税收负担，是对纳税人纳税义务的直接减少，是最常见、最直接的税收优惠措施的体现。减税是指对纳税人的应纳税额少征一部分。免税是对应纳税额全部免征，有时也指税法中规定的免予征税的项目。减免税从确定程序看，有法定减免和特定减免两种。前者是在税收基本法规中所列举的减免方法，后者是指各级政府及税务当局根据国家税收政策，在自身职权范围内所给予的减免方式。

起征点、免征额、优惠退税、税收抵免等，是实施税收减免的主要技术手段。

起征点是指税法规定的开始征税时税基所达到的最低界限。税基未达到起征点不征税，达到或超过起征点的，按全部税基计征税款。规定起征点是为了照顾收入水平较低的纳税人，它实际上是对低收入纳税人起一种生活福利补贴的作用。

免征额又称为税收扣除，是指税法规定的税基中免予计税的数额，免征额部分不征税，只对超过免征额的税基计征税款。免征额一般是正常费用的扣除，可以采用定额扣除，也可以采用定率扣除。在累进税率的情况下，税收扣除不仅直接减轻纳税人的负担，也会使纳税人进入低的适用税率档次。

起征点和免征额在税法规定中是对纳税人的一种优惠，但两者的侧重点不同，起征点优惠个别的纳税人，而免征额则惠及所有的纳税人。

优惠退税是指通过降低税率所给予的税收优惠。有两种形式：一种是直接给予特定的纳税人或经济活动比一般税率为低的税率；另一种是间接的，有些国家规定纳税人的最高纳税限额，实际上是一种间接形式的降低税率。

税收抵免是指允许纳税人某些特殊的支出项目从其应纳税额中扣除。税收抵免有两种类型。一种是投资税收抵免，即允许纳税人将固定资产投资支出的一定比例冲抵企业当年应纳的所得税额。这实际上是政府对纳税人投资的一种补助，目的在于鼓励企业投资，刺激经济增长。另一种是外国税收抵免，是允许纳税人将在国外缴纳的税收从本国汇总计算的应纳税额中扣除。它不是为了减轻纳税人负担，而是为了减除因各国税收管辖权冲突所引起的国际重复征税，消除资本、技术、劳动力、商品在国际间流动的障碍。

税收减免的存在减少了国家财政收入，把财政上的利益给予了特定的纳税人和经济活动，实际上是政府为了实现特定的社会和经济政策给予某些纳税人的补贴。

六、课税环节

课税环节是税法规定的纳税人发生纳税义务的环节，它规定了征纳行为在什么阶段发生。它关系到税款的及时入库和税收杠杆作用的正确发挥。课税环节可以有多种选择。它可以在所得形成之时，如所得税的课征，也可以在生产环节、批发环节和零售环节课征，如流转税的课征。

七、纳税期限

纳税期限是纳税人向国家缴纳税款的法定期限，各税种都明确规定了税款的缴纳期限。纳税期限也是税收固定性特征的重要体现。税收制度在确定纳税期限时要进行全面考虑。一是要根据各行业生产经营的不同特点和不同征税对象决定纳税期限；二是根据纳税人缴纳税款数额的多少来决定；三是根据纳税人发生纳税行为的次数，实行按次数征税。

八、违章处理

违章处理是指税务主管当局根据税法规定，对税收法律关系中任何一方的税务违法行为所采取的惩罚性措施的总和。它体现了税收强制性的特征，是维护税法严肃性和权威性的主要手段。常见的纳税主体的税务违法行为有逃税、欠税和抗税等，相应的税务违法处置有行政处罚和刑事处罚两种类型。而对于征税主体的税务违法行为的性质的确定和处置方法的选择，是我国税收法律建设中需要不断完善的问题。

第三节　税收的分类

税收的分类是指按照一定的标准，把性质特点相同或相似的税种归为一类的方法。现代国家的税制一般都是由多个税种组成的复合税制，其税种纷繁复杂，既相互区别又相互联系。为了便于研究和评价，按照求同存异的原则，各国一般按照不同的标准对税收进行分类，以便从不同角度分析税制结构，更好地发挥税收的经济杠杆作用。

一、按课税对象的性质分类

按课税对象的性质可将税收划分为货劳税、所得税、财产税、资源税和行为税。这种分类最能反映现代税制结构，也是各国常用的税收分类方法。

货劳税是对商品的流转额和非商品的营业额作为课税对象的税种的统称，现行税制中增值税、营业税(已取消)、消费税、关税等属于这类税种。它是我国现行收入最大的一类税收。

所得税是以各种所得为课税对象的税种的统称，所得税主要是指企业所得税和个人所得税。社会保险税、资本利得税实际上也是一种对要素收入的课征，一般也划入所得税类别。各国在对所得课税时，一般都是对各要素收入进行必要的成本或费用扣除后的纯收入进行课税。

财产税是以各种动产和不动产为课税对象的税种的统称，如一般财产税、个别财产税(土地税、房产税)、遗产税、赠与税等。

资源税是以各种自然资源为课税对象的税种的统称，如矿产资源的征税、能源开采的征税等。

行为税是以各种生产与消费行为作为课税对象的税种的统称，如城市维护建设税、固定资产投资方向调节税(已停征)、印花税、车辆购置税等。

二、按税负能否转嫁分类

按税负能否转嫁，可将税收分为直接税和间接税。

直接税是指税收负担不易转嫁给他人的税种的统称,其税负由纳税主体直接承担,纳税人与负税人一致。一般以所得和财产为课税对象的税属于这类税。如各种所得税、房产税等属于这类税收。

间接税是指纳税主体可以把税收负担转嫁给他人的税种的统称,该类税收由纳税主体间接承担,纳税人与负税人不一致。一般以商品、劳务为课税对象的税为间接税。如消费税、营业税(已取消)、关税等属于这类税收。

但需要指出的是,直接税和间接税的划分是相对的,理论上来说,任何税都存在转嫁的可能性。税负是否能够转嫁,需要根据它所依存的客观经济条件来判断。

三、根据计税标准不同分类

根据计税标准不同,可以把税收划分为从价税和从量税。从价税是指按商品、财产、收益的价格和金额为依据,按照一定比率计算征收的税种;如增值税、营业税(已取消)、关税、所得税等属于这一类。从量税是指以征税对象的实物量为依据来计算征收的税种,如以课税对象的重量、容积、面积等为标准,采用固定税额计征的税收。如车船使用税、资源税等。有些税同时具有从价税和从量税双重特征,如消费税。

四、按税收与计税价格的关系为标准分类

在从价税中,按照税收与计税价格的关系可将税收划分为价内税和价外税。

价内税是指税款在应税商品价格内,作为商品价格一个组成部分的一类税。

价外税是指税款不在商品价格之内,不作为商品价格的一个组成部分的一类税。价内税的负担较为隐蔽,能适应价税合一的税收征管需要;价外税的负担较为明显,能较好地满足价税分离的税收征管要求。我国目前的消费税、营业税(已取消)属于价内税,增值税属于价外税。

五、按税收的管理和使用权限为标准分类

以管理权限为标准,税收可分为中央税、地方税、中央与地方共享税。

中央税是指由中央政府征收和管理使用或由地方政府征收后全部划归中央政府所有并支配使用的一类税。如我国现行的关税和消费税等。这类税一般收入较大,征收范围广泛。

地方税是指由地方政府征收和管理使用的一类税。这类税一般收入稳定,并与地方经济利益关系密切。如房产税、车船税等。

中央与地方共享税是指税收的管理权和使用权属由中央政府和地方政府共同拥有并按一定比例分别支配其收入的一类税。如我国现行的增值税和企业所得税等。这类税直接涉及中央与地方的共同利益。

这种分类方法是实行分税制财政体制的基础。

六、按照征税是否以纳税人的纳税能力分类

按照征税是否以纳税人的纳税能力分类,可分为对人税和对物税。

对人税是指税收负担设计时充分考虑纳税主体的纳税能力,选择的标的物易于衡量所得额的大小,如各种所得税和一般财产税等。

对物税，一般不考虑纳税主体的纳税能力，其计税依据设计也不以是否易于衡量纳税人的纳税能力为标准，而是以流通中的具体商品、劳务，以及具体存在的某项财产为课税对象，如增值税、消费税等。

七、按税收的形态为标准分类

1. 实物税

实物税是指纳税人以各种实物充当税款缴纳的一类税。

2. 货币税

货币税是指纳税人以货币形式缴纳的一类税。在现代社会里，几乎所有的税种都是货币税。

八、以管辖的对象为标准分类

1. 国内税收

国内税收是对本国经济单位和公民个人征收的各税。

2. 涉外税种

涉外税种是具有涉外关系的税收。

九、按税率的形式为标准分类

1. 比例税

比例税即对同一课税对象，不论数额多少，均按同一比例征税的税种。

2. 累进税

累进税是随着课税对象数额的增加而逐级提高税率的税种。包括全额累进税率、超额累进税率、超率累进税率。

3. 定额税

定额税是对每一单位的课税对象按固定税额征税的税种。

十、其他分类

1. 以征收的延续时间为标准

可以分为经常税和临时税。

2. 根据税收是否具有特定用途为标准，

可分为一般税和目的税。

3. 根据税制的总体设计类型

可分为单一税和复合税。

4. 根据征税是否构成独立税种

可分为正税和附加税。

十一、OECD 和 IMF 的税收分类

OECD 和 IMF 是经济合作与发展组织和国际货币基金组织的英文缩写。它们对其成员国进行财政统计时，通常把税收分为以下几类。

1. 所得税

所得税既包括对个人和企业净所得或利润的各种税，也包括对个人和企业的资本利得所征收的税。

2. 社会保险税

3. 工薪税

工薪税是对工薪和劳动力征的税。

4. 财产税

财产税包括对不动产或净财富征的税，对通过继承或赠与改变财产所有权征的税等。

5. 商品和劳务税

商品和劳务税是对商品生产、采掘、销售、转让、租赁、劳务提供，或就商品的使用等活动征收的所有税收。

6. 其他税

第四节　税收原则

税收原则是税收学的重要理论之一，它是政府制定税收政策、设计税收制度的指导思想，是实施税法过程中所遵循的理论准则，也是评价税收制度优劣的基本标准。税收原则是税收行为的准则，税收行为包括立法、执法和守法等过程。因此所谓税收原则，是指一国政府在税收制度设计、执行或修订时所必须遵守的指导思想。在现代社会中税收是政府实现优化资源配置、收入公平分配及经济稳定增长的重要手段。要使税收制度能够实现以上目标，合理地确定税收原则就成为税收理论研究的重要内容。

古典经济学家亚当·斯密在《国富论》中从自由主义立场出发，提出了平等、确实、便利、最少征收费用的税收 4 项原则。继亚当·斯密之后，英国、法国、德国等国的经济学家相继提出了许多课税原则，其中德国经济学家瓦格纳在 19 世纪当时的社会背景下，将税收作为重要的政策工具，提出了 4 项税收原则。这 4 项原则是：①财政收入原则，是指课税能充分有效地保证国家经费开支的需要并且收入具有一定的弹性；②国民经济原则，是指国家征税不能阻碍国民经济的发展，应该选择适当的税源与税种；③社会公正原则，是指税收负担应该普遍和平等地分配给各个阶层和纳税人；④税务行政原则，是指税法的制定与实施都应当便于纳税人履行纳税义务，包括确实原则、便利原则和最少征收费用原则。

当代学者在前人的理论上不断完善和补充，现代税收原则是依据税收在现代经济生活中的职能加以概括，除了筹集资金、满足公共需要的财政原则和便利、最少征收费用的税务行政原则以外，着重强调了效率、公平和稳定的税收原则。

一、税收的效率原则

效率原则是指税收征收所引起的资源在公私部门的转移要达到效率原则的要求。它包括资源配置的效率、经济运行效率和税务行政效率，即强调税收应有助于实现资源的有效配置，从而有效地发挥经济调节的功能。政府征税行为不可避免地会给纳税人和经济运行带来不同程度的影响，这些影响包括纳税人缴纳税款的负担和非税款形式的负担。所谓非税款形式的负担，是指政府征税扭曲资源配置带来的效率损失得到负担(也称超额负担)及征税过程中所耗费的征纳费用，会造成社会福利的损失。而税收效率原则，是要求政府征税活动有利于资源的有效配置和经济机制的有效运行，尽可能地缩小非税款形式的负担。所以，税收效率包括税收对资源配置效率和税收课征行为自身的效率大小两个方面的内容，也就是说，税收效率原则要求政府征税既要有利于自由有效配置和市场机制的有效运行，又要提高税务行政管理效率。具体可归纳为税收的经济效率原则和税收的行政效率原则。

税收效率原则在实施过程中应包括以下 3 个方面。

1. 节约与便利

税收通过强制手段将一部分资源从私人部门转移到政府部门，这种转移会造成一定的资源耗费，有人力、物力、财力的耗费，形成征管成本，因此节约就是要求税收尽可能地减少征管成本。另外，纳税人也会在履行纳税义务时出现缴纳成本，便利就是要求税收制度尽可能地减少缴纳成本。

2. 中性与校正性

税收的中性是指对不同的产品或服务、不同的要素收入、不同性质的生产者采取不偏不倚的政策，使得不同产品、服务、生产要素的相对价格能反映其相对成本，达到有效地资源配置、提供经济效率的状态。中性税制能够最大限度地保留微观经济主体所固有的激励因素，从而促进社会财富的增长。税收的校正性是指针对不同的纳税人和课税对象区别对待，使税收有助于实现效率目标，弥补市场缺陷。

3. 有弹性

税收的有弹性是指税收收入随国民经济增长而增长，以满足长期公共产品与私人产品组合效率的要求，即税收收入可以根据经济周期政策的需求而变动，在宏观经济中起到促进经济稳定的作用。这样才能够运用税收这个杠杆调节社会供求，实现既定的效率目标。

(一)税收的行政效率原则

税收的行政效率原则是指以尽可能少的税收成本来获得尽可能多的税收收入。税收成本是实现资源配置效率要求所必须承担的成本，但是，如果税收成本超过必要的限度，就会形成浪费。为了使社会资源得到更有效的配置，应当使税收成本最小化，这就是税收的行政效率原则。税收的成本费用大体可以用税务稽征成本费用和税务奉行成本费用两方面来衡量。税务稽征成本费用，是指税务部门在征税过程中实施税法所发生的各种开支，如在税收征管过程中会发生人员工资支出、设备、用品购置费用及其他部门提供的相关的各种劳务费用等。税务稽征成本费用占所征税额的比重，即为征税效率的体现。所谓税务奉行成本费用，是指纳税人为了依法履行纳税义务而耗费的各种成本费用，它既包括纳税人按税法要求直接办理纳税登记、纳税申报和缴纳税款等纳税事务所支付的费用，也包括纳税人雇佣税务师、会计师来完成纳税申报所支付的各种费用。它的衡量和测算要比税务稽征成本费用复杂和困难。

总之，要提高税收的行政效率，除了要尽可能采用现代化的征管手段、改进征管技术外，还要求税收制度的制定要明确具体、切实可行。

(二)税收的经济效率原则

税收经济效率原则是指国家征税应有助于提高经济效率，保证经济的良性、有序运行，实现资源的有效配置。该原则侧重于考察税收对经济的影响。税收的经济效率原则会影响到经济资源配置和经济机制运行，同时要使税收超额负担最小化和尽量增加税收的额外收益。这是因为，税收在将社会资源从纳税人手中转移到政府部门过程中，可能会在两方面给社会带来超额负担：一是资源配置方面的超额负担，征税一方面是纳税人的收入支出，另一方面又增加政府部门收入。如果征税导致私人经济利益损失大于征税增加的社会经济利益，就发生了税收在资源配置方面的超额负担。二是经济机制运行方面的超额负担，如果征税对市场经济运行发生不良影响，干扰了私人消费和生产的最佳决策，同时相对价格和个人行为方式随之变更，就发生税收在经济机制运行方面的超额负担。在现实生活中，一方面尽可能压低税收的征收数额，减少税收对资源配置的影响度；另一方面尽可能保持税收对市场机制运行的中性，并在市场机制失灵时，将税收作为调节杠杆加以有效纠正。而在实践中，没有一个国家能够做到完全遵循这一原则。特别是就我国目前的情况看，经济活动中的竞争机制尚不健全，或者说有外部因素影响，资源配置没有处于最优配置状态。在这种情况下，还需较多地运用税收杠杆来对资源配置、储蓄和资本形成进行调节，税收中性只能在某种和特定范围内实行。既然如此，税法确定的税收效率原则，在指导税收立法时就要尽可能通过选择税种、确定税基、制定税率过程中考虑如何避免造成大的经济效率损失，如何改善资源配置、提高税收的经济效率。

二、税收的公平原则

税收的公平原则是税收原则中最重要的原则，成为检验一个国家税收制度和政策优劣的标准。所谓税收公平原则，又称公平税制原则，是指政府征税要使纳税人所承受的负担与其经济状况相适应，并且在纳税人之间保持均衡。税收的公平不仅是财政问题，而且还是社会和经济问题。无论是对于纳税人，还是对于政府，一个公平的税制都是非常重要的。只有当纳税人感觉纳税制度是比较公平的，税收负担是合理的，才能促进他们积极地依法纳税，从而有效地维持税收制度的正常运转。此外，公平的税收还具有校正收入分配不均衡或收入差距悬殊的作用。所以税收的公平原则是税收制度的基本原则。公平涉及的问题相对比较复杂，从其内涵的理解就会有不同的适用原则，有横向公平原则和纵向公平原则；受益原则和支付能力原则。

(一)税收的横向公平原则与纵向公平原则

税收公平原则的基本要求是：相同条件下的同类纳税人应当缴纳相同的税，不同条件下的纳税人应当缴纳不同的税，这就是横向公平与纵向公平。

1. 横向公平

横向公平是指经济能力或纳税能力相同的人应该一视同仁，应该缴纳相等数额的税收。

横向公平要求普遍征税，反映了市场经济条件下纳税人之间基本的平等权利。相对而言，税收的横向公平比较容易实现。

2. 纵向公平

纵向公平是指经济能力或者纳税能力不同的人应当缴纳不同的税收。要求根据纳税人的不同状况区别对待，一般来说，收入高的、负担能力强的就要多纳税；收入低的、负担能力弱的就要少纳税。税收的纵向公平比横向公平要复杂，因为纵向公平是不同的纳税人采用不同的纳税方式，衡量不同纳税人的经济负担能力一定条件下相对比较困难。西方国家曾提出采用效用牺牲理论来判断税收制度的实施是否公平。如果政府征税使得每一位纳税人的效用牺牲程度相同或者均等，那么税收就是实现了纵向公平。

(二)税收的受益原则和负担能力原则

为了确定税收的横向公平与纵向公平对纳税人的经济能力和纳税能力的标准，即要采用受益原则和负担能力原则。

1. 受益原则

受益原则是指以受益标准评价税收制度是否公平的原则，即谁受益谁纳税，主张将税收负担的分配以纳税人从政府所提供的公共产品受益大小为分配标准。这一标准具有很大的成本、效益对等交换的含义，因而它具有一定的效率原则的内涵。受益原则的特点是要求纳税人缴纳的税收和他对公共物品服务的需求相一致，即把税收与公共支出联系起来，税收的公平依据支出结构的不同而不同，这样就要准确地测定每个纳税人从公共物品和公共服务中得到的收益，根据收益缴纳相应的税收。在实际操作中，很难将这两者对应起来，因此，受益原则在实践中有很大的局限性。受益原则只能是应用于那些在政府提供的物品和服务中能够确定个人所得利益份额的特定用途的税收，而对大多数公共物品和公共服务的消费，用受益原则是不切实际的。

2. 负担能力原则

负担能力原则是把税收负担的分配与纳税人的支付能力相联系，即按能力纳税，根据纳税人的经济能力或纳税能力确定应纳税额的多少。经济能力或纳税能力大的，多纳税；经济能力或纳税能力小的，少纳税。只要国家的征税与纳税人的负担能力及他所获得的经济利益相适应，就认为是公平的。

根据能力标准要求，拥有同等纳税能力的人必须缴纳相同的税收，而具有较高纳税能力的人应该缴纳更多的税收。前者是税收能力标准下的横向公平原则，后者则是税收能力标准下的纵向公平原则。衡量纳税人纳税能力的标准可以是纳税人拥有的所得或财产，也可以是纳税人的消费。

所得标准一般是综合所得，包括个人的全部所得，有劳动所得、来自资本所有权的所得、获得赠与及遗产等。这些所得最能体现纳税人在特定时期内的收入或消费能力。因此，所得通常被认为是衡量纳税人纳税能力的较好的标准。但所得中包括一些不同来源的所得，有劳动所得和非劳动所得，如果不加区分就会有失横向公平。此外，拥有相同所得的纳税人，他们各自的情况各有不同，给纳税能力的确定造成技术上的困难。

财产标准表示纳税人对其所拥有的经济资源支配权，反映个人的经济能力。但是财产的种类繁多，难以查实和评估。此外，财产所有者的债务情况也不尽相同。因此，仅以财产作为能力标准是不客观的。

消费标准反映纳税人的实际支付能力，意味着对社会资源中消耗的部分要征税。一般认为消费多的，因其使用了较多的社会资源和得到了更大的利益，而应该缴纳更多的税；如果消费减少，一部分收入用作储蓄，储蓄会转化为投资，应该在税收上给予鼓励。但在实际中，消费者的消费倾向不同，如果以消费的多少征税会有失公平，也会形成累退性的税收。

综上所述，在国家税收实践中，为了贯彻公平原则，一般以收入作为衡量的主要指标，其基础广泛，管理上可行，能较为客观地反映纳税主体的纳税能力，而财产和消费两项指标也是反映纳税能力的重要指标，在税收贯彻公平原则中，也要考虑到这两项指标。

三、公平与效率的两难选择

公平和效率历来就是既矛盾又统一的两个方面。矛盾的一面是，追求公平可能要失去效率，而追求效率可能要放弃公平。

在实际征税过程中如何处理公平与效率的关系呢？从我国国情来看，应该坚持“效率优先，兼顾公平”的原则，二者都不可偏废。然而现实中在处理公平与效率上往往出现两难的选择。总体上税收的公平与效率相互促进和统一。但公平原则强调量能负担原则，可能会影响生产或消费的决策，影响经济发展，影响税收效率。

因此，在征税过程中处理好公平与效率之间的关系，对国家经济的发展，社会的安定具有重要意义。在处理这个矛盾时，要兼顾公平的需求和效率的提高，既要考虑经济的稳定发展，又要考虑贫富之间的差距不能过分拉大，不能片面追求公平或效率，在经济发展的不同时期应互相兼顾。

税收公平中的平等征税原则，实际上也是减少税收对市场主体的干预，充分发挥市场配置资源基础性作用的税收经济效率的要求。至于税收公平中的量能课税原则，从理论上讲，当对高收入者征纳较高的税收达到一定程度时，可能会产生对高收入者的收入替代效应，影响其工作积极性，从而带来一定的效率损失。但是这种可能是完全可以通过税制的设计，合理把握对高收入者征税的度来避免的。即便是发生了这种可能，那也仅仅是一少部分高收入者效率的损失，而换来的却是社会对公平的更广泛认同。这种社会普遍的公平所带来的效率的增加，必定远远超出少数高收入者的效率损失。所以，要根据国家发展情况来决定，把本国的具体情况和长远发展战略结合起来，才能更好地兼顾公平与效率的原则。

第五节 税收负担及其转嫁与归宿

税收负担的研究，有助于正确分析税负转嫁和税负归宿对社会各主体利益和社会经济福利分配所产生的影响，进而正确选择和制定税收政策，实现对税收的公平与效率起到促进作用，同时又影响着税收调控经济的作用能否有效发挥。

一、税收负担

税收负担是指纳税人因向政府缴纳税款而承担的货币损失或经济福利的牺牲。国家征税减少了纳税人的直接经济利益，从而使其承受的经济负担，反映了一定时期内社会产品在国家和纳税人之间税收分配的数量关系。从国家的角度看,税负是一种法律制度的要求,体现在税收征收管理活动中;从纳税人的角度看,税负则是一种经济付出,体现在履行纳税义务的活动中。任何一项税收政策首先要考虑的是税收负担的高低,税收负担定低了,会影响到国家财政收入;税收负担定高了又会挫伤纳税人的积极性,阻碍社会生产力的提高。

税收负担从绝对数来考察,是指纳税人应支付给国家的税款额,一般用“负担额”来表示;如果从相对数额来考察,它是指税收负担率,即纳税人应纳税额与其计税依据价值的比率。用税收负担率来表示税收负担,其最大的优点是有利于不同纳税人、不同时期、不同税种之间进行税负比较,因而,多在实际中采用。

(一)税收负担的分类

根据考察的层次和角度不同,可分为宏观税收负担和微观税收负担。所谓宏观税收负担,是指整个社会整体的税收负担,是所有纳税人向国家承担的全部税款,反映的是一个国家整体的税收的负担状况。宏观税收负担的划分有助于税收在宏观上促进资源配置效率,稳定经济增长和收入分配公平。所谓微观税收负担,又称个体税收负担,是指经济个体向国家承担的具体税款,表明各个具体纳税人的税收负担情况。

根据税收负担的真实程度标准不同,可分为名义税收负担和实际税收负担。所谓名义税收负担,是指纳税人按照税法规定的税率和计税依据计算应该缴纳的税额占纳税人负担能力的程度。所谓实际税收负担,是指纳税人实际缴纳的税款额占纳税人负担能力的程度。在现实经济生活中,两者有时会不一致,有时名义负担会高于实际负担,有时实际负担会高于名义负担。

(二)税收负担的衡量指标

1.宏观税收负担的衡量指标

衡量宏观税收负担水平常用的指标有3个,即国民生产总值税负率、国内生产总值税负率和国民收入税负率。

(1)国民生产总值税负率是指一定时期内国家课税总额占同期国民生产总值的比例。它是考核国民经济总产出的重要指标。其公式为:

$$国民生产总值税负率=\frac{一定时期内国家课税总额}{同期国民生产总值}\times 100\%$$

这个比值越高,反映国家财政积累水平就越高,反之则越低。它的高低与国家经济实力和社会的税负承受能力成正比。

(2)国内生产总值税负率是指一定时期内国家课税总额占同期国内生产总值的比率。其公式为:

$$国内生产总值税负率=\frac{一定时期内国家课税总额}{同期国内生产总值}\times 100\%$$

国内生产总值税负率是衡量一国税负总水平和进行国与国之间税负比较的指标,在国外和国际税负比较中,它比国民生产总值税负率运用得更为广泛。

(3)国民收入税负率是指一定时期内国家课税总额占同期国民收入的比率。其公式为:

$$国民收入税负率=\frac{一定时期内国家课税总额}{同期国民收入总额}\times 100\%$$

这个指标在一定意义上能真实地反映一个国家的积累水平、总体税负情况以及国家的经济实力和税负承受能力。

2. 微观税收负担的衡量指标

衡量微观税收负担的指标有3个，即企业综合税负率、企业所得税税负率、个人税收负担率。

(1)企业综合税负率是指在一定时期内企业实际缴纳的各种税收总额占同期企业盈利总额的比率。它表明国家以税收形式参与企业纯收入分配的规模，反映了企业对国家的贡献程度。其公式为：

$$企业综合税负率=\frac{企业缴纳的各种税收总额}{同期企业盈利总额}\times 100\%$$

企业综合负税率可以较为全面地反映国家参与企业纯收入分配的总体情况，也可以比较不同类型的企业之间总体税负水平。

(2)企业所得税税负率是指企业实际缴纳的所得税税额占企业利润总额的比率。其公式为：

$$企业所得税税负率=\frac{企业实际缴纳的所得税税额}{同期企业利润总额}\times 100\%$$

由于企业所得税在企业利润分配环节课征，税负高低直接决定企业留存利润的多少，因此，企业所得税税负率就成为衡量企业税收负担状况及正确处理国家与企业分配关系最直接的指标。在其他条件不变的情况下，企业所得税税负率越低，说明企业税收负担越轻；反之越重。

(3)个人税收负担率是指在一定时期内个人缴纳的税款额占同期个人收入的比率。其公式为：

$$个人税收负担率=\frac{个人缴纳的税款额}{个人的收入总额}\times 100\%$$

上述各项指标要综合运用，这对于全面分析税收状况，制定合理的税收政策有着积极的作用。

(三)影响税收负担的因素

税收负担的高低、公平与否会受到诸多因素的影响，为了合理确定税收负担水平，就要多方面分析影响税收负担的因素。

1. 国家职能范围的大小

税收的产生就是为了满足国家职能的需要，所以政府职能范围的大小直接决定着税负水平的高低。一国政府职能需要满足的社会公共需要越大，对公共物品数量的需要也就会越大，财政支出的规模就会增大，对税收收入的需求就会增加，进而会推动社会税收负担水平的提高。

2. 经济发展水平

一个国家的经济发展水平是决定税收负担的重要因素。国家经济发展水平越高，表明社会产出增加，社会资源和财富丰富，税收来源的基础就会越雄厚，税负承受能力较强，可适当提高；反之税负应该降低。税负只有适应本国经济发展水平，才能够发挥其积极的作用。

3. 政治和经济政策

国家要达到一定的经济发展目标，总要制定一定的政治、经济政策，主要是财政政策与货币政策，这些政策的实施会对税负产生不同的影响。有时会采取扩张性的政策，有时会采取紧缩性的政策，税负就会降低或提高。另外，当经济出现过热或过冷的状况时，也要用提高或降低税负的方式来调节。

此外，国家分配体制、财政收支状况、人均收入水平、国际税负水平、国家税收征管水平等都会引起税负水平的高低、数量结构的改变。

二、税负转嫁与归宿

(一)税负转嫁与归宿的定义

在市场经济条件下，纳税人与负税人会存在不一致的情况，就会出现税负转嫁的经济现象，使得在法律上必须负税的个人或企业，不一定是承担税收负担的人，因此就要研究税负的转嫁与归宿的问题。

所谓税负转嫁，是指纳税人在经济交易中通过各种途径和方式，将所纳税收转移给他人负担的行为和过程。

税收负担转嫁的含义包括：第一，税负转嫁是经济利益在各个经济主体之间的再分配；第二，税负转嫁与价格密切相关，价格的变动为税负转嫁提供了基本途径，纳税人或提高商品的出售价格，或压低商品的购买价格，或者两者并用；第三，税负转嫁是纳税人的一般行为倾向，是有意识地减少自身利益侵犯的主动行为。

税负可以多次转嫁，也可以一次性转嫁；可以部分转嫁，也可以全部转嫁。

所谓税负归宿，是指税负转嫁的最终落脚点或税收负担的最终承担者。税负转嫁与税负归宿存在密切的联系。税负归宿分为法定归宿和经济归宿：法定归宿是指纳税人所缴纳的税款无法转嫁，只能由纳税人自己负担，即法律上的纳税义务人与实际的负担者一致；经济归宿是指因纳税人将税负部分或者全部转嫁给了他人，使得税收法律上的纳税义务人与实际的税负承担者不一致，税负最终归宿到了被转嫁人身上，导致资源配置或收入分配发生变化。

总之，税负转嫁是税收运动过程中表现出来的税收负担分配问题，而税负归宿是税收负担运动结果反映出的税收负担分配问题。所以税收负担的转嫁与归宿，实际上是税收负担分解、转移和归宿的过程。因此，税负转嫁与税负归宿的研究有利于合理确定税收负担的转嫁机制及对社会经济生活的影响。

(二)税负转嫁的方式

根据税负转嫁的不同途径，可分为以下几种形式：

1. 税负前转

税负前转也称税负顺转，是指纳税人在缴纳税款时，按照商品、劳务流通的方向，通过提高商品价格的方法向前将税负转嫁给购买者或者消费者的一种形式。一般来说，税负前转是税收转嫁的最典型和最普通的形式，大多发生在对商品和劳务的课税上。这种转嫁可能一次完成，也可能多次完成。

2. 税负后转

税负后转也称税负逆转，是指纳税人通过压低购进商品的价格，逆着价格运动方向向后转移给生产要素的供给者的一种形式。属于买方向卖方的转嫁，税负后转一般发生在生产要素的课税上。比如零售商压低进货价格，把税负转移给厂商或批发商，厂商再通过压低原材料和劳动力的价格，将税负转移给原材料或劳动力的提供者。税负转嫁之所以表现为后转，主要是因为市场供求条件不允许纳税人以提高商品价格的方法，向前转移税收负担所致。税负后转可能一次完成，也可能多次完成。

3. 税负混转

在现实经济生活中，税负并不总是向一个方向变化，税负转嫁与归宿的方向和程度会受到多种经济因素的影响。因此，税负混转是指纳税人将其缴纳的税款，一部分向前转嫁，一部分向后转嫁，分别向买方和卖方转嫁，使其税负分散给多人负担。

4. 税负资本化

税负资本化是税负后转的特殊形式，主要发生在某些资本品的交易中。是指纳税人在购买不动产或有价证券时，将以后应纳的税款在买价中预先扣除。例如，政府对土地征税，土地购买者就会将预期要缴纳的土地税款折入，将相应的税收负担转嫁给土地的出售者。税负资本化是有条件的，课税的商品必须具有资本价值，且有年金或租金；还必须具有耐久的性质，如土地、房屋等。

第六节 我国税收制度的沿革及现行税制体系

我国的税收制度根据各个历史时期政治经济的发展变化，经历了一个不断完善的过程。税收制度作过多次的调整和改革。总的来说，1978 年中国经济体制改革前的税收制度结构比较单一，改革开放后，单一的税收制度不能满足经济发展和改革开放的需要。从 1983 年开始，中国的税制进行了一系列的改革，1994 年又进行了一次较大幅度的税收制度改革，向符合市场经济规范化的税收制度迈进了一大步。之后我国在市场经济发展过程中，随着新的经济情况的不断变化，对税制进行不断地调整，2016 年 5 月 1 日，“营改增”全面完成，我国税制改革迈出关键一步。

一、1978 年以前的税制状况

从 1949 年中华人民共和国成立到 1978 年的 29 年间，我国税制建设的发展历程十分坎坷。新中国诞生后，立即着手建立新税制。1950 年 1 月 30 日，中央人民政府政务院发布《全国税政实施要则》，规定全国共设 14 种税收，即货物税、工商业税（包括营业税和所得税两个部分）、盐税、关税、薪给报酬所得税、存款利息所得税、印花税、遗产税、交易税、屠宰税、房产税、地产税、特种消费行为税和使用牌照税。此外，还有各地自行征收的一些税种，如农业税、牧业税等。

1958 年，我国进行了新中国成立以后第一次大规模的税制改革，其主要内容是简化工商税制，试行工商统一税，至此，我国的工商税制共设 9 个税种，即工商统一税、工商所得税、盐税、屠宰税、利息所得税（1958 年停征）、城市房地产税、车船使用牌照税、文化娱乐税（1966 年停征）和牲畜交易税（无全国性统一法规）。1962 年，开征了集市交易税（1966 年以后各地基本停征）。

在“文化大革命”当中，已经简化的税制仍然被批判为“烦琐哲学”。1973 年，我国进行了新中国成立以后第二次大规模的税制改革，其核心仍然是简化工商税制。总的来看，从生产资料私有制的社会主义改造基本完成到 1978 年的 20 多年间，由于“左”的指导思想的作用和苏联经济理论及财税制度的影响，我国的税制建设受到了极大的干扰。税制几经变革，走的都是一条片面简化的路子。同时，税务机构被大量撤并，大批税务人员被迫下放、改行。结果是，税种越来越少，税制越来越简单，从而大大缩小了税收在经济领域中的活动范围，严重地影响了税收职能作用的发挥。

党的十一届三中全会以后，我国的社会主义建设进入了一个崭新的历史时期，我国的税制建设也是如此。随着国家政治、经济的不断发展和改革的逐步深入，我国的税制改革也在不断前进，取得了一系列的重大成果。

二、1978—1982 年的税制改革

在此期间，党的十一届三中全会明确地提出了改革经济体制的任务，我国的税制改革取得了改革开放以后的第一次全面重大突破。

从税制上来说，财税部门从 1978 年底、1979 年初就开始研究税制改革问题，提出了包括开征国营企业所得税和个人所得税等内容的初步设想与实施步骤，并确定为了配合贯彻国家的对外开放政策，第一步先行解决对外征税的问题。

从 1980 年 9 月到 1981 年 12 月，我国第五届全国人民代表大会先后通过并公布了中外合资经营所得税法、个人所得税法和外国企业所得税法。同时，对中外合资企业、外国企业和外国人继续征收工商统一税、城市房地产税和车船使用牌照税。这样，就初步形成了一套大体适用的涉外税收制度，适应了我国对外开放初期引进外资，开展对外经济技术合作的需要。

在此期间，国务院还批准开征了烧油特别税，发布了牲畜交易税暂行条例。

三、1983—1991 年的税制改革

这一时期可以说是我国税制改革全面探索的时期，取得了改革开放以后税制改革的第二次重大突破。

为了加快城市经济体制改革的步伐，经第六届全国人民代表大会及其常委会批准，国务院决定从 1984 年 10 月起在全国实施第二步利改税和工商税制改革，发布了关于征收国营企业所得税、国营企业调节税、产品税、增值税、营业税、盐税、资源税的一系列行政法规。这是我国改革开放以后第一次，新中国成立以后第四次大规模的税制改革。

此后，国务院又陆续发布了关于征收集体企业所得税、私营企业所得税、城乡个体工商业户所得税、个人收入调节税、城市维护建设税、奖金税（包括国营企业奖金税、集体企业奖金税和事业单位奖金税，其中国营企业奖金税暂行规定于 1984 年 6 月发布，1985 年作了修订）、国营企业工资调节税、固定资产投资方向调节税（其前身为 1983 年开征的建筑税）、特别消费税、房产税、车船使用税、城镇土地使用税、印花税、筵席税等税收的法规。

1991 年,第七届全国人民代表大会第四次会议将中外合资所得税法与外国企业所得税法合并为外商投资企业和外国企业所得税法。

至此,我国的工商税制共有 32 种税收。

从 1978—1992 年,随着经济的发展和改革的深入,我国的工商税制改革进行了全面的探索,改革逐步深入,取得了很大的进展,初步建成了一套内外有别的,以流转税和所得税为主体,其他税种相配合的新的税制体系,大体适应了我国经济体制改革起步阶段的经济状况,税收的职能作用得以全面加强,税收收入持续稳定增长,宏观调控作用明显增强,对于贯彻国家的经济政策及调节生产、分配和消费,起到了积极的促进作用。

四、1992—2012 年的税制改革

1992 年以后,我国的改革开放进入了又一个新的历史阶段,税制建设也进入了一个黄金时代。这一时期可以说是我国税制改革全面展开的时期,取得了改革开放以来税制改革的第三次重大突破。

在中共中央、国务院的直接领导下,从 1992 年起,财税部门就开始加快税制改革的准备工作,1993 年更是抓住机遇,迅速制订了全面改革工商税制的总体方案和各项具体措施,并完成了有关法律、法规的必要程序,于 1993 年底之前陆续公布,从 1994 年起在全国实施。这是我国改革开放以后第二次、新中国成立以后第五次大规模的税制改革。

1994 年税制改革的主要内容是:第一,全面改革了流转税制,实行了以比较规范的增值税为主体,消费税、营业税并行,内外统一的流转税制;第二,改革了企业所得税制,将过去对国营企业、集体企业和私营企业分别征收的多种所得税合并为统一的企业所得税;第三,改革了个人所得税制,将过去对外国人征收的个人所得税、对中国人征收的个人收入调节税和个体工商业户所得税合并为统一的个人所得税;第四,对资源税、特别目的税、财产税、行为税做了大幅度的调整,如扩大了资源税的征收范围,开征了土地增值税,取消了盐税、奖金税、集市交易税等 7 个税种,并将屠宰税、筵席税的管理权下放到省级地方政府,新设了遗产税和证券交易税(但是一直没有立法开征)。

经过 1994 年税制改革和几年来的逐步完善,我国已经初步建立了适应社会主义市场经济体制需要的税收制度,对于保证财政收入,加强宏观调控,深化改革,扩大开放,促进经济与社会的发展,起到了重要的作用。

2005 年 12 月 29 日,第十届全国人民代表大会常务委员会第十九次会议决定,自 2006 年 1 月 1 日起,废止 1985 年 6 月 3 日通过的《中华人民共和国农业税条例》。曾经发挥过重要作用的农业税制度终于退出了历史的舞台。

2007 年 3 月 16 日,第十届全国人民代表大会第五次会议决定,自 2008 年 1 月 1 日起,开始施行《中华人民共和国企业所得税法》,1991 后的《中华人民共和国外商投资企业和外国企业所得税法》和 1993 年 12 月国务院发布的《中华人民共和国企业所得税暂行条例》同时废止。

目前,根据国家发展改革委会同有关部门制定的《节能减排综合性工作方案》,中国将制定和完善鼓励节能减排的税收政策,适时推出燃油税,研究开征环境税,并抓紧出台资源税的改革方案。

五、2012 年以后的税制改革

2011 年,经国务院批准,财政部、国家税务总局联合下发营业税改增值税试点方案。从

2012年1月1日起在上海交通运输业和部分现代服务业开展营业税改征增值税试点。至此，货物劳务税收制度的改革拉开序幕。自2012年8月1日起至年底，国务院扩大“营改增”至10省市，2013年8月1日，“营改增”范围扩大到全国试行。从2014年1月1日起，铁路运输和邮政服务业纳入“营改增”试点。

2016年5月1日，全国全面实施“营改增”，建筑业、房地产业、金融业、生活服务业纳税人由原来缴纳营业税改为缴纳增值税，营业税退出历史舞台。这是自1994年分税制改革以来，财税体制的又一次深刻变革。2017年以来，在全面完成营改增试点和增值税税率五档变四档的基础上，进一步降低增值税税率，并统一小规模纳税人认定标准以及对先进制造业、现代服务业等符合条件企业的留抵税额予以退税。进一步完善了增值税制度；通过了新修订的《个人所得税法》，实现了分类所得税制向综合与分类相结合的模式转换，提高了基本减除费用扣除标准，新设了子女教育、赡养老人等6项专项附加扣除，扩大了中低档税率级距；在资源环境税改革方面，开征环保税，通过税收杠杆差别调控；扩大了水资源税改革试点。推出减税降费举措，包括推进增值税等实质性减税，对小微企业、科技型初创企业实施普惠性税收免除。

六、我国现行税制体系的内容

一个国家的税收制度是指在既定的管理体制下设置的税种以及与这些税种的征收、管理有关的，具有法律效力的各级成文法律、行政法规、部门规章等的总和。换句话说，税法体系就是通常所说的税收制度（简称税制）。

一个国家的税收制度，可按照构成方法和形式分为简单型税制及复合型税制。结构简单的税制主要是指税种单一、结构简单的税收制度；而结构复杂的税制主要是指由多税种构成的税收制度。

国家税收制度的确立，要根据本国的具体政治经济条件。所以，各国的政治经济条件不同，税收制度也不尽相同，具体征税办法也各有千秋、千差万别。就一个国家而言，在不同的时期，由于政治经济条件和政治经济目标不同，税收制度也有着或大或小的差异。我国的现行税制就其实体法而言，是经过几次较大的改革逐步演变而来的。现行税种包括增值税、消费税、城建税、企业所得税、个人所得税、关税、资源税、城镇土地使用税、耕地占用税、房产税、契税、土地增值税、车辆购置税、车船税、印花税、烟叶税、船舶吨税、环境保护税。按其性质和作用大致分为6类。

1. 流转税类

包括增值税、消费税。主要是在生产、流通、消费、服务业发挥调节作用。

2. 资源税类

包括资源税、城镇土地使用税、环境保护税。主要是对因开发和利用自然资源差异而形成的级差收入发挥调节作用。

3. 所得税类

包括企业所得税、个人所得税。主要是在国民收入形成后，对生产经营者的利润和个人收入发挥调节作用。

4. 特定目的税类

包括城市维护建设税、土地增值税、烟叶税、船舶吨税、耕地占用税、车辆购置税，主要是为了达到特定目的，对特定对象和特定行为发挥调节作用。

5. 财产和行为税类

包括房产税、车船税、印花税、契税，主要是对某些财产和行为发挥调节作用。

6. 关税类

主要对进出境的货物、物品征收。

习　题

一、单项选择题

1. 税收分配的对象是(　)。

A. 所得额　B. 流转额　C. 财产　D. 社会产品或国民收入

2. 税收"三性"的核心是(　)。

A. 强制性　B. 固定性　C. 无偿性　D. 系统性

3. 税收改变了社会成员与政府各自占有社会产品价值量的份额，税收属于(　)范畴。

A. 生产　B. 分配　C. 交换　D. 消费

4. 社会公共需要主要是通过(　)形式参与社会产品的分配来满足。

A. 利润上缴　B. 政府收费　C. 税收　D. 罚没收入

5. 税收的职能是由税收的(　)决定的。

A. 税收体制　B. 本质　C. 社会的性质　D. 财政分配的性质

6. 税收的基本职能是(　)。

A. 财政职能　B. 经济职能　C. 监督管理职能　D. 公平与效率职能

7. 下列各项中，属于税收关系客体的是(　)。

A. 纳税人　B. 税率　C. 课税对象　D. 纳税义务

8. 税收制度的核心要素是(　)。

A. 课税对象　B. 税收优惠　C. 税率　D. 计税依据

9. 我国税收构成要素中，能够区别不同类型税种的主要标志是(　)。

A. 纳税人　B. 征税对象　C. 税率　D. 纳税期限

10. 按(　)不同，可以将全部税收划分为流转税、所得税、财产税、行为税和资源税。

A. 征收管理体制　B. 征税对象　C. 计税标准　D. 收益额

11. (　)是指对同一征税对象或同一税目，不论数额大小只规定一个百分比的税率。

A. 比例税率　B. 超额累进税率　C. 超率累进税率　D. 定额税率

12. 下列税种中属于直接税的是(　)。

A. 消费税　B. 关税　C. 个人所得税　D. 增值税

13. 体现税收深度的税制要素是(　)。

A. 课税对象　B. 税率　C. 纳税人　D. 纳税环节

14. 在税收构成要素中，用于区分不同税种的是(　)。

A. 纳税义务人　B. 征税对象　C. 税目　D. 税率

15. 下列税种中(　)属于价外税。

A. 消费税　B. 关税　C. 资源税　D. 增值税

16. 以下关于对税收概念的相关理解不正确的是(　)。

A. 税收是目前我国政府取得财政收入的最主要工具

B. 国家征税依据的是财产权利

C. 国家征税是为了满足社会公共需要

D. 税收"三性"是区别税与非税的外在尺度标志

17. 下列税率中最能体现税收负担纵向公平的税率形式是(　)。

A. 行业比例税率　B. 超额累进税率

C. 地区差别比例税率　D. 定额税率

二、多项选择题

1. 下列各项中,构成税法的 3 个最基本的要素包括(　)。

A. 纳税义务人　B. 税率　C. 征税对象　D. 税目

2. 按管理和使用权限的不同,税种分为(　)。

A. 中央税　B. 地方税　C. 中央地方共享税　D. 行为税

3. 我国现行税法规定的税率有(　)。

A. 比例税率　B. 累进税率　C. 定额税率　D. 固定税率

4. 累进税率是根据征税对象数额的大小,规定不同等级的税率,具体分为(　)。

A. 全额累进税率　B. 超额累进税率　C. 超率累进税率　D. 超倍累进税率

5. 按照税负能否转嫁,可以把税种分为(　)。

A. 直接税　B. 间接税　C. 流转税　D. 资源税

6. 税收体系设计的最主要的原则有(　)。

A. 效率原则　B. 公平原则　C. 规范原则　D. 法律原则

7. 税收的职能有(　)。

A. 财政职能　B. 经济职能　C. 监督管理职能　D. 公平与效率职能

8. 在我国现行的下列税种中,属于流转税的有(　)。

A. 增值税　B. 消费税　C. 印花税　D. 关税

9. 下列税种中属于直接税的有(　)。

A. 增值税　B. 企业所得税　C. 财产税　D. 消费税

10. 下列税种中属于价内税的有(　)。

A. 消费税　B. 企业所得税　C. 关税　D. 增值税

11. 对税收实体法要素中有关课税对象的表述,下列说法正确的有(　)。

A. 课税对象是税法最基本的要素

B. 纳税人是一种税区别于另一种税的最主要标志

C. 税目是反映具体的征税范围,是征税对象质的界定

D. 税率是衡量税负轻重与否的唯一标志

12. 中国现行税制中采用的累进税率有(　)。

A. 全额累进税率　B. 超额累进税率

C. 全率累进税率　D. 超率累进税率

三、判断题

1.社会主义税收取之于民，用之于民，所以具有有偿性。（　）

2.税收的"三性"是判别税与非税的主要标志。（　）

3.征税对象是区别不同税种的标志。（　）

4.在不同社会制度下，税收的职能是一样的。（　）

5.扣缴义务人和纳税人在实质上是等同的。（　）

6.免征额就是征税对象达到一定数额开始的征税。（　）

7.定额税率一般适用于从价计征的商品课税。（　）

8.发达国家是以流转税为主体的税制结构。（　）。

9.不论是价内税还是价外税，税款的最终负担者都是消费者。（　）

第二章　税收征收管理制度

★ 本章学习要点

- 税务登记的内容
- 账簿、凭证的管理
- 纳税申报
- 税款的征收
- 税务检查
- 税收法律责任

税收征收管理，是税务机关依法对税款征收过程进行监督管理活动的总称。税收征管制度是征纳双方必须共同遵守的规范，是征纳双方权利义务履行与实现的措施和办法。1992 年 9 月 4 日，《中华人民共和国税收征收管理法》由七届全国人大常委会第 27 次会议通过，1995 年 2 月 28 日八届全国人大常委会第 12 次会议对其进行了修正，2001 年 4 月 28 日九届全国人大常委会第 21 次会议根据变化了的实际情况，对这部法律做出重新修订，审议通过的《中华人民共和国税收征收管理法》（以下简称《税收征管法》），从 2001 年 5 月 1 日起正式实施，新《税收征管法》共分 6 章 94 条，它是我国税收征收管理的基本依据。2013、2015 年又对其进行了两次修正。

第一节　税务登记

一、税务登记的概念

税务登记，是整个征收管理的首要环节，是税务机关对纳税人的开业、变更、歇业以及生产经营范围实行法定登记的一项管理制度。

二、税务登记的内容

（一）设立税务登记

1. 税务登记范围

自 2015 年 10 月 1 日起，新设立企业、农民专业合作社领取由工商行政管理部门核发加载法人和其他组织统一社会信用代码的营业执照后，无须再次进行税务登记，不再领取税务登记证。企业首次办理涉税事宜时，税务机关依据市场监督管理部门共享的登记信息制作《“多证合一”登记信息确认表》,提醒纳税人对其中不全的信息进行补充,对不准的信息进行更正,对需要更新的信息进行补正。对于市场监管部门登记已采集信息,税务机关不再重复采集;其他必要涉税基础信息,可在企业办理有关涉税事宜时,及时采集,陆续补齐。在完成相关信息采集后,企业凭加载统一社会信用代码的营业执照可代替税务登记证使用。

“多证合一”改革之外的其他组织,如事业单位、社会组织、律师事务所、境外非政府组织等,应当依法向税务机关办理税务登记,领取税务登记证件。

2. 时限

需要办理税务登记的组织,若资料齐全、符合法定形式、填写内容完整的,税务机关受理后可以即时办结。

(二)变更税务登记

1. 一照一码户信息变更

(1)一照一码户市场监管部门信息发生变更

一照一码户市场监管部门登记信息发生变更,向市场监督管理部门申报办理变更登记,市场监督管理部门完成信息变更后,将变更信息共享至省级信息交换平台,税务机关接收市场监管部门变更信息,经确认后更新税务系统内纳税人对应信息。

(2)一照一码户非市场监管部门登记信息发生变更

一照一码户生产经营地、财务负责人等非市场监管部门登记信息发生变化时,向主管税务机关申报变更。主管税务机关应将变更后的生产经营地、财务负责人等信息即时共享至信息交换平台。

2. 两证整合个体工商户信息变更

(1)两证整合个体工商户市场监督管理部门发起的变更

两证整合个体工商户《个体工商户税务登记信息采集表》中有关信息发生变化的,该个体工商户应向市场监督管理部门申报信息变更。市场监督管理部门完成信息变更后将变更信息共享至外部信息交换系统,税务机关通过外部信息交换系统获取市场监督管理部门的变更信息,确认后进行变更。

(2)两证整合个体工商户税务部门发起的变更

两证整合个体工商户登记信息发生变更,经纳税人申请,也可由税务机关进行变更。税务机关在日常管理过程中发现两证整合个体工商户登记信息发生变更,可以依职权对纳税人登记信息进行变更,并经纳税人签字确认。

纳税人名称、纳税人识别号、业主姓名、经营范围不能由税务部门发起变更。

(三)注销税务登记

1. 注销税务登记适用范围

纳税人发生以下情形的,向主管税务机关申报办理注销税务登记。

(1)纳税人发生解散、破产、撤销以及其他情形,依法终止纳税义务的;

(2)按规定不需要在市场监督管理部门或者其他机关办理注销登记的,但经有关机关批准或者宣告终止的;

(3)纳税人被市场监督管理部门吊销营业执照或者被其他机关予以撤销登记的；

(4)境外企业在中国境内承包建筑、安装、装配、勘探工程和提供劳务的，项目完工，离开中国的；

(5)外国企业常驻代表机构驻在期届满、提前终止业务活动的；

(6)非境内注册居民企业经确认终止居民身份的。

该事项不适用实施"一照一码""两证整合"的纳税人。

2. 注销税务登记时限要求

定期定额个体工商户注销事项在5个工作日内办结，单位及查账征收个体工商户注销在20个工作日内办结。若管理部门在核查、检查过程中发现以下情形的，办理时限中止。

(1)发现涉嫌偷、逃、骗、抗税或虚开发票等重大事项的；

(2)需要进行特别纳税调整的；

(3)国家税务总局规定的注销办理时限中止的情形。

待相关事项办理完毕后方可继续办理注销事宜，办理时限继续计算。

3. 税务注销即时办理

(1)对向市场监管部门申请一般注销的纳税人，税务机关在为其办理税务注销时，进一步落实限时办结规定。对未处于税务检查状态、无欠税(滞纳金)及罚款、已缴销增值税专用发票及税控专用设备，且符合下列情形之一的纳税人，优化即时办结服务，采取"承诺制"容缺办理，即纳税人在办理税务注销时，若资料不齐，可在其作出承诺后，税务机关即时出具清税文书。

①纳税信用级别为A级和B级的纳税人；

②控股母公司纳税信用级别为A级的M级纳税人；

③省级人民政府引进人才或经省级以上行业协会等机构认定的行业领军人才等创办的企业；

④未纳入纳税信用级别评价的定期定额个体工商户；

⑤未达到增值税纳税起征点的纳税人。

(2)对符合即办条件但有未结事项的，纳税人可签署《即办〈清税证明〉承诺书》，税务机关即时出具《清税证明》，将纳税人状态设置为"清算"；纳税人不选择'承诺制'容缺办理的，税务机关制作《税务事项通知书》(未结事项告知书)。若纳税人符合即办条件且无未结事项的，税务机关即时出具《清税证明》，将纳税人状态设置为"注销"。

(3)未办理过涉税事宜的纳税人，主动到税务机关办理清税的，税务机关可根据纳税人提供的营业执照即时出具清税文书。

(4)办理过涉税事宜但未领用发票，无欠税(滞纳金)及罚款的纳税人，主动到税务机关办理清税，资料齐全的，税务机关即时出具清税文书；资料不齐的，可采取"承诺制"容缺办理，在其做出承诺后，即时出具清税文书。

(5)经人民法院裁定宣告破产的纳税人，持人民法院终结破产程序裁定书向税务机关申请税务注销的，税务机关即时出具清税文书，按照有关规定核销"死欠"。

(四)停业登记

1. 业务概述

实行定期定额征收方式的个体工商户或比照定期定额户进行税款征收管理的个人独资企

业需要停业的，应当在停业前向税务机关申报办理停业登记。纳税人的停业期限不得超过一年。

纳税人在申报办理停业登记时，应如实填写申请登记表，说明停业理由、停业期限、停业前的纳税情况和发票的领、用、存情况，并结清应纳税款、滞纳金、罚款。税务机关应收存其税务登记证件及副本。

纳税人停业期满不能及时恢复生产经营，应如实填写《停业复业报告书》。

2. 业务前提

实行定期定额征收方式的个体工商户或比照定期定额户进行税款征收管理的个人独资企业，且纳税人不能存在未缴税款（包括滞纳金和罚款等）、未申报税种、未办结违章案件等情况。

3. 办理规范

（1）税务人员按照以下情况分别办理。

①对纳税人提交资料齐全、符合法定形式的，录入停业登记信息，制作《税务事项通知书》（停业通知）。

② 纳税人提交资料不齐全或不符合法定形式的，制作《税务事项通知书》（补正通知），一次性告知纳税人需补正的内容。其中纳税人存在未缴税款（包括滞纳金和罚款等）、未申报税种、未办结违章案件等情况的，要求先行办结。

③依法不属于本机关职权或本业务受理范围的，制作《税务事项通知书》（不予受理通知），告知纳税人不予受理的原因。

（2）办结时限。本事项即时办结。

（五）复业登记

1. 业务概述

纳税人应当于恢复生产经营之前，向主管税务机关申报办理复业登记，领回并启用税务登记证件。纳税人停业期满既未按期复业又不申请延长停业的，税务机关应当视为已恢复营业，实施正常的税收征收管理，并通知纳税人领回税务登记证件。

2. 办结时限

本事项即时办结。

三、税务登记证件的使用和管理

（一）税务登记证件的概念及分类

1. 税务登记证件的概念

税务登记证件是税务机关对办理税务登记的纳税人核发的一种证件，是纳税人纳入税务机关管理的证明，也是税务机关对纳税人实施税务管理的有效证明。

2. 税务登记代码

编制税务登记代码是税务登记证件的核心，是纳税人的纳税身份的识别码，在所有的税务登记证正本和副本上，必须明确加盖税务登记代码。

(二)税务登记证件的使用

按照《税收征管法》的有关规定,除按照规定不需要发给税务登记证件的外,纳税人在办理下列事项时必须持税务登记证件。

(1)开立银行账户;

(2)申请减税、免税、退税;

(3)申请办理延期申报、延期缴纳税款;

(4)申请填开《外出经营活动税收管理证明》;

(5)办理停业、歇业;

(6)其他有关税务事项。

(三)税务登记的管理

(1)税务机关对税务登记证件实行定期验证和换证制度。纳税人应当在规定的期限内持有关证件到主管税务机关办理验证或换证手续。

(2)纳税人应当将税务登记证件正本在其生产、经营场所或者办公场所公开悬挂,接受税务机关检查。

(3)纳税人遗失税务登记证件的,应当在 15 日内书面报告主管税务机关,并登报声明作废。

(4)根据《国家税务总局关于创新跨区域涉税事项报验管理制度的通知》(税总发〔2017〕103 号),纳税人跨区域经营前不再开具相关证明,改为填报《跨区域涉税事项报告表》。纳税人在省(自治区、直辖市和计划单列市)临时从事生产经营活动的,不再开具《外出经营活动税收管理证明》,改向机构所在地的税务机关填报《跨区域涉税事项报告表》。纳税人在省(自治区、直辖市和计划单列市)内跨县(市)临时从事生产经营活动的,是否实施跨区域涉税事项报验管理由各省(自治区、直辖市和计划单列市)税务机关自行确定。

税总发〔2017〕103 号文件同时取消跨区域涉税事项报验管理的固定有效期。税务机关不再按照 180 天设置报验管理的固定有效期,改按跨区域经营合同执行期限作为有效期限。合同延期的,纳税人可向经营地或机构所在地的税务机关办理报验管理有效期限延期手续。

第二节 账簿、凭证管理

一、账簿、凭证管理概述

(一)账簿、凭证的概念

账簿、凭证管理是指税务机关根据税收征管的实际需要,依据《税收征管法》的规定,对纳税人及扣缴义务人的账簿、凭证进行税务管理活动的总称。

账簿是指纳税人、扣缴义务人以会计凭证为依据,全面、连续、系统地记录各种经济业务的账册或簿籍,包括总账、明细账、日记账及其他各种辅助账簿。

凭证是指纳税人、扣缴义务人用来记录经济业务,明确经济责任,并据以登记账簿的书面证明。凭证分为原始凭证和记账凭证。原始凭证是经济业务发生时所取得或填制的凭证,如发票等;记账凭证是由会计人员根据审核无误的原始凭证,按其内容根据会计科目和复式记账的方法,加以归类整理,并据以确定会计分录和登记账簿的凭证。通过凭证的填制和审核,不仅可以保证账簿记录的真实可靠,而且可以检查各项经济业务是否合理、合法,准确反映经营管理水平和经济效益,正确计算应纳税额。

(二)账簿的设置

《税收征管法》第十九条规定:"纳税人、扣缴义务人按照有关法律、行政法规和国务院财政、税务主管部门的规定设置账簿,根据合法、有效凭证记账,进行核算。"这一规定包含三层含义。

1. 明确了设置账簿的范围和原则

从事生产、经营的纳税人应自领取工商营业执照之日起 15 日内按照国务院财政、主管税务部门的规定设置账簿。

扣缴义务人应当自税收法律、行政法规规定的扣缴义务发生之日起 10 日内,按照所代扣、代收的税种,分别设置代扣代缴、代收代缴税款账簿。

纳税人、扣缴义务人会计制度健全,能够通过计算机正确、完整计算其收入和所得或者代扣代缴、代收代缴税款情况的,其计算机输出的完整的书面会计记录,可视同会计账簿。

纳税人、扣缴义务人会计制度不健全,不能通过计算机正确、完整计算其收入和所得或者代扣代缴、代收代缴税款情况的,应当建立总账及与纳税或者代扣代缴、代收代缴税款有关的其他账簿。

生产、经营规模小又确定无建账能力的纳税人,可以聘请经批准从事会计代理记账业务的专业机构或者财会人员代为建账和办理账务。

2. 对会计核算提出了具体的要求

纳税人、扣缴义务人必须根据合法、有效的凭证进行账务处理。凭证的合法、有效,不仅是会计核算正确、合法的依据,也是正确计算应纳税款的基础和前提,不符合要求的凭证,不能作为会计处理的依据,会造成会计核算的混乱和违法,而且还可能导致错误地计算应纳税额,造成税收流失,损害国家的利益,因此必须根据合法、有效的凭证记账。

(三)财务会计处理规定

财务会计处理规定包括两方面的含义,即备案制度和冲突处理的规定。

(1)备案制度。备案制度是指从事生产、经营的纳税人必须将所采用的财务、会计制度和具体的财务、会计处理办法,按税务机关的规定,及时报送税务机关备案。纳税人采用计算机记账的,应当在使用前将会计核算软件、会计处理办法等报税务机关备案。

(2)纳税人、扣缴义务人的财务会计处理制度或者处理办法符合会计法的规定且不与税收的有关规定相抵触,纳税人具有选择使用财务会计处理制度或者办法的权利。

(3)纳税人、扣缴义务人的财务会计处理制度或者处理办法与税收规定不一致时的处理。当从事生产、经营的纳税人、扣缴义务人的财务会计制度或者处理办法与国务院或者国务院财政、税务主管部门关于税收的规定不一致时,依照国务院或者国务院财政、税务主管部门有关税收的规定计算应纳税款、代扣代缴和代收代缴税款。

考虑到各类纳税人、扣缴义务人在具体财务会计处理上的特殊需要，国家允许纳税人、扣缴义务人在不违反国家财务、会计规定的前提下，制定本部门、本单位的财务会计处理制度或者办法，但是这些制度、办法不得与国家关于税收的法律法规或者税务机关依照税收法律法规做出的规定相抵触。

（四）账簿、凭证的保管

纳税人、扣缴义务人的账簿、凭证的保管，主要包括两个方面的内容。

（1）纳税人、扣缴义务人有按照法定的期限完整保管账簿、凭证的义务。纳税人、扣缴义务人的账簿、记账凭证、完税凭证及其他有关资料是其从事生产、经营活动，履行纳税义务的具有法律效力的记录和证明。

（2）不得伪造、变造、擅自销毁账簿、记账凭证、完税凭证和其他有关资料。账簿、记账凭证、完税凭证和其他有关资料是税收征管的基础，伪造、变造或者擅自损毁，不仅会给税收征管工作带来难度，甚至还会造成税款流失。

二、发票管理

（一）发票管理的概念

发票是在购销商品、提供或者接受服务以及从事其他经营活动中，开具或者收取的收付款凭证；是财务会计核算的原始凭证和税务检查的重要依据；是经济活动中重要的商事凭证和记录生产经营活动的书面证明。

《中华人民共和国发票管理办法》规定，国务院税务主管部门统一负责全国的发票管理工作。省级税务机关的发票管理工作由国家税务总局各省、自治区、直辖市和计划单列市税务局负责。

（二）发票管理的主要内容

发票管理主要包括发票的印制、使用、收取、开具、保管、缴销和检查处理等。

1. 发票印制的管理

发票印制的管理是发票管理的首要环节，发票的印制管理主要包括以下内容。

（1）发票的种类、联次、内容以及使用范围由国务院税务主管部门规定。其中在全国范围内统一式样的发票，由国家税务总局确定；在省、自治区、直辖市范围内统一式样的发票，由省税务机关确定。

（2）增值税专用发票由国务院税务主管部门确定的企业印制，具体是指增值税专用发票由国家税务总局委托中国人民银行印钞造币总公司印制。

（3）发票应当套印全国统一发票监制章。全国统一发票监制章的式样，由国务院税务主管部门规定。发票监制章由省级税务机关制作。

（4）其他发票，按照国务院税务主管部门的规定，分别由省、自治区、直辖市税务局指定的企业印制。

（5）未经税务机关指定，不得印制发票，不得在境外印制发票等。

具体印制发票的企业,必须按照税务机关的要求印制发票。

2.发票领用的管理

已办理税务登记的单位和个人,在向主管税务机关办理发票领用手续后,可以按税务机关确认的发票种类、数量、开票限额以及领用方式,到税务机关申请领用发票。

依法不需要办理税务登记或领取营业执照,需要临时使用发票的单位和个人,可以凭购销商品、提供或者接受服务以及从事其他经营活动的书面证明、经办人身份证明,直接向经营地税务机关申请代开发票。

临时到本省、自治区、直辖市以外从事经营活动的单位或者个人,应当向机构所在地的税务机关填报《跨区域涉税事项报告表》,对按规定需要领用经营地发票的,应在按要求提供保证人或缴纳保证金的前提下,向经营地税务机关领用。

3.发票开具、取得、使用的管理

使用发票是指发票的开具、取得以及用开具或者取得的发票进行会计处理活动的总称。发票的开具是指在经济活动中,应该出具发票的一方按照经济活动的内容和发票填开的要求,为应该收取发票的一方出具发票的活动。发票的取得是指在经济活动中,为应该收取发票的一方依法向应该出具发票的一方索取发票的过程。发票的开具和取得是一个活动的两个方面,这一活动的结果就是应该开具发票的一方开出了发票,应该收取发票的一方取得了发票。

发票的开具、取得和使用,必须依法进行或者依照税务机关依法做出的规定进行。

4.发票的保管和缴销

(1)发票的保管包括两个方面的内容,一是税务机关对发票的保管,具体是指税务机关在印制发票成品以后,在向纳税人供应发票前对发票的保管。税务机关对发票的保管主要实行"集中分级保管"的原则,即所有的发票必须由税务机关进行集中管理。在管理的过程中,按照不同的情况及需要,在税务机关内部划分保管级次,分级保管;二是领用发票的单位和个人对已使用和未使用发票的保管,领用发票的单位和个人必须按照法律法规的规定或者税务机关依照法律法规做出的规定,保管发票。无论是税务机关还是领用发票的单位和个人,都要建立一系列的发票保管制度,如专库保管制度、专人保管制度、专账登记制度、定期盘点制度等。

(2)发票缴销的前提。

①临时到本省、自治区、直辖市以外从事经营活动的单位或者个人,向经营地税务机关领购经营地的发票,跨区域经营活动结束;

②开具发票的单位和个人应办理变更或者注销税务登记;

③税务机关发票换版时,纳税人存有已领用但尚未填开的空白发票;

④开具发票的单位和个人应当按照税务机关的规定存放和保管发票,不得擅自损毁。已开具的发票存根联和发票登记簿,保存五年期满。

(三)增值税发票的管理

增值税专用发票不仅是重要的商事凭证和会计核算的原始凭证,而且是纳税人抵扣税款的合法证明和依据,对纳税人依法计算并缴纳增值税和税务机关加强对增值税的管理具有重要的作用,是增值税管理的关键。

增值税普通发票的基本联次分为两联(即发票联、记账联)或五联(即发票联、记账联和三个附加联);增值税专用发票的基本联次分为三联(即发票联、记账联、抵扣联)或六联(即发票联、记账联、抵扣联和三个附加联)。

对增值税专用发票除了要按照关于发票管理的一般要求进行管理外,还有许多特殊的管理规定,主要包括:关于增值税专用发票使用对象的规定;关于增值税专用发票抵扣税款的规定;关于增值税专用发票认证的规定;关于增值税专用发票进行勾选的规定;确认关于税务机关为增值税小规模纳税人代开增值税专用发票的规定;扩大小规模纳税人自行开具增值税专用发票试点范围等。

增值税发票管理系统最初应用于增值税专用发票管理,随着 2012 年 1 月 1 日起在部分地区交通运输业营改增试点,提供货物运输服务的一般纳税人使用货物运输业增值税专用发票税控系统,国家税务总局决定自 2015 年 1 月 1 日起在全国范围推行增值税发票系统升级版,对增值税防伪税控系统、货物运输业增值税专用发票税控系统、稽核系统以及税务数字证书系统等进行整合升级完善。自 2016 年 5 月 1 日起,纳税人使用增值税发票系统升级版选择相应的编码开具增值税发票。自 2018 年 4 月 1 日起,二手车销售统一发票也通过增值税发票系统升级版开具。

三、税控管理

税控管理是税收征收管理的重要组成部分,是税务机关利用税控装置对纳税人的生产、经营情况进行监督和管理,并据以确定计税依据和应纳税额,进行税收管理的各项活动的总称。

《税收征管法》第二十三条规定:“国家根据税收征收管理的需要,积极推广使用税控装置。纳税人应当按照规定安装、使用税控装置,不得损毁或者擅自改动税控装置。”这就从法律上确立了税控装置的地位,为税控管理提供了法律依据,并使税务机关对账簿、凭证的管理延伸到纳税人进行交易活动的过程中。

税控装置是指能正确反映纳税人收入情况,保证计税依据和有关数据的正确生成、安全传递、可靠存储,并能实现税收的控制、管理的器具和支持该器具的管理系统。税控装置的应用对象主要是以流转额为课税对象的纳税人。税控装置可以有效防止税款流失。

第三节 纳税申报

一、纳税申报概述

纳税申报是指纳税人依照法律、行政法规的规定或者税务机关依法确定的申报期限、申报内容,如实向税务机关报送纳税申报表、财务会计报表以及税务机关根据实际需要要求纳税人报送的其他纳税资料的活动;扣缴义务人依照法律、行政法规或者税务机关依法确定的申报期限、申报内容,如实向税务机关报送代扣代缴、代收代缴税款报告表以及税务机关根据实际需要要求扣缴义务人报送的其他有关资料的活动。可见,纳税申报是纳税人、扣缴义务人按照税法规定的期限和内容向税务机关提交有关纳税事项的书面报告的法律行为,是纳税人、扣缴义务人履行纳税义务、扣缴税款义务的程序,是税务机关确定纳税人、扣缴义务人法律责任的依据,是税务机关依法进行税收征收管理的一个重要环节,是税收管理信息的主要来源和重要的税务管理制度。

纳税申报的基本要求是：①及时申报。纳税人、扣缴义务人必须按照税收法律、法规的要求或者税务机关依照税收法律、行政法规的规定确定申报期限，及时向税务机关报送有关的报表，办理纳税申报事宜。②全面申报。纳税人、扣缴义务人要按照要求，报送纳税申报表、扣缴税款报告表和其他有关报表。这一原则包括两层含义：一是纳税人、扣缴义务人的报表和有关资料要齐全、完整；二是报表内的申报项目要填报齐全、完整。③如实申报。纳税人、扣缴义务人要按照实际发生的业务情况，如实全面地向税务机关进行申报，数据要真实、准确、完整，不得编造、隐瞒有关的数据和经营情况。

二、纳税申报的内容

纳税申报的内容是指纳税人、扣缴义务人在向税务机关办理纳税申报时，应向税务机关报告的具体内容。纳税申报的内容主要体现在各税种的纳税申报表或代扣代缴、代收代缴税款报告表内，还有的部分体现在随纳税申报表附报的财务报表或者其他有关资料内。

纳税申报表或者代扣代缴、代收代缴税款报告表的具体内容，因税种的不同而有所不同。主要包括：税种、税目、应纳税项目或者应代扣代收税款项目、适用税率或者单位税额、计税依据、抵扣项目、扣除项目及标准、应纳税额或者应代扣代收税额、税款的所属期等。

三、纳税申报方式

纳税申报方式是指纳税人、扣缴义务人向税务机关报送有关报表，履行纳税申报义务的具体方式。纳税人、扣缴义务人必须履行申报义务，其申报方式有一定的选择权。

按照不同的分类标准，可以将申报方式划分为不同的种类。

按照纳税人是否独自办理纳税申报事宜，将纳税申报划分为：纳税人独立进行的纳税申报；纳税人委托税务代理人进行的代理申报。

按照纳税申报的手段分为：纳税人直接到税务机关进行的纳税申报；邮寄申报；纳税人利用电话、计算机等媒介进行的数据电文申报；其他方式的申报。

四、纳税申报程序

（一）受理

纳税人依法办理纳税申报时，按照税务机关确定的申报方式报送有关的报表和资料，税务机关征收部门负责受理、签收有关的申报资料。

（二）审核

税务征收部门负责审核申报资料是否齐全、申报是否及时；对于资料不齐全的，当场交纳税人或送催报管理部门。

（三）处理

（1）纳税人提交的资料齐全，符合法定形式，相关税种纳税申报表内容填写符合规定的，受理纳税人申报并录入申报信息。

(2)纳税人提交资料不齐全的,制作《税务事项通知书》(补正内容通知),一次性告知纳税人需补齐补正资料的内容。

(3)纳税人提交资料不符合条件,或纳税人不属于本税务机关管辖范围的,制作《税务事项通知书》(不予受理通知),告知纳税人不予受理的理由。

五、延期申报管理

(一)延期申报概述

延期申报是指纳税人、扣缴义务人不能按照税法规定的期限办理纳税申报或者扣缴税款报告,经税务机关核准,可以延长申报期限,在延长的申报期限内纳税人、扣缴义务人办理纳税申报或者扣缴税款报告。

延期申报的适用范围,只适用于有特殊困难不能按期办理纳税申报的纳税人、扣缴义务人。

延期申报与过期申报不同,过期申报是指纳税人、扣缴义务人没有按照税法规定的期限办理纳税申报或者扣缴税款报告,应当依法承担相应的法律责任。

(二)延期申报的程序

1.申请

纳税人、扣缴义务人因特殊困难不能按期办理纳税申报的应向县以上税务机关提出延期申报申请,领取并填写《税务行政许可申请表》《延期申报申请核准表》《纳税人确有困难不能正常申报的情况说明》。

2.受理

税务机关审阅纳税人填写的各项报表是否符合要求,所附查验的资料是否齐全。符合条件的将有关资料传递到核准环节。

3.核准

经核准环节核准,纳税人、扣缴义务人可以延期申报。

(三)延期申报的税款处理

为防止税收流失,保障税收收入的完整性和均衡性,在规定可以为纳税人、扣缴义务人办理延期申报的同时,也规定了对延期申报申请人的税款的处理。纳税人因不可抗力因素,导致发生较大损失,正常生产经营活动受到较大影响的,或者当期货币资金在扣除应付职工工资、社会保险费后不足以缴纳税款的,经省、自治区、直辖市税务局批准,可以延期缴纳税款,但最长不得超过 3 个月。计划单列市税务局可以参照税收征管法第三十一条第二款的批准权限,对纳税人延期缴纳税款进行核准。纳税人需要延期缴纳税款的,应当在缴纳税款期限届满前提出申请,税务机关应当自收到申请延期缴纳税款报告之日起 20 日内做出批准或者不予批准的决定;不予批准的,从缴纳税款期限届满之日起加收滞纳金。

第四节 税款征收

一、税款征收概述

税款征收是指税务机关依据法律、行政法规规定的标准和范围,将纳税人依法应该向国家缴纳的税款,及时足额地征收入库的一系列活动的总称。税款征收包括很多方面:征收方式的确定、核定应纳税额、税款入库、减免税管理、欠税的追缴等。税款征收是税收征管的目的,在整个税收征管中处于核心环节和关键地位,是税收征管的出发点和归宿。

(一)税款征收的原则

1. 法定权限和法定程序的原则

这是税款征收的一项基本原则,具体表现在:税务机关征收税款时,如核定应纳税额,对纳税人的欠税进行清理,采取税收保全措施和强制执行措施,办理减、免、退税时必须坚持按法定权限和法定程序执法。

2. 税款必须按照法定的税收征收管理范围和税款入库预算级次征收入库的原则

税务机关是征税的行政主体之一。

税款入库的预算级次是指按国家规定的财政预算科目征收入库税款的预算等级。

3. 税收优先的原则

税收优先原则主要表现在:

(1)税收优先于无担保债权。

(2)税收优先于发生在其后的抵押权、质押权、留置权。

(3)税收优先于罚款、没收违法所得。

(二)税款征收管理的范围

税务系统负责征收和管理的税种及项目:

1994 年我国开始实行分税制财政管理体制,税收管理机构进行了相应配套改革。中央政府设立国家税务总局,是国务院主管税收工作的直属机构。省及省以下税务机构分设为国家税务局和地方税务局两个系统。2018 年中共中央办公厅、国务院办公厅印发了《国税地税征管体制改革方案》,改革国税地税征管体制,合并省级和省级以下国税地税机构,划转社会保险费和非税收入征管职责,更好发挥税收在国家治理中的基础性、支柱性、保障性作用。现行税种包括增值税、消费税、城建税、企业所得税、个人所得税、关税、资源税、城镇土地使用税、耕地占用税、房产税、契税、土地增值税、车辆购置税、车船税、印花税、烟叶税、船舶吨税、环境保护税。除海关系统负责征收和管理的关税、船舶吨税以及其负责代征的进口环节的增值税、消费税外,其余由税务机关进行征收管理。

(三)税收收入的划分

我国的税收收入分为中央政府固定收入、地方政府固定收入和中央政府与地方政府共享收入。

我国税收收入的划分是：

1. 中央政府固定收入

包括消费税、车辆购置税、关税、船舶吨税。

2. 地方政府固定收入

包括房产税、城镇土地使用税、耕地占用税、土地增值税、烟叶税、环境保护税、车船税、契税。

3. 中央政府与地方政府共享收入

(1)增值税。(海关代征的部分归中央政府；其余部分除另有规定外，暂定中央 50%，地方 50%)。

(2)企业所得税(除规定的中央政府收入以外，中央 60%，地方 40%)。

(3)个人所得税(中央 60%，地方 40%)。

(4)资源税(海洋石油企业缴纳的部分归中央政府，其余部分归地方政府)。

(5)印花税(股票交易印花税收入归中央政府，其余归地方政府)。

(6)城市维护建设税(各银行总行、保险公司总公司和中国铁路总公司集中缴纳部分归中央，其余归地方)。

2017 年 12 月开始的水资源税改革试点期间，水资源税收入按照 2∶8 的比例在省与市、省财政直接管理县(市)之间进行分成。环保税收入为省与市、省财政直接管理县(市)按照 3∶7 比例分成。

(四)税款征收的方式

1. 按应纳税额计算方式划分

(1)查账征收。即税务机关按照纳税人提供的账表所反映的生产经营情况，依照适用税率计算征收税款的方式。

(2)查定征收。一般对账册不够健全，但是能够控制原材料、进货销货的纳税单位，采用查定征收。

(3)查验征收。

(4)定期定额征收。

2. 按税款入库渠道划分

(1)纳税人直接向国库经收处缴纳，适用于纳税人在设有国库经收处的银行或者其他金融机构开设账户，并且向税务机关申报的纳税人。

(2)税务机关自收税款办理入库手续，主要适用现金完税的税款的征收。

(3)扣缴义务人代扣代缴、代收代缴税款。

(4)委托代征税款，主要适用于小额、零散税源的征收。

(5)其他方式征收税款，主要包括邮寄纳税、用 IC 卡纳税，通过程控系统纳税，通过网络申报网络转账的方式纳税等。

3. 按其他标准划分

(1)按征收手段分类，主要有纳税人自行缴纳税款、税务机关强制征收税款。

(2)按纳税地点划分,主要有就地缴纳、汇总缴纳。

(3)按纳税时间划分,主要有按日纳税、按月纳税、按季纳税、按年纳税,分季或分月预缴,年终汇算清缴以及按次纳税等。

二、税收保全措施和税收强制执行措施

(一)税收保全措施和强制执行措施的内容

1.保全措施的内容

(1)书面通知纳税人的开户银行或者其他金融机构冻结纳税人的相当于应纳税款的存款。

(2)扣押、查封纳税人的价值相当于应纳税款的商品货物或其他财产。个人及其所抚养家属维持生活必需的住房和用品,不在税收保全措施的范围之内。生活必需的住房和用品不包括机动车辆、金银饰品、古玩字画、豪华住宅或者一处以外的住房。税务机关对单价5 000元以下的其他生活用品,不采取税收保全措施和强制执行措施。

2.强制执行措施的内容

(1)书面通知纳税人的开户银行或者其他金融机构从其存款中扣缴税款。

(2)扣押、查封、依法拍卖或者变卖相当于应纳税款的商品、货物或者其他财产。

(二)采取税收保全和强制执行措施的条件

1.税收保全措施的条件

(1)行为条件。就是纳税人有逃避纳税义务的行为。没有逃避纳税义务行为的不能采取税收保全措施。逃避纳税义务行为包括转移、隐匿商品、货物或者其他财产等。

(2)时间条件。在规定的纳税期届满之前和责令缴纳税款的期限之内。超过了时限的规定而没有缴纳税款的,税务机关可以采取税收强制执行措施,而不是税收保全措施。

(3)担保条件。在上述两个条件具备的情况下,税务机关可以责成纳税人提供纳税担保。纳税人不提供纳税担保的,税务机关可以依照法定权限和程序,采取税收保全措施。可以采取税收保全措施的纳税人仅限于从事生产、经营的纳税人,不包括非从事生产、经营的纳税人,也不包括扣缴义务人和纳税担保人。

2.强制执行措施的条件

(1)超过执行措施的条件。

(2)告示在先。

(3)超过告诫期。

强制执行措施不仅限于从事生产、经营的纳税人,也适用于扣缴义务人、纳税担保人。税务机关对纳税人采取保全措施或强制执行措施应经县以上税务局(分局)局长批准。

三、税款征收制度

税款征收中的相关制度主要包括应纳税额核定制度、纳税调整制度、代扣代缴税款制度、欠税管理制度、滞纳金征收制度、延期纳税制度、报验征收制度、税款的退还和追征制度、减免税管理制度、税收凭证管理制度。

(一)应纳税额核定制度

1. 核定应纳税税额的对象

核定税额是针对由于纳税人的原因导致税务机关难以查账征收税款,而采取的一种措施。《征管法》规定,税务机关在以下 6 种情况下,有权核定纳税人的应纳税税额:

(1)依照法律、行政法规的规定,可以不设置账簿的;

(2)依照法律、行政法规的规定,应该设置但未设置账簿的;

(3)擅自销毁账簿或者拒不提供纳税资料的;

(4)虽设置账簿但账簿混乱或者成本资料、收入凭证、费用凭证残缺不全,难以查账的;

(5)发生纳税义务,未按照规定的期限办理纳税申报,经税务机关责令限期申报,逾期仍不申报的;

(6)纳税人申报的计税依据明显偏低又无正当理由的。

2. 核定应纳税额的方法

《征管法》规定,核定应纳税额的具体程序和方法由国务院主管部门核定,其目的就是确保核定是建立在比较公平合理的基础上。

3. 关联企业税收制度的调整

《征管法》规定,企业或外国企业在中国境内设立的从事生产、经营机构、场所与其关联企业之间的业务往来,应按照独立企业之间的业务往来收取或者支付价款、费用,不按照独立企业之间的业务往来收取或者支付价款、费用而减少其应纳税收入或者所得额的,税务机关有权进行合理调整。

(二)欠税管理制度

欠税是指纳税人未按照规定期限缴纳税款,扣缴义务人未按照规定的期限解缴税款的行为。欠税时间从规定的纳税期限届满的次日至纳税人、扣缴义务人缴纳或者解缴税款的当日。

纳税人未按照规定期限缴纳税款的,扣缴义务人未按照规定期限解缴税款的,税务机关除责令限期缴纳外,从滞纳税款之日起,按日加收滞纳税款万分之五的滞纳金。

(三)税款的退还和追征制度

1. 税款的退还制度

税款的退还制度是指对纳税人超过应纳税款多缴的税款退回纳税人的制度。退还多缴税款主要包括两种情况:一是因为技术上的原因或计算上的错误,造成纳税人多缴或税务机关多征的税款。二是在正常的税收征管的情况下造成的多缴税款。

2. 税款的追征制度

税款的追征制度是指对纳税人、扣缴义务人未缴税款的征收。造成未缴、少缴的情况很多,税务机关按照不同情况进行追征。

(1)对于因税务机关的责任造成的未缴或少缴税款,税务机关可以在 3 年内要求纳税人、扣缴义务人补缴税款,但是不得加收滞纳金。

(2)对于因纳税人、扣缴义务人计算错误等失误造成的未缴或者少缴税款,在一般情况下,税务机关的追征期是3年,在特殊情况下,追征期是5年。对于这种原因造成的未缴或少缴税款,税务机关在追征税款的同时,还要追征滞纳金。

对偷、抗、骗税的,税务机关可以无限期地追征偷税、抗税的税款、滞纳金或所骗取的税款。

(四)减免税管理

减税、免税是指税法中对某些特殊情况给予减轻或者免除税收负担的一种税收优惠措施或特殊的调节手段,合称为减免税。减税是对应征税款减少征收一部分;免税是在一定情况下全部免除税收负担。

1.减免税的条件

减免税必须有税收法律、法规的明确规定,任何一项减税、免税,都是针对某一税种的,必须按照税种规定减免税。

(1)纳税人困难性减免城镇土地使用税。

城镇土地使用税困难减免税按年核准。因自然灾害或其他不可抗力因素遭受重大损失导致纳税确有困难的,税务机关应当在困难情形发生后,于规定期限内受理纳税人提出的减免税申请。其他原因造成纳税确有困难的,应当于年度终了后规定期限内,受理纳税人提出的减免税申请。

纳税人缴纳土地使用税确有困难需要定期减免的,由省级及以下税务机关核准。

(2)地震受灾减免个人所得税。

因地震灾害造成重大损失的个人,可减征个人所得税。具体减征幅度和期限由受灾地区省、自治区、直辖市人民政府确定。对地震受灾地区个人取得的抚恤金、救济金,免征个人所得税。

(3)其他自然灾害受灾减免个人所得税。

因严重自然灾害造成重大损失的,经批准可以减征个人所得税,其减征的幅度和期限由省、自治区、直辖市人民政府规定。

(4)残疾、孤老、烈属减征个人所得税。

残疾、孤老人员和烈属的劳动所得(具体所得项目为:工资、薪金所得;个体工商户的生产经营所得;对企事业单位的承包经营、承租经营所得;劳务报酬所得;稿酬所得;特许权使用费所得)经批准可以减征个人所得税,其减征的幅度和期限由省、自治区、直辖市人民政府规定。

(5)地震灾害减免资源税。

纳税人开采或者生产应税产品过程中,因地震灾害遭受重大损失的,由受灾地区省、自治区、直辖市人民政府酌情决定减征或免征资源税。

(6)事故灾害等原因减免资源税。

纳税人开采或者生产应税产品过程中,因意外事故或者自然灾害等原因遭受重大损失的,由省、自治区、直辖市人民政府酌情决定减税或者免税。

(7)企业纳税困难减免房产税。

纳税人纳税确有困难的,可由省、自治区、直辖市人民政府确定,定期减征或者免征房产税。

2.减免税的程序

纳税人享受减免税，应当提交核准材料，提出申请，经依法具有批准权限的税务机关按本办法规定核准确认后执行。未按规定申请或虽申请但未经有批准权限的税务机关核准确认的，纳税人不得享受减免税。

(1)受理。

对纳税人报送资料齐全，填写内容完整，符合法定形式的，税务人员受理申请。

对纳税人填写内容不完整或者错误的，可要求纳税人当场进行更正；报送资料不齐全或不符合法定形式的，制作《税务事项通知书》(补正通知)，一次性告知纳税人需补正的内容。

依法不属于本机关职权或本业务受理范围的，制作《税务事项通知书》(不予受理通知)，告知纳税人不予受理的原因。

(2)核准。

经核准确认符合条件的，签署"同意"意见，连同附送资料传递给发放人员。

符合条件是申请资料齐全，政策依据准确，申请事项符合减免税法定条件，对于需要调查核实的事项经过调查核实等。

经核准确认不符合条件的，签署"不同意"意见，连同附送资料传递给发放人员。

(3)发放。

根据核准确认意见制作并送达《税务事项通知书》，将核准结果送达纳税人。

(4)归档。

归档资料为报送资料清单中标注为归档的各项资料。

(5)办结时限。

本事项办结时限，根据具体业务情形由省级税务机关依据相关文件确定。

(五)税收票证的管理

专指税务机关对完税凭证从设计、印制、领发、保管、填开、规定、销毁等全过程的专业化管理的总称。各级税务机关必须对完税凭证依法进行严格管理。

第五节 税务检查

《征管法》进一步明确了税务检查权，增强了税务机关在检查中的执法权，为税务检查的实施提供了更加有力的法律保障，同时还明确了税务机关与有关单位和个人的权利与义务关系，加强了对税务机关的执法制约和纳税人合法权益的保护，这对提高税务机关的行政执法水平，推进依法治税将起到十分重要的作用。

一、税务检查概述

(一)税务检查的含义

税务检查也称纳税检查，是税务机关依照国家有关税收法律、行政法规、规章和财务会计制度的规定，对纳税人和扣缴义务人履行纳税义务、代扣代缴义务情况进行的审查监督的管理活动，是税收征收管理的主要环节，是确保国家财政收入和税收法律、行政法规、规章贯彻落实的重要手段，是纳税监督的重要内容，也是国家经济监督体系中不可缺少的组成部分。

(1)税务检查的主体是税务机关，税务检查是国家赋予税务机关的权力，任何单位和个人不得阻止和干预，有关部门应做好配合。

(2)税务检查的客体是纳税人和扣缴义务人履行纳税义务扣缴义务的情况。税务检查的对象是纳税人、扣缴义务人。纳税人、扣缴义务人必须依照征管法的规定接受税务检查，如实反映情况，提供有关资料，不得拒绝和隐瞒。

(3)税务检查的依据是国家有关税收法律、行政法规、规章及财务管理制度，税务机关和税务人员不得超越权限滥用职权，必须依法执行公务。

(4)税务检查的任务是依照国家税收法律、行政法规，查处税收违法行为，保障税收收入，维护税收秩序，促进纳税人、扣缴义务人依法纳税，保证税法实施。

(二)税务检查的意义

开展税务检查是当前乃至今后一个时期极为重要的工作，对于加强税收征收管理，堵塞管理漏洞、制止违反税收法规行为，打击非法经营活动，维护纳税人、扣缴义务人合法权益，提高纳税人、扣缴义务人依法纳税意识，保证国家税收法律、行政法规的贯彻实施都有着重要的意义和作用。

1. 打击税收违法行为，增强法律理念，提高公民依法纳税意识

我国宪法规定，依法纳税是公民的义务。纳税人、扣缴义务人必须按照国家税收法律、行政法规及规章依法进行税务登记、纳税申报、使用发票，及时足额缴纳税款。通过税务检查，及时发现查处纳税人、扣缴义务人违反税收法规行为，督促纳税人、扣缴义务人必须按税法规定办理涉税事宜，养成自觉遵守税法的习惯，提高依法纳税的意识。

2. 保证国家税收法规贯彻实施，确保国家税收职能作用的发挥

税收有3个方面的职能：调节职能、组织财政收入职能、监督职能。只有保证国家税收法规的贯彻实施，才能确保税收职能作用的充分发挥。而保证税收法规的实施，在很大程度上，要加强税务检查，通过税务检查，可以实现公平税负，使纳税人、扣缴义务人都能在公平、公正的情况下依法缴纳税款，正确处理好国家、集体、个人三者经济利益关系，体现社会主义市场经济条件下公平竞争的原则。保护合法经营活动，从而保护了全体纳税人合法权益。

3. 促进纳税人、扣缴义务人改善经营管理，提高经济效益

税务检查的过程也是对纳税和扣缴义务人的各项经济活动和资金运动进行全面考核的过程，它涉及企业生产经营管理的各个方面。通过税务检查，不仅可以帮助企业总结发展生产中的成功经验，还可以帮助企业建立和健全财务管理制度，改善经营管理，加强经济核算，提高经济效益。

4. 加强征收管理，提高税收征管水平

税收问题，除纳税人的责任外，有些是征收管理上的问题，通过税务检查可以检验征管工作质量，发现问题，进一步完善征管制度，改进征管方法，提高管理水平。

二、税务检查的内容

征管法赋予税务机关在检查过程中可检查如下内容。

1. 查账

查账即税务机关有权检查纳税人的账簿、记账凭证、报表和有关资料，检查扣缴义务人代扣代缴、代收代缴税款账簿、记账凭证和有关资料。

2. 场地检查

场地检查即税务机关有权到纳税人的生产、经营场地和货物存放地检查纳税人应纳税的商品、货物或者其他财产，检查扣缴义务人与代扣代缴、代收代缴税款有关的经营情况。

3. 责成提供资料

责成提供资料即税务机关有权责成纳税人和扣缴义务人提供与纳税或者代扣代缴、代收代缴税款有关的文件、证明材料和有关资料。纳税人、扣缴义务人要遵照及时、准确、全面、合法的原则如实提供。

4. 调查取证

调查取证即税务机关有权询问纳税人、扣缴义务人与纳税或者代扣代缴、代收代缴税款有关问题和情况；有权对与案件有关的情况和资料进行记录、录音、录像、照相和复制。

5. 查证权

查证权即税务机关有权到车站、码头、机场、邮政企业及其分支机构检查纳税人托运、邮寄应纳税商品、货物或者其他财产的有关单据、凭证和有关资料。

6. 检查存款账户权

检查存款账户权即经县以上税务局(分局)局长批准，凭全国统一格式的检查存款账户许可证明，有权查询从事生产、经营纳税人、扣缴义务人在银行或其他金融机构的存款账户。在调查税收违法案件时，经设区的市、自治州以上税务局(分局)局长批准，可以查询案件涉嫌人员的储蓄存款。

7. 计税额调整

税务机关根据税法规定计算出的应纳税额与企业财务人员自行算出的应纳税额不符时，税务机关有权进行计税额的调整。

8. 采取税收保全措施和税收强制执行措施

根据《征管法》第 55 条规定“税务机关对从事生产、经营的纳税人以前纳税期的纳税情况依法进行税务检查时，发现纳税人有逃避纳税义务行为，并有明显转移、隐匿其应纳税的商品、货物以及其他财产或者应纳税的收入的迹象，可以按照本法规定的批准权限采取税收保全措施或者强制执行措施”。

9. 行使行政处罚权

三、税务检查的方式和方法

(一)税务检查的方式

税务检查方式是税务人员在实施税务检查时根据需要和法定程序采取的形式，主要包括调账检查、实地检查、委托协查。

(二)税务检查的方法

税务检查方法是税务检查人员在检查过程中,搜集证据及其进行纳税评价所采用的手段和方法。税务检查的方法有许多,通常采用的方法如下。

1. 全查法

全查法也称详查法,是对被检查单位的一定时期内全部会计凭证、账簿、报表及有关纳税资料进行全面、系统检查的一种方法。这种方法全面、彻底,结果较可靠,但要耗费大量的时间、人力、物力,一般适用于规模较小、业务量不多的纳税人。

2. 抽查法

抽查法又称选查法,是对被查单位的会计凭证、账簿、报表及有关纳税资料有针对性地抽取一部分进行检查的一种方法。

3. 顺查法

顺查法又称正查法,它是按照会计核算的一定程序,依次进行核对的检查方法,通常与全查法一起使用。

4. 逆查法

逆查法又称倒查法,它是按会计核算的相反顺序进行检查的一种方法。

5. 审阅法

审阅法是指对被查纳税人的会计凭证、账簿、报表和其他有关资料进行仔细阅读的审查,以判断其反映的经济活动是否真实、合法的一种方法。

6. 核对法

核对法是指通过对被查纳税人的各种相关联的会计凭证、账簿、报表及实物进行相互核对,验证其在纳税方面存在问题的一种方法。

7. 盘存法

盘存法是指通过对货币资金、存货、固定资产和其他物资进行盘点清查、核实其账实是否相符,进而发现纳税问题的一种检查方法。

8. 分析法

分析法是指对被检查的会计报表、账簿、凭证等纳税资料进行审查分析,以查证落实或确定进一步检查线索的一种检查方法。它可分为比较分析法、推理分析法、控制分析法。

第六节 税收法律责任

税收法律责任是指行为人因实施涉税违法行为而应依法承担的法律后果。

一、违反税务管理基本规定的行为的处罚

纳税人有下列行为之一的,由税务机关责令限期改正,可以处 2 000 元以下罚款;情节严重的,处 2 000 元以上 1 万元以下罚款:

(1)没有按照规定设置、保管账簿或者保管记账凭证和有关资料的。

(2)没有按照规定的期限申报办理税务登记、变更登记或者注销登记的。

(3)没有按照规定将财务、会计制度或者会计处理办法和会计核算软件报送税务机关备查的。

(4)没有按照规定将全部银行账号向税务机关报告的。

(5)没有按照规定安装、使用税控装置,或者损毁、擅自改动税控装置的。

二、扣缴义务人违反账簿、凭证管理的处罚

扣缴义务人没有按照规定设置、保管代扣代缴、代收代缴税款账簿、记账凭证及有关资料的,税务机关责令限期改正,可以处 2 000 元以下罚款,情节严重的,处 2 000 元以上 5 000 元以下罚款。

三、纳税人违反发票管理法规,没有构成犯罪的,按照以下规定处罚

(1)对于没有按照规定印制发票或者生产发票防伪专用品,没有按照规定领用发票,没有按照规定开具发票,没有按照规定取得发票,没有按照规定保管发票,没有按照规定接受税务机关检查的单位和个人,由税务机关责令限期改正,没收违法所得,可以并处 1 万元以下罚款,有上述两种以上行为的,可以分别处罚。

(2)私自印制、伪造、变造发票,非法制造发票防伪专用品,伪造发票监制章的,由税务机关没收违法所得,没收、销毁作案工具和非法物品,并处 1 万元以上 5 万元以下的罚款;情节严重的,并处 5 万元以上 50 万元以下的罚款;对印制发票的企业,可以并处吊销发票准印证;构成犯罪的,依法追究刑事责任。

(3)违反发票管理法规,导致其他单位或者个人未缴、少缴或者骗取税款的,由税务机关没收违法所得,可以并处未缴、少缴或者骗取税款 1 倍以下罚款。

(4)违反发票管理法规,符合逃税罪构成要件的,按逃税罪相关规定处罚。

四、对逃税的认定法律责任

《刑法》第二百零一条规定:“纳税人采取欺骗、隐瞒手段进行虚假纳税申报或者不申报,逃避缴纳税款数额较大并且占应纳税额百分之十以上的,处三年以下有期徒刑或者拘役,并处罚金;数额巨大并且占应纳税额百分之三十以上的,处三年以上七年以下有期徒刑,并处罚金。”

“扣缴义务人采取前款所列手段,不缴或者少缴已扣、已收税款,数额较大的,依照前款的规定处罚。”

“对多次实施前两款行为,未经处理的,按照累计数额计算。”

“有第一款行为,经税务机关依法下达追缴通知后,补缴应纳税款,缴纳滞纳金,已受行政处罚的,不予追究刑事责任;但是,五年内因逃避缴纳税款受过刑事处罚或者被税务机关给予二次以上行政处罚的除外。”

五、进行虚假申报或不进行申报行为的法律责任

《税收征管法》第六十四条规定:“纳税人、扣缴义务人编造虚假计税依据的,由税务机关责

令限期改正，并处以五万元以下罚款。纳税人不进行纳税申报，不缴或者少缴应纳税款的，由税务机关追缴其不缴或者少缴的税款、滞纳金，并处不缴或者少缴的税款百分之五十以上五倍以下的罚款”。

六、逃避追缴欠税的法律责任

税法中“欠税”是指超过税务机关核定的纳税期限，没有按时缴纳税款、拖欠税款的行为。《税收征管法》第六十五条规定：“纳税人欠缴应纳税款，采取转移或者隐匿财产的手段，妨碍税务机关追缴欠缴的税款的，由税务机关追缴欠缴的税款、滞纳金，并处欠缴税款百分之五十以上五倍以下的罚款；构成犯罪的依法追究刑事责任”。

构成犯罪的，按照《刑法》第二百零三条规定：“纳税人欠缴应纳税款，采取转移或者隐匿财产的手段，致使税务机关无法追缴欠缴的税款，数额在 1 万元以上不满 10 万元的，处三年以下有期徒刑或者拘役，并处或者单处欠缴税款一倍以上五倍以下罚金；数额在 10 万元以上的，处三年以上七年以下有期徒刑，并处欠缴税款一倍以上五倍以下罚金。”

七、骗取出口退税的法律责任

《税收征管法》第六十六条规定：“以假报出口或者其他欺骗手段，骗取国家出口退税款，由税务机关追缴其骗取的退税款，并处骗取税款一倍以上五倍以下的罚款；构成犯罪的依法追究刑事责任。对骗取国家出口退税款的，税务机关可以在规定期限内停止为其办理出口退税”。

我国《刑法》第二百零四条规定，对构成骗取出口退税罪的处罚分三档：数额较大的，处五年以下有期徒刑；数额巨大或者情节严重的，处五年以上十年以下有期徒刑，并处骗取税款一倍以上五倍以下罚金；数额特别巨大或情节特别严重的，处十年以上到无期徒刑，并处以骗取税款一倍以上五倍以下罚金或者没收财产。

八、抗税的法律责任

《税收征管法》第六十七条对抗税的概念进行了界定，对其应当承担的法律责任也予以明确“以暴力、威胁方法拒不缴纳税款的是抗税。除由税务机关追缴其拒缴的税款、滞纳金外，依法追究刑事责任，情节轻微，未构成犯罪的，由税务机关追缴拒缴的税款外加收滞纳金，处以拒缴税款一倍以上五倍以下的罚款”。

刑法中把抗税罪的手段界定在“暴力、威胁”的范围内，提高了抗税罪的最高刑期，增加到 3 年以上 7 年以下有期徒刑并处以罚金。

九、不配合税务机关依法检查的法律责任

纳税人有义务接受和支持税务机关依法进行检查。税收《征管法》第七十条规定“纳税人、扣缴义务人逃避、拒绝或者以其他方式阻止税务检查的，税务机关责令改正，可以处一万元以下的罚款，情节严重的，处一万元以上五万元以下的罚款”。

十、银行及其他金融机构协助税收征管的法律责任

《税收征管法》第三十八条中关于税收保全措施中规定：“纳税人不能提供担保的，经县以

上税务局(分局)局长批准,税务机关可以书面通知纳税人开户银行或者金融机构冻结纳税人的金额相当于应纳税款的存款”。第四十条规定:“从事生产、经营的纳税人未按照规定的期限缴纳所担保的税款,由税务机关责令限期缴纳,逾期仍未缴纳的,经县以上税务局(分局)局长批准,税务机关可以书面通知其开户银行或者其他金融机构从其存款中扣缴税款。”

第五十四条规定:“税务机关经县以上税务局(分局)局长批准,凭全国统一格式的检查存款账户证明,查询从事生产、经营纳税人、扣缴义务人在银行或者其他金融机构的存款账户。税务机关调查税收违法案件时,经设区的市、自治州以上税务局(分局)局长批准,可以查询案件涉嫌人员的储蓄存款。”

根据上述规定,银行或其他金融机构有义务配合税务机关依法执行公务,不得拒绝税务机关依法做出并按照合法程序进行的检查、冻结账户和扣缴税款的行为。对违反法律拒绝税务机关检查,造成税款流失的银行或金融机构,《税收征管法》第七十三条规定:“纳税人、扣缴义务人的开户银行或者金融机构拒绝接受税务机关依法检查纳税人或扣缴义务人存款账户,或者拒绝执行冻结存款或扣缴税款的决定,或者在接到税务机关的书面通知后帮助纳税人、扣缴义务人转移存款,造成税款流失的,由税务机关处 10 万元以上 50 万元以下的罚款,对直接负责的主管人员和其他直接责任人员处 1 000 元以上 1 万元以下的罚款;构成犯罪的,依法追究刑事责任。”

十一、不移送的法律责任

《税收征管法》第七十七条规定:“纳税人、扣缴义务人有本法第六十三条、第六十五条、第六十六条、第六十七条、第七十一条规定的行为涉嫌犯罪的,税务机关应当依法移送司法机关追究刑事责任。税务人员徇私舞弊,对依法应当移交司法机关追究刑事责任的不移交,情节严重的,依法追究刑事责任。”

十二、渎职行为

《税收征管法》第八十一条规定:“税务人员利用职务上的便利,收受或索取纳税人、扣缴义务人财物或者谋取其他不正当利益,构成犯罪的,按照受贿罪追究刑事责任;尚不构成犯罪的,依法给予行政处分。”

第八十二条规定:“税务人员徇私舞弊或者玩忽职守,不征或者少征税款,致使国家税收遭受重大损失,构成犯罪的,依法追究刑事责任;尚不构成犯罪的,依法给予行政处分。”

习　题

一、单项选择题

1. 领取营业执照从事生产、经营的纳税人,自领取营业执照之日起(　)日内向生产、经营地税务机关申报办理税务登记。

A. 10　　B. 15　　C. 30　　D. 20

2. 适用于小额零星税源征收的税款征收方式是(　)。

A. 查定征收　　B. 查验征收　　C. 委托代征　　D. 定期定额征收

3. 当从事生产、经营的纳税人、扣缴义务人的财务会计制度或者处理办法与国务院或国务院财政、税务主管部门关于税收的规定不一致时，正确的处理方法是（ ）。

A. 纳税人、扣缴义务人不能继续使用其选定的财务会计处理制度或办法

B. 纳税人、扣缴义务人可以继续使用其选定的财务会计处理方法，而且可以按原来的处理方法计算应纳税款

C. 纳税人、扣缴义务人可以继续使用其选定的财务会计处理办法，但在计算应纳税款的时候，必须按照有关税收的法律法规的规定来进行

D. 考虑到纳税人的特殊需要，国家允许纳税人、扣缴义务人在不违反国家财务、会计规定的前提下，其制定的制度、办法可以和税收法规发生抵触

4. 在整个税收征管中处于核心环节和关键地位的是（ ）。

A. 税款征收　B. 纳税申报　C. 税收稽查　D. 税务登记

5. 对于账册不够健全，但是能够控制原材料、进货销售的纳税单位，税务机关一般采用的税款征收方式是（ ）。

A. 查账征收　B. 查定征收　C. 查验征收　D. 定期定额征收

6. 税务机关对纳税人等采取保全措施应该经过（ ）批准。

A. 县以上税务局局长批准　B. 市以上税务局局长批准

C. 省以上税务局局长批准　D. 当地税务局局长批准

7. 按《税收征管法》规定，核定应纳税额的对象不包括（ ）。

A. 依照法律行政法规的规定，可以不设账簿的

B. 擅自销毁账簿或拒不提供纳税资料的

C. 虽设置账簿但账簿混乱或成本资料、收入凭证、费用凭证残缺不全，难以查账的

D. 纳税人申报的计税依据偏低但有正当理由的

8. 对欠税的纳税人、扣缴义务人按日征收欠缴税款（ ）的滞纳金。

A. 5‰　B. 5%　C. 5‱　D. 1%

9. 对于因税务的责任造成未缴或少缴税款的，在一般情况下，税务机关的追征期是（ ）。

A. 3 年　B. 5 年　C. 2 年　D. 7 年

10. 危害税收征管罪唯一的一个不能由单位构成的罪名是（ ）。

A. 逃税罪　B. 抗税罪　C. 骗税罪　D. 欠税罪

11. 根据税收征管法及细则的有关规定，从事生产、经营的纳税人应自领取营业执照之日起（ ）日内，按照国务院财政、税务主管部门的规定设置账簿，根据合法有效凭证记账，进行核算。

A. 10　B. 15　C. 30　D. 60

12. 税收征管法及细则规定，经（ ）局长批准，可以检查案件涉嫌人员的储蓄存款。

A. 县以上税务局（分局）　B. 设区的市以上税务局（分局）

C. 不设区的市以上税务局（分局）　D. 省以上税务局（分局）

13. 根据税收征管法及细则的规定，如果由于不可抗力或财务会计处理上的特殊情况等原因，纳税人不能按期进行纳税申报的，经税务机关核准，可以延期申报，但最长不得超过（ ）。

A. 1 个月　B. 3 个月　C. 半年　D. 1 年

14. 发票的存放和保管应按税务机关的规定办法，不得丢失和擅自损毁。已经开具的发票存根联和发票登记簿，应当保存（ ）。

A. 1 年 B. 3 年 C. 5 年 D. 10 年

15. 实施税收保全的条件不包括（ ）。

A. 纳税人有逃避纳税义务的行为 B. 纳税人超过了时限而没有缴纳税款的

C. 纳税人不提供纳税担保的 D. 转移、隐匿商品、货物或者其他财产的

16. 纳税人未按规定安装、使用税控装置或损毁或擅自改动税控装置的，由税务机关责令限期改正，并可以处以 2 000 元以下的罚款；情节严重的，处以 2 000 元以上（ ）元以下的罚款。

A. 10 000 B. 5 000 C. 4 000 D. 3 000

17. 纳税人的开户银行拒绝接受税务机关依法检查纳税人存款账户的，税务机关可以对银行直接负责的主管人员处以（ ）罚款。

A. 2 000 元以下 B. 2 000 元

C. 2 000 元以上 1 万元以下 D. 1 000 元以上 1 万元以下

18. 纳税人逃避追缴欠税的，税务机关除追缴欠税、滞纳金外，可以处以欠税款的（ ）罚款。

A. 1 倍 B. 50％ C. 5 倍 D. 50％以上 5 倍以下

19. 对抗税罪的最重量刑刑罚是（ ）。

A. 无期徒刑 B. 5 倍罚金 C. 7 年有期徒刑 D. 3 年有期徒刑

20. 对构成骗取出口退税罪的刑罚不适用（ ）。

A. 罚金 B. 有期徒刑 C. 拘役 D. 死刑

21. 下列各项中，不适用《税收征管法》的是（ ）。

A. 城市维护建设税 B. 海关代征的增值税 C. 消费税 D. 房产税

二、多项选择题

1. 根据《税收征管法》的规定，下列各项应当进行税务登记的有（ ）。

A. 从事生产经营的事业单位

B. 企业在境内其他城市设立的分支机构

C. 不从事生产经营只缴纳车船税的社会团体

D. 有来源于中国境内所得，但未在中国境内设立机构、场所的非居民企业

2. 税务机关可处以 1 倍以上 5 倍以下罚款的违法行为的有（ ）。

A. 逃税 B. 抗税 C. 骗税 D. 欠税

3. 下列各项中，不适用《税收征管法》的有（ ）。

A. 关税 B. 海关代征的增值税 C. 消费税 D. 教育费附加

4. 纳税人在办理注销税务登记前，应当向税务机关（ ）。

A. 结清应纳税款、滞纳金、罚款 B. 提供清缴欠税的纳税担保

C. 缴纳不超过 1 万元的保证金 D. 缴销发票和其他税务证件

5. 纳税人在办理（ ）事项时必须使用税务登记证件。

A. 申报纳税 B. 申请减税、免税、退税

C. 办理停业、歇业

D. 申请填开外出经营税收管理证明 E. 申请办理增值税一般纳税人认定手续

6. 下面关于增值税专用发票说法正确的是（　）。

A. 增值税专用发票的开具只能采取手工方式

B. 增值税专用发票的基本联次分为存根联、发票联、记账联

C. 增值税专用发票具有严格的使用对象规定

D. 增值税专用发票管理的重要方式是金税工程

E. 增值税专用发票是纳税人抵扣税款的合法证明

7. 纳税申报的基本要求是（　）。

A. 申报要及时

B. 纳税人、扣缴义务人的报表和有关资料要齐全、完整

C. 申报的项目要完整

D. 不得编造、隐瞒有关数据和经营情况

E. 扣缴义务人没有责任进行纳税申报

8. 纳税申报的手段包括（　）。

A. 纳税人直接到税务局进行的纳税申报　　B. 邮寄申报

C. 利用现代化通讯媒介进行申报　　D. 利用计算机进行数据电文申报

9. 关于税收征收的原则叙述正确的是（　）。

A. 税务机关征收税款必须坚持按法定权限和法定程序的原则

B. 任何情况下，税收都应该优先于无担保债权

C. 税收优先于抵押权、质押权、留置权

D. 税收优先于罚款、没收违法所得

10. 实施税收保全措施的条件有（　）。

A. 纳税人有逃避纳税义务的行为

B. 纳税人在规定的纳税期限届满之前和责令缴纳税款的期限之内

C. 超过了时限而没有缴纳税款的

D. 纳税人拒绝提供纳税担保

E. 经税务机关责令限期缴纳，逾期仍未缴纳的

11. 税收保全措施的内容包括（　）。

A. 书面通知纳税人的开户行或其他金融机构冻结纳税人的相当于应纳税款的存款

B. 书面通知纳税人开户银行或者其他金融机构从其存款中扣缴税款

C. 扣押、查封纳税人的价值相当于应纳税款的商品、货物或其他财产

D. 扣押、查封、依法拍卖或者变卖相当于应纳税款的商品、货物或其他财产

E. 追缴未缴纳的滞纳金

12. 根据国务院关于分税制财政管理体制的规定，属于中央政府固定收入的有（　）。

A. 国内增值税　　B. 国内消费税

C. 关税　　D. 海关代征的增值税和消费税

13. 纳税人遇有特殊困难，需要延期纳税时，下列做法正确的有（　）。

A. 必须书面申请　　B. 主管税务所批准

C. 最长不超过 3 个月

D. 批准期限内不加收滞纳金，但要按月支付 10‰的利息

14. 根据税收征管法及其实施细则的规定，适用核定征收方法的情形有（ ）。

A. 依照征管法可以不设账簿的

B. 依照征管法应当设置账簿但未设置的

C. 虽设置账簿，但账目混乱或成本资料、收入凭证、费用凭证残缺不全，难以查账的

D. 发生纳税义务，未按规定的期限办理纳税申报，经税务机关责令限期申报，逾期仍不申报的

15. 为保护纳税人的合法权益，在税收保全问题上，税收征管法对税务机关的执法行为规定了一些约束性条款。下列各项，符合税收征管法规定的有（ ）。

A. 实施扣押、查封等税收保全措施时，必须由两名以上税务人员执行，并通知被执行人

B. 税务机关扣押商品、货物或者其他财产时，必须开付收据；查封商品、货物或者其他财产时，必须开付清单

C. 纳税人在规定的限期内已缴纳了税款，税务机关必须立即解除税收保全措施

D. 若因税务机关采取税收保全措施不当而给纳税人造成实际损失的，税务机关应负赔偿责任

16. 税务检查权是税务机关在检查活动中依法享有的权利，税收征管法规定税务机关有权（ ）。

A. 检查纳税人的账簿、记账凭证、报表和有关资料

B. 责成纳税人提供与纳税有关的文件、证明材料或其他有关资料

C. 对纳税人进行查询和访问，了解有关纳税或解缴税款问题

D. 对纳税人的住宅及其生活场所进行检查

17. 根据《税收征管法》的规定，纳税人有下列（ ）行为之一者，由税务机关责令限期改正，逾期不改正的，可以处以 2 000 元以下的罚款；情节严重的，处以 2 000 元以上 1 万元以下的罚款。

A. 未按规定的期限申报办理税务登记、变更或者注销税务登记

B. 未按规定设置、保管账簿或者保管记账凭证和有关资料的

C. 未按照规定将财务、会计制度或者财务、会计处理办法报送税务机关备查的

D. 未按照规定时限开具发票的

18. 下列各项，符合刑法中关于逃税罪处罚规定的有（ ）。

A. 逃避缴纳税款数额较大并且占应纳税额的 10%以上的，处以 3 年以下有期徒刑或者拘役，并处以罚金

B. 因逃税被税务机关给予过二次行政处罚又逃税的，处以 3 年以下有期徒刑或者拘役，并处逃税数额 1 倍以上 5 倍以下的罚金

C. 逃税数额巨大且占应缴税额的 30%以上，处以 3 年以上 7 年以下有期徒刑。

D. 单位犯逃税罪的，对单位判处罚金，并对其直接负责的主管人员和其他直接责任人员依自然人犯逃税罪处罚

19. 下列行为中，属于虚开增值税专用发票的行为有（ ）。

A. 为他人虚开增值税专用发票 B. 为自己虚开增值税专用发票

C. 让他人为自己虚开增值税专用发票 D. 介绍他人虚开增值税专用发票

20.税务工作人员职务犯罪包括（ ）。

A.徇私舞弊不征、少征税款罪
B.徇私舞弊发售发票罪
C.徇私舞弊不移交刑事案件罪
D.徇私舞弊出口退税罪

三、判断题

1.《税收征管法》适用于我国所有税种。（ ）

2.税收保全措施是税收强制执行措施的必要前提，税收强制执行措施是税收保全措施的必然结果。（ ）

3.纳税人因住所、经营地点变动而脱离原主管税务机关管辖区的，应向原税务机关申报办理注销税务登记，并向迁达地主管税务机关办理税务登记。（ ）

4.纳税人在申报期内若有收入，应按规定的期限办理纳税申报；若申报期内无收入或在免税期间，可以不办理纳税申报。（ ）

5.税务机关派出人员在进行检查时，必须出示税务检查证和税务检查通知书。（ ）

6.只要税务机关有根据认为纳税人有明显的转移、隐匿其应纳税的商品、货物以及其他财产或应纳税收入等行为或迹象的，就可以对纳税人采取税收保全措施。（ ）

7.享受减免税优惠的纳税人，在免税期内不需要缴税，因此也不需要进行税额计算和纳税申报。（ ）

8.各类企业、单位缴纳的企业所得税、资源税和印花税，均属于地方政府固定收入。（ ）

9.为了方便经营，北京的纳税人可以将北京的空白发票携带到广州开具。（ ）

10.延期申报就是过期申报。（ ）

11.税务机关有权到纳税人的生产、经营场所，货物存放地以及职工的生活区检查纳税人应纳税的商品、货物或者其财产。（ ）

12.对采用电算化会计系统的纳税人，税务机关有权对其会计电算化系统进行检查，但不得复制其电子数据。（ ）

13.纳税人因经营地址变动而改变原税务机关的，应当办理变更税务登记。（ ）

14.税收优先于债权。（ ）

15.申报有困难的纳税人，可以实行简易申报、简并征期等申报纳税方式。（ ）

四、综合分析题

某县税务局于2019年3月份对该县食品加工厂2018年度纳税情况实施税务检查。经查，发现该厂采取在账簿中多列支出、不列和少列收入等手段，少缴各项流转税金和企业所得税12万元。已知该厂2018年度累计已缴纳各项税金25万元。

请根据税收征管法、刑法的有关规定，分析该厂的行为属于什么行为，应如何处理？

第三章 增值税

★ 本章学习要点

- 增值税的概念
- 我国现行增值税的税制设计
- 增值税的课征制度
- 增值税的计算
- 增值税的征收管理

我国现行增值税的基本法律规范是在1993年颁布的《中华人民共和国增值税暂行条例》基础上进行修订,2008年11月5日经国务院第34次常务会议审议通过,以国务院令第538号公布。修订后的《中华人民共和国增值税暂行条例》(以下简称《增值税暂行条例》)自2009年1月1日起施行,这标志着我国增值税转型改革全面实施。为解决增值税和营业税并存导致重复征税问题,贯通服务业内部和第二、三产业之间抵扣链条,2012年1月1日起,我国率先在上海开始实施"营改增"改革试点,将征收营业税的交通运输业和部分现代服务业改为征收增值税;2012年9月1日至12月1日,"营改增"试点分批次扩大至北京市、江苏省、安徽省、福建省(含厦门市)、广东省(含深圳市)、天津市、浙江省(含宁波市)、湖北省等8省或直辖市;2013年8月1日起,交通运输业和部分现代服务业"营改增"试点推向全国,同时将广播影视服务纳入试点范围;2014年1月1日起,将铁路运输业和邮政业纳入"营改增"试点;2014年6月1日,将电信业纳入"营改增"试点;至此"营改增"试点已覆盖"3+7"个行业,即交通运输业、邮政业、电信业3个大类行业和研发技术、信息技术、文化创意、物流辅助、有形动产租赁、鉴证咨询、广播影视7个现代服务业。

2016年3月5日,国务院总理李克强在第十二届人民代表大会第四次会议上作《政府工作报告》中提出全面实施"营改增"。自2016年5月1日起,中国全面实施"营改增",试点范围扩大到建筑业、房地产业、金融业、生活服务业,营业税退出历史舞台,增值税制度将更加规范。这是自1994年分税制改革以来,财税体制的又一次深刻变革。

第一节 增值税概述

一、增值税的概念

增值税是对经营者生产经营过程中实现的增值额为课税对象征收的一种间接税。

增值额是指商品的生产经营者在一定时期内,通过本身的生产经营活动而使商品价值增加的额度。关于“增值额”可以从以下几方面理解。

(1)从理论上讲,增值额是企业在生产经营过程中新创造的那部分价值,即商品价值 $C+V+M$ 中的 $V+M$ 部分。V 即工资,M 即剩余价值。增值额在我国大体相当于国民收入部分。

(2)从一个生产经营单位分析,增值额就是其生产或经营活动实现的销售额与其从其他纳税人购入货物或劳务两者之间的差额,也就是说经营单位购买货物后,雇用员工并支付工资对货物进行加工,然后将加工的产品出售,最终获取的价格与原购入价格的差额。

(3)从商品经营全过程分析,增值额是该商品所经过的诸生产经营环节的增值额之和,等于该商品实现最终消费时的销售额。

(4)在我国税收征管实际工作中,简单地讲,增值额就是增值税应税销售额减去我国税法中规定的可以扣除的外用货物、劳务服务、无形资产或不动产的金额。

实行增值税的国家据以征税的增值额都是一种法定增值额,并非理论上的增值额。所谓法定增值额是指实施增值税的国家根据税法规定计算作为增值税计税依据的增值额。法定增值额可以等于理论上的增值额,也可以大于或小于理论上的增值额。造成法定增值额和理论增值额不一致的一个重要原因是各国在规定扣除范围时,对外用固定资产的处理方法不同。有些国家允许扣除,有些国家不允许扣除。允许扣除的国家,扣除情况也不一样。举例说明如下。

假设某企业一纳税期货物销售额为 100 万元,当期外购原材料等流动资产为 30 万元,购入固定资产 50 万元,当期记入成本的固定资产折旧为 5 万元。根据以上条件计算该企业的理论增值额和在不同国家增值税制度下的法定增值额,见表 3-1。

表 3-1　增值额的计算

万元

国家	允许扣除外用原材料价款	允许扣除外用固定资产价款	理论增值额	法定增值额
甲国	30	0	65	70
乙国	30	5	65	65
丙国	30	50	65	20

从表 3-1 可以看出,对固定资产的处理方法的不同,直接影响到法定增值额的计算。

二、增值税的类型

目前实行增值税的国家,对纳税人用于生产商品的除固定资产以外的投入物中所包含的增值税额基本上都是扣除的,其主要区别在于对固定资产的处理方式的不同,可将增值税划分为生产型增值税、收入型增值税和消费型增值税。

1. 生产型增值税

即计算增值税时,不允许扣除任何外用的固定资产价款。这样就整个社会来说,课税的依据既包括消费资料,也包括生产资料,相当于生产的固定资产和各种消费产品的生产总值,即课征的范围中与国民生产总值一致,故称为生产型增值税。其特点是财政收入得到了保证,但不利于鼓励投资。

2. 收入型增值税

即征收增值税时，只允许扣除计入当期产品价值的固定资产的折旧部分。这样就整个社会来说，课税的依据相当于国民收入，故称为收入型增值税。其特点是避免重复征税，但计算困难不利于操作。

3. 消费型增值税

即征收增值税时，允许将购置的固定资产的已纳税款一次性全部扣除。这样就整个社会来说，课税对象实际上只限于消费资料，故称为消费型增值税。其特点既体现了增值税的优越性又便于操作。

3 种类型的增值税中，收入型增值税可以说最符合按增值额征税的原理，但是要准确计算当期折旧或当期折旧所含税款难度很大。正是因为收入型增值税计算过于复杂，征管难度大，所以在实际运用中没有哪个国家采用它。而消费型增值税则不同，由于它既能够避免重复征税，又计算简便，所以是世界上实行增值税国家普遍选择的类型。对于生产型增值税，由于扣除范围中不包括固定资产，所以它在一定程度上仍有重复征税的弊端。我国在 1994 年税制改革时，考虑到我国企业多属资本有机构成低、劳动密集型的国情，所以选择了只有极少数发展中国家采用的生产型增值税。从 2009 年 1 月 1 日起我国增值税转型改革，实行消费型增值税。

三、增值税的产生和发展

20 世纪初，美国耶鲁大学教授托马斯 · S. 亚当斯，以及担任美国政府顾问的商人威尔海姆，曾提出过创立增值税的设想。1919 年，德国在研究对累积式交易税的改革时，汪 · 西门斯博士就曾建议用一种“巧妙的交易税”代替当时的交易税。即以对每笔交易的增值额征收的交易税，代替当时以每笔交易的全额征税的交易税，创立了增值税的构思。

增值税制度 1954 年产生于法国。当时在法国全国成功地推行之后，对世界经济产生了重大影响。逐步发展和进一步完善的先进的增值税，随后的几十年里，在欧洲经济共同体国家风靡一时。20 世纪 70 年代后期，增值税在亚洲国家得到了推行，并在发展中形成了一套制度。我国的增值税制度是伴随着我国经济体制改革的不断进行确立和发展起来的。经过试点和广泛征求意见，为了适应国民经济发展和改革开放的需要，我国于 1978 年开始研究增值税，1979 年下半年起，开始在部分城市的农业机具、机器机械等行业试点。于 1993 年底颁布了《中华人民共和国增值税暂行条例》，从 1994 年 1 月 1 日起在全国范围内统一施行，这标志着我国统一的、规范的增值税制度的建立。2017 年 11 月 19 日公布了《国务院关于废止〈中华人民共和国营业税暂行条例〉和修改〈中华人民共和国增值税暂行条例〉的决定》（中华人民共和国国务院令第 691 号），自公布之日起施行。

四、我国增值税的特点及作用

（一）增值税的特点

（1）保持税收中性。根据增值税的计税原理，流转额的非增值因素在计税时被扣除。因此，对同一商品而言，无论流转环节的多与少，只要增值额相等税负就相同，不会影响商品的生产结构、组织结构和产品结构。

(2)多环节征税、税基广阔。从货物生产流通的纵向来看,增值税从商品的生产开始,一直延伸到商品的批发和零售等经济活动的各个环节;从社会同期货物生产横向来看,将所有货物的销售、加工修理修配劳务、销售服务、无形资产和不动产都纳入了增值税的征收范围。具有征收的连续性和普遍性。

(3)实行税款抵扣制度。在计算纳税人应纳税额时要扣除商品、应税劳务和应税行为在以前环节已负担的税款,以避免重复征税。增值税的专用发票,是纳税人享受税款抵扣的合法凭证。

(4)同其他间接税一样,增值税具有税负转嫁的属性。从过程上看,增值税后一阶段的纳税人总是前一阶段纳税人已交税款的负担者。当税负随着商品的流转推移到最终销售环节时,消费者便成为增值税的最终承担者。

(二)增值税的作用

(1)实行增值税可以消除重复征税的弊端。实行增值税有效地排除了按销售全额计税所造成的重复征税的弊端,使税负不受生产组织结构和经营方式变化的影响,始终保持平衡。

(2)实行增值税有利于保证财政收入的及时、稳定和持续增长。增值税实行普遍征收,税基极为广阔,其税款随同销售额一并向购买方收取,生产企业不垫付税款,可以保证财政收入的及时入库。增值税不受生产结构、经营环节变化的影响,使收入具有稳定性。

(3)实行增值税有助于在税收征管上建立一种内在的监督制约机制,可以较有效地防止逃税行为。增值税实行购进扣税法和凭发票抵扣制度,使购销单位之间形成相互制约关系,有利于税务机关对纳税情况进行交叉稽核,防止逃税行为的发生。

第二节　增值税的课征制度

一、纳税人

(一)增值税纳税人和扣缴义务人

凡是在中华人民共和国境内销售货物、提供应税劳务和销售服务、无形资产或者不动产(应税行为)以及进口货物、境外向境内提供应税劳务、应税行为的单位和个人都是增值税的纳税人。

单位,是指企业、行政单位、事业单位、军事单位、社会团体及其他单位。

个人,是指个体工商户和其他个人。

报关进口货物的,以进口货物的收货人或办理报关手续的单位和个人为进口货物的纳税人。代理进口货物的,以海关开具的关税完税凭证上的纳税人为增值税纳税人。

单位以承包、承租、挂靠方式经营的,承包人、承租人、挂靠人以发包人、出租人、被挂靠人名义对外经营并由发包人承担相应法律责任的,以该发包人为纳税人。否则,以承包人为纳税人。

境外的单位或个人在境内发生应税劳务行为和应税行为,而在境内未设立有经营机构的,其应纳税款以购买方为扣缴义务人。

(二)一般纳税人与小规模纳税人

为加强增值税管理,按照纳税人的生产经营规模和会计核算健全程度,将增值税纳税人划分为一般纳税人和小规模纳税人两类。

1. 小规模纳税人的认定

自2018年5月1日起,增值税小规模纳税人标准为年应征增值税销售额500万元及以下。

2. 一般纳税人的认定

(1)增值税纳税人年应税销售额超过财政部、国家税务总局规定的小规模纳税人标准的,应当向主管税务机关办理一般纳税人登记。

纳税人在年应税销售额超过规定标准的月份(或季度)的所属申报期结束后15日内按规定办理相关手续;未按规定时限办理的,主管税务机关应当在规定时限结束后5日内制作《税务事项通知书》,告知纳税人应当在5日内向主管税务机关办理相关手续;逾期仍不办理的,次月起按销售额依照增值税税率计算应纳税额,不得抵扣进项税额,直至纳税人办理相关手续为止。

(2)年应税销售额未超过规定标准的纳税人,会计核算健全,能够提供准确税务资料的,可以向主管税务机关办理一般纳税人登记。

会计核算健全,是指能够按照国家统一的会计制度规定设置账簿,根据合法、有效凭证进行核算。

年应税销售额,是指纳税人在连续不超过12个月或4个季度的经营期内累计应征增值税销售额,包括纳税申报销售额、稽查查补销售额、纳税评估调整销售额。“纳税申报销售额”是指纳税人自行申报的全部应征增值税销售额,其中包括免税销售额和税务机关代开发票销售额。“稽查查补销售额”和“纳税评估调整销售额”计入查补税款申报当月(或当季)的销售额,不计入税款所属期销售额。

销售服务、无形资产或者不动产有扣除项目的纳税人,其应税行为年应税销售额按未扣除之前的销售额计算。纳税人偶然发生的销售无形资产、转让不动产的销售额,不计入应税行为年应税销售额。

纳税人登记为一般纳税人后,不得转为小规模纳税人,国家税务总局另有规定的除外。

3. 辅导期一般纳税人的认定

下列纳税人可以认定为一般纳税人:

(1)从事货物生产或者提供应税劳务的纳税人。

①新认定为一般纳税人的小型商贸批发企业,实行纳税辅导期管理的期限为3个月。

②其他一般纳税人(特指具有下列4种情形之一的纳税人:增值税逃税数额占应纳税额的10%以上并且逃税数额在10万元以上的;骗取出口退税的;虚开增值税扣税凭证的;国家税务总局规定的其他情形),实行纳税辅导期管理的期限为6个月。

(2)营改增试点纳税人。试点纳税人取得一般纳税人资格后,发生增值税逃税、骗取出口退税和虚开增值税扣税凭证等行为的,主管税务机关可以对其实行不少于6个月的纳税辅导期管理。

4. 特殊规定

(1)《中华人民共和国增值税暂行条例实施细则》第二十九条规定，非企业性单位、不经常发生应税行为的企业可选择按照小规模纳税人纳税；

(2)根据《营业税改征增值税试点实施办法》(财税〔2016〕36号)第三条规定，年应税销售额超过规定标准但不经常发生应税行为的单位和个体工商户可选择按照小规模纳税人纳税。

(3)年应税销售额超过规定标准的其他个人不属于一般纳税人。"其他个人"是指自然人。

二、征税范围

(一)一般规定

增值税征税范围包括境内销售货物、提供加工、修理修配劳务(应税劳务)和销售服务、无形资产或者不动产(应税行为)以及进口货物、境外向境内提供的应税劳务、应税行为。具体内容包括：

1. 销售货物

是指有偿转让货物的所有权。货物是指有形动产，包括电力、热力、气体在内。

2. 提供应税劳务

是指有偿提供的劳务。

(1)"加工"是指受托加工货物，即委托方提供原料及主要材料，受托方按照委托方的要求，制造货物并收取加工费的业务。

(2)"修理修配"是指受托对损伤和丧失功能的货物进行修复使其恢复原状和功能的业务。

3. 销售服务

是指有偿提供交通运输服务、邮政服务、电信服务、建筑服务、金融服务、现代服务、生活服务。

(1)"交通运输服务"是指利用运输工具将货物或者旅客送达目的地，使其空间位置得到转移的业务活动。包括陆路运输服务、水路运输服务、航空运输服务和管道运输服务。

出租车公司向使用本公司自有出租车的出租车司机收取的管理费用，按照陆路运输服务缴纳增值税。

水路运输的程租、期租业务，属于水路运输服务。航空运输的湿租业务，属于航空运输服务。

航天运输服务，按照航空运输服务缴纳增值税。

无运输工具承运业务，按照交通运输服务征收增值税。

(2)"邮政服务"是指中国邮政集团公司及其所属邮政企业提供邮件寄递、邮政汇兑和机要通信等邮政基本服务的业务活动。包括邮政普遍服务、邮政特殊服务和其他邮政服务。

(3)"电信服务"是指利用有线、无线的电磁系统或者光电系统等各种通信网络资源，提供语音通话服务，传送、发射、接收或者应用图像、短信等电子数据和信息的业务活动。包括基础电信服务和增值电信服务。

(4)"建筑服务"是指各类建筑物、构筑物及其附属设施的建造、修缮、装饰，线路、管道、设备、设施等的安装以及其他工程作业的业务活动。包括工程服务、安装服务、修缮服务、装饰服务和其他建筑服务。

固定电话、有线电视、宽带、水、电、燃气、暖气等经营者向用户收取的安装费、初装费、开户费、扩容费以及类似收费，按照安装服务征收增值税。

(5)“金融服务”是指经营金融保险的业务活动。包括贷款服务、直接收费金融服务、保险服务和金融商品转让。

以货币资金投资收取的固定利润或者保底利润，按照贷款服务征收增值税。

(6)“现代服务”是指围绕制造业、文化产业、现代物流产业等提供技术性、知识性服务的业务活动。包括研发和技术服务、信息技术服务、文化创意服务、物流辅助服务、租赁服务、鉴证咨询服务、广播影视服务、商务辅助服务和其他现代服务。

①研发和技术服务，包括研发服务、合同能源管理服务、工程勘察勘探服务、专业技术服务。

②信息技术服务，包括软件服务、电路设计及测试服务、信息系统服务、业务流程管理服务和信息系统增值服务。

③文化创意服务，包括设计服务、知识产权服务、广告服务和会议展览服务。

④物流辅助服务，包括航空服务、港口码头服务、货运客运场站服务、打捞救助服务、装卸搬运服务、仓储服务和收派服务。

⑤租赁服务，包括融资租赁服务和经营租赁服务。

将建筑物、构筑物等不动产或者飞机、车辆等有形动产的广告位出租给其他单位或者个人用于发布广告，按照经营租赁服务缴纳增值税。

车辆停放服务、道路通行服务(包括过路费、过桥费、过闸费等)等按照不动产经营租赁服务缴纳增值税。

水路运输的光租业务、航空运输的干租业务，属于经营租赁。

⑥鉴证咨询服务，包括认证服务、鉴证服务和咨询服务。翻译服务和市场调查服务按照咨询服务征收增值税。

⑦广播影视服务，包括广播影视节目(作品)的制作服务、发行服务和播映(含放映)服务。

⑧商务辅助服务，包括企业管理服务、经纪代理服务、人力资源服务、安全保护服务。人力资源外包服务，按照经纪代理服务缴纳增值税。

⑨其他现代服务。上述列举以外的现代服务。

(7)生活服务。包括文化体育服务、教育医疗服务、旅游娱乐服务、餐饮住宿服务、居民日常服务和其他生活服务。

①文化体育服务，包括文化服务和体育服务。

②教育医疗服务，包括教育服务和医疗服务。

③旅游娱乐服务，包括旅游服务和娱乐服务。

④餐饮住宿服务，包括餐饮服务和住宿服务。

⑤居民日常服务，包括市容市政管理、家政、婚庆、养老、殡葬、照料和护理、救助救济、美容美发、按摩、桑拿、氧吧、足疗、沐浴、洗染、摄影扩印等服务。

⑥其他生活服务。上述列举之外的生活服务。

4.销售无形资产

是指有偿转让无形资产所有权或者使用权的业务活动。无形资产，是指不具实物形态，但能带来经济利益的资产，包括技术、商标、著作权、商誉、自然资源使用权和其他权益性无形资产。

5.销售不动产

是指有偿转让不动产所有权的业务活动。不动产，是指不能移动或者移动后会引起性质、形状改变的财产，包括建筑物、构筑物等。

转让建筑物有限产权或者永久使用权的，转让在建的建筑物或者构筑物所有权的，以及在转让建筑物或者构筑物时一并转让其所占土地的使用权的，按照销售不动产征收增值税。

6.进口货物

是指申报进入我国海关境内的货物。

7.境外向境内提供应税劳务、应税行为

是指劳务、服务(租赁不动产除外)或者无形资产(自然资源使用权除外)的销售方或者购买方在境内；所销售或者租赁的不动产在境内；所销售自然资源使用权的自然资源在境内。

应税劳务包括加工、修理、修配劳务。应税行为包括销售服务、无形资产或者不动产。

"有偿"，是指取得货币、货物或者其他经济利益。但属于下列非经营活动的情形除外：

(1)行政单位收取的同时满足以下条件的政府性基金或者行政事业性收费。

①由国务院或者财政部批准设立的政府性基金，由国务院或者省级人民政府及其财政、价格主管部门批准设立的行政事业性收费；

②收取时开具省级以上(含省级)财政部门监(印)制的财政票据；

③所收款项全额上缴财政。

(2)单位或者个体工商户聘用的员工为本单位或者雇主提供取得工资的服务。

(3)单位或者个体工商户为聘用的员工提供服务。

(二)特殊规定

1.视同销售货物或提供应税服务行为的规定

单位或个体工商户的下列行为，视同销售货物，属于增值税征收范围：

(1)将货物交付其他单位或者个人代销。

(2)销售代销货物。

(3)设有两个以上机构并实行统一核算的纳税人，将货物从一个机构移送其他机构用于销售，但相关机构设在同一县(市)的除外。

"用于销售"，是指受货机构发生以下情形之一的经营行为：

①向购货方开具发票。

②向购货方收取货款。

(4)将自产或者委托加工的货物用于非增值税应税项目。

(5)将自产或者委托加工的货物用于集体福利或者个人消费。

(6)将自产、委托加工或购买的货物作为投资,提供给其他单位或个体工商户,或者分配给股东或投资者,或者无偿赠送给其他单位或者个人。

(7)单位或者个体工商户向其他单位或者个人无偿提供服务,但用于公益事业或者以社会公众为对象的除外。

(8)单位或者个人向其他单位或者个人无偿转让无形资产或者不动产,但用于公益事业或者以社会公众为对象的除外。

2.混合销售和兼营行为的规定

(1)混合销售。混合销售行为是指一项销售行为如果既涉及货物又涉及服务,为混合销售。其特点是混合销售涉及的货物和应税服务是针对一项销售行为而言的,销售货物的同时必然要发生应税服务,二者之间有从属关系。

(2)混合销售征税的一般规定。我国税法中规定:从事货物的生产、批发或者零售的单位和个体工商户的混合销售行为,按照销售货物缴纳增值税;其他单位和个体工商户的混合销售行为,按照销售服务缴纳增值税。

从事货物的生产、批发或者零售的单位和个体工商户,包括以从事货物的生产、批发或者零售为主,并兼营销售服务的单位和个体工商户在内。

(3)兼营,是指纳税人的经营范围既包括销售货物和应税劳务,又包括提供销售服务、无形资产或者不动产。但是,销售货物或应税劳务与提供销售服务、无形资产或者不动产不同时发生在同一购买者身上,即不发生在同一项销售行为中。

(三)属于征税范围的其他规定

增值税的征税范围除了一般规定以外,对某些特殊项目是否征收增值税也做出了具体规定。

(1)对从事热力、电力、燃气、自来水等公用事业的增值税纳税人收取的一次性费用,凡与货物的销售数量有直接关系的,按应税货物征收增值税;

(2)提供的矿产资源开采、挖掘、切割、破碎、分拣、洗选等劳务,按照应税劳务征收增值税。

(3)货物期货,应当征收增值税,在期货的实物交割环节纳税。

(4)供电企业利用自身输变电设备对并入电网的企业自备电厂生产的电力产品进行电压调节,收取并网服务费,属于提供加工劳务,应当征收增值税。

(5)经批准允许从事二手车经销业务的纳税人,收购二手车时将其办理过户登记到自己名下,销售时再将该二手车过户登记到买家名下的行为,属于销售货物的行为,应按照现行规定征收增值税。

(6)纳税人已售票但客户逾期未消费取得的运输逾期票证收入,按照"交通运输服务"缴纳增值税。纳税人为客户办理退票而向客户收取的退票费、手续费等收入,按照"其他现代服务"缴纳增值税。

(四)不征税范围的规定

(1)纳税人在资产重组过程中,通过合并、分立、出售、置换等方式,将全部或者部分实物资产以及与其相关联的债权、负债和劳动力一并转让给其他单位和个人,不属于增值税的征税范围，包括其中涉及的货物、不动产、土地使用权转让行为。

(2)融资性售后回租业务中承租方出售资产的行为。

(3)根据国家指令无偿提供的铁路运输服务、航空运输服务。

(4)存款利息。

(5)被保险人获得的保险赔付。

(6)房地产主管部门或者其指定机构、公积金管理中心、开发企业以及物业管理单位代收的住宅专项维修资金。

(7)纳税人受托开发软件产品，著作权属于委托方或属于双方共同拥有的不征收增值税；对经过国家版权局注册登记，纳税人在销售时一并转让著作权、所有权的，不征收增值税。

(8)各党派、共青团、工会、妇联、中科协、青联、台联、侨联收取党费、团费、会费，以及政府间国际组织收取会费，属于非经营活动，不征收增值税。

(9)各燃油电厂从政府财政专户取得的发电补贴不属于价外费用，不征收增值税。

(10)关于罚没物品征免增值税问题：执法部门和单位查处的具备拍卖条件、不具备拍卖条件以及属于专营的财物，取得的收入如数上缴财政，不予征税。

(11)按照现行增值税政策，纳税人取得的中央财政补贴，不属于增值税应税收入，不征收增值税。

(12)药品生产企业销售自产创新药的销售额，为向购买方收取的全部价款和价外费用，其提供给患者后续免费使用的相同创新药，不属于增值税视同销售范围。

(13)以积分兑换形式赠送的电信业服务，不征收增值税。

(14)航空运输企业提供的旅客利用里程积分兑换的航空运输服务，不征收增值税。

(15)供电工程贴费是指在用户申请用电或增加用电容量时，供电企业向用户收取的用于建设110千伏及以下各级电压外部供电工程建设和改造等费用的总称，包括供电和配电贴费两部分。经国务院批准同意的国家计委《关于调整供电贴费标准和加强贴费管理的请示》(计投资〔1992〕2569号)附件一规定："根据贴费的性质和用途，凡电力用户新建的工程项目所支付的贴费，应从该工程的基建投资中列支；凡电力用户改建、扩建的工程项目所支付的贴费，从单位自有资金中列支"。同时，用贴费建设的工程项目由电力用户交由电力部门统一管理使用。根据贴费和用贴费建设的工程项目的性质以及增值税有关法规政策的规定，供电工程贴费不属于增值税销售货物和收取价外费用的范围，不应当征收增值税。

三、税率和征收率

(一)增值税税率的一般规定

我国增值税税率一共有4档：13%，9%，6%，0%，出口货物实行零税率，但是国务院另有规定的除外(目前有：出口的原油、援外出口货物。国家禁止出口的天然牛黄、麝香、铜及铜基合金、白金等以及糖不适用零税率)；境外单位和个人向境内提供应税劳务，按照适用税率征税。

(1)交通运输服务、邮政、基础电信、建筑、不动产租赁服务，销售不动产，转让土地使用权以及销售或进口列举的农产品等货物税率为9%；

(2)加工修理修配劳务、有形动产租赁服务和进口税率为13%；

(3)销售无形资产(除土地使用权)为6%;

(4)出口货物税率为0;

(5)其余的:货物是13%,服务是6%。

表3-2为增值税税率表。

表3-2 增值税税率表

序号	税目	税率
1	销售或者进口货物(除9～12项外)	13%
2	加工、修理修配劳务	13%
3	有形动产租赁服务	13%
4	不动产租赁服务	9%
5	销售不动产	9%
6	建筑服务	9%
7	运输服务	9%
8	转让土地使用权	9%
9	饲料、化肥、农药、农机、农膜	9%
10	粮食等农产品、食用植物油、食用盐	9%
11	自来水、暖气、冷气、热水、煤气、石油液化气、天然气、二甲醚、沼气、居民用煤炭制品	9%
12	图书、报纸、杂志、音像制品、电子出版物	9%
13	邮政服务	9%
14	基础电信服务	9%
15	增值电信服务	6%
16	金融服务	6%
17	现代服务	6%
18	生活服务	6%
19	销售无形资产(除土地使用权外)	6%
20	出口货物	0%
21	跨境销售国务院规定范围内的服务、无形资产	0%

(二)增值税的征收率

增值税的征收率一共有2档,即3%和5%。

(1)征收率绝大多数是3%,小规模纳税人以及选择简易计税的一般纳税人计算税款时使用征收率。

(2)征收率5%,主要有销售不动产,不动产租赁,转让土地使用权,提供劳务派遣服务,提供人力资源外包服务以及安全保护服务选择差额纳税的。

(3)两个减按:个人出租住房,按照5%的征收率减按1.5%计算应纳税额;销售自己使用过的固定资产、旧货,按照3%征收率减按2%征收。

(三)增值税税率的特殊规定

1)兼营行为。纳税人兼营销售货物、劳务、服务、无形资产或者不动产,适用不同税率或者征收率的,应当分别核算适用不同税率或者征收率的销售额;未分别核算的,按照规定从高适用税率或者征收率。

(1)兼有不同税率的销售货物、加工修理修配劳务、服务、无形资产或者不动产,从高适用税率。

(2)兼有不同征收率的销售货物、加工修理修配劳务、服务、无形资产或者不动产,从高适用征收率。

(3)兼有不同税率和征收率的销售货物、加工修理修配劳务、服务、无形资产或者不动产,从高适用税率。纳税人兼营销售货物、劳务、服务、无形资产或者不动产,适用不同税率或者征收率的,应当分别核算适用不同税率或者征收率的销售额;未分别核算的,从高适用税率。

2)试点纳税人销售电信服务时,附带赠送用户识别卡、电信终端等货物或者电信服务的,应将其取得的全部价款和价外费用进行分别核算,按各自适用的税率计算缴纳增值税

3)油气田企业发生应税行为,适用销售服务规定的增值税税率

4)一般纳税人销售自己使用过的固定资产(以下简称已使用过的固定资产),应区分不同情形征收增值税

(1)销售自己使用过的2009年1月1日以后购进或者自制的固定资产,按照适用税率征收增值税。

(2)2008年12月31日以前未纳入扩大增值税抵扣范围试点的纳税人,销售自己使用过的2008年12月31日以前购进或者自制的固定资产,自2014年7月1日以后按照3%征收率减按2%征收增值税。

(3)2008年12月31日以前已纳入扩大增值税抵扣范围试点的纳税人,销售自己使用过的在本地区扩大增值税抵扣范围试点以前购进或者自制的固定资产,自2014年7月1日以后按照3%征收率减按2%征收增值税。销售自己使用过的在本地区扩大增值税抵扣范围试点以后购进或者自制的固定资产,按照适用税率征收增值税。

5)小规模纳税人(除其他个人外,下同)销售自己使用过的固定资产,自2014年7月1日以后按照3%征收率减按2%征收增值税

6)纳税人销售旧货,自2014年7月1日以后按照3%征收率减按2%征收增值税

所称旧货,是指进入二次流通的具有部分使用价值的货物(含旧汽车、旧摩托车和旧游艇),但不包括自己使用过的物品。

7)一般纳税人销售下列货物和销售服务,可选择按照简易办法依照3%征收率计算缴纳增值税。一般纳税人选择简易办法计算缴纳增值税后,36个月内不得变更

(1)销售货物

①销售自产的用微生物、微生物代谢产物、动物毒素、人或动物的血液或组织制成的生物制品。

②寄售商店代销寄售物品(包括居民个人寄售的物品在内)。

③典当业销售死当物品。

④销售自产的县级及县级以下小型水力发电单位生产的电力。

⑤销售自产的自来水。

⑥销售自产的建筑用和生产建筑材料所用的砂、土、石料。

⑦销售自产的以自己采掘的砂、土、石料或其他矿物连续生产的砖、瓦、石灰(不含黏土实心砖、瓦)。

⑧销售自产的商品混凝土(仅限于以水泥为原料生产的水泥混凝土)。

⑨单采血浆站销售非临床用人体血液。

⑩药品经营企业销售生物制品。

⑪提供物业管理服务的纳税人,向服务接受方收取的自来水水费,以扣除其对外支付的自来水水费后的余额为销售额,按照简易计税方法依3%的征收率计算缴纳增值税。

⑫生产销售和批发、零售抗癌药品。

⑬生产销售和批发、零售罕见病药品。

(2)销售服务

①经认定的动漫企业为开发动漫产品提供的服务,以及在境内转让动漫版权。

②提供城市电影放映服务。

③公路经营企业收取试点前开工的高速公路的车辆通行费。

④提供非学历教育服务。

⑤提供教育辅助服务。

⑥公共交通运输服务。包括轮客渡、公交客运、地铁、城市轻轨、出租车、长途客运、班车。

⑦电影放映服务、仓储服务、装卸搬运服务、收派服务和文化体育服务(含纳税人在游览场所经营索道、摆渡车、电瓶车、游船等取得的收入)。

⑧以纳入营改增试点之日前取得的有形动产为标的物提供的经营租赁服务。

⑨纳入营改增试点之日前签订的尚未执行完毕的有形动产租赁合同。

⑩以清包工方式提供、为甲供工程提供的、为建筑工程老项目提供的建筑服务。

⑪建筑工程总承包单位为房屋建筑的地基与基础、主体结构提供工程服务,建设单位自行采购全部或部分钢材、混凝土、砌体材料、预制构件的,适用简易计税方法计税。

⑫一般纳税人销售电梯的同时提供安装服务,其安装服务可以按照甲供工程选择适用简易计税方法计税。

⑬一般纳税人销售自产机器设备的同时提供安装服务,应分别核算机器设备和安装服务的销售额,安装服务可以按照甲供工程选择适用简易计税方法计税。

⑭一般纳税人销售外购机器设备的同时提供安装服务,如果已经按照兼营的有关规定,分别核算机器设备和安装服务的销售额,安装服务可以按照甲供工程选择适用简易计税方法计税。

⑮对中国农业银行纳入"三农金融事业部"改革试点的各省、自治区、直辖市、计划单列市分行下辖的县域支行和新疆生产建设兵团分行下辖的县域支行(也称县事业部),提供农户贷款、农村企业和农村各类组织贷款取得的利息收入。

⑯资管产品管理人运营资管产品过程中发生的增值税应税行为,暂适用简易计税方法,按照3%的征收率缴纳增值税。

⑰非企业性单位中的一般纳税人提供的研发和技术服务、信息技术服务、鉴证咨询服务,以及销售技术、著作权等无形资产。

⑱非企业性单位中的一般纳税人提供技术转让、技术开发和与之相关的技术咨询、技术服务。

⑲中国农业发展银行总行及其各分支机构提供涉农贷款取得的利息收入。

⑳农村信用社、村镇银行、农村资金互助社、由银行业机构全资发起设立的贷款公司、法人机构在县(县级市、区、旗)及县以下地区的农村合作银行和农村商业银行提供金融服务收入。

8)纳税人适用5%征收率计算缴纳增值税的纳税行为

(1)一般纳税人适用征收率为5%的情形

①一般纳税人出租其2016年4月30日前取得的不动产,可以选择适用简易计税方法,按照5%的征收率计算应纳税额。

②房地产开发企业中的一般纳税人,出租自行开发的房地产老项目,可以选择适用简易计税方法,按照5%的征收率计算应纳税额。

③一般纳税人2016年4月30日前签订的不动产融资租赁合同,或以2016年4月30日前取得的不动产提供的融资租赁服务,可以选择适用简易计税方法,按照5%的征收率计算缴纳增值税。

④一般纳税人将2016年4月30日之前租入的不动产对外转租的,可选择简易办法征税;将5月1日之后租入的不动产对外转租的,不能选择简易办法征税。

⑤一般纳税人销售其2016年4月30日前取得(不含自建)的不动产,可以选择适用简易计税方法,以取得的全部价款和价外费用减去该项不动产购置原价或者取得不动产时的作价后的余额为销售额,按照5%的征收率计算应纳税额。

⑥一般纳税人销售其2016年4月30日前自建的不动产,可以选择适用简易计税方法,以取得的全部价款和价外费用为销售额,按照5%的征收率计算应纳税额。

⑦房地产开发企业中的一般纳税人,销售自行开发的房地产老项目,可以选择适用简易计税方法按照5%的征收率计税。

⑧一般纳税人收取试点前开工的一级公路、二级公路、桥、闸通行费,可以选择适用简易计税方法,按照5%的征收率计算缴纳增值税。试点前开工,是指相关施工许可证注明的合同开工日期在2016年4月30日前。

⑨纳税人以经营租赁方式将土地出租给他人使用,按照不动产经营租赁服务缴纳增值税。

⑩转让2016年4月30日前取得的土地使用权,可以选择适用简易计税方法,以取得的全部价款和价外费用减去取得该土地使用权的原价后的余额为销售额,按照5%的征收率计算缴纳增值税。

⑪一般纳税人提供劳务派遣服务,可以以取得的全部价款和价外费用为销售额,按照一般计税方法计算缴纳增值税;可以选择差额纳税,以取得的全部价款和价外费用,扣除代用工单位支付给劳务派遣员工的工资、福利和为其办理社会保险及住房公积金后的余额为销售额,按照简易计税方法依5%的征收率计算缴纳增值税。

⑫纳税人提供安全保护服务,比照劳务派遣服务政策执行。

⑬一般纳税人提供人力资源外包服务,可以选择适用简易计税方法,按照5%的征收率计算缴纳增值税。

⑭中外合作油(气)田按合同开采的原油、天然气应按实物征收增值税,征收率为5%,在计征增值税时,不抵扣进项税额。原油、天然气出口时不予退税。

(2)小规模适用征收率为5%的情形

①小规模纳税人出租其取得的不动产(不含个人出租住房),应按照5%的征收率计算应纳税额。

②房地产开发企业中的小规模纳税人,出租自行开发的房地产项目,按照5%的征收率计算应纳税额。

③其他个人出租其取得的不动产(不含住房),应按照5%的征收率计算应纳税额。

④小规模纳税人销售其取得(不含自建)的不动产(不含个体工商户销售购买的住房和其他个人销售不动产),应以取得的全部价款和价外费用减去该项不动产购置原价或者取得不动产时的作价后的余额为销售额,按照5%的征收率计算应纳税额。

⑤小规模纳税人销售其自建的不动产,应以取得的全部价款和价外费用为销售额,按照5%的征收率计算应纳税额。

⑥房地产开发企业中的小规模纳税人,销售自行开发的房地产项目,按照5%的征收率计税。

⑦其他个人销售其取得(不含自建)的不动产(不含其购买的住房),应以取得的全部价款和价外费用减去该项不动产购置原价或者取得不动产时的作价后的余额为销售额,按照5%的征收率计算应纳税额。

⑧小规模纳税人转让2016年4月30日前取得的土地使用权,可以选择适用简易计税方法,以取得的全部价款和价外费用减去取得该土地使用权的原价后的余额为销售额,按照5%的征收率计算缴纳增值税。

⑨小规模纳税人提供劳务派遣服务,以取得的全部价款和价外费用为销售额,按照简易计税方法依3%的征收率计算缴纳增值税;也可以选择差额纳税,以取得的全部价款和价外费用,扣除代用工单位支付给劳务派遣员工的工资、福利和为其办理社会保险及住房公积金后的余额为销售额,按照简易计税方法依5%的征收率计算缴纳增值税。

⑩纳税人提供安全保护服务,比照劳务派遣服务政策执行。

9)一般纳税人销售货物属于下列情形之一的,暂按简易办法计算缴纳增值税;自2014年7月1日以后按照3%征收率征收增值税

(1)寄售商店代销寄售物品(包括居民个人寄售的物品在内);

(2)典当业销售死当物品。

一般纳税人选择简易办法计算缴纳增值税后,36个月内不得变更。

四、税收优惠

(一)增值税优惠政策基本内容

1)减免税是指国家对特定纳税人或征税对象,给予减轻或者免除税收负担的一种税收优惠措施,包括税基式减免、税率式减免和税额式减免3类。纳税人享受增值税减免税具体形式,主要包括直接减免税、即征即退、先征后退、增值税扣减等方式。

直接减税、免税,是指对提供应税货物或者应税劳务、服务的某个环节或者全部环节直接免征或减征增值税。

即征即退,是由主管税务机关按照有关税收规定将纳税人的增值税应纳税额及时足额征

收入库，再由主管税务机关将已征收入库的全部或部分增值税税款退还给纳税人。

先征后退，是指对按税法规定缴纳的税款，由税务机关征收入库后，再由税务机关或财政部门按规定的程序给予部分或全部退税或返还已纳税款的一种税收优惠，属退税范畴，其实质是一种特定方式的免税或减免规定。

增值税扣减，是指在实际应缴纳的增值税中全部减掉或减掉一部分应纳税额。

2)减免税分为核准类减免税和备案类减免税。核准类减免税是指法律、法规规定应由税务机关核准的减免税项目；备案类减免税是指不需要税务机关核准的减免税项目。

即征即退增值税项目属于增值税核准类减免税；免征增值税项目属于增值税备案类减免税。

3)纳税人享受备案类减免税，应当具备相应的减免税资质，并履行规定的备案手续。

纳税人享受增值税备案类减免税，应向主管税务机关提交《增值税备案类减免税登记表》(按照办税厅要求进行办理)，并附报有关资料。经主管税务机关登记备案后，自登记备案之日起执行。

4)纳税人享受增值税核准类减免税，应向主管税务机关提交《税务核准类减免税确认表》(按照办税服务厅要求进行办理)，并附报有关资料，经主管税务机关核准确认后执行。未按规定申请或虽申请但未经主管税务机关核准确认的，纳税人不得享受减免税。

纳税人已享受增值税优惠政策，应当纳入正常申报管理，按期进行减免税申报。

5)纳税人用于免征增值税项目的购进应税货物或者应税劳务、应税服务，进项税额不得抵扣。提供免征增值税货物或者劳务、服务不得开具增值税专用发票。

纳税人兼营减税、免税项目的，应当分别核算减税、免税项目的销售额；未分别核算的，不得减税、免税。

纳税人发生应税行为同时适用免税和零税率规定的，纳税人可以选择适用免税或者零税率。

纳税人发生应税行为适用减税、免税规定的，可以放弃减税、免税，依照本办法的规定缴纳增值税。放弃减税、免税后，36 个月内不得再申请减税、免税。

纳税人实际经营情况不符合增值税优惠政策规定条件的或采用欺骗手段获取减免税的，享受减免税条件发生变化未及时向主管税务机关报告的，以及未按规定备案或核准而自行减免税的，主管税务机关按照税收征管法有关规定予以处理。

6)一般计税方法的纳税人，兼营简易计税方法计税项目、免征增值税项目而无法划分不得抵扣的进项税额，按照下列公式计算不得抵扣的进项税额：

不得抵扣的进项税额＝当期无法划分的全部进项税额×(当期简易计税方法计税项目销售额＋免征增值税项目销售额)÷当期全部销售额

7)增值税纳税人购买增值税税控系统专用设备支付的费用以及缴纳的技术维护费可在增值税应纳税额中全额抵减。

(二)减免税具体内容

直接免税项目：

1)小微企业免征增值税政策

2019 年 1 月 1 日至 2021 年 12 月 31 日，月销售额 10 万元以下(含本数)的增值税小规模纳税人，免征增值税。其中，以 1 个季度为纳税期限的增值税小规模纳税人，季度销售额不超过 30 万元的，免征增值税。

增值税小规模纳税人发生增值税应税销售行为，合计月销售额超过 10 万元（季度 30 万元），但扣除本期发生的销售不动产的销售额后未超过 10 万元的（季度 30 万元），其销售货物、劳务、服务、无形资产取得的销售额免征增值税。适用增值税差额征税政策的小规模纳税人，以差额后的销售额确定是否可以享受本公告规定的免征增值税政策。

其他个人，采取一次性收取租金形式出租不动产取得的租金收入，可在对应的租赁期内平均分摊，分摊后的月租金收入未超过 10 万元的，免征增值税。

按照现行规定应当预缴增值税税款的小规模纳税人，凡在预缴地实现的月销售额未超过 10 万元的，当期无需预缴税款。已预缴税款的，可以向预缴地主管税务机关申请退还。

小规模纳税人中的单位和个体工商户销售不动产，应按其纳税期、上条以及其他现行政策规定确定是否预缴增值税；其他个人销售不动产，继续按照现行规定征免增值税。

小规模纳税人月销售额未超过 10 万元的，当期因开具增值税专用发票已经缴纳的税款，在增值税专用发票全部联次追回或者按规定开具红字专用发票后，可以向主管税务机关申请退还。

小规模纳税人 2019 年 1 月份销售额未超过 10 万元（以 1 个季度为 1 个纳税期的，2019 年第一季度销售额未超过 30 万元），但当期因代开普通发票已经缴纳的税款，可以在办理纳税申报时向主管税务机关申请退还。

2）根据《中华人民共和国增值税暂行条例》规定，下列项目免征增值税：

（1）农业生产者销售的自产农产品；

（2）避孕药品和用具；

（3）古旧图书；

（4）直接用于科学研究、科学试验和教学的进口仪器、设备；

（5）外国政府、国际组织无偿援助的进口物资和设备；

（6）由残疾人组织直接进口供残疾人专用的物品；

（7）销售自己使用过的物品。

3）自 1998 年 8 月 1 日起，对承担粮食收储任务的国有粮食购销企业销售的粮食免征增值税，其他粮食企业经营粮食，下列项目免征增值税：①军队用粮；②救灾救济粮；③水库移民口粮。退耕还林还草试点工作实行“退耕还林、封山绿化、以粮代赈，个体承包”的方针，对退耕户根据退耕面积由国家无偿提供粮食补助。因此，对粮食部门经营的退耕还林还草补助粮，凡符合国家规定标准的，比照“救灾救济粮”免征增值税。

4）自 2001 年 8 月 1 日起，纳税人经营下列货物免征增值税：①农膜；②批发和零售的种子、种苗、农药、农机。自 2008 年 7 月 1 日起，对农民专业合作社销售本社成员生产的农业产品，视同农业生产者销售自产农业产品免征增值税。对农民专业合作社向本社成员销售的农膜、种子、种苗、农药、农机，免征增值税。

注：自 2015 年 9 月 1 日起，对纳税人销售和进口化肥统一按 13％税率征收国内环节和进口环节增值税。钾肥增值税先征后返政策同时停止执行。

5）自 2007 年 7 月 1 日起，残疾人员个人提供加工、修理修配劳务免征增值税。

6）自 1999 年 11 月 1 日起，对血站供应给医疗机构的临床用血免征增值税。

7)自 2000 年 7 月 10 日起,对非营利性医疗机构自产自用的制剂,免征增值税。对营利性医疗机构自其取得执业登记之日起 3 年内,对其自产自用的制剂免征增值税,3 年免税期满后恢复征税。

8)自 1994 年 6 月 1 日起,对公安部所属研究所、公安侦察保卫器材厂研制生产的列明代号的侦察保卫器材产品(每年新增部分报国家税务总局审核批准后下发),凡销售给公安、司法以及国家安全系统使用的,免征增值税;销售给其他单位的,按规定征收增值税。劳动工厂生产的民警服装销售给公安、司法以及国家安全系统使用的,免征增值税;销售给其他单位的,按规定征收增值税。

9)自 2001 年 1 月 1 日起,对铁路系统内部单位为本系统修理货车的业务免征增值税。

10)自 2001 年 8 月 1 日起,生产销售饲料产品可免征增值税,免税饲料产品范围包括:①单一大宗饲料。其范围仅限于糠麸、酒糟、鱼粉、草饲料、饲料级磷酸氢钙及除豆粕以外的菜籽粕、棉籽粕、向日葵粕、花生粕等粕类产品。②混合饲料。指由两种以上单一大宗饲料、粮食、粮食副产品及饲料添加剂按一定比例配置,其中单一大宗饲料、粮食、粮食副产品的掺兑比例不低于 95%的饲料。③配合饲料。指根据不同的饲养对象,饲养对象的不同生长发育阶段的营养需要,将多种饲料原料按饲料配方经工业生产后,形成的能满足饲养动物全部营养需要(除水分外)的饲料。④复合预混料。指能够按照国家有关饲料产品的标准要求量,全面提供动物饲养相应阶段所需微量元素(4 种或以上)、维生素(8 种或以上),由微量元素、维生素、氨基酸和非营养性添加剂中任何两类或两类以上的组分与载体或稀释剂按一定比例配置的均匀混合物。⑤浓缩饲料。指由蛋白质、复合预混料及矿物质等按一定比例配制的均匀混合物。

11)矿物质微量元素舔砖,是以 4 种以上微量元素、非营养性添加剂和载体为原料,经高压浓缩制成的块状预混物,可供牛、羊等牲畜直接食用,应按照"饲料"免征增值税。

12)自 2010 年 1 月 1 日起,豆粕属于征收增值税的饲料产品,除豆粕以外的其他粕类饲料产品,均免征增值税。

13)自 2013 年 9 月 1 日起,精料补充料是指为补充草食动物的营养,将多种饲料和饲料添加剂按照一定比例配制的饲料。可按照配合饲料免征增值税。

14)自 2008 年 6 月 1 日起,纳税人生产销售和批发、零售有机肥产品免征增值税。有机肥产品是指有机肥料、有机-无机复混肥料和生物有机肥料。产品执行标准为:有机肥料 NY 525—2002,有机-无机复混肥料 GB 18877—2002,生物有机肥 NY 884—2004。

15)自 2001 年 7 月 1 日起,对各级政府及主管部门委托自来水厂(公司)随水费收取的污水处理费,免征增值税。

16)自 1998 年 1 月 1 日起,对农村电管站在收取电价时一并向用户收取的农村电网维护费(包括低压线路损耗和维护费以及电工经费)给予免征增值税的照顾。

17)自 2001 年 8 月 1 日起,对外国政府和国际组织无偿援助项目在国内采购的货物免征增值税,同时允许销售免税货物的单位,将免税货物的进项税额在其他内销货物的销项税额中抵扣。

18)自 2007 年 7 月 1 日起,纳税人生产销售和批发、零售滴灌带和滴灌管产品免征增值税。

滴灌带和滴灌管产品是指农业节水滴灌系统专用的,具有制造过程中加工的孔口或其他出流装置,能够以滴状或连续流状出水的水带和水管产品。滴灌带和滴灌管产品按照国家有关质量技术标准要求进行生产，并与PVC管（主管）、PE管（辅管）、承插管件、过滤器等部件组成为滴灌系统。

19）自1999年3月11日起，对拍卖行受托拍卖货物属免税货物范围的，可以免征增值税。

20）自2002年9月12日起，黄金生产和经营单位销售黄金（不包括以下品种：成色为AU9999、AU9995、AU999、AU995；规格为50克、100克、1公斤、3公斤、12.5公斤的黄金，以下简称标准黄金）和黄金矿砂（含伴生金），免征增值税。

黄金交易所会员单位通过黄金交易所销售标准黄金（持有黄金交易所开具的《黄金交易结算凭证》），未发生实物交割的，免征增值税；发生实物交割的，由税务机关按照实际成交价格代开增值税专用发票，并实行增值税即征即退的政策。

21）自2012年1月1日起，对符合条件的纳税人销售的熊猫普制金币免征增值税。

22）自2018年1月1日起至2020年12月31日，免征图书批发、零售环节增值税。

23）自2018年1月1日起至2020年12月31日，对科普单位的门票收入，以及县级及以上党政部门和科协开展科普活动的门票收入免征增值税。

24）经营性文化事业单位转制为企业2019年1月1日至2023年12月31日，党报、党刊将其发行、印刷业务及相应的经营性资产剥离组建的文化企业，自注册之日起所取得的党报、党刊发行收入和印刷收入免征增值税。

25）自2012年10月1日起，纳税人批发、零售部分鲜活肉蛋产品免征增值税。鲜活肉免税范围包括猪、牛、羊、鸡、鸭、鹅及其整块或分割的鲜肉、冷藏或冷冻肉，内脏、头、尾、骨、蹄、翅、爪等组织。免税的鲜活蛋产品是指鸡蛋、鸭蛋、鹅蛋，包括鲜蛋、冷藏蛋以及对其进行破壳分离的蛋液、蛋黄、蛋壳。

26）自2012年1月1日起，对从事蔬菜批发零售的纳税人销售的蔬菜免征增值税。

27）自2013年4月1日起，纳税人采取“公司＋农户”经营模式从事畜禽饲养，即公司与农户签订委托养殖合同，向农户提供畜禽苗、饲料、兽药及疫苗等（所有权属于公司），农户饲养畜禽苗至成品后交付公司回收，公司将回收的成品畜禽用于销售。在上述经营模式下，纳税人回收再销售畜禽，属于农业生产者销售自产农产品，应根据《中华人民共和国增值税暂行条例》的有关规定免征增值税。

28）自2011年1月1日起，节能服务公司实施符合条件的合同能源管理项目，将项目中的增值税应税货物转让给用能企业，暂免征收增值税。

29）托儿所、幼儿园提供的保育和教育服务免征增值税。

托儿所、幼儿园，是指经县级以上教育部门审批成立、取得办园许可证的实施0～6岁学前教育的机构，包括公办和民办的托儿所、幼儿园、学前班、幼儿班、保育院、幼儿园。

公办托儿所、幼儿园免征增值税的收入是指，在省级财政部门和价格主管部门审核，报省级人民政府批准的收费标准以内收取的教育费、保育费。

民办托儿所、幼儿园免征增值税的收入是指，在报经当地有关部门备案并公示的收费标准范围内收取的教育费、保育费。

超过规定收费标准的收费，以开办实验班、特色班和兴趣班等为由另外收取的费用以及与幼儿入园挂钩的赞助费、支教费等超过规定范围的收入，不属于免征增值税的收入。

30）从事学历教育的学校提供的教育服务免征增值税。

学历教育，是指受教育者经过国家教育考试或者国家规定的其他入学方式，进入国家有关部门批准的学校或者其他教育机构学习，获得国家承认的学历证书的教育形式。具体包括：

(1)初等教育：普通小学、成人小学。

(2)初级中等教育：普通初中、职业初中、成人初中。

(3)高级中等教育：普通高中、成人高中和中等职业学校(包括普通中专、成人中专、职业高中、技工学校)。

(4)高等教育：普通本专科、成人本专科、网络本专科、研究生(博士、硕士)、高等教育自学考试、高等教育学历文凭考试。

从事学历教育的学校，是指：

(1)普通学校。

(2)经地(市)级以上人民政府或者同级政府的教育行政部门批准成立、国家承认其学员学历的各类学校。

(3)经省级及以上人力资源社会保障行政部门批准成立的技工学校、高级技工学校。

(4)经省级人民政府批准成立的技师学院。

上述学校均包括符合规定的从事学历教育的民办学校，但不包括职业培训机构等国家不承认学历的教育机构。

提供教育服务免征增值税的收入，是指对列入规定招生计划的在籍学生提供学历教育服务取得的收入，具体包括：经有关部门审核批准并按规定标准收取的学费、住宿费、课本费、作业本费、考试报名费收入，以及学校食堂提供餐饮服务取得的伙食费收入。除此之外的收入，包括学校以各种名义收取的赞助费、择校费等，不属于免征增值税的范围。

学校食堂是指依照《学校食堂与学生集体用餐卫生管理规定》(教育部令第 14 号)管理的学校食堂。对高校学生食堂为高校师生提供餐饮服务取得的收入，自 2016 年 1 月 1 日至 2016 年 4 月 30 日，免征营业税；自 2016 年 5 月 1 日起，在营改增试点期间免征增值税。

31)学生勤工俭学提供的服务免征增值税。

32)政府举办的从事学历教育的高等、中等和初等学校(不含下属单位)，举办进修班、培训班取得的全部归该学校所有的收入免征增值税。

全部归该学校所有，是指举办进修班、培训班取得的全部收入进入该学校统一账户，并纳入预算全额上缴财政专户管理，同时由该学校对有关票据进行统一管理和开具。

举办进修班、培训班取得的收入进入该学校下属部门自行开设账户的，不予免征增值税。

33)政府举办的职业学校设立的主要为在校学生提供实习场所，并由学校出资自办、由学校负责经营管理、经营收入归学校所有的企业，从事《销售服务、无形资产或者不动产注释》中“现代服务”(不含融资租赁服务、广告服务和其他现代服务)、“生活服务”(不含文化体育服务、其他生活服务和桑拿、氧吧)业务活动取得的收入免征增值税。

34)养老机构提供的养老服务取得的收入免征增值税。

养老机构，是指依照民政部《养老机构设立许可办法》(民政部令第 48 号)设立并依法办理登记的为老年人提供集中居住和照料服务的各类养老机构。养老服务，是指上述养老机构按照民政部《养老机构管理办法》(民政部令第 49 号)的规定，为收住的老年人提供的生活照料、康复护理、精神慰藉、文化娱乐等服务。

《营业税改征增值税试点过渡政策的规定》(财税〔2016〕36 号印发)第一条第(二)项中的养老机构，包括依照《中华人民共和国老年人权益保障法》依法办理登记，并向民政部门备案的为老年人提供集中居住和照料服务的各类养老机构(财税〔2019〕20 号相关规定)。

35)残疾人福利机构提供的育养服务属于免征增值税项目。

36)婚姻介绍服务属于免征增值税项目。

37)殡葬服务取得的收入免征增值税。

殡葬服务,是指收费标准由各地价格主管部门会同有关部门核定,或者实行政府指导价管理的遗体接运(含抬尸、消毒)、遗体整容、遗体防腐、存放(含冷藏)、火化、骨灰寄存、吊唁设施设备租赁、墓穴租赁及管理等服务。

38)残疾人员本人为社会提供的服务免征增值税。

39)医疗机构提供的医疗服务免征增值税。

医疗机构,是指依据国务院《医疗机构管理条例》(国务院令第 149 号)及卫生部《医疗机构管理条例实施细则》(卫生部令第 35 号)的规定,经登记取得《医疗机构执业许可证》的机构,以及军队、武警部队各级各类医疗机构。具体包括:各级各类医院、门诊部(所)、社区卫生服务中心(站)、急救中心(站)、城乡卫生院、护理院(所)、疗养院、临床检验中心,各级政府及有关部门举办的卫生防疫站(疾病控制中心)、各种专科疾病防治站(所),各级政府举办的妇幼保健所(站)、母婴保健机构、儿童保健机构,各级政府举办的血站(血液中心)等医疗机构。

本项所称的医疗服务,是指医疗机构按照不高于地(市)级以上价格主管部门会同同级卫生主管部门及其他相关部门制定的医疗服务指导价格(包括政府指导价和按照规定由供需双方协商确定的价格等)为就医者提供《全国医疗服务价格项目规范》所列的各项服务,以及医疗机构向社会提供卫生防疫、卫生检疫的服务。

自 2019 年 2 月 1 日至 2020 年 12 月 31 日,医疗机构接受其他医疗机构委托,按照不高于地(市)级以上价格主管部门会同同级卫生主管部门及其他相关部门制定的医疗服务指导价格(包括政府指导价和按照规定由供需双方协商确定的价格等),提供《全国医疗服务价格项目规范》所列的各项服务,可适用《营业税改征增值税试点过渡政策的规定》(财税〔2016〕36 号印发)第一条第(七)项规定及(财税〔2019〕20 号相关规定)免征增值税。

40)纪念馆、博物馆、文化馆、文物保护单位管理机构、美术馆、展览馆、书画院、图书馆在自己的场所提供文化体育服务取得的第一道门票收入免征增值税。

41)寺院、宫观、清真寺和教堂举办文化、宗教活动的门票收入免征增值税。

42)福利彩票、体育彩票的发行收入免征增值税。

43)财税〔2016〕36 号文件附件 3《过渡政策的规定》中规定,以下利息收入免征增值税:

(1)国家助学贷款。

(2)国债、地方政府债。

(3)人民银行对金融机构的贷款。

(4)住房公积金管理中心用住房公积金在指定的委托银行发放的个人住房贷款。

(5)外汇管理部门在从事国家外汇储备经营过程中,委托金融机构发放的外汇贷款。

(6)统借统还业务中,企业集团或企业集团中的核心企业以及集团所属财务公司按不高于支付给金融机构的借款利率水平或者支付的债券票面利率水平,向企业集团或者集团内下属单位收取的利息。

统借方向资金使用单位收取的利息,高于支付给金融机构借款利率水平或者支付的债券票面利率水平的,应全额缴纳增值税。

统借统还业务，是指：

①企业集团或者企业集团中的核心企业向金融机构借款或对外发行债券取得资金后，将所借资金分拨给下属单位（包括独立核算单位和非独立核算单位，下同），并向下属单位收取用于归还金融机构或债券购买方本息的业务。

②企业集团向金融机构借款或对外发行债券取得资金后，由集团所属财务公司与企业集团或者集团内下属单位签订统借统还贷款合同并分拨资金，并向企业集团或者集团内下属单位收取本息，再转付企业集团，由企业集团统一归还金融机构或债券购买方的业务。

自2019年2月1日至2020年12月31日，对企业集团内单位（含企业集团）之间的资金无偿借贷行为，免征增值税。（财税〔2019〕20号相关规定）

（7）自2017年1月1日至2019年12月31日，对经省级金融管理部门（金融办、局等）批准成立的小额贷款公司取得的农户小额贷款利息收入，免征增值税。小额贷款，是指单笔且该农户贷款余额总额在10万元（含本数）以下的贷款。

（8）自2018年9月1日至2020年12月31日，对金融机构向小型企业、微型企业和个体工商户发放小额贷款取得的利息收入，免征增值税。所称小额贷款，是指单户授信小于1 000万元（含本数）的小型企业、微型企业或个体工商户贷款；没有授信额度的，是指单户贷款合同金额且贷款余额在1 000万元（含本数）以下的贷款。

44）《过渡政策的规定》中规定，下列金融商品转让收入免征增值税。

（1）合格境外投资者（QFII）委托境内公司在我国从事证券买卖业务。

（2）香港市场投资者（包括单位和个人）通过沪港通买卖上海证券交易所上市A股。

（3）对香港市场投资者（包括单位和个人）通过基金互认买卖内地基金份额。

（4）证券投资基金（封闭式证券投资基金，开放式证券投资基金）管理人运用基金买卖股票、债券。

（5）个人从事金融商品转让业务。

财税〔2016〕70号文件第四条对金融商品转让收入的明确：人民币合格境外投资者（RQFII）委托境内公司在我国从事证券买卖业务，以及经人民银行认可的境外机构投资银行间本币市场取得的收入属于《过渡政策的规定》第一条第（二十二）款所称的金融商品转让收入。银行间本币市场包括货币市场、债券市场以及衍生品市场。

45）金融同业往来利息收入免征增值税。

（1）金融机构与人民银行所发生的资金往来业务。包括人民银行对一般金融机构贷款，以及人民银行对商业银行的再贴现等。

（2）银行联行往来业务。同一银行系统内部不同行、处之间所发生的资金账务往来业务。

（3）金融机构间的资金往来业务。是指经人民银行批准，进入全国银行间同业拆借市场的金融机构之间通过全国统一的同业拆借网络进行的短期（一年以下含一年）无担保资金融通行为。

（4）金融机构之间开展的转贴现业务。

金融机构是指：

①银行：包括人民银行、商业银行、政策性银行。

②信用合作社。

③证券公司。

④金融租赁公司、证券基金管理公司、财务公司、信托投资公司、证券投资基金。

⑤保险公司。

⑥其他经人民银行、银监会、证监会、保监会批准成立且经营金融保险业务的机构等。

财税〔2016〕46 号文件中规定，金融机构开展下列业务取得的利息收入属于《过渡政策的规定》中所称的金融同业往来利息收入：

(1)质押式买入返售金融商品。

质押式买入返售金融商品，是指交易双方进行的以债券等金融商品为权利质押的一种短期资金融通业务。

(2)持有政策性金融债券。

政策性金融债券，是指开发性、政策性金融机构发行的债券。

财税〔2016〕70 号文件中规定：

(1)金融机构开展下列业务取得的利息收入，属于《过渡政策的规定》中所称的金融同业往来利息收入：

①同业存款。

同业存款，是指金融机构之间开展的同业资金存入与存出业务，其中资金存入方仅为具有吸收存款资格的金融机构。

②同业借款。

同业借款，是指法律法规赋予此项业务范围的金融机构开展的同业资金借出和借入业务。此条款所称"法律法规赋予此项业务范围的金融机构"主要是指农村信用社之间以及在金融机构营业执照列示的业务范围中有反映为"向金融机构借款"业务的金融机构。

③同业代付。

同业代付，是指商业银行(受托方)接受金融机构(委托方)的委托向企业客户付款，委托方在约定还款日偿还代付款项本息的资金融通行为。

④买断式买入返售金融商品。

买断式买入返售金融商品，是指金融商品持有人(正回购方)将债券等金融商品卖给债券购买方(逆回购方)的同时，交易双方约定在未来某一日期，正回购方再以约定价格从逆回购方买回相等数量同种债券等金融商品的交易行为。

⑤持有金融债券。

金融债券，是指依法在中华人民共和国境内设立的金融机构在全国银行间和交易所债券市场发行的、按约定还本付息的有价证券。

⑥同业存单。

同业存单，是指银行业存款类金融机构在全国银行间市场上发行的记账式定期存款凭证。

(2)商业银行购买央行票据、与央行开展货币掉期和货币互存等业务属于《过渡政策的规定》第一条第(二十三)款第 1 项所称的金融机构与人民银行所发生的资金往来业务。

(3)境内银行与其境外的总机构、母公司之间，以及境内银行与其境外的分支机构、全资子公司之间的资金往来业务属于《过渡政策的规定》第一条第(二十三)款第 2 项所称的银行联行往来业务。

46)被撤销金融机构以货物、不动产、无形资产、有价证券、票据等财产清偿债务免征增值税。

47)同时符合下列条件的担保机构从事中小企业信用担保或者再担保业务取得的收入(不含信用评级、咨询、培训等收入)3年内免征增值税:

(1)已取得监管部门颁发的融资性担保机构经营许可证,依法登记注册为企(事)业法人,实收资本超过2 000万元。

(2)平均年担保费率不超过银行同期贷款基准利率的50%。平均年担保费率=本期担保费收入/(期初担保余额+本期增加担保金额)×100%。

(3)连续合规经营2年以上,资金主要用于担保业务,具备健全的内部管理制度和为中小企业提供担保的能力,经营业绩突出,对受保项目具有完善的事前评估、事中监控、事后追偿与处置机制。

(4)为中小企业提供的累计担保贷款额占其两年累计担保业务总额的80%以上,单笔800万元以下的累计担保贷款额占其累计担保业务总额的50%以上。

(5)对单个受保企业提供的担保余额不超过担保机构实收资本总额的10%,且平均单笔担保责任金额最多不超过3 000万元人民币。

(6)担保责任余额不低于其净资产的3倍,且代偿率不超过2%。

担保机构免征增值税政策采取备案管理方式。符合条件的担保机构应到所在地县(市)主管税务机关和同级中小企业管理部门履行规定的备案手续,自完成备案手续之日起,享受3年免征增值税政策。3年免税期满后,符合条件的担保机构可按规定程序办理备案手续后继续享受该项政策。

具体备案管理办法按照《国家税务总局关于中小企业信用担保机构免征营业税审批事项取消后有关管理问题的公告》(国家税务总局公告2015年第69号)规定执行,其中税务机关的备案管理部门统一调整为县(市)级税务局。

48)保险公司开办的一年期以上人身保险产品取得的保费收入免征增值税。

一年期以上人身保险,是指保险期间为一年期及以上返还本利的人寿保险、养老年金保险,以及保险期间为一年期及以上的健康保险。

人寿保险,是指以人的寿命为保险标的的人身保险。

养老年金保险,是指以养老保障为目的,以被保险人生存为给付保险金条件,并按约定的时间间隔分期给付生存保险金的人身保险。养老年金保险应当同时符合下列条件:

(1)保险合同约定给付被保险人生存保险金的年龄不得小于国家规定的退休年龄。

(2)相邻两次给付的时间间隔不得超过一年。

健康保险,是指以因健康原因导致损失为给付保险金条件的人身保险。

上述免税政策实行备案管理,具体备案管理办法按照《国家税务总局关于一年期以上返还性人身保险产品免征营业税审批事项取消后有关管理问题的公告》(国家税务总局公告2015年第65号)规定执行。

财税〔2016〕46号文件第二条对《过渡政策的规定》所称的其他年金保险予以明确,其他年金保险是指养老年金以外的年金保险。

财税〔2016〕68号文件规定:

(1)境内保险公司向境外保险公司提供的完全在境外消费的再保险服务,免征增值税。

(2)试点纳税人提供再保险服务(境内保险公司向境外保险公司提供的再保险服务除外),实行与原保险服务一致的增值税政策。再保险合同对应多个原保险合同的,所有原保险合同均适用免征增值税政策时，该再保险合同适用免征增值税政策。否则，该再保险合同应按规定缴纳增值税。

原保险服务，是指保险分出方与投保人之间直接签订保险合同而建立保险关系的业务活动。

保险公司开办一年期以上返还性人身保险产品，按照以下规定执行：

①保险公司开办一年期以上返还性人身保险产品，在保险监管部门出具备案回执或批复文件前依法取得的保费收入，属于《财政部 国家税务总局关于一年期以上返还性人身保险产品营业税免税政策的通知》(财税〔2015〕86 号)第一条、《营业税改征增值税试点过渡政策的规定》(财税〔2016〕36 号印发)第一条第(二十一)项规定的保费收入。

②保险公司符合财税〔2015〕86 号第一条、第二条规定免税条件，且未列入财政部、税务总局发布的免征营业税名单的，可向主管税务机关办理备案手续。

③保险公司开办一年期以上返还性人身保险产品，在列入财政部和税务总局发布的免征营业税名单或办理免税备案手续后，此前已缴纳营业税中尚未抵减或退还的部分，可抵减以后月份应缴纳的增值税。(财税〔2019〕20 号相关规定)

49)个人转让著作权免征增值税。

50)个人销售自建自用住房免征增值税。

51)军队空余房产租赁收入免征增值税。

52)为了配合国家住房制度改革，企业、行政事业单位按房改成本价、标准价出售住房取得的收入免征增值税。

53)将土地使用权转让给农业生产者用于农业生产取得的收入免征增值税。

54)涉及家庭财产分割的个人无偿转让不动产、土地使用权免征增值税。

家庭财产分割，包括下列情形：离婚财产分割；无偿赠与配偶、父母、子女、祖父母、外祖父母、孙子女、外孙子女、兄弟姐妹；无偿赠与对其承担直接抚养或者赡养义务的抚养人或者赡养人；房屋产权所有人死亡，法定继承人、遗嘱继承人或者受遗赠人依法取得房屋产权。

55)土地所有者出让土地使用权和土地使用者将土地使用权归还给土地所有者免征增值税。

56)县级以上地方人民政府或自然资源行政主管部门出让、转让或收回自然资源使用权(不含土地使用权)免征增值税。

57)个人将购买不足 2 年的住房对外销售的，按照 5%的征收率全额缴纳增值税；个人将购买 2 年以上(含 2 年)的非普通住房对外销售的，以销售收入减去购买住房价款后的差额按照 5%的征收率缴纳增值税；个人将购买 2 年以上(含 2 年)的普通住房对外销售的，免征增值税。上述政策仅适用于北京市、上海市、广州市和深圳市。

58)台湾航运公司、航空公司从事海峡两岸海上直航、空中直航业务在大陆取得的运输收入免征增值税。

台湾航运公司，是指取得交通运输部颁发的“台湾海峡两岸间水路运输许可证”且该许可证上注明的公司登记地址在台湾的航运公司。

台湾航空公司，是指取得中国民用航空局颁发的“经营许可”或者依据《海峡两岸空运协议》和《海峡两岸空运补充协议》规定，批准经营两岸旅客、货物和邮件不定期(包机)运输业务，且公司登记地址在台湾的航空公司。

59)纳税人提供的直接或者间接国际货物运输代理服务免征增值税。

(1)纳税人提供直接或者间接国际货物运输代理服务,向委托方收取的全部国际货物运输代理服务收入,以及向国际运输承运人支付的国际运输费用,必须通过金融机构进行结算。

(2)纳税人为大陆与香港、澳门、台湾地区之间的货物运输提供的货物运输代理服务参照国际货物运输代理服务有关规定执行。

(3)委托方索取发票的,纳税人应当就国际货物运输代理服务收入向委托方全额开具增值税普通发票。

60)纳税人提供技术转让、技术开发和与之相关的技术咨询、技术服务免征增值税。

(1)技术转让、技术开发,是指《销售服务、无形资产、不动产注释》中"转让技术""研发服务"范围内的业务活动。技术咨询,是指就特定技术项目提供可行性论证、技术预测、专题技术调查、分析评价报告等业务活动。

与技术转让、技术开发相关的技术咨询、技术服务,是指转让方(或者受托方)根据技术转让或者开发合同的规定,为帮助受让方(或者委托方)掌握所转让(或者委托开发)的技术,而提供的技术咨询、技术服务业务,且这部分技术咨询、技术服务的价款与技术转让或者技术开发的价款应当在同一张发票上开具。

(2)备案程序。试点纳税人申请免征增值税时,须持技术转让、开发的书面合同,到纳税人所在地省级科技主管部门进行认定,并持有关的书面合同和科技主管部门审核意见证明文件报主管税务机关备查。

61)同时符合下列条件的合同能源管理服务免征增值税:

(1)节能服务公司实施合同能源管理项目相关技术,应当符合国家质量监督检验检疫总局和国家标准化管理委员会发布的《合同能源管理技术通则》(GB/T 24915—2010)规定的技术要求。

(2)节能服务公司与用能企业签订节能效益分享型合同,其合同格式和内容,符合《中华人民共和国合同法》和《合同能源管理技术通则》(GB/T 24915—2010)等规定。

62)家政服务企业由员工制家政服务员提供家政服务取得的收入免征增值税。

家政服务企业,是指在企业营业执照的规定经营范围中包括家政服务内容的企业。

员工制家政服务员,是指同时符合下列3个条件的家政服务员:

(1)依法与家政服务企业签订半年及半年以上的劳动合同或者服务协议,且在该企业实际上岗工作。

(2)家政服务企业为其按月足额缴纳了企业所在地人民政府根据国家政策规定的基本养老保险、基本医疗保险、工伤保险、失业保险等社会保险。对已享受新型农村养老保险和新型农村合作医疗等社会保险或者下岗职工原单位继续为其缴纳社会保险的家政服务员,如果本人书面提出不再缴纳企业所在地人民政府根据国家政策规定的相应的社会保险,并出具其所在乡镇或者原单位开具的已缴纳相关保险的证明,可视同家政服务企业已为其按月足额缴纳了相应的社会保险。

(3)家政服务企业通过金融机构向其实际支付不低于企业所在地适用的经省级人民政府批准的最低工资标准的工资。

63)中国邮政集团公司及其所属邮政企业提供的邮政普遍服务和邮政特殊服务,免征增值税。

64)行政单位之外的其他单位收取的符合《试点实施办法》第十条规定条件的政府性基金和行政事业性收费免征增值税。

65)农业机耕、排灌、病虫害防治、植物保护、农牧保险以及相关技术培训业务,家禽、牲畜、水生动物的配种和疾病防治免征增值税。

农业机耕,是指在农业、林业、牧业中使用农业机械进行耕作(包括耕耘、种植、收割、脱粒、植物保护等)的业务;排灌,是指对农田进行灌溉或者排涝的业务;病虫害防治,是指从事农业、林业、牧业、渔业的病虫害测报和防治的业务;农牧保险,是指为种植业、养殖业、牧业种植和饲养的动植物提供保险的业务;相关技术培训,是指与农业机耕、排灌、病虫害防治、植物保护业务相关以及为使农民获得农牧保险知识的技术培训业务;家禽、牲畜、水生动物的配种和疾病防治业务的免税范围,包括与该项服务有关的提供药品和医疗用具的业务。

66)国家商品储备管理单位及其直属企业承担商品储备任务,从中央或者地方财政取得的利息补贴收入和价差补贴收入免征增值税。

67)自 2019 年 1 月 1 日至 2021 年 12 月 31 日,对国家级、省级科技企业孵化器、大学科技园和国家备案众创空间对其向在孵对象提供孵化服务取得的收入,免征增值税。

本通知所称孵化服务是指为在孵对象提供的经纪代理、经营租赁、研发和技术、信息技术、鉴证咨询服务

68)在营业税改征增值税试点期间,国家大学科技园向孵化企业出租场地、房屋以及提供孵化服务的收入,同时符合以下条件免征增值税:

(1)科技园符合国家大学科技园条件。国务院科技和教育行政主管部门负责发布国家大学科技园名单。

(2)科技园将面向孵化企业出租场地、房屋以及提供孵化服务的业务收入在财务上单独核算。

(3)科技园提供给孵化企业使用的场地面积(含公共服务场地)占科技园可自主支配场地面积的 60%以上(含 60%),孵化企业数量占科技园内企业总数量的 75%以上(含 75%)。

公共服务场地是指科技园提供给孵化企业共享的活动场所,包括公共餐厅、接待室、会议室、展示室、活动室、技术检测室和图书馆等非营利性配套服务场地。

"孵化企业"应当同时符合以下条件:

(1)企业注册地及主要研发、办公场所在科技园的工作场地内。

(2)新注册企业或申请进入科技园前企业成立时间不超过 3 年。

(3)企业在科技园内孵化的时间不超过 48 个月。海外高层次创业人才或从事生物医药、集成电路设计等特殊领域的创业企业,孵化时间不超过 60 个月。

(4)符合《中小企业划型标准规定》所规定的小型、微型企业划型标准。

(5)单一在孵企业使用的孵化场地面积不超过 1 000 平方米。从事航空航天、现代农业等特殊领域的单一在孵企业,不超过 3 000 平方米。

(6)企业产品(服务)属于科学技术部、财政部、国家税务总局印发的《国家重点支持的高新技术领域》规定的范围。

"孵化服务"是指为孵化企业提供的属于营业税"服务业"税目中"代理业""租赁业"和"其他服务业"中的咨询和技术服务范围内的服务,改征增值税后是指为孵化企业提供的"经纪代理""经营租赁""研发和技术""信息技术"和"鉴证咨询"等服务。

国务院科技和教育行政主管部门负责组织对科技园是否符合本通知规定的各项条件定期进行审核确认,并向纳税人出具证明材料,列明纳税人用于孵化的房产和土地的地址、范围、面积等具体信息,并发送给国务院税务主管部门。

纳税人持相应证明材料向主管税务机关备案,主管税务机关按照《税收减免管理办法》等有关规定,以及国务院科技和教育行政主管部门发布的符合本通知规定条件的科技园名单信息,办理税收减免。

69)随军家属就业

(1)为安置随军家属就业而新开办的企业,自领取税务登记证之日起,其提供的应税服务3年内免征增值税。

享受税收优惠政策的企业,随军家属必须占企业总人数的60%(含)以上,并有军(含)以上政治和后勤机关出具的证明。

(2)从事个体经营的随军家属,自办理税务登记事项之日起,其提供的应税服务3年内免征增值税。

随军家属必须有师以上政治机关出具的可以表明其身份的证明。

按照上述规定,每一名随军家属可以享受一次免税政策。

70)军队转业干部就业

(1)从事个体经营的军队转业干部,自领取税务登记证之日起,其提供的应税行为3年内免征增值税。

(2)为安置自主择业的军队转业干部就业而新开办的企业,凡安置自主择业的军队转业干部占企业总人数60%(含)以上的,自领取税务登记证之日起,其提供的应税行为3年内免征增值税。

71)2019年1月1日至2023年12月31日,对电影主管部门(包括中央、省、地市及县级)按照各自职能权限批准从事电影制片、发行、放映的电影集团公司(含成员企业)、电影制片厂及其他电影企业取得的销售电影拷贝(含数字拷贝)收入、转让电影版权(包括转让和许可使用)收入、电影发行收入以及在农村取得的电影放映收入,免征增值税。一般纳税人提供的城市电影放映服务,可以按现行政策规定,选择按照简易计税办法计算缴纳增值税。

72)2019年1月1日至2023年12月31日,对广播电视运营服务企业收取的有线数字电视基本收视维护费和农村有线电视基本收视费,免征增值税。

73)涉及军队的有关优惠政策

(1)军队系统(包括人民武装警察部队)的下列企事业单位,可以享受税收优惠照顾:

①军需工厂(指纳入总后勤部统一管理,由总后勤部授予代号经国家税务总局审查核实的企业化工厂);②军马场;③军办农场(林厂、茶厂);④军办厂矿;⑤军队院校、医院、科研文化单位、物资供销、仓库、修理等事业单位。

军队系统各单位生产、销售、供应的为部队生产的武器及其零配件、弹药、军训器材、部队装备(指人被装、军械装备、马装具,下同),免征增值税。军需工厂、物资供销单位生产、销售、调拨给公安系统和国家安全系统的民警服装,免征增值税。

军需工厂之间为生产军品而互相协作的产品免征增值税。

军队系统各单位从事加工、修理修配武器及其零配件、弹药、军训器材、部队装备的业务收入,免征增值税。

军队系统所属企业生产并按军品作价原则作价，在军队系统内部调拨或销售的钢材、木材、水泥、煤炭、营具、药品、锅炉、缝纫机械免征增值税。

(2)军工系统(指电子工业部、中国核工业总公司、中国航天工业总公司、中国航空工业总公司、中国兵器工业总公司、中国船舶工业总公司)所属军事工厂(包括科研单位)生产销售的应税货物应当按法规征收增值税。但对列入军工主管部门军品生产计划并按照军品作价原则销售给军队、人民武装警察部队和军事工厂的军品，免征增值税。

军事工厂生产销售给公安系统、司法系统和国家安全系统的武器装备免征增值税。

军事工厂之间为了生产军品而相互提供货物以及为了制造军品相互提供的专用非标准设备、工具、模具、量具等免征增值税。

(3)除军工、军队系统企业以外的一般工业企业生产的军品，只对枪、炮、雷、弹、军用舰艇、飞机、坦克、雷达、电台、舰艇用柴油机、各种炮用瞄准具和瞄准镜，一律在总装企业就总装成品免征增值税。

(4)军队保障性企业移交后，已脱离军队系统，不属于军队企业范围，为保证这部分企业平稳过渡，对移交后继续承担军品生产、维修、供应任务的企业，其生产的货物及销售对象凡符合财政部、国家税务总局《关于军队、军工系统所属单位征收流转税、资源税问题的通知》(财税字〔1994〕11号)和《关于军队系统所属企业征收增值税问题的通知》(财税字〔1997〕135)规定的，可按照现行对军品免征增值税的相关规定继续免征增值税。

保障性企业移交后为生产军品而相互协作的产品，继续免征增值税。

移交的物资供应机构直接向军队调拨供应的物资免征增值税

74)下列跨境应税行为免征增值税：

(1)工程项目在境外的建筑服务。

(2)工程项目在境外的工程监理服务。

(3)工程、矿产资源在境外的工程勘察勘探服务。

(4)会议展览地点在境外的会议展览服务。

(5)存储地点在境外的仓储服务。

(6)标的物在境外使用的有形动产租赁服务。

(7)在境外提供的广播影视节目(作品)的播映服务。

(8)在境外提供的文化体育服务、教育医疗服务、旅游服务。

(9)为出口货物提供的邮政服务、收派服务、保险服务。

(10)向境外单位销售的完全在境外消费的电信服务。

(11)向境外单位销售的完全在境外消费的知识产权服务。

(12)向境外单位销售的完全在境外消费的物流辅助服务(仓储服务、收派服务除外)。

(13)向境外单位销售的完全在境外消费的鉴证咨询服务。

(14)向境外单位销售的完全在境外消费的专业技术服务。

(15)向境外单位销售的完全在境外消费的商务辅助服务。

(16)向境外单位销售的广告投放地在境外的广告服务。

(17)向境外单位销售的完全在境外消费的无形资产(技术除外)。

(18)为境外单位之间的货币资金融通及其他金融业务提供的直接收费金融服务，且该服务与境内的货物、无形资产和不动产无关。

(19)属于以下情形的国际运输服务：

①以无运输工具承运方式提供的国际运输服务。

②以水路运输方式提供国际运输服务但未取得《国际船舶运输经营许可证》的。

③以公路运输方式提供国际运输服务但未取得《道路运输经营许可证》或者《国际汽车运输行车许可证》，或者《道路运输经营许可证》的经营范围未包括“国际运输”的。

④以航空运输方式提供国际运输服务但未取得《公共航空运输企业经营许可证》，或者其经营范围未包括“国际航空客货邮运输业务”的。

⑤以航空运输方式提供国际运输服务但未持有《通用航空经营许可证》，或者其经营范围未包括“公务飞行”的。

75)自2019年1月1日至2022年12月31日，对单位或者个体工商户将自产、委托加工或购买的货物通过公益性社会组织、县级及以上人民政府及其组成部门和直属机构，或直接无偿捐赠给目标脱贫地区的单位和个人，免征增值税。在政策执行期限内，目标脱贫地区实现脱贫的，可继续适用上述政策。

“目标脱贫地区”包括832个国家扶贫开发工作重点县、集中连片特困地区县(新疆阿克苏地区6县1市享受片区政策)和建档立卡贫困村。

在2015年1月1日至2018年12月31日期间已发生的符合上述条件的扶贫货物捐赠，可追溯执行上述增值税政策。

在本公告发布之前已征收入库的按上述规定应予免征的增值税税款，可抵减纳税人以后月份应缴纳的增值税税款或者办理税款退库。已向购买方开具增值税专用发票的，应将专用发票追回后方可办理免税。无法追回专用发票的，不予免税。

即征即退项目：

76)一般纳税人提供管道运输服务，对其增值税实际税负超过3%的部分实行增值税即征即退政策。

77)自2011年1月1日起，增值税一般纳税人销售其自行开发生产的软件产品，按17%税率征收增值税后，对其增值税实际税负超过3%的部分实行即征即退政策。

78)自2011年1月1日起，增值税一般纳税人将进口软件产品进行本地化改造后对外销售，按17%税率征收增值税后，对其增值税实际税负超过3%的部分实行即征即退政策。

本地化改造是指对进口软件产品进行重新设计、改进、转换等，单纯对进口软件产品进行汉字化处理不包括在内。

满足取得省级软件产业主管部门认可的软件检测机构出具的检测证明材料；取得软件产业主管部门颁发的《软件产品登记证书》或著作权行政管理部门颁发的《计算机软件著作权登记证书》条件的软件产品，经主管税务机关审核批准，可以享受软件产品增值税即征即退政策。

79)经人民银行、银监会或者商务部批准从事融资租赁业务的试点纳税人中的一般纳税人，提供有形动产融资租赁服务和有形动产融资性售后回租服务，对其增值税实际税负超过3%的部分实行增值税即征即退政策。商务部授权的省级商务主管部门和国家经济技术开发区批准的从事融资租赁业务和融资性售后回租业务的试点纳税人中的一般纳税人，2016年5月1日后实收资本达到1.7亿元的，从达到标准的当月起按照上述规定执行；2016年5月1日后实收资本未达到1.7亿元但注册资本达到1.7亿元的，在2016年7月31日前仍可按照上述规定执行，2016年8月1日后开展的有形动产融资租赁业务和有形动产融资性售后回租业务不得按照上述规定执行。

《资源综合利用产品和劳务增值税优惠目录》的相关规定执行。自 2015 年 7 月 1 日起，下列自产销售综合利用产品和劳务实行增值税即征即退 100%的政策：

80）以煤炭开采过程中产生的煤层气（煤矿瓦斯）为原料生产的电力产品。产品燃料 95%以上来自所列资源，可以享受增值税即征即退 100%政策。

81）以垃圾以及利用垃圾发酵产生的沼气生产销售的电力或者热力。产品燃料 80%以上来自所列资源；纳税人符合《火电厂大气污染物排放标准》（GB 13223—2011）或《生活垃圾焚烧污染控制标准》（GB 18485—2014）规定的技术要求的有关规定的，可以享受增值税即征即退 100%政策。

所称垃圾，是指城市生活垃圾、农作物秸秆、树皮废渣、污泥、合成革及化纤废弃物、病死畜禽等养殖废弃物等垃圾。

82）以工业生产过程中产生的余热、余压生产销售的电力或者热力。产品原料 100%来自所列资源，可以享受增值税即征即退 100%政策。

83）以餐厨垃圾、畜禽粪便、稻壳、花生壳、玉米芯、油茶壳、棉籽壳、三剩物、次小薪材、农作物秸秆、蔗渣，以及利用上述资源发酵产生的沼气为原料生产的生物质压块、沼气等燃料，电力、热力。产品原料或者燃料 80%以上来自所列资源；纳税人符合《锅炉大气污染物排放标准》（GB 13271—2014）、《火电厂大气污染物排放标准》（GB 13223—2011）或《生活垃圾焚烧污染控制标准》（GB 18485—2001）规定的技术要求的有关规定的，可以享受增值税即征即退 100%政策。

自 2015 年 7 月 1 日起，下列自产销售综合利用产品和劳务实行增值税即征即退 70%的政策：

84）以油母页岩为原料生产的页岩油。产品原料 95%以上来自所列资源的，可以享受增值税即征即退 70%政策。

85）以油田采油过程中产生的油污泥（浮渣）为原料生产的乳化油调和剂、防水卷材辅料产品。产品原料 70%以上来自所列资源的，可以享受增值税即征即退 70%政策。

86）以废弃酒糟和酿酒底锅水为原料生产的蒸汽、活性炭、白炭黑、乳酸、乳酸钙、沼气。废弃酒糟和酿酒底锅水在生产原料中所占的比重不低于 80%的，可以享受增值税即征即退 70%政策。

87）以废渣为原料生产的砖瓦（不含烧结普通砖）、砌块、陶粒、墙板、管材（管桩）、混凝土、砂浆、道路井盖、道路护栏、防火材料、耐火材料（镁铬砖除外）、保温材料、矿（岩）棉、微晶玻璃、U 形玻璃。产品原料 70%以上来自所列资源的有关规定的，可以享受增值税即征即退 70%政策。

88）自 2015 年 7 月 1 日起，以废渣为原料生产的水泥、水泥熟料。42.5 及以上等级水泥的原料 20%以上来自所列资源，其他水泥、水泥熟料的原料 40%以上来自所列资源；纳税人符合《水泥工业大气污染物排放标准》（GB 4915—2013）规定的技术要求的有关规定的，可以享受增值税即征即退 70%政策。

所称废渣，是指采矿选矿废渣、冶炼废渣、化工废渣和其他废渣。其中，采矿选矿废渣，是指在矿产资源开采加工过程中产生的煤矸石、粉末、粉尘和污泥；冶炼废渣，是指转炉渣、电炉渣、铁合金炉渣、氧化铝赤泥和有色金属灰渣，但不包括高炉水渣；化工废渣，是指硫铁矿渣、硫铁矿煅烧渣、硫酸渣、硫石膏、磷石膏、磷矿煅烧渣、含氰废渣、电石渣、磷肥渣、硫黄渣、碱渣、含钡废渣、铬渣、盐泥、总溶剂渣、黄磷渣、柠檬酸渣、脱硫石膏、氟石膏、钛石膏和废石膏模；其他废渣，是指粉煤灰、燃煤炉渣、江河（湖、海、渠）道淤泥、淤沙、建筑垃圾、废玻璃、污水处理厂处理污水产生的污泥。

综合利用的资源占生产原料或者燃料的比重，以重量比例计算。其中，水泥、水泥熟料原料中掺兑废渣的比重，按以下方法计算：

①对经生料烧制和熟料研磨阶段生产的水泥，其掺兑废渣比例计算公式为：掺兑废渣比例＝（生料烧制阶段掺兑废渣数量＋熟料研磨阶段掺兑废渣数量）÷（除废渣以外的生料数量＋生料烧制和熟料研磨阶段掺兑废渣数量＋其他材料数量）×100％；

②对外购水泥熟料采用研磨工艺生产的水泥，其掺兑废渣比例计算公式为：掺兑废渣比例＝熟料研磨阶段掺兑废渣数量÷（熟料数量＋熟料研磨阶段掺兑废渣数量＋其他材料数量）×100％；

③对生料烧制的水泥熟料，其掺兑废渣比例计算公式为：掺兑废渣比例＝生料烧制阶段掺兑废渣数量÷（除废渣以外的生料数量＋生料烧制阶段掺兑废渣数量＋其他材料数量）×100％。

89）以废弃酒糟和酿酒底锅水，淀粉、粉丝加工废液、废渣为原料生产的蒸汽、活性炭、白炭黑、乳酸、乳酸钙、沼气、饲料、植物蛋白。产品原料80％以上来自所列资源的，可以享受增值税即征即退70％政策。

90）以含油污水、有机废水、污水处理后产生的污泥，油田采油过程中产生的油污泥（浮渣），包括利用上述资源发酵产生的沼气为原料生产的微生物蛋白、干化污泥、燃料、电力、热力。产品原料或燃料90％以上来自所列资源，其中利用油田采油过程中产生的油污泥（浮渣）生产燃料的，原料60％以上来自所列资源的，可以享受增值税即征即退70％政策。

综合利用的资源为余热、余压的，按其占生产电力、热力消耗的能源比例计算。

91）以工业废气为原料生产的高纯度二氧化碳、工业氢气、甲烷。产品原料95％以上来自所列资源；高纯度二氧化碳产品符合（GB 10621—2006），工业氢气产品符合（GB/T 3634.1—2006），甲烷产品符合（HG/T 3633—1999）规定的技术要求的，可以享受增值税即征即退70％政策。

92）以人发为原料生产的档发。产品原料90％以上来自所列资源的，可以享受增值税即征即退70％政策。

93）以三剩物、次小薪材、农作物秸秆、沙柳为原料生产的纤维板、刨花板、细木工板、生物炭、活性炭、栲胶、水解酒精、纤维素、木质素、木糖、阿拉伯糖、糠醛、箱板纸。产品原料95％以上来自所列资源的，可以享受增值税即征即退70％政策。

所称农作物秸秆，是指农业生产过程中，收获了粮食作物（指稻谷、小麦、玉米、薯类等）、油料作物（指油菜籽、花生、大豆、葵花籽、芝麻籽、胡麻籽等）、棉花、麻类、糖料、烟叶、药材、花卉、蔬菜和水果等以后残留的茎秆。

所称三剩物，是指采伐剩余物（指枝丫、树梢、树皮、树叶、树根及藤条、灌木等）、造材剩余物（指造材截头）和加工剩余物（指板皮、板条、木竹截头、锯末、碎单板、木芯、刨花、木块、篾黄、边角余料等）。

所称次小薪材，是指次加工材（指材质低于针、阔叶树加工用原木最低等级但具有一定利用价值的次加工原木，按《次加工原木》(LY/T1369—2011)标准执行)、小径材(指长度在2米以下或径级8厘米以下的小原木条、松木杆、脚手杆、杂木杆、短原木等)和薪材。

94)以废弃动物油和植物油为原料生产的生物柴油、工业级混合油。产品原料70%以上来自所列资源；工业级混合油的销售对象须为化工企业的，可以享受增值税即征即退70%政策。

95)垃圾处理、污泥处理处置劳务可以享受增值税即征即退70%政策。

所称垃圾处理，是指运用填埋、焚烧、综合处理和回收利用等形式，对垃圾进行减量化、资源化和无害化处理处置的业务。

所称污泥处理处置，是指对污水处理后产生的污泥进行稳定化、减量化和无害化处理处置的业务。

96)污水处理劳务，污水经加工处理后符合《城镇污水处理厂污染物排放标准》(GB 18918—2002)规定的技术要求或达到相应的国家或地方水污染物排放标准中的直接排放限值的污水处理劳务，可以享受增值税即征即退70%政策。

所称污水处理，是指将污水(包括城镇污水和工业废水)处理后达到《城镇污水处理厂污染物排放标准》(GB 18918—2002)，或达到相应的国家或地方水污染物排放标准中的直接排放限值的业务。其中，城镇污水是指城镇居民生活污水，机关、学校、医院、商业服务机构及各种公共设施排水，以及允许排入城镇污水收集系统的工业废水和初期雨水。工业废水是指工业生产过程中产生的，不允许排入城镇污水收集系统的废水和废液。

97)工业废气处理劳务，经治理、处理后符合《大气污染物综合排放标准》(GB 16297—1996)规定的技术要求或达到相应的国家或地方水污染物排放标准中的直接排放限值的工业废气处理劳务，可以享受增值税即征即退70%政策。

自2015年7月1日起，下列自产销售综合利用产品和劳务实行增值税即征即退50%的政策：

98)以建(构)筑废物、煤矸石产生的建筑砂石骨料。产品原料90%以上来自所列资源；产品以建(构)筑废物为原料的，符合《混凝土用再生粗骨料》(GB/T 25177—2010)或《混凝土和砂浆用再生细骨料》(GB/T 25176—2010)的技术要求；以煤矸石为原料的，符合《建设用砂》(GB/T 14684—2011)或《建设用卵石、碎石》(GB/T 14685—2011)规定的技术要求的，可以享受增值税即征即退50%政策。

99)以粉煤灰、煤矸石生产的氧化铝、活性硅酸钙、瓷绝缘子、煅烧高岭土，氧化铝、活性硅酸钙生产原料25%以上来自所列资源，瓷绝缘子生产原料中煤矸石所占比重30%以上，煅烧高岭土生产原料中煤矸石所占比重90%以上的，可以享受增值税即征即退50%政策。

100)以煤矸石、煤泥、石煤、油母页岩产生的电力、热力，产品燃料60%以上来自所列资源，纳税人符合《火电厂大气污染物排放标准》(GB 13223—2011)和国家发展改革委、环境保护部、工业和信息化部《电力(燃煤发电企业)行业清洁生产评价指标体系》规定的技术要求的，可以享受增值税即征即退50%政策。

101)以氧化铝赤泥、电石渣生产的氧化铁、氢氧化钠溶液、铝酸钠、铝酸三钙、脱硫剂，产品原料90%以上来自所列资源，生产过程中不产生二次废渣的，可以享受增值税即征即退50%政策。

102)以废旧石墨为原料生产的石墨异形件、石墨块、石墨粉、石墨增碳剂。产品原料90%

以上来自所列资源，纳税人符合《工业炉窑大气污染物排放标准》(GB 9078—1996)规定的技术要求的，可以享受增值税即征即退50%政策。

103)以退役军用发射药为原料生产的涂料用硝化棉粉，产品原料90%以上来自所列资源的，可以享受增值税即征即退50%政策。

104)以废旧沥青混凝土为原料生产的再生沥青混凝土，产品原料30%以上来自所列资源；产品符合《再生沥青混凝土》(GB/T 25033—2010)规定的技术要求的，可以享受增值税即征即退50%政策。

105)以蔗渣为原料生产的蔗渣浆、蔗渣刨花板和纸，产品原料70%以上来自所列资源，生产蔗渣浆及各类纸的纳税人符合国家发展改革委、环境保护部、工业和信息化部《制浆造纸行业清洁生产评价指标体系》规定的技术要求的，可以享受增值税即征即退50%政策。

所称蔗渣，是指以甘蔗为原料的制糖生产过程中产生的含纤维50%左右的固体废弃物。

106)以废矿物油为原料生产的润滑油基础油、汽油、柴油等工业油料，产品原料90%以上来自所列资源；纳税人符合《废矿物油回收利用污染控制技术规范》(HJ 607—2011)规定的技术要求的，可以享受增值税即征即退50%政策。

107)以环已烷氧化废液为原料生产的环氧环已烷、正戊醇、醇醚溶剂，产品原料90%以上来自所列资源，纳税人通过ISO 9000、ISO 14000认证的，可以享受增值税即征即退50%政策。

108)以污水处理厂出水、工业排水(矿井水)、生活污水、垃圾处理厂渗透(滤)液等为原料生产的再生水，产品原料100%来自所列资源；产品符合《再生水水质标准》(SL 368—2006)规定的技术要求的，可以享受增值税即征即退50%政策。

所称再生水，是指对污水处理厂出水、工业排水(矿井水)、生活污水、垃圾处理厂渗透(滤)液等水源进行回收，经适当处理后达到一定水质标准，并在一定范围内重复利用的水资源。

109)以煤焦油、荒煤气(焦炉煤气)为原料生产的柴油、石脑油。产品原料95%以上来自所列资源，纳税人通过ISO 9000、ISO 14000认证的，可以享受增值税即征即退50%政策。

110)以燃煤发电厂及各类工业企业生产过程中产生的烟气、高硫天然气为原料生产的石膏、硫酸、硫酸铵、硫黄，产品原料95%以上来自所列资源，石膏的二水硫酸钙含量85%以上，硫酸的浓度15%以上，硫酸铵的总氮含量18%以上的，可以享受增值税即征即退50%政策。

111)以废塑料、废旧聚氯乙烯(PVC)制品、废铝塑(纸铝、纸塑)复合纸包装材料为原料生产的汽油、柴油、石油焦、炭黑、再生纸浆、铝粉、塑木(木塑)制品，汽车、摩托车、家电、管材用改性再生专用料，化纤用再生聚酯专用料，瓶用再生聚对苯二甲酸乙二醇酯(PET)树脂及再生塑料制品，产品原料70%以上来自所列资源，化纤用再生聚酯专用料杂质含量低于0.5毫克/克、水分含量低于1%，瓶用再生聚对苯二甲酸乙二醇酯(PET)树脂乙醛质量分数小于等于1微克/克，纳税人通过ISO 9000、ISO 14000认证的，可以享受增值税即征即退50%政策。

112)以废纸、农作物秸秆为原料生产的纸浆、秸秆浆和纸，产品原料70%以上来自所列资源，废水排放符合《制浆造纸工业水污染物排放标准》(GB 3544—2008)规定的技术要求，纳税人符合《制浆造纸行业清洁生产评价指标体系》规定的技术要求，纳税人通过ISO 9000、ISO 14000认证的，可以享受增值税即征即退50%政策。

113)以废旧轮胎、废橡胶制品为原料生产的胶粉、翻新轮胎、再生橡胶，产品原料95%以上来自所列资源，胶粉符合(GB/T 19208—2008)规定的技术要求；翻新轮胎符合(GB 7037—

2007)、(GB 14646—2007)或(HG/T 3979—2007)规定的技术要求,再生橡胶符合(GB/T 13460—2008)规定的技术要求,纳税人通过 ISO 9000、ISO 14000 认证的,可以享受增值税即征即退 50%政策。

114)以废弃天然纤维、化学纤维及其制品为原料生产的纤维纱及织布、无纺布、毡、黏合剂及再生聚酯产品,产品原料 90%以上来自所列资源的,可以享受增值税即征即退 50%政策。

115)以废玻璃为原料生产的玻璃熟料,产品原料 95%以上来自所列资源,产品符合《废玻璃分类》(SB/T 10900—2012)的技术要求,纳税人符合《废玻璃回收分拣技术规范》(SB/T 11108—2014)规定技术要求的,可以享受增值税即征即退 50%政策。

116)纳税人销售自产的列入《享受增值税即征即退政策的新型墙体材料目录》的新型墙体材料,可以享受增值税即征即退 50%政策。

117)纳税人销售自产的利用风力生产的电力产品,可以享受增值税即征即退 50%政策。

自 2015 年 7 月 1 日起,下列自产销售综合利用产品和劳务实行增值税即征即退 30%的政策:

118)以废旧电池及其拆解物为原料生产的金属及镍钴锰氢氧化物、镍钴锰酸锂、氯化钴,产品原料中 95%以上利用上述资源,镍钴锰氢氧化物符合《镍、钴、锰三元素复合氢氧化物》(GB/T 26300—2010)规定的技术要求的,可以享受增值税即征即退 30%的政策。

119)以废显(定)影液、废胶片、废相纸、废感光剂等废感光材料为原料生产的银,产品原料 95%以上来自所列资源,纳税人通过 ISO 9000、ISO 14000 认证的,可以享受增值税即征即退 30%的政策。

120)以废旧电机、废旧电线电缆、废铝制易拉罐、报废汽车、报废摩托车、报废船舶、废旧电器电子产品、废旧太阳能光伏器件、废旧灯泡(管),及其拆解物为原料生产的,经冶炼、提纯生产的金属及合金(不包括铁及铁合金),产品原料 70%来自所列资源,法律、法规或规章对相关废旧产品拆解规定了资质条件的,纳税人取得相应的资质的,可以享受增值税即征即退 30%的政策。

所称冶炼,是指通过焙烧、熔炼、电解以及使用化学药剂等方法把原料中的金属提取出来,减少金属中所含的杂质或增加金属中某种成分,炼成所需要的金属。冶炼包括火法冶炼、湿法提取或电化学沉积。

121)废催化剂、电解废弃物、电镀废弃物、废旧线路板、烟尘灰、湿法泥、熔炼渣、线路板蚀刻废液、锡箔纸灰为原料生产的,经冶炼、提纯或化合生产的金属、合金及金属化合物(不包括铁及铁合金)、冰晶石,产品原料 70%来自所列资源,纳税人通过 ISO 9000、ISO 14000 认证的,可以享受增值税即征即退 30%的政策。

所称烟尘灰,是指金属冶炼厂火法冶炼过程中,为保护环境经除尘器(塔)收集的粉灰状及泥状残料物。

所称湿法泥,是指湿法冶炼生产排出的污泥,经集中环保处置后产生的中和渣,且具有一定回收价值的污泥状废弃物。

所称熔炼渣,是指有色金属火法冶炼过程中,由于比重的差异,金属成分因比重大沉底形成金属锭,而比重较小的硅、铁、钙等化合物浮在金属表层形成的废渣。

122)以报废汽车、报废摩托车、报废船舶、废旧电器电子产品、废旧农机具、报废机器设备、废旧生活用品、工业边角余料、建筑拆解物等产生或拆解出来的废钢铁炼钢炉料,产品原料

95%以上来自所列资源，炼钢炉料符合《废钢铁》(GB 4223—2004)规定的技术要求，法律、法规或规章对相关废旧产品拆解规定了资质条件的，纳税人应当取得相应的资质，纳税人符合工业和信息化部《废钢铁加工行业准入条件》的相关规定，炼钢炉料的销售对象应为符合工业和信息化部《钢铁行业规范条件》或《铸造行业准入条件》并公告的钢铁企业或铸造企业，可以享受增值税即征即退 30%的政策。

123)以稀土产品加工废料，废弃稀土产品及拆解物为原料生产的稀土金属及稀土氧化物，产品原料 95%以上来自所列资源，纳税人符合国家发展改革委、环境保护部、工业和信息化部《稀土冶炼行业清洁生产评价指标体系》规定的技术要求的，可以享受增值税即征即退 30%的政策。

124)安置残疾人就业

自 2016 年 5 月 1 日起，对安置残疾人的单位和个体工商户(以下称纳税人)，实行由税务机关按纳税人(除盲人按摩机构外)实际安置残疾人的人数[月安置的残疾人占在职职工人数的比例不低于 25%(含 25%)，并且安置的残疾人人数不少于 10 人(含 10 人)]；盲人按摩机构月安置的残疾人占在职职工人数的比例不低于 25%(含 25%)，并且安置的残疾人人数不少于 5 人(含 5 人)，限额即征即退增值税的办法。安置的每位残疾人每月可退还的增值税具体限额，由县级以上税务机关根据纳税人所在区县(含县级市、旗，下同)适用的经省(含自治区、直辖市、计划单列市，下同)人民政府批准的月最低工资标准的 4 倍确定。

125)自 2018 年 5 月 1 日至 2020 年 12 月 31 日，对动漫企业增值税一般纳税人销售其自主开发生产的动漫软件，按照 16%的税率征收增值税后，对其增值税实际税负超过 3%的部分，实行即征即退政策。动漫软件出口免征增值税。

先征后退政策：

126)自 2018 年 1 月 1 日起至 2020 年 12 月 31 日，执行下列增值税先征后退政策。

(1)对下列出版物在出版环节执行增值税 100%先征后退的政策。

①中国共产党和各民主党派的各级组织的机关报纸和机关期刊，各级人大、政协、政府、工会、共青团、妇联、残联、科协的机关报纸和机关期刊，新华社的机关报纸和机关期刊，军事部门的机关报纸和机关期刊。

上述各级组织不含其所属部门。机关报纸和机关期刊增值税先征后退范围掌握在一个单位一份报纸和一份期刊以内。

②专为少年儿童出版发行的报纸和期刊，中小学的学生课本。

③专为老年人出版发行的报纸和期刊。

④少数民族文字出版物。

⑤盲文图书和盲文期刊。

⑥经批准在内蒙古、广西、西藏、宁夏、新疆五个自治区内注册的出版单位出版的出版物。

⑦政策列举的图书、报纸和期刊。

(2)对下列出版物在出版环节执行增值税先征后退 50%的政策。

①各类图书、期刊、音像制品、电子出版物，已执行增值税 100%先征后退的出版物除外。

②政策列举的报纸。

(3)对下列印刷、制作业务执行增值税 100%先征后退的政策。

①对少数民族文字出版物的印刷或制作业务。

②政策列举的新疆维吾尔自治区印刷企业的印刷业务。

扣减增值税项目：

127）退役士兵创业就业

（1）自主就业退役士兵从事个体经营的，自办理个体工商户登记当月起，在3年（36个月，下同）内按每户每年12 000元为限额依次扣减其当年实际应缴纳的增值税、城市维护建设税、教育费附加、地方教育附加和个人所得税。限额标准最高可上浮20%，各省、自治区、直辖市人民政府可根据本地区实际情况在此幅度内确定具体限额标准。

纳税人年度应缴纳税款小于上述扣减限额的，减免税额以其实际缴纳的税款为限；大于上述扣减限额的，以上述扣减限额为限。纳税人的实际经营期不足1年的，应当按月换算其减免税限额。换算公式为：减免税限额＝年度减免税限额÷12×实际经营月数。城市维护建设税、教育费附加、地方教育附加的计税依据是享受本项税收优惠政策前的增值税应纳税额。

（2）企业招用自主就业退役士兵，与其签订1年以上期限劳动合同并依法缴纳社会保险费的，自签订劳动合同并缴纳社会保险当月起，在3年内按实际招用人数予以定额依次扣减增值税、城市维护建设税、教育费附加、地方教育附加和企业所得税优惠。定额标准为每人每年6 000元，最高可上浮50%，各省、自治区、直辖市人民政府可根据本地区实际情况在此幅度内确定具体定额标准。

企业按招用人数和签订的劳动合同时间核算企业减免税总额，在核算减免税总额内每月依次扣减增值税、城市维护建设税、教育费附加和地方教育附加。企业实际应缴纳的增值税、城市维护建设税、教育费附加和地方教育附加小于核算减免税总额的，以实际应缴纳的增值税、城市维护建设税、教育费附加和地方教育附加为限；实际应缴纳的增值税、城市维护建设税、教育费附加和地方教育附加大于核算减免税总额的，以核算减免税总额为限。

纳税年度终了，如果企业实际减免的增值税、城市维护建设税、教育费附加和地方教育附加小于核算减免税总额，企业在企业所得税汇算清缴时以差额部分扣减企业所得税。当年扣减不完的，不再结转以后年度扣减。

自主就业退役士兵在企业工作不满1年的，应当按月换算减免税限额。计算公式为：

$$\text{企业核算减免税总额}=\sum \text{每名自主就业退役士兵本年度在本单位工作月份}\div 12\times \text{具体定额标准}$$

城市维护建设税、教育费附加、地方教育附加的计税依据是享受本项税收优惠政策前的增值税应纳税额。

（3）本通知所称自主就业退役士兵是指依照《退役士兵安置条例》（国务院 中央军委令第608号）的规定退出现役并按自主就业方式安置的退役士兵。

本通知所称企业是指属于增值税纳税人或企业所得税纳税人的企业等单位。

上述的税收优惠政策执行期限为2019年1月1日至2021年12月31日。纳税人在2021年12月31日享受本通知规定税收优惠政策未满3年的，可继续享受至3年期满为止。

128）重点群体创业就业

（1）建档立卡贫困人口、持《就业创业证》（注明"自主创业税收政策"或"毕业年度内自主创业税收政策"）或《就业失业登记证》（注明"自主创业税收政策"）的人员，从事个体经营的，自办理个体工商户登记当月起，在3年（36个月，下同）内按每户每年12 000元为限额依次扣减其当年实际应缴纳的增值税、城市维护建设税、教育费附加、地方教育附加和个人所得税。限额标准最高可上浮20%，各省、自治区、直辖市人民政府可根据本地区实际情况在此幅度内确定具体限额标准。

纳税人年度应缴纳税款小于上述扣减限额的，减免税额以其实际缴纳的税款为限；大于上述扣减限额的，以上述扣减限额为限。

上述人员具体包括：①纳入全国扶贫开发信息系统的建档立卡贫困人口；②在人力资源社会保障部门公共就业服务机构登记失业半年以上的人员；③零就业家庭、享受城市居民最低生活保障家庭劳动年龄内的登记失业人员；④毕业年度内高校毕业生。高校毕业生是指实施高等学历教育的普通高等学校、成人高等学校应届毕业的学生；毕业年度是指毕业所在自然年，即1月1日至12月31日。

(2)企业招用建档立卡贫困人口，以及在人力资源社会保障部门公共就业服务机构登记失业半年以上且持《就业创业证》或《就业失业登记证》(注明"企业吸纳税收政策")的人员，与其签订1年以上期限劳动合同并依法缴纳社会保险费的，自签订劳动合同并缴纳社会保险当月起，在3年内按实际招用人数予以定额依次扣减增值税、城市维护建设税、教育费附加、地方教育附加和企业所得税优惠。定额标准为每人每年6 000元，最高可上浮30%，各省、自治区、直辖市人民政府可根据本地区实际情况在此幅度内确定具体定额标准。城市维护建设税、教育费附加、地方教育附加的计税依据是享受本项税收优惠政策前的增值税应纳税额。

按上述标准计算的税收扣减额应在企业当年实际应缴纳的增值税、城市维护建设税、教育费附加、地方教育附加和企业所得税税额中扣减，当年扣减不完的，不得结转下年使用。

本通知所称企业是指属于增值税纳税人或企业所得税纳税人的企业等单位。

上述税收优惠政策执行期限为2019年1月1日至2021年12月31日。纳税人在2021年12月31日享受本通知规定税收优惠政策未满3年的，可继续享受至3年期满为止。

以上讲述的增值税税收优惠政策的具体内容均采取列举的方式，每一项增值税优惠政策相关税收法律、法规都有限制性解释。为避免歧义，实务中申请享受增值税税收优惠政策应以法律、法规和规范性文件政策所规定的前置性要求为准。

第三节　增值税的计算

一、一般纳税人应纳税额的计算

(一)增值税销项税额

1.销项税额的计算

销项税额是指纳税人销售货物、应税劳务或者应税行为，按照销售额和增值税税率计算并向购买方收取的增值税额。销项税额的计算公式为：

$$销项税额=销售额\times税率$$

或者

$$销项税额=组成计税价格\times税率$$

2. 销售额的一般规定

销售额是指纳税人销售货物、应税劳务或者应税行为向购买者收取的全部价款和价外费用。具体内容如下：

(1)销售货物、应税劳务或者应税行为取自于购买方的全部价款。

(2)消费税税金。凡征收消费税的货物在计征增值税额时，其应税销售额应包括消费税税金。

(3)向购买方收取的各种价外费用。具体包括：手续费、补贴、基金、集资费、返还利润、奖励费、违约金、滞纳金、延期付款利息、赔偿金、包装费、包装物租金、储备费、优质费、运输装卸费、代收款项、代垫款项及其他各种性质的价外收费。上述价外费用无论其会计制度如何核算，都应并入销售额。但上述价外费用不包括以下几项费用：

①向购买方收取的销项税额。

②受托加工应征消费税的货物，而由受托方向委托方代收代缴的消费税。

③同时符合以下条件的代垫运费：承运部门的运费发票开具给购买方的；纳税人将该项发票转交给购买方的。

④同时符合以下条件代为收取的政府性基金或者行政事业性收费：由国务院或财政部批准设立的政府性基金；由国务院或者省级人民政府及其财政、价格主管部门批准设立的行政事业性收费；收取时开具省级以上财政部门印制的财政票据；所收款项全额上缴财政。

⑤销售货物的同时代办保险等而向购买方收取的保险费，以及向购买方收取的代购买方缴纳的车辆购置税、车辆牌照费。

需要注意的是，增值税的销售额是不含税销售额，因而在确定增值税销售额时，应注意将价外费用合并销售额后也是不含税的，如果其价外费用是价税合并收取的，应换算成不含税销售额。

3. 销售额的特殊规定

(1)价款和税款合并收取情况下的销售额。应将含税销售额，换算成不含税销售额，其换算公式为：

不含税销售额＝含税销售额/(1＋税率或征收率)

(2)售价明显偏低且无正当理由的情况下销售额的确定。纳税人销售货物、应税劳务或者应税行为的价格明显偏低且无正当理由的，或者是纳税人发生了视同销售货物、应税劳务或者应税行为，主管税务机关有权核定其销售额。其核定顺序及方法如下：

①按纳税人最近时期同类货物、同类应税行为的平均销售价格确定；

②按其他纳税人最近时期同类货物、同类应税行为的平均销售价格确定；

③用以上两种方法均不能确定其销售额的情况下，可按组成计税价格确定销售额，公式为：

组成计税价格＝成本×(1＋成本利润率)

属于应征消费税的货物，其组成计税价格应加计消费税税额，其计算公式为：

a. 实行从价定率办法计算缴纳消费税的组成计税价格计算公式：

组成计税价格＝成本×(1＋成本利润率)＋消费税税额

或者

$$组成计税价格=成本\times(1+成本利润率)\div(1-消费税比例税率)$$

b. 实行复合计税办法计算缴纳消费税的组成计税价格计算公式：

$$组成计税价格=(成本+利润+销售数量\times消费税定额税率)\div(1-消费税比例税率)$$

式中，"成本"分为两种情况：属于销售自产货物的为实际生产成本；属于销售外购货物的为实际采购成本。"成本利润率"为10%。但属于应从价定率征收消费税的货物，其组成计税价格公式中的成本利润率为《消费税若干具体问题的规定》中规定的成本利润率。

(3)特殊销售方式的销售额。

①以折扣方式销售货物的，如果销售额和折扣额是在同一张发票上分别注明的，可以按折扣后的销售额征收增值税；如果将折扣额另开发票，不论其在财务上如何处理均不得从销售额中减除折扣额。

②采取以旧换新方式销售货物的(金银首饰除外)，应按新货物的同期销售价格确定销售额。对金银首饰以旧换新业务，可以按销售方实际收取的不含增值税的全部价款征收增值税。

③采取还本销售方式销售货物的，其销售额就是货物的价格，不得从销售额中减除还本支出。

④采取以物易物方式销售货物的，双方都应作购销处理：以各自发出的货物核算销售额并计算销项税额，以各自收到的货物核算购货额并计算进项税额。

⑤出租出借包装物情况下销售额的确定。为销售货物而出租出借包装物收取的押金，单独记账核算的，不并入销售额征税。但对逾期(以1年为期限)包装物押金，无论是否退还均并入销售额征税。个别包装物周转使用期限较长的，报经税务征收机关批准后，可适当放宽逾期期限。从1995年6月1日起，对销售除啤酒、黄酒外的其他酒类产品收取的包装物押金，无论是否返还以及会计上如何核算，均应并入当期销售额征税。

⑥直销企业采取直销方式销售货物增值税销售额确定

直销企业先将货物销售给直销员，直销员再将货物销售给消费者的，直销企业的销售额为其向直销员收取的全部价款和价外费用。直销员将货物销售给消费者时，应按照现行规定缴纳增值税。

直销企业通过直销员向消费者销售货物，直接向消费者收取货款，直销企业的销售额为其向消费者收取的全部价款和价外费用。

⑦贷款服务，以提供贷款服务取得的全部利息及利息性质的收入为销售额；银行提供贷款服务按期计收利息的，结息日当日计收的全部利息收入，均计入结息日所属期销售额，缴纳增值税。

⑧直接收费金融服务的销售额。以提供直接收费金融服务收取的手续费、佣金、酬金、管理费、服务费、经手费、开户费、过户费、结算费、转托管费等各类费用为销售额。

4. 关于销货退回或折让的规定

增值税一般纳税人因销货退回或折让而退还给购买方的增值税额，应从发生销货退回或折让当期的销项税额中扣减。小规模纳税人因销货退回或折让退还给购买方的销售额，应从发生销货退回或折让当期的销售额中扣减。

5.差额纳税的规定

差额纳税是指按规定允许从增值税销售额中差额扣除的部分。公式为:

销售额=(全部价款和价外费用－扣除额)÷(1＋税率或征收率)

(1)按照卖出价扣除买入价后的余额为销售额。金融商品转让不得开具增值税专用发票,只能开具普通发票。

(2)经纪代理服务。

①取得的全部价款和价外费用,扣除向委托方收取并代为支付的政府性基金或者行政事业性收费后的余额为销售额。向委托方收取的政府性基金或者行政事业性收费,不得开具增值税专用发票。

②纳税人提供签证代理服务,以取得的全部价款和价外费用,扣除向服务接受方收取并代为支付给外交部和外国驻华使(领)馆的签证费、认证费后的余额为销售额。向服务接受方收取并代为支付的签证费、认证费,不得开具增值税专用发票,可以开具增值税普通发票。

③纳税人代理进口按规定免征进口增值税的货物,其销售额不包括向委托方收取并代为支付的货款。向委托方收取并代为支付的款项,不得开具增值税专用发票,可以开具增值税普通发票。

④自2018年1月1日起,航空运输销售代理企业提供境外航段机票代理服务,以取得的全部价款和价外费用,扣除向客户收取并支付给其他单位或者个人的境外航段机票结算款和相关费用后的余额为销售额。

(3)融资租赁和融资性售后回租业务。必须是经人民银行、银监会或者商务部批准从事融资租赁业务的企业。

①融资租赁服务以取得的全部价款和价外费用,扣除支付的借款利息(包括外汇借款和人民币借款利息)、发行债券利息和车辆购置税后的余额为销售额。

②融资性售后回租服务,以取得的全部价款和价外费用(不含本金),扣除对外支付的借款利息(包括外汇借款和人民币借款利息)、发行债券利息后的余额作为销售额。

③试点纳税人根据2016年4月30日前签订的有形动产融资性售后回租合同,在合同到期前提供的有形动产融资性售后回租服务,可继续按照有形动产融资租赁服务缴纳增值税。

继续按照有形动产融资租赁服务缴纳增值税的试点纳税人,根据2016年4月30日前签订的有形动产融资性售后回租合同,在合同到期前提供的有形动产融资性售后回租服务,可以选择以下方法之一计算销售额:

a.以向承租方收取的全部价款和价外费用,扣除向承租方收取的价款本金,以及对外支付的借款利息(包括外汇借款和人民币借款利息)、发行债券利息后的余额为销售额。

纳税人提供有形动产融资性售后回租服务,计算当期销售额时可以扣除的价款本金,为书面合同约定的当期应当收取的本金。无书面合同或者书面合同没有约定的,为当期实际收取的本金。

b.以向承租方收取的全部价款和价外费用,扣除支付的借款利息(包括外汇借款和人民币借款利息)、发行债券利息后的余额为销售额。

(4)航空运输企业的销售额,不包括代收的机场建设费和代售其他航空运输企业客票而代收转付的价款。

(5)试点纳税人中的一般纳税人提供客运场站服务,以其取得的全部价款和价外费用,扣除支付给承运方运费后的余额为销售额。

(6)试点纳税人提供旅游服务,可以选择以取得的全部价款和价外费用,扣除向旅游服务购买方收取并支付给其他单位或者个人的住宿费、餐饮费、交通费、签证费、门票费和支付给其他接团旅游企业的旅游费用后的余额为销售额。选择上述办法计算销售额的试点纳税人,向旅游服务购买方收取并支付的上述费用,不得开具增值税专用发票,可以开具普通发票。

(7)试点纳税人提供建筑服务适用简易计税方法的,以取得的全部价款和价外费用扣除支付的分包款后的余额为销售额。

(8)房地产开发企业中的一般纳税人销售其开发的房地产项目(选择简易计税方法的房地产老项目除外),以取得的全部价款和价外费用,扣除受让土地时向政府部门支付的土地价款后的余额为销售额。当期允许扣除的土地价款计算公式为:

当期允许扣除的土地价款=当期销售房地产项目建筑面积÷房地产项目可供销售建筑面积×支付的土地价款

当期销售房地产项目建筑面积,是指当期进行纳税申报的增值税销售额对应的建筑面积。房地产项目可供销售建筑面积,是指房地产项目可以出售的总建筑面积,不包括销售房地产项目时未单独作价结算的配套公共设施的建筑面积。

支付的土地价款,是指向政府、土地管理部门或受政府委托收取土地价款的单位直接支付的土地价款。

房地产开发企业中的一般纳税人销售其开发的房地产项目(选择简易计税方法的房地产老项目除外),在取得土地时向其他单位或个人支付的拆迁补偿费用也允许在计算销售额时扣除。

(9)一般纳税人销售其 2016 年 4 月 30 日前取得(不含自建)的不动产,选择适用简易计税方法,以取得的全部价款和价外费用减去该项不动产购置原价或者取得不动产时的作价后的余额为销售额。

(10)提供劳务派遣服务,可以选择差额纳税。

一般纳税人提供劳务派遣服务可以选择差额纳税,以取得的全部价款和价外费用,扣除代用工单位支付给劳务派遣员工的工资、福利和为其办理社会保险及住房公积金后的余额为销售额,按照简易计税方法依 5%的征收率计算缴纳增值税。选择差额纳税的纳税人,向用工单位收取用于支付给劳务派遣员工工资、福利和为其办理社会保险及住房公积金的费用,不得开具增值税专用发票,可以开具普通发票。

小规模纳税人提供劳务派遣服务,可以按照《财政部 国家税务总局关于全面推开营业税改征增值税试点的通知》(财税〔2016〕36 号)的有关规定,以取得的全部价款和价外费用为销售额,按照简易计税方法依 3%的征收率计算缴纳增值税;也可以选择差额纳税,以取得的全部价款和价外费用,扣除代用工单位支付给劳务派遣员工的工资、福利和为其办理社会保险及住房公积金后的余额为销售额,按照简易计税方法依 5%的征收率计算缴纳增值税。

(11)小规模纳税人销售其取得(不含自建)的不动产(不含个体工商户销售购买的住房和其他个人销售不动产),应以取得的全部价款和价外费用减去该项不动产购置原价或者取得不动产时的作价后的余额为销售额。

(12)其他个人销售其取得(不含自建)的不动产(不含其购买的住房),应以取得的全部价款和价外费用减去该项不动产购置原价或者取得不动产时的作价后的余额为销售额,按照5%的征收率缴纳增值税。

(13)北京市、上海市、广州市和深圳市,个人将购买2年以上(含2年)的非普通住房对外销售的,以销售收入减去购买住房价款后的差额按照5%的征收率缴纳增值税。

(14)安保服务。纳税人提供安全保护服务,比照劳务派遣服务政策执行。

(15)人力资源外包服务。纳税人提供人力资源外包服务,按照经纪代理服务缴纳增值税,其销售额不包括受客户单位委托代为向客户单位员工发放的工资和代理缴纳的社会保险、住房公积金。向委托方收取并代为发放的工资和代理缴纳的社会保险、住房公积金,不得开具增值税专用发票,可以开具普通发票。

(16)转让土地使用权。纳税人转让2016年4月30日前取得的土地使用权,可以选择适用简易计税方法,以取得的全部价款和价外费用减去取得该土地使用权的原价后的余额为销售额,按照5%的征收率计算缴纳增值税。

(17)物业管理服务中收取的自来水水费。提供物业管理服务的纳税人,向服务接受方收取的自来水水费,以扣除其对外支付的自来水水费后的余额为销售额,按照简易计税方法依3%的征收率计算缴纳增值税。

(18)教育中心等考试费收入。境外单位通过教育部考试中心及其直属单位在境内开展考试,教育部考试中心及其直属单位应以取得的考试费收入扣除支付给境外单位考试费后的余额为销售额,按提供“教育辅助服务”缴纳增值税,就代为收取并支付给境外单位的考试费统一扣缴增值税。教育部考试中心及其直属单位代为收取并支付给境外单位的考试费,不得开具增值税专用发票,可以开具增值税普通发票。

(19)中国移动、中国联通、中国电信等接受捐款。中国移动通信集团公司、中国联合网络通信集团有限公司、中国电信集团公司及其成员单位通过手机短信公益特服号为公益性机构接受捐款,以其取得的全部价款和价外费用,扣除支付给公益性机构捐款后的余额为销售额。其接受的捐款,不得开具增值税专用发票。

(20)中国证券登记结算公司。中国证券登记结算公司的销售额,不包括以下资金项目:按规定提取的证券结算风险基金;代收代付的证券公司资金交收违约垫付资金利息;结算过程中代收代付的资金交收违约罚息。

6.差额征税的扣除凭证

(1)基本凭证。

差额征税的基本凭证包括:

①支付给境内单位或者个人的款项,以发票为合法有效凭证。

②支付给境外单位或者个人的款项,以该单位或者个人的签收单据为合法有效凭证,税务机关对签收单据有疑义的,可以要求其提供境外公证机构的确认证明。

③缴纳的税款,以完税凭证为合法有效凭证。

④扣除的政府性基金、行政事业性收费或者向政府支付的土地价款,以省级以上(含省级)财政部门监(印)制的财政票据为合法有效凭证。

⑤国家税务总局规定的其他凭证。

纳税人取得的上述凭证属于增值税扣税凭证的,其进项税额不得从销项税额中抵扣。

(2)房地产企业扣除拆迁补偿。

房地产企业纳税人按规定扣除拆迁补偿费用时,应提供拆迁协议、拆迁双方支付和取得拆迁补偿费用凭证等能够证明拆迁补偿费用真实性的材料。

(3)扣除不动产。

纳税人按规定从取得的全部价款和价外费用中扣除不动产购置原价或者取得不动产时的作价的,应当取得符合法律、行政法规和国家税务总局规定的合法有效凭证。否则,不得扣除。上述凭证是指:①税务部门监制的发票。②法院判决书、裁定书、调解书,以及仲裁裁决书、公证债权文书。③国家税务总局规定的其他凭证。

纳税人转让不动产,按照有关规定差额缴纳增值税的,如因丢失等原因无法提供取得不动产时的发票,可向税务机关提供其他能证明契税计税金额的完税凭证等资料,进行差额扣除。

(4)旅游服务。

纳税人提供旅游服务,将火车票、飞机票等交通费发票原件交付给旅游服务购买方而无法收回的,以交通费发票复印件作为差额扣除凭证。

(二)增值税进项税额

1.进项税额的概念

进项税额,是指纳税人购进货物、加工修理修配劳务、服务、无形资产或者不动产,支付或者负担的增值税额。

增值税扣税凭证,包括增值税专用发票、税控机动车销售统一发票、海关进口增值税专用缴款书、农产品收购发票、农产品销售发票和完税凭证。自 2013 年 8 月 1 日(含)以后开具的运输费用结算单据,不得作为增值税扣税凭证。

自 2016 年 1 月 1 日起,一般纳税人提供货物运输服务,使用增值税专用发票和增值税普通发票。

2.进项税额的一般规定

准予抵扣进项税额的只限增值税一般纳税人,增值税小规模纳税人在计算应缴增值税时不得抵扣进项税额。

(1)准予从销项税额中抵扣的进项税额。

①从销售方取得的增值税专用发票(含税控机动车销售统一发票)上注明的增值税额。

②从海关取得的海关进口增值税专用缴款书上注明的增值税额。

③2019 年 4 月 1 日开始,纳税人购进农产品,原适用 10%扣除率的,扣除率调整为 9%。纳税人购进用于生产或者委托加工 13%税率货物的农产品,按照 10%的扣除率计算进项税额。买价包括纳税人购进农产品在农产品收购发票或者销售发票上注明的价款和按规定缴纳的烟叶税。

实行农产品核定扣除,按照《农产品增值税进项税额核定扣除试点实施办法》抵扣进项税额的除外。

④属于增值税一般纳税人的生产、经营单位从国有粮食购销企业购进的免税粮食,可依据购销企业开具的增值税专用发票上注明的税额抵扣进项税额;购进的免税食用植物油,不得计算抵扣进项税额。

⑤适用一般计税方法的纳税人，2016 年 5 月 1 日后取得并在会计制度上按固定资产核算的不动产或者 2016 年 5 月 1 日后取得的不动产在建工程，其进项税额应自取得之日起分 2 年从销项税额中抵扣，第一年抵扣比例为 60％，第二年抵扣比例为 40％。

自 2019 年 4 月 1 日起，上述规定停止执行，纳税人取得不动产或者不动产在建工程的进项税额不再分 2 年抵扣。此前按照上述规定尚未抵扣完毕的待抵扣进项税额，可自 2019 年 4 月税款所属期起从销项税额中抵扣。

取得不动产，包括以直接购买、接受捐赠、接受投资入股、自建以及抵债等各种形式取得不动产，不包括房地产开发企业自行开发的房地产项目。

融资租入的不动产以及在施工现场修建的临时建筑物、构筑物，其进项税额不适用上述分 2 年抵扣的规定。

⑥购入的固定资产、无形资产和不动产属于兼用于允许抵扣项目和用于简易计税项目、免征增值税项目、集体福利或者个人消费的，其进项税额准予全部扣除。

⑦a. 购入不得抵扣且未抵扣进项税额的固定资产、无形资产、不动产，发生用途改变，用于允许抵扣进项税额的应税项目，可在用途改变的次月按照下列公式，依据合法有效的增值税扣税凭证，计算可以抵扣的进项税额：

$$可以抵扣的进项税额=\frac{固定资产、无形资产、不动产净值}{1+适用税率}\times 适用税率$$

上述可以抵扣的进项税额应取得合法有效的增值税扣税凭证。

b. 从 2019 年 4 月 1 日起，按照规定不得抵扣进项税额的不动产，发生用途改变，用于允许抵扣进项税额项目的，按照下列公式在改变用途的次月计算可抵扣进项税额。

可抵扣进项税额＝增值税扣税凭证注明或计算的进项税额×不动产净值率

$$不动产净值率=(不动产净值\div 不动产原值)\times 100\%$$

⑧购入自用的应征消费税的摩托车、汽车、游艇进项税额。

⑨从境外单位或者个人购进服务、无形资产或者不动产，自税务机关或者扣缴义务人取得的解缴税款的完税凭证上注明的增值税额。

(2)不得抵扣的进项税额。

①纳税人取得的增值税扣税凭证不符合法律、行政法规或者国家税务总局有关规定的，其进项税额不得从销项税额中抵扣。

②有下列情形之一者，应当按照销售额和增值税税率计算应纳税额，不得抵扣进项税额，也不得使用增值税专用发票：

a. 一般纳税人会计核算不健全，或者不能够提供准确税务资料的。

b. 年应税销售额超过小规模纳税人标准，应当办理一般纳税人资格登记而未办理的。

③用于简易计税方法计税项目、免征增值税项目、集体福利或者个人消费的购进货物、加工修理修配劳务、服务、无形资产和不动产。其中涉及的固定资产、无形资产、不动产，仅指专用于上述项目的固定资产、无形资产(不包括其他权益性无形资产)、不动产。

纳税人的交际应酬消费属于个人消费。

适用一般计税方法的纳税人，兼营简易计税方法计税项目、免征增值税项目而无法划分不得抵扣的进项税额，按照下列公式计算：

不得抵扣的进项税额＝当期无法划分的全部进项税额×(当期简易计税方法计税项目销售额＋免征增值税项目销售额)÷当期全部销售额

对不得抵扣的进项税额可按照依据年度数据进行清算。

④非正常损失的购进货物，以及相关的加工修理修配劳务和交通运输服务。

⑤非正常损失的在产品、产成品所耗用的购进货物(不包括固定资产)、加工修理修配劳务和交通运输服务。

⑥非正常损失的不动产，以及该不动产所耗用的购进货物、设计服务和建筑服务。

⑦非正常损失的不动产在建工程所耗用的购进货物、设计服务和建筑服务。纳税人新建、改建、扩建、修缮、装饰不动产，均属于不动产在建工程。

以上非正常损失，是指因管理不善造成被盗、丢失、霉烂变质的损失，以及因违反法律法规造成货物或者不动产被依法没收、销毁、拆除的情形。

⑧增值税一般纳税人支付的增值税税控系统专用设备支付的费用以及缴纳的技术维护费在增值税应纳税额中全额抵减的，其增值税专用发票不作为增值税抵扣凭证，其进项税额不得从销项税额中抵扣。

自 2011 年 12 月 1 日起，增值税纳税人初次购买增值税税控系统专用设备支付的费用以及缴纳的技术维护费可在增值税应纳税额中全额抵减。不足抵减的可结转下期继续抵减。

⑨购进的贷款服务、餐饮服务、居民日常服务和娱乐服务。

⑩如果一增值税扣税凭证用于差额确定销售额时的销售额扣除凭证，则该增值税扣税凭证不得再作为进项税额的抵扣凭证。

3.进项税额的特殊规定

(1)一般纳税人因住所、经营地点变动，涉及改变税务登记机关，在迁达地重新办理税务登记后，其一般纳税人资格予以保留，办理注销税务登记前尚未抵扣的进项税额允许继续抵扣。

(2)原增值税一般纳税人在资产重组过程中，将全部资产、负债和劳动力一并转让给其他增值税一般纳税人，并按程序办理注销税务登记的，其在办理注销登记前尚未抵扣的进项税额可结转至新纳税人处继续抵扣。

(3)纳税人自办理税务登记至认定或登记为一般纳税人期间，未取得生产经营收入，未按照销售额和征收率简易计算应纳税额申报缴纳增值税的，其在此期间取得的增值税扣税凭证，可以在认定或登记为一般纳税人后抵扣进项税额。

(4)自 2010 年 10 月 1 日起，项目运营方利用信托资金融资进行项目建设开发，在项目建设期内取得的增值税专用发票和其他抵扣凭证，允许其按现行增值税有关规定予以抵扣。该经营模式是指项目运营方与经批准成立的信托公司合作进行项目建设开发，信托公司负责筹集资金并设立信托计划，项目运营方负责项目建设与运营，项目建设完成后，项目资产归项目运营方所有。

(5)一般纳税人注销或被取消辅导期一般纳税人资格，转为小规模纳税人时，其存货不作进项税额转出处理，其留抵税额也不予以退税。

(6)自 2019 年 4 月 1 日至 2021 年 12 月 31 日，允许生产、生活性服务业纳税人按照当期可抵扣进项税额加计 10%，抵减应纳税额(简称加计抵减政策)。

(7)自 2019 年 4 月 1 日起，试行增值税期末留抵税额退税制度。

4. 进项税额的抵扣时限

(1)自 2017 年 7 月 1 日起，增值税一般纳税人取得的 2017 年 7 月 1 日及以后开具的增值税专用发票和机动车销售统一发票，应自开具之日起 360 日内认证或登录增值税发票选择确认平台进行确认，并在规定的纳税申报期内，向主管税务机关申报抵扣进项税额。

2019 年 3 月 1 日起，扩大取消增值税发票认证的纳税人范围，将取消增值税发票认证的纳税人范围扩大至全部一般纳税人。一般纳税人取得增值税发票(包括增值税专用发票、机动车销售统一发票、收费公路通行费增值税电子普通发票，下同)后，可以自愿使用增值税发票选择确认平台查询、选择用于申报抵扣、出口退税或者代办退税的增值税发票信息。

辅导期纳税人取得的增值税专用发票抵扣联、海关进口增值税专用缴款书应当在交叉稽核比对无误后，方可抵扣进项税额。

(2)自 2013 年 7 月 1 日起，增值税一般纳税人进口货物取得的属于增值税扣税范围的海关进口增值税专用缴款书，需经税务机关稽核比对相符后，其增值税额方能作为进项税额在销项税额中抵扣。

增值税一般纳税人取得的 2017 年 7 月 1 日及以后开具的海关进口增值税专用缴款书，应自开具之日起 360 日内向主管税务机关报送《海关完税凭证抵扣清单》，申请稽核比对。

纳税人取得的 2017 年 6 月 30 日前开具的增值税扣税凭证，仍按原规定执行。

5. 扣减发生期进项税额的规定

(1)已抵扣进项税额的购进货物(不含固定资产)、应税劳务、服务，发生不允许抵扣情况(简易计税方法计税项目、免征增值税项目除外)的，应将该项购进货物、应税劳务、服务的进项税额从当期发生进项税额中扣减。无法准确确定该项进项税额的，按当期实际成本乘以征税时该货物、应税劳务、服务适用的税率计算应扣减的进项税额。

(2)已抵扣进项税额的固定资产、无形资产或者不动产，发生不允许抵扣情形的，按照下列公式计算：

$$不得抵扣的进项税额=固定资产、无形资产或者不动产净值\times适用税率$$

固定资产、无形资产或者不动产净值，是指纳税人根据财务会计制度计提折旧或摊销后的余额。

(3)已抵扣进项税额的不动产，发生非正常损失，或者改变用途，专用于简易计税方法计税项目、免征增值税项目、集体福利或者个人消费的，按照下列公式计算不得抵扣的进项税额，并从当期进项税额中扣减：

$$不得抵扣的进项税额=已抵扣进项税额\times不动产净值率$$

$$不动产净值率=(不动产净值\div不动产原值)\times100\%$$

6. 进货退出或折让的税务处理

一般纳税人因进货退出或折让而收回的增值税额，应从发生进货退出或折让当期的进项税额中扣减。

7. 增值税扣税凭证逾期未认证的处理

自 2018 年 1 月 1 日起，对增值税一般纳税人发生真实交易但由于客观原因造成增值税扣税凭证逾期的，经主管税务机关审核、逐级上报，由省税务局核准，对比对相符的增值税扣税凭证，允许纳税人继续抵扣其进项税额。

客观原因包括以下类型：

(1)自然灾害、社会突发事件等不可抗力因素造成增值税扣税凭证逾期；

(2)增值税扣税凭证被盗、抢，或者因邮寄丢失、误递导致逾期；

(3)有关司法、行政机关在办理业务或者检查中，扣押增值税扣税凭证，纳税人不能正常履行申报义务，或者税务机关信息系统、网络故障，未能及时处理纳税人网上认证数据等导致增值税扣税凭证逾期；

(4)买卖双方因经济纠纷，未能及时传递增值税扣税凭证，或者纳税人变更纳税地点，注销旧户和重新办理税务登记的时间过长，导致增值税扣税凭证逾期；

(5)由于企业办税人员伤亡、突发危重疾病或者擅自离职，未能办理交接手续，导致增值税扣税凭证逾期。

8. 增值税扣税凭证逾期申报抵扣的处理

增值税一般纳税人取得的增值税扣税凭证已认证或已采集上报信息但未按照规定期限申报抵扣；取得的增值税扣税凭证稽核比对结果相符，属于发生真实交易且因客观原因未按规定期限申报抵扣的，经主管税务机关审核，允许纳税人继续申报抵扣其进项税额。

客观原因包括如下类型：

①因自然灾害、社会突发事件等不可抗力原因造成增值税扣税凭证未按期申报抵扣；

②有关司法、行政机关在办理业务或者检查中，扣押、封存纳税人账簿资料，导致纳税人未能按期办理申报手续；

③税务机关信息系统、网络故障，导致纳税人未能及时取得认证结果通知书或稽核结果通知书，未能及时办理申报抵扣；

④由于企业办税人员伤亡、突发危重疾病或者擅自离职，未能办理交接手续，导致未能按期申报抵扣。

(三)应纳税额的计算

一般纳税人增值税应纳税额的计算。一般纳税人应纳税额计算公式为：

应纳税额＝当期销项税额－当期进项税额

因当期销项税额小于当期进项税额不足抵扣时，其不足部分可以结转下期继续抵扣。

【例 3-1】某企业为增值税一般纳税人，适用增值税率 13%，当月销售甲产品取得含税销售收入 33.9 万元，购进货物取得增值税专用发票注明的货款 20 万元，进项税额 2.6 万元；另外支付购货的运输费用 1.09 万元，取得运输公司开具的专用发票。以上发票都在当月通过认证。计算该企业当月的增值税应纳税额。

销项税额＝33.9÷(1＋13%)×13%＝3.9(万元)

进项税额＝2.6＋1.09÷(1＋9%)×9%＝2.69(万元)

应纳税额＝3.9－2.69＝1.21(万元)

【例 3-2】某商贸公司为增值税一般纳税人，2019 年 6 月销售一台外用的设备，同时负责设备的安装、调试，取得设备款 100 万元，设备安装、调试费 5 万元；6 月份购入该设备取得增值税专用发票,增值税专用发票注明的税额为11.3万元。计算该公司当月的增值税应纳税额。

销项税额=(100+5)÷(1+13%)×13%=12.079 6(万元)

进项税额=11.3(万元)

应纳税额=12.079 6-11.3=0.779 6(万元)

解析:本题涉及混合销售行为,从事货物的生产、批发或者零售的单位和个体工商户的混合销售行为,视为销售货物。

【例3-3】某公司为增值税一般纳税人,主要从事电脑销售、设计服务,且能分别核算。2019年6月销售电脑20台,每台不含税售价0.5万元;为客户进行网站设计取得不含税2万元;处置已列入单位固定资产的复印机(已抵扣),取得不含税收入0.3万元。本月外购电脑取得增值税专用发票并认证,专用发票注明的税额为1.04万元。计算该企业当月的增值税应纳税额。

销项税额=20×0.5×13%+0.3×13%+2×6%=1.459(万元)

进项税额=1.04(万元)

应纳税额=1.459-1.04=0.419(万元)

解析:本题涉及兼营行为,能够分别核算的,按照销售货物、服务各自不同的税率计算销项税额;处置已抵扣的固定资产,按照适用税率计算销项税额。

【例3-4】某食品加工企业为增值税一般纳税人,2019年8月购入农产品,相关进项税均在当月抵扣。当年9月,因企业管理不善导致部分农产品霉烂变质,账面成本为9 286元,其中包括支付给增值税一般纳税人的运费成本186元。则该企业9月份应转出的进项税额。

应转出的进项税额=(9 286-186)/(1-9%)×9%+186×9%=916.74(元)

解析:本题涉及进项税额转出时,凭票抵扣与计算抵扣的不同处理方法。

【例3-5】某物流有限公司为增值税一般纳税人,2019年9月收入情况如下:销售焦炭1 000万元,运输收入300万元,装卸收入50万元,仓储收入10万元,其中:装卸、仓储纳税人选择按照简易办法征收;当月购入焦炭取得增值税发票进项税额120万元,购入油料20吨,取得增值税发票进项税额5.4万元,其中:车辆运输领用18吨,装卸领用2吨,取得的发票均当月认证,该纳税人当月应如何分应税货物、应税服务计算缴纳增值税。

应税货物销项税额:1 000×13%=130(万元)

应税服务销项税额:300×9%=27(万元)

适用一般计税方式应纳税额:130+27-120-5.4×18/20=32.14(万元)

应税货物缴纳增值税:32.14×130/(130+27)=26.61(万元)

应税服务缴纳增值税:32.14-26.61+(50+10)×3%=7.33(万元)

解析:本题涉及销售货物与应税服务行为。

二、小规模纳税人应纳税额的计算

小规模纳税人实行简易办法计算应纳税额,不得抵扣进项税额,公式为:

应纳税额=销售额×征收率(3%)

由于小规模纳税人取得的销售收入一般均为含税销售额,在计算应纳税额时,必须将含税销售额换算为不含税的销售额。

不含税销售额＝含税销售额÷(1＋征收率)

【例 3-6】某商店为增值税小规模纳税人，当月取得零售收入 8.24 万元，计算该商店当月增值税应纳税额。

应纳税额＝8.24÷(1＋3%)×3%＝0.24(万元)

【例 3-7】某装饰公司为增值税小规模纳税人，2019 年 5 月销售装饰材料 2.5 万元，其中销售给一家建筑公司 1.5 万元，开具增值税专用发票；取得装修收入 2 万元。计算该公司当月增值税应纳税额。

应纳税额＝1.5÷(1＋3%)×3%＝0.043 7(万元)

解析：本题涉及兼营行为和小微企业免税政策。该公司当月货物和服务的销售额均未超过 3 万元，免征增值税。但其由税务机关代开增值税专用发票，不属于免征范围。

【例 3-8】某公司为小规模纳税人，2019 年 5 月，收到 A 公司劳务派遣费用 30 万元，其中：代用工单位支付给劳务派遣员工的工资、福利和社会保险及住房公积金 28 万元。该公司选择差额纳税；处置一处不动产，取得不动产处置收入 80 万元，该不动产购置原价 65 万元。计算该公司当月增值税应纳税额。

应纳税额＝(30－28)÷(1＋5%)×5%＋(80－65)÷(1＋5%)×5%＝0.809 5(万元)

解析：本题涉及小规模纳税人劳务派遣选择差额纳税和转让不动产差额纳税。劳务派遣选择差额纳税，以取得的全部价款和价外费用，扣除代用工单位支付给劳务派遣员工的工资、福利和为其办理社会保险及住房公积金后的余额为销售额，按照 5%的征收率计算缴纳增税。小规模纳税人转让其取得(不含自建)的不动产，以取得的全部价款和价外费用扣除不动产购置原价或者取得不动产时的作价后的余额为销售额，按照 5%的征收率计算应纳税额。

三、进口货物应纳税额的计算

纳税人进口货物，按照组成计税价格的计算公式为：

组成计税价格＝关税完税价格＋关税＋消费税

应纳税额＝组成计税价格×税率

上式中，如果进口货物属于消费税应税消费品，其“组成计税价格”中包括已纳消费税税额，否则，无消费税这一项。

进口消费税应税消费品，其“组成计税价格”公式为：

1. 实行从价定率办法计算缴纳消费税的组成计税价格计算公式

组成计税价格＝(关税完税价格＋关税)÷(1－消费税比例税率)

2. 实行复合计税办法计算缴纳消费税的组成计税价格计算公式

组成计税价格＝(关税完税价格＋关税＋进口数量×消费税定额税率)÷(1－消费税比例税率)

【例 3-9】某公司进口商品一批，关税完税价格 40 万元，支付关税 6 万元，计算该公司在进口环节缴纳的增值税。

组成计税价格＝40＋6＝46(万元)

应纳税额＝46×13％＝5.98(万元)

第四节 增值税的征收管理

一、起征点

纳税人销售额未达到国务院财政、税务主管部门规定的增值税起征点的，免征增值税；达到起征点的，依照《增值税暂行条例》和《营业税改征增值税试点实施办法》规定全额计算缴纳增值税。增值税起征点的适用范围限于个人(是指个体工商户和其他个人)，不适用于登记为一般纳税人的个体工商户。

增值税起征点的幅度规定如下：

(1)按期纳税的，为月销售额 5 000～20 000 元(含本数)；

(2)按次纳税的，为每次(日)销售额 300～500 元(含本数)。

二、纳税义务发生时间

(一)一般规定

增值税纳税义务发生时间是指增值税纳税人、扣缴义务人发生应税、扣缴税款行为应承担纳税义务、扣缴义务的起始时间。纳税义务发生时间一经确定，必须按此时间计算应缴税款。纳税人销售货物、提供应税劳务或者应税行为，为收讫销售款项或者取得索取销售款项凭据的当天；先开具发票的，为开具发票的当天；进口货物，为报关进口的当天。

(二)具体规定

(1)采取直接收款方式销售货物，不论货物是否发出，均为收到销售款或者取得索取销售款凭据的当天。

(2)采取托收承付和委托银行收款方式销售货物，为发出货物并办妥托收手续的当天。

(3)采取赊销和分期收款方式销售货物，为书面合同约定的收款日期的当天，无书面合同的或者书面合同没有约定收款日期的，为货物发出的当天。

(4)采取预收货款方式销售货物，为货物发出的当天，但生产销售生产工期超过 12 个月的大型机械设备、船舶、飞机等货物，为收到预收款或者书面合同约定的收款日期的当天。

(5)委托其他纳税人代销货物，为收到代销单位的代销清单或者收到全部或者部分货款的当天。未收到代销清单及货款的，为发出代销货物满 180 天的当天。

(6)销售应税劳务，为提供劳务同时收讫销售款或者取得索取销售款的凭据的当天。

(7)纳税人发生视同销售货物行为，为货物移送的当天。

(8)销售服务、无形资产或者不动产为书面合同确定的付款日期的当天；未签订书面合同或者书面合同未确定付款日期的，为服务、无形资产转让完成的当天或者不动产权属变更的当天。

(9)纳税人提供租赁服务采取预收款方式的，为收到预收款的当天

(10)从事金融商品转让的,为金融商品所有权转移的当天。

(11)纳税人发生视同销售情形的,为服务、无形资产转让完成的当天或者不动产权属变更的当天。

(12)扣缴义务发生时间为纳税人增值税纳税义务发生的当天。

三、纳税期限

1.增值税的纳税期限

分别为1日、3日、5日、10日、15日、1个月或者1个季度。纳税人的具体纳税期限,由主管税务机关根据纳税人应纳税额的大小分别核定;以1个季度为纳税期限的规定适用于小规模纳税人、银行、财务公司、信托投资公司、信用社,以及财政部和国家税务总局规定的其他纳税人。不能按照固定期限纳税的,可以按次纳税。

2.增值税报缴税款期限的规定

具体包括:

(1)纳税人以1个月或者1个季度为1个纳税期的,自期满之日起15日内申报纳税;以1日、3日、5日、10日或者15日为1个纳税期的,自期满之日起5日内预缴税款,于次月1日起15日内申报纳税并结清上月应纳税款。

(2)纳税人进口货物,应当自海关填发海关进口增值税专用缴款书之日起15日内缴纳税款。

(3)纳税人出口货物适用退(免)税规定的,在规定的出口退(免)税申报期内按月向主管税务机关申报办理该项出口货物的退(免)税。

3.扣缴义务人解缴税款的期限

按照主管税务机关规定的期限执行。

四、纳税地点(一般规定)

(1)固定业户的纳税地点,主要包括:

①固定业户应当向其机构所在地或者居住地的主管税务机关申报纳税。总机构和分支机构不在同一县(市)的,应当分别向各自所在地的主管税务机关申报纳税;经国务院财政、税务主管部门或者其授权的财政、税务机关批准,可以由总机构汇总向总机构所在地的主管税务机关申报纳税。

②纳税人跨省(自治区、直辖市和计划单列市)临时从事生产经营活动的,向机构所在地的税务机关填报《跨区域涉税事项报告表》。纳税人在省(自治区、直辖市和计划单列市)内跨县(市)临时从事生产经营活动的,是否实施跨区域涉税事项报验管理由各省(自治区、直辖市和计划单列市)税务机关自行确定。机构所在地的税务机关受理,发送给经营地的税务机关。纳税人合同延期的,既可向经营地的税务机关,也可向机构所在地的税务机关发起延期。异地不动产转让和租赁业务不适用跨区域涉税事项管理相关制度规定。

(2)非固定业户销售货物、应税劳务或者应税行为,应当向销售地、劳务或者应税行为发生地的主管税务机关申报纳税;未向销售地、劳务或者应税行为发生地的主管税务机关申报纳税的,由其机构所在地或居住地的主管税务机关补征税款。

(3)纳税人跨县(市、区)提供建筑服务,向建筑服务发生地主管税务机关预缴税款,向机构所在地主管税务机关申报纳税。

(4)纳税人(不含其他个人)转让其取得的不动产,向不动产所在地主管税务机关预缴税款,向机构所在地主管税务机关申报纳税。其他个人向不动产所在地主管税务机关申报纳税。

(5)纳税人出租不动产向不动产所在地主管税务机关预缴税款,向机构所在地主管税务机关申报纳税。其他个人出租不动产,向不动产所在地主管税务机关申报纳税。

(6)其他个人提供建筑服务,销售或者租赁不动产,转让自然资源使用权,应向建筑服务发生地、不动产所在地、自然资源所在地主管税务机关申报纳税。

(7)进口货物,应当由进口人或其代理人向报关地海关申报纳税。

(8)扣缴义务人应当向其机构所在地或居住地的主管税务机关申报缴纳其扣缴的税款。

习　题

一、单项选择题

1. 从理论上说,作为增值税课税对象的增值额是指(　)。

A. $V+M$　　B. V　　C. M　　D. $C+V+M$

2. 在征收增值税时,允许将购置的固定资产的已纳税款一次性全部扣除,属于哪一类型的增值税?(　)。

A. 生产型增值税　　B. 收入型增值税　　C. 消费型增值税　　D. 混合型增值税

3. 2009 年我国增值税实行全面"转型"指的是(　)。

A. 由过去的生产型转为收入型　　B. 由过去的收入型转为消费型

C. 由过去的生产型转为消费型　　D. 由过去的消费型转为生产型

4. 我国从哪一年开始全面推开营业税改征增值税(　)?

A. 2009 年 1 月 1 日　　B. 2012 年 1 月 1 日

C. 2013 年 8 月 1 日　　D. 2016 年 5 月 1 日

5. 以下关于增值税表述不正确的是(　)。

A. 增值税是价外税　　B. 增值税属于间接税

C. 增值税的作用是调节收入差别

D. 我国增值税采用其他实行增值税的国家广泛采用的间接计算法计算税额

6. 单位以承包方式经营的,承包人以发包人名义对外经营并由发包人承担相关法律责任的,纳税人是(　)。

A. 承包人　　B. 发包人　　C. 分包人　　D. 转包人

7. 小规模纳税人年应税销售额超过规定标准,应当登记为一般纳税人。下列哪些行为不计入年应税销售额的是(　)。

A. 稽查查补销售额　　B. 偶然发生的转让不动产销售额

C. 免税销售额　　D. 税务机关代开发票销售额

8. 下列属于增值税"应税行为"的是(　)。

A. 不动产转让　　B. 修理、修配　　C. 受托加工　　D. 提供矿产资源开采

9. 纳税人在资产重组过程中，通过合并、分立、出售、置换等方式，将全部或者部分实物资产以及与其相关联的债权、债务和劳动力一并转让给其他单位和个人，其中涉及的货物转让(　)。

A. 实行增值税即征即退政策　　B. 直接免征增值税

C. 不征收增值税　　D. 应当征收增值税

10. 纳税人提供应税服务适用免税、减税规定的，可以放弃免税、减税，依照本办法的规定缴纳增值税。放弃免税、减税后，(　)内不得再申请免税、减税。

A. 12 个月　　B. 1 年　　C. 3 年　　D. 36 个月

11. 某服装厂受托加工一批演出服装，衣料由某剧团提供，某剧团支付加工费 8 000 元，增值税由(　)缴纳。

A. 服装厂　　B. 剧团　　C. 服装厂代扣代缴　　D. 剧团代扣代缴

12. 某增值税一般纳税人某月销售三批同样货物，每批各 1 000 件，销售价分别为每件 70 元、50 元、和 30 元。如果 30 元/件的销售价格被主管税务机关认定为不合理，则该纳税人本月计算销项税额的销售额应为(　)元。

A. 130 000　　B. 150 000　　C. 180 000　　D. 210 000

13. 某企业数月前收购的一批农产品(扣除率 13%)发生非正常损失，其进项税额已于收购的次月抵扣，该批农产品账面成本 43 500 元，则对进项税额的正确处理是(　)。

A. 进项税额转出 5 655 元　　B. 进项税额转出 6 500 元

C. 进项税额转出 7 395 元　　D. 不必处理

14. 增值税专用发票目前抵扣的期限是自开票之日起(　)内进行认证抵扣。

A. 180 日　　B. 120 日　　C. 90 日　　D. 60 日

15. 某小规模纳税人 2015 年 11 月份销售日用品 30 900 元，其中：向税务机关窗口代开增值税专用发票价税合计 5 150 元，该纳税人 11 月份应纳增值税(　)元。

A. 0　　B. 150　　C. 900　　D. 927

16. 以下关于增值税纳税地点的表述错误的是(　)。

A. 固定业户在其机构所在地

B. 非固定业户在其居住所在地

C. 进口货物向报关地海关申报纳税

D. 总、分机构不在同一县(市)的，分别向各自所在地主管税务机关申报纳税

17. 下列各项中，既是增值税法定税率，又是增值税进项税额扣除率(不考虑核定扣除)的是(　)。

A. 9%　　B. 10%　　C. 13%　　D. 17%

18. 某自然人将自有的一处商铺对外出租，一次性收到 1 年的租金 15 万元，该纳税人应交增值税(　)万元。

A. 0　　B. 0.75　　C. 0.714 3　　D. 0.214 3

19. 某企业为增值税一般纳税人，2016 年 2 月进行设备的更新换代，将一台旧设备出售，价税合并收取 19.6 万元，该设备系 2013 年购进，购进时该企业为小规模纳税人。已知该企业未放弃减税，则该企业销售旧设备应纳增值税(　)万元。

A. 0.38　　B. 0.69　　C. 1.43　　D. 2.85

20. 某物流企业为增值税一般纳税人。2019 年 11 月取得交通运输收入 109 万元(含税),当月外购汽油 10 万元,购入运输车辆 20 万元(不含税金额,取得增值税专用发票),发生的联运支出 50 万元(不含税金额,取得专用发票)。该纳税人 2019 年 11 月应纳税额是( )。

A. 2.2 万元　　B. 0.6 万元　　C. −2.6 万元　　D. 5.9 万元

二、多项选择题

1. 我国现行增值税的征税范围包括( )。

A. 在中国境内销售货物　　B. 在中国境内提供应税劳务、应税行为

C. 进口货物　　D. 在境外向中国境内提供应税劳务、应税行为

2. 下列哪些小规模纳税人应当登记为增值税一般纳税人( )?

A. 某物流公司 2015 年取得货物销售收入 85 万元,运输收入 300 万元

B. 某酒店 2016 年取得销售服务额 400 万元,转让外围商铺 150 万元

C. 某个体工商户(零售)2015 年货物销售收入 60 万元,免税货物销售收入 50 万元

D. 某批发企业 2015 年 5 月 1 日至 2015 年 12 月 31 日销售货物 75 万元;2016 年 1 月 1 日至 2016 年 2 月 28 日销售货物 21 万元

3. 某咨询服务企业的下列进项税额,不得从销项税中抵扣的有( )。

A. 购买涂料装修会谈室发生的进项税额

B. 购买中轻型商务面包车自用所发生的进项税额

C. 交际应酬消费发生的进项税额

D. 被执法部门依法没收其自行出版物的进项税额

4. 下列行为,不征增值税的有( )。

A. 存款利息　　B. 被保险人获得的保险赔付

C. 销售不动产　　D. 销售农业初级产品

5. 增值税一般纳税人提供的下列建筑服务,哪些可以选择简易计税方法计税( )?

A. 包清工方式　　B. 甲供工程　　C. 分包工程　　D. 建筑工程老项目

6. 单位和个人提供的下列劳务,应征增值税的有( )。

A. 汽车的修配　　B. 房屋的修理　　C. 受托加工的白酒　　D. 房屋的装潢

7. 下列行为中,属于视同销售货物应征增值税的行为有( )。

A. 委托他人代销货物　　B. 销售代销货物

C. 将自产的货物分给职工做福利　　D. 将外购的货物用于非应税项目

8. 下列属于增值税混合销售行为的是( )。

A. 企业生产铝合金门窗并负责安装

B. 装饰公司提供装饰服务同时提供装饰材料

C. 物流企业提供运输、装卸

D. 电信部门销售电信服务时,附带赠送用户识别卡、电信终端等货物或者电信服务

9. 下列哪些是增值税的扣税凭证( )?

A. 增值税专用发票　　B. 税控机动车销售统一发票

C. 海关进口专用缴款书　　D. 农产品收用发票

10. 以下符合现行增值税规定的有（　）。

A. 增值税对单位和个人规定了起征点

B. 纳税人销售额未达到规定的增值税起征点的，免征增值税；达到规定起征点的，就超过部分计算缴纳增值税

C. 销售货物、提供劳务和销售服务按期纳税的，增值税起征点为月销售额 5 000～20 000 元

D. 按次纳税的增值税起征点，为每次（日）销售额 300～500 元

11. 以下关于增值税一般纳税人和小规模纳税人划分规定正确的有（　）。

A. 通常情况下，一般纳税人和小规模纳税人身份可以相互转换

B. 年应税销售额超过小规模纳税人标准的其他个人按小规模纳税人纳税

C. 超过小规模纳税人标准的非企业性单位按小规模纳税人纳税

D. 小规模纳税人以外的纳税人应当向主管税务机关申请资格认定

12. 下列行为中，涉及的进项税额可以从销项税额中抵扣的有（　）。

A. 外购的商品发生被盗、丢失

B. 外购的商品过期变质

C. 将外购的商品作为实物投资

D. 购入的不动产，办公和职工宿舍混用，其中涉及职工宿舍部分

13. 增值税纳税义务发生时间有（　）。

A. 以预收款方式销售货物的，为收到货款当天

B. 提供建筑服务、租赁服务采取预收款方式的，为收到预收款的当天

C. 以赊销方式销售货物的，为合同约定的收款日期的当天

D. 纳税人销售货物、提供劳务和销售服务，先开具发票的，为开具发票的当天

14. 纳税人销售货物时，下列情况中，不能开具增值税专用发票的有（　）。

A. 购货方购进免税药品要求开具专用发票　B. 小规模纳税人购进电脑要求开具专用发票

C. 商业零售化妆品　D. 境内易货贸易

15. 以下适用 6% 税率计算增值税的项目有（　）。

A. 金融机构贷款服务　B. 研发和技术服务

C. 文化创意服务　D. 仓储服务

16. 以下免征增值税的项目有（　）。

A. 用于科学实验的进口仪器　B. 个人转让著作权

C. 外国企业无偿援助的进口设备　D. 个人销售自己使用过的轿车

17. 小规模纳税人进口货物，海关进口环节代征增值税可能使用（　）。

A. 3% 的征收率　B. 4% 的征收率　C. 13% 的税率　D. 17% 的税率

18. 增值税税收优惠政策中，实行直接扣减增值税应纳税额的有（　）。

A. 单位安置残疾人就业

B. 初次购买的税控专用设备和支付的技术维护费

C. 符合政策条件的退役士兵创业就业

D. 符合政策条件的重点群体创业就业

19. 享受资源综合利用即征即退增值税政策时，应符合下列哪些条件（ ）？

A. 增值税一般纳税人和小规模纳税人均可享受

B. 销售综合利用产品和劳务，不属于国家发展改革委《产业结构调整指导目录》中的禁止类、限制类项目

C. 销售综合利用产品和劳务，不属于环境保护部《环境保护综合名录》中的“高污染、高环境风险”产品或者重污染工艺

D. 纳税信用等级评定为B级以上

20. 现行制度下，由税务部门负责征收的有（ ）。

A. 关税　　B. 房产税　　C. 工会经费　　D. 养老保险

三、判断题

1. 生产和流通的各个环节所创造的增值额之和，就是该项货物的最终销售额。（ ）

2. 增值税一般纳税人购入的固定资产、无形资产和不动产属于兼用于允许抵扣项目和用于简易计税项目、免征增值税项目、集体福利或者个人消费的，其进项税额不准全部扣除。（ ）

3. 增值税一般纳税人因住所、经营地点变动，如涉及改变税务登记机关，需要办理注销税务登记并重新办理税务登记的，在迁达地重新办理税务登记后，其增值税一般纳税人资格予以保留，办理注销税务登记前尚未抵扣的进项税额允许继续抵扣。（ ）

4. 增值税起征点适用于月销售额不超过2万元的个体工商户。（ ）

5. 企业租赁或承包给他人经营的，仍以原出租或发包企业为增值税的纳税人。（ ）

6. 增值税一般纳税人选择简易计税办法纳税后，一年后，因经营情况发生变化，可以选择一般计税办法纳税。（ ）

7. 对销售除啤酒、黄酒外的其他酒类产品而收取的包装物押金，无论是否返还以及会计上如何核算，均应并入当期销售额计征增值税。（ ）

8. 个人销售自己使用过的轿车应按3%征收率减按2%计算纳税。（ ）

9. 逾期未认证的增值税扣税凭证一律不得抵扣。（ ）

10. 蔬菜从生产环节到批发零售环节免征增值税。（ ）

11. 一般纳税人不得向小规模纳税人开具增值税专用发票。（ ）

12. 增值税一般纳税人通过增值税发票管理新系统开具的专用发票，经过认证后，可在180天内进行抵扣。（ ）

13. 增值税一般纳税人销售货物从购买方收取的价外费用，在征税时，应视为含税收入，计算税额时应换算为不含税收入。（ ）

14. 以旧换新方式销售货物的（金银首饰除外），应按新货物的同期销售价格确定销售额。（ ）

15. 纳税人兼营销售货物、劳务、服务、无形资产或者不动产，适用不同税率或者征收率的，应当分别核算适用不同税率或者征收率的销售额；未分别核算的，从高适用税率。

16. 原增值税一般纳税人自用的应征消费税的摩托车、汽车、游艇，其进项税额准予从销项税额中抵扣。（ ）

17. 已经抵扣了进项税额的购进货物，如果投资给其他单位，可以将进项税额在投资发生

当期转出。( )

18.某热水器厂为一般纳税人,生产销售热水器并负责安装自售热水器,单独收取每台50元的安装费,因能分清收入,销售热水器按照销售货物缴纳增值税,安装费按照安装服务缴纳增值税。( )

19.一般纳税人跨县(市、区)提供建筑服务,选择适用简易计税方法计税的,以取得的全部价款和价外费用扣除支付的分包款后的余额,按照3%的征收率计算应预缴税款。( )

20.增值税一般纳税人和小规模纳税人,应纳税额较少的,可申请以1个季度为纳税期限。( )

四、计算题

1.某生产小电器的企业,2019年10月发生下列业务:

(1)销售50件自产A型小电器,收入15 000元;

(2)将2件A型小电器赠送客户(A型小电器不含税的成本价为每件200元);

(3)将使用过的一批旧包装物出售,取得2 472元的收入;

(4)购入一批零配件,取得增值税专用发票上注明价款1万元,增值税税额1 300元。

要求:计算该企业10月应纳的增值税。(成本利润率10%)

2.某运输企业为增值税一般纳税人,2018年9月购入一辆车作为运输工具,车辆不含税价格为30万元,增值税专用发票上注明的增值税款为3.9万元,企业对增值税发票进行了认证抵扣。2019年9月,由于经营需要,运输企业将车辆作为接送员工上下班使用。车辆折旧期限为5年,采用直线法折旧。计算当期不得抵扣的进项税额。

3.某汽车制造厂为增值税一般纳税人,2019年8月,该厂购进用于生产汽车的原材料,取得的增值税专用发票上注明的税款800万元;进口大型检测设备一台,取得的海关进口增值税专用缴款书上注明的增值税税款10万元;销售汽车取得含税销售收入9 000万元;兼营汽车修理修配业务,取得不含税收入30万元;用于汽车修理修配业务购进的零部件等,所取得的增值税专用发票上注明的税款共4万元;兼营汽车租赁业务,取得收入50万元。

请计算该厂8月应缴纳的增值税(汽车消费税税率5%)。

4.某粮油加工厂(一般纳税人)主要生产面粉、芝麻油、花生油、菜籽油、挂面、方便面等粮油和粮食复制品。该厂2019年某月份外购项目如下(假定外购货物均已验收入库):

(1)从粮管所购进小麦,支付价款140 000元,增值税专用发票注明税额18 200元。

(2)从农民手中收购小麦,支付价款70 000元,无进项税额。

(3)从粮油公司购进芝麻,价款20 000元,增值税专用发票注明税额2 600元。

(4)从外地粮食部门购进花生,价款18 000元,增值税专用发票注明税额2 340元。

(5)外购低值易耗品4 000元,增值税专用发票注明税额680元。

(6)生产用外购水2 092.30元,增值税专用发票注明税额272元。

(7)支付生产用电费3 000元,增值税专用发票注明税额510元。

该厂本月销售货物的收入项目如下(除注明外,销售收入不含税):

(1)销售面粉给一般纳税人,销售收入150 000元。

(2)销售面粉给小规模纳税人,价税混合收取18 000元。

(3)销售挂面给一般纳税人,销售收入5 000元。

(4)销售挂面给消费者,价税混合收取 1 000 元。

(5)销售方便面给小规模纳税人,价税混合收取 3 000 元。

(6)销售各种食用植物油给一般纳税人,销售收入 400 000 元。

(7)销售小麦给一般纳税人,价款 6 000 元。

根据上述资料,计算该企业应纳增值税。

5.某物资系统金属公司(一般纳税人),主要从事工业金属材料的采购和供应业务。2019 年某月各类金属材料的销售收入额为 987 500 元(不含税)。本月外购货物情况下(假定外购货物货款已支付):

(1)外购螺纹钢 120 吨,单价每吨 4 300 元,价款 516 000 元,增值税专用发票注明税额 87 720 元。

(2)外购镀锌板 100 吨,单价每吨 4 900 元,价款 490 000 元,增值税专用发票注明税额 83 300 元。

(3)外购铲车一部,价款 42 000 元,增值税专用发票注明税额 5 460 元,交付仓库使用。

(4)将本月购进的螺纹钢 20 吨,转为本单位基本建设使用,价款 86 000 元。

(5)由于公司仓库管理不善,本月购进的镀锌板被盗丢失 10 吨,价款 49 000 元。

根据上述资料,计算该公司本月应纳增值税。

6.2019 年 9 月某电视机厂生产出最新型号的彩色电视机,每台不含税销售单价 5 000 元。当月发生如下经济业务:

(1)9 月 5 日,向各大商场销售出电视机 2 000 台,对这些大商场在当月 20 天内付清 2 000 台电视机购货款给予了 5%的销售折扣。

(2)9 月 8 日,发货给外省分支机构 200 台,用于销售,并支付发货运费等费用 1 000 元,其中,取得运输单位开具的货票上注明的运费 600 元,建设基金 100 元,装卸费 100 元,保险费 100 元,保管费 100 元。

(3)9 月 10 日,采取以旧换新方式,从消费者个人手中收购旧型号电视机,销售新型号电视机 100 台,每台旧型号电视机折价为 500 元。

(4)9 月 15 日,购进生产电视机用原材料一批,取得增值税专用发票上注明的价款为 200 万元,增值税为 26 万元,材料已经验收入库。

(5)9 月 20 日,向全国第九届冬季运动会赠送电视机 20 台。

9 月 23 日,从国外购进两台电视机检测设备,取得的海关开具的海关进口增值税专用缴款书上注明的增值税税额为 18 万元。

计算该企业 9 月份应纳增值税。

7.某商业企业(增值税一般纳税人)2019 年 9 月发生如下业务:

(1)取得化妆品不含税销售收入 400 万元,采取以旧换新方式销售冰箱 100 台,新冰箱的零售价格为 1.13 万元/台,旧冰箱的含税作价为 0.2 万元/台,收取的含税差价款为 0.93 万元/台。

(2)采取预收货款方式销售电脑一批,当月取得预收款 150 万元,合同约定电脑于 10 月 15 日发出;将闲置办公设备出租,租赁期为 2019 年 9 月到 2019 年 12 月,每月不含税租金 15 万元,当月预收 2 个月的租金。

(3)购入一批货物,取得的增值税专用发票上注明价款 100 万元,增值税税额 13 万元;委托甲运输企业(增值税一般纳税人)运输货物,取得的增值税专用发票上注明运费5万元;接受乙广告公司(增值税一般纳税人)提供的广告服务,取得的增值税专用发票上注明金额20万元。

(4)月末进行盘点时发现,当月因管理不善造成上月从某增值税一般纳税人企业购入的服装被盗,该批服装(已抵扣进项税额)账面价值为24万元,其中运费成本4万元。票据在本月均通过认证并允许抵扣。要求:根据上述资料计算该企业9月应缴纳的增值税。

8.甲百货商场为增值税一般纳税人,2019年12月发生以下业务:

(1)采取折扣方式销售一批货物,不含税总价格为52 000元,由于对方购买量大,甲商场按原价九折优惠销售,开具的发票金额栏分别注明了销售额和折扣额。

(2)采取"以旧换新"方式销售冰箱,新冰箱的售价3 955元,旧冰箱作价1 130元,从消费者处收取新旧差价款2 825元。

(3)销售代销货物,取得不含税销售额240 000元,尚未取得供货方开具的增值税专用发票。

(4)销售蔬菜取得销售收入120 000元,支付不含税运输费1 200元,取得运输企业开具的增值税专用发票。销售蔬菜罐头取得不含税销售收入50 000元,支付不含税运输费800元,取得运输企业开具的增值税专用发票。

(5)销售鸡蛋取得销售收入40 000元,支付不含税运输费1 300元,取得运输企业开具的增值税专用发票。

(6)以买一赠一方式销售睡衣,顾客购买一套睡衣可获赠一双袜子,睡衣的平均售价为113元/套,袜子的平均售价为5.65元/双,本月共计销售睡衣10套。

(7)外购一批油漆用于涂饰本商场职工宿舍墙壁,取得增值税专用发票上注明的价款20 000元,增值税3 400元,支付不含税运输费1 300元,取得运输企业开具的增值税专用发票。

(8)外购一批木制一次性筷子,用于本商场职工食堂,取得增值税专用发票上注明的价款30 000元,增值税3 900元,支付不含税运输费1 400元,取得运输企业开具的增值税专用发票。

(9)外购一批化妆品对外赠送,取得增值税专用发票上注明的价款40 000元,增值税5 200元,支付不含税运输费1 500元,取得运输企业开具的增值税专用发票。

(10)因管理不善导致上月购进的一箱淀粉霉烂变质,该箱淀粉的账面成本为5 000元;上月购进的一箱食用植物油丢失,该箱食用植物油的账面成本为8 000元。

(11)出租位于本市的一幢4年前取得的办公用房,收取租金80 000元,选择简易计税方法。

(已知:上月购进的淀粉和食用植物油均已经抵扣过进项税额;上期留抵税额20 000元)

要求:根据上述资料,计算当月的增值税。

第四章 消费税

★ 本章学习要点

- 消费税的概念
- 我国现行消费税的税目
- 消费税的课征制度
- 消费税的计算
- 消费税的征收管理

消费税是对特定的消费品征收的一种税。它与普遍征收的增值税相配合，体现了对某些产品进行特殊调节的目的。我国现行消费税的基本法律规范是 2008 年 11 月 5 日经国务院第 34 次常务会议修订通过并颁布，自 2009 年 1 月 1 日起施行的《中华人民共和国消费税暂行条例》(以下简称《消费税暂行条例》)，以及财政部、国家税务总局颁布的《中华人民共和国消费税实施细则》。

第一节 消费税概述

一、消费税的概念

消费税是对我国境内从事生产、委托加工和进口应税消费品的单位和个人，就其销售额或销售数量，在特定环节征收的一种税。简单地说是对特定的消费品和消费行为征收的一种税。消费税为世界各国普遍采用。它不仅是国家财政收入的一项来源，也是贯彻国家产业政策，调节消费的一种手段。

二、消费税的特点

(一)征税项目具有选择性

我国并不是对所有的消费品都征收消费税，而是选择一些特殊消费品、奢侈品、高能耗消费品、不可再生的资源消费品纳入征税范围。

(二)征税环节具有单一性

消费税是在生产(进口)、流通或消费的某一环节一次征收，以后不再征收，即单环节征税。

(三)征收方法具有多样性

消费税的计税方法比较灵活。既有从价定率征收方法,也有按照销售数量进行征税,比如啤酒、黄酒、汽油、柴油都属于从量定额征收,还可以用复合计税办法,即把从价定率和从量定额的计税办法相结合,卷烟、白酒就是这种办法。

(四)消费税具有转嫁性

消费税是对消费应税消费品征收的一种税,并且成为商品价格的组成部分,因此,消费者是消费税最终的负担者。

三、消费税的作用

(一)调整消费结构、引导消费方向

在消费税立法过程中,对人们日常消费的基本生活用品和企业正常生产的消费物品不征收消费税,只对目前属于特殊消费品或奢侈品以及超前消费的物品征收消费税,特别是对其中的某些消费品如烟、酒、高档次的汽车使用较高的税率,加重调节,增加购买者的负担,适当抑制高水平或超前消费。如2006年国家提高大排量轿车的消费税税率,调整的意图旨在限制大排量汽车,促进小排量汽车的生产与消费,倡导建立节约型社会。该政策的调整对鼓励小排量汽车消费的政策导向非常明显。

(二)保证财政收入

我国列入征税范围的消费品消费数量比较大,消费税的平均税率比较高,而且消费税的税源充足集中,征收便利,已经成为我国财政收入的一项稳定来源。

(三)调节个人收入,缓解分配不公

因为消费税的征收范围大多是针对高档、奢侈消费品,税收的最后负担直接对应高收入阶层,而低收入者一般不会用买奢侈品和高档消费品。因此,消费税的开征,可以调节个人收入,对贫富悬殊和两极分化起到了一定的缓解作用。

第二节　消费税的课征制度

一、纳税人

在中华人民共和国境内生产、委托加工和进口应税消费品的单位和个人,以及国务院确定的销售《消费税暂行条例》规定的消费品的其他单位和个人为消费税的纳税人。

具体来说,消费税纳税人包括:生产应税消费品的单位和个人;进口应税消费品的单位和个人;委托加工应税消费品的单位和个人;从事金银首饰零售业务的单位和个人;从事卷烟批发业务的单位和个人。

二、征税范围

我国列入消费税征税范围的消费品并不多,大体分为以下4类。

第一类:一些过度消费会对人身健康、生态环境等方面造成危害的特殊消费品,如烟、酒、鞭炮、焰火、电池、涂料等。

第二类:非生活必需品,如高档化妆品、贵重首饰、珠宝玉石等。

第三类:高耗能及高档消费品,如木质一次性筷子、实木地板、成品油、小汽车、游艇、高档手表、高尔夫球及球具等。

第四类:不可再生和替代的稀缺资源消费品,如汽油、柴油等成品油。

三、税目和税率

现行消费税税目共有15个,具体征收范围如下。

(一)烟

即以烟叶为原料加工生产的特殊消费品。

(二)酒

酒是酒精度在1度以上的各种酒类饮料。酒类包括粮食白酒、薯类白酒、黄酒、啤酒、果酒和其他酒。

对饮食业、商业、娱乐业举办的啤酒屋(啤酒坊)利用啤酒生产设备生产的啤酒,按本税目征税。果啤属于啤酒,按啤酒征收消费税。葡萄酒,属于“其他酒”子目。

以蒸馏酒或食用酒精为酒基,具有国家相关部门批准的国食健字或卫食健字文号并且酒精度<38度(含)的配制酒;以发酵酒为酒基,酒精度<20度(含)的配制酒。按“其他酒”10%适用税率征收消费税。

上述蒸馏酒或食用酒精为酒基是指酒基中蒸馏酒或食用酒精的比重超过80%(含);发酵酒为酒基是指酒基中发酵酒的比重超过80%(含)。

其他配制酒,按“白酒”适用20%加0.5元/500克税率征收消费税。

调味料酒不属于本税目的征收范围。

(三)高档化妆品

高档美容、修饰类化妆品和高档护肤类化妆品是指生产(进口)环节销售(完税)价格(不含增值税)在10元/毫升(克)或15元/片(张)及以上的美容、修饰类化妆品和护肤类化妆品。

高档化妆品中不包括:舞台、戏剧、影视演员化妆用的上妆油、卸妆油、油彩。

(四)贵重首饰及珠宝玉石

本税目征收范围包括:各种金银珠宝首饰和经采掘、打磨、加工的各种珠宝玉石。

(五)鞭炮、焰火

各种鞭炮、焰火。体育上用的发令纸、鞭炮引线,不属于本税目的征收范围。

(六)成品油

本税目包括汽油、柴油、石脑油、溶剂油、航空煤油、润滑油、燃料油七个子目。

以汽油、汽油组分调和生产的甲醇汽油、乙醇汽油属于本税目征税范围。

以柴油、柴油组分调和生产的生物柴油也属于柴油的征收范围。

橡胶填充油、溶剂油原料,属于溶剂油征收范围。

矿物性润滑油、矿物性润滑油基础油、植物性润滑油、动物性润滑油和化工原料合成润滑油均属润滑油的征收范围。

航空煤油的消费税暂缓征收。

变压器油、导热类油等绝缘油类产品不属于润滑油,不征收消费税。

(七)摩托车

摩托车的征收范围包括:气缸容量等于 250 毫升或 250 毫升以上的。

取消气缸容量 250 毫升(不含)以下的小排量摩托车消费税。

(八)小汽车

本税目征收范围包括含驾驶员座位在内最多不超过 9 个座位(含)的,在设计和技术特性上用于载运乘客和货物的各类乘用车,含驾驶员座位在内的座位数在 10 至 23 座(含 23 座)的,在设计和技术特性上用于载运乘客和货物的各类中轻型商用客车。

对于购进乘用车或中轻型商用客车整车改装生产的汽车,也属于本税目征收消费税。排量小于 1.5 升(含)的乘用车底盘(车架)改装、改制的属于乘用车;大于 1.5 升的乘用车底盘(车架)或用中轻型商用客车底盘(车架)改装、改制的属于中轻型商用客车。

电动汽车不征收消费税。

车身长度大于 7 米(含),并且座位在 10 至 23 座(含)以下的商用客车,不属于中轻型商用客车征税范围,不征收消费税。

购进货车或厢式货车改装生产的商务车、卫星通信车等专用汽车不征收消费税。

电动汽车、沙滩车、雪地车、卡丁车、高尔夫车不征收消费税。

“小汽车”税目下增设“超豪华小汽车”子税目。征收范围为每辆零售价格 130 万元(不含增值税)及以上的乘用车和中轻型商用客车,即乘用车和中轻型商用客车子税目中的超豪华小汽车。对超豪华小汽车,在生产(进口)环节按现行税率征收消费税基础上,在零售环节加征消费税,税率为 10%。

(九)高尔夫球及球具

本税目征收范围包括高尔夫球、高尔夫球杆、高尔夫球包(袋)。高尔夫球杆的杆头、杆身和握把属于本税目的征收范围。

(十)高档手表

高档手表是指销售价格(不含增值税)每只在 10 000 元(含)以上的各类手表。

(十一)游艇

本税目征收范围包括艇身长度大于 8 米(含)小于 9 米(含),内置发动机,可以在水上移动,一般为私人或团体购置,主要用于水上运动和休闲娱乐等非牟利活动的各类机动艇。

(十二)木制一次性筷子

本税目征收范围包括各种规格的木制一次性筷子。

未经打磨、倒角的木制一次性筷子属于本税目征税范围。

(十三)实木地板

本税目征收范围包括各类规格的实木地板、实木指接地板、实木复合地板及用于装饰墙壁、天棚的侧端面为榫、槽的实木装饰板。

未经涂饰的素板属于本税目征税范围。

(十四)电池

本税目征收范围包括各类原电池、蓄电池、燃料电池、太阳能电池、其他电池。

对无汞原电池、金属氢化物镍蓄电池(又称"氢镍蓄电池"或"镍氢蓄电池")、锂原电池、锂离子蓄电池、太阳能电池、燃料电池和全钒液流电池免征消费税。

(十五)涂料

本税目征收范围包括各类涂于物体表面能形成具有保护、装饰或特殊性能的固态涂膜的一类液体或固体材料。

对施工状态下挥发性有机物含量低于 420 克/升(含)的涂料免征消费税。

消费税税目税率见表 4-1。

表 4-1 消费税税目税率(税额)

税目	征收范围	计税单位	税率(税额)
一、烟			
1.卷烟:定额税率		每标准箱(50 000 支)	0.003 元/支
比例税率		每标准条(200 支)调拨价格在 70 元(不含增值税)以上(含 70 元)的卷烟	56%
		每标准条(200 支)调拨价格在 70 元(不含增值税)以下的卷烟	36%
2.雪茄烟			36%
3.烟丝			30%
4.卷烟批发:定额税率			0.005 元/支
比例税率			11%

续表 4-1

税 目	征收范围	计税单位	税率(税额)
二、酒			
1. 白酒:定额税率		每 500 克或者 500 毫升	0.5 元
比例税率			20%
2. 黄酒		吨	240 元
3. 啤酒:甲类啤酒		吨	250 元
乙类啤酒		吨	220 元
4. 其他酒			10%
三、高档化妆品			15%
四、贵重首饰及珠宝玉石			
金银首饰、铂金首饰和钻石及钻石饰品			5%(零售环节纳税)
其他贵重首饰和珠宝玉石			10%(生产环节纳税)
五、鞭炮、焰火			15%
六、成品油			
1. 汽油			1.52 元/升
2. 石脑油			1.52 元/升
3. 溶剂油			1.52 元/升
4. 润滑油			1.52 元/升
5. 柴油			1.20 元/升
6. 航空煤油			1.20 元/升(暂缓征收)
7. 燃料油			1.20 元/升
七、摩托车			
1. 气缸容量 250 毫升			3%
2. 气缸容量在 250 毫升以上的			10%
八、小汽车			
1. 乘用车			
气缸容量在 1.0 升(含)以下的			1%
气缸容量 1.0 升以上至 1.5 升(含)的			3%
气缸容量在 1.5 升至 2.0 升(含)的			5%
气缸容量在 2.0 升至 2.5 升(含)的			9%
气缸容量在 2.5 升至 3.0 升(含)的			12%
气缸容量在 3.0 升至 4.0 升(含)的			25%
气缸容量在 4.0 升以上的			40%

续表 4-1

税目	征收范围	计税单位	税率(税额)
2.中轻型商用客车			5%
3.超豪华小汽车(零售价格 130 万元(不含增值税)及以上的乘用车和中轻型商用客车)			10%(零售环节)
九、高尔夫球及球具			10%
十、高档手表			20%
十一、游艇			10%
十二、木制一次性木筷			5%
十三、实木地板			5%
十四、电池			4%
十五、涂料			4%

注:

(一)卷烟:财政部、国家税务总局调整了烟类产品的消费税政策,并于 2009 年 5 月 1 日起实施。

1.调整卷烟生产环节(含进口)的消费税率

(1)调整生产环节消费税税基。将划分甲乙类卷烟调拨价格的标准由 50 元/条调高到 70 元/条;

(2)调整生产环节消费税税率。将甲类卷烟消费税税率由 45%调整为 56%;乙类卷烟消费税税率由 30%调整为 36%。

(3)卷烟生产环节从量定额税率不变,即 0.003 元/支。

2.调整雪茄烟生产环节(含进口)的消费税税率

雪茄烟生产环节(含进口)消费税的税率由 25%调整为 36%。

3.在卷烟批发环节加征一道从价税

(1)纳税义务人:在中华人民共和国境内从事卷烟批发业务的单位和个人;卷烟批发业务是指经国家烟草专卖局批准具有卷烟批发业务资质的单位和个人。

(2)征收范围:纳税人批发销售的所有牌号规格的卷烟。

(3)计税依据:纳税人批发卷烟的销售额(不含增值税)。

(4)适用税率:2015 年 5 月 10 日起,将卷烟批发环节从价税税率由 5%提高至 11%,并按 0.005 元/支加征从量税。

(5)纳税人销售给纳税人以外的单位和个人的卷烟于销售时纳税。纳税人之间销售的卷烟不缴纳消费税。

4.烟丝的消费税税率

烟丝的消费税政策不变,仍在生产环节按 30%税率计征。

(二)啤酒:甲类啤酒是指每吨出厂价格(含包装物及包装物押金,但不包括供重复使用的塑料周转箱的押金)在 3 000 元(含 3 000 元,不含增值税)以上的以及娱乐和饮食业自制的啤酒。

乙类啤酒是指每吨出厂价格(含包装物及包装物押金,但不包括供重复使用的塑料周转箱的押金)在 3 000 元(不含增值税)以下的。

四、消费税的税收优惠

消费税优惠有严格限制,归纳起来,大体有以下几方面:

(1)进口环节应纳的消费税,除国务院另有规定外,一律不得给予减税免税。

(2)生产企业出口应税消费品,免征消费税。

(3)航空煤油暂缓征收消费税。

(4)对外购或委托加工收回的已税汽油生产的乙醇汽油免税。用自产汽油生产的乙醇汽油，按照生产乙醇汽油所耗用的汽油数量申报纳税。

(5)对外购或委托加工收回的汽油、柴油用于连续生产甲醇汽油、生物柴油，准予从消费税应纳税额中扣除原料已纳的消费税税款。

(6)对无汞原电池、金属氢化物镍蓄电池(又称“氢镍蓄电池”或“镍氢蓄电池”)、锂原电池、锂离子蓄电池、太阳能电池、燃料电池和全钒液流电池免征消费税。

(7)对施工状态下挥发性有机物(volatile organic compounds，VOC)含量低于 420 克/升(含)的涂料免征消费税。

(8)利用废弃的动物油和植物油为原料生产的纯生物柴油免征消费税。

(9)自 2018 年 11 月 1 日至 2023 年 10 月 31 日止，对以回收的废矿物油为原料生产的润滑油基础油、汽油、柴油等工业油料免征消费税。

(10)从 2009 年 1 月 1 日起，对成品油生产企业在生产成品油过程中，作为燃料、动力及原料消耗掉的自产成品油，免征消费税。

(11)自 2011 年 10 月 1 日起，生产企业自产石脑油、燃料油用于生产乙烯、芳烃类化工产品的，按实际耗用数量暂免征消费税。

(12)自 2011 年 10 月 1 日起，对使用石脑油、燃料油生产乙烯、芳烃的企业购进并用于生产乙烯、芳烃类化工产品的石脑油、燃料油，按实际耗用数量暂退还所含消费税。

(13)我国境内使用石脑油、燃料油生产乙烯、芳烃类化工产品的企业，仅以自营或委托方式进口油品生产化工产品，向进口消费税纳税地海关申请退还已缴纳的消费税。

(14)生产企业执行定点直供计划销售石脑油、燃料油，并开具普通版增值税专用发票的，免征消费税。

第三节 消费税的计算

一、从量定额计征办法消费税的计算

我国现行消费税对黄酒、啤酒、汽油、柴油等实行定额税率，采用从量定额的办法征税，其计税依据是纳税人销售应税消费品的数量，其应纳税额计算公式为：

应纳税额＝应税消费品销售数量×消费税定额税率

为了规范不同产品的计量单位，《消费税暂行条例实施细则》中具体规定了吨与升两个计量单位的换算标准：

啤酒 1 吨＝988 升	石脑油 1 吨＝1 385 升	黄酒 1 吨＝962 升
溶剂油 1 吨＝1 282 升	汽油 1 吨＝1 388 升	润滑油 1 吨＝1 126 升
柴油 1 吨＝1 176 升	燃料油 1 吨＝1 015 升	航空煤油 1 吨＝1 246 升

二、从价定率计征办法消费税的计算

实行从价定率办法征税的应税消费品，计税依据为应税消费品的销售额。其应纳税额计算公式为：

应纳税额＝应税消费品的销售额×消费税比例税率

三、从量定额与从价定率相结合计征办法消费税的计算

对烟类、酒类产品实行从量定额与从价定率相结合征税办法，其计税依据是纳税人销售应税消费品的数量和销售额，其应纳税额的计算公式为：

应纳税额＝销售数量×定额税率＋销售额×比例税率

四、销售数量的确定

销售数量是指应税消费品的数量，具体为：

销售应税消费品的，为应税消费品的销售数量；

自产自用应税消费品的，为应税消费品的移送使用数量；

委托加工应税消费品的，为纳税人收回的应税消费品数量；

进口的应税消费品，为海关核定的应税消费品进口征税数量。

五、应税销售行为的确定

要正确核定消费税的计税依据，应先正确确定应税消费品的销售行为。根据规定，下列情况均应作为销售或视同销售，确定销售额(也包括销售数量)，并按规定缴纳消费税。具体包括：

1.有偿转让应税消费品所有权的行为

有偿即以从受让方取得货币、货物、劳务或其他经济利益为条件转让应税消费品所有权的行为。包括纳税人用应税消费品换取生产资料和消费资料、用应税消费品支付代扣手续费或销售回扣、在销售数量之外另付给购货方或中间人作为奖励和报酬的应税消费品。

2.纳税人自产自用的应税消费品用于其他方面的

即纳税人将自产自用应税消费品用于生产非应税消费品和在建工程、管理部门、非生产机构、提供劳务以及用于馈赠、赞助、集资、广告、样品、职工福利奖励等，均视同对外销售。

3.委托加工的应税消费品

委托加工是指由委托方提供原料和主要材料，受托方只收取加工费和代垫部分辅助材料加工的应税消费品；对于由受托方提供原材料生产的应税消费品，或者受托方先将原材料卖给委托方，然后再接受加工的应税消费品，以及由受托方以委托方名义购进原材料生产的应税消费品，不论纳税人在财务上是否作销售处理，都不得作为委托加工应税消费品，而应当按照销售自制应税消费品缴纳消费税。委托方收回后直接销售的，不再征收消费税。

六、销售额的确定

1.应税消费品的销售额包括销售应税消费品从购买方收取的全部价款和价外费用，包括消费税但不包括增值税

所谓“价外费用”，是指价外向购买方收取的手续费、补贴、基金、集资费、返还利润、奖励费、违约金、滞纳金、延期付款利息、赔偿金、代收款项、代垫款项、包装费、包装物租金、储备费、优质费、运输装卸费以及其他各种性质的价外收费。但下列款项不属于价外费用：

(1)承运部门开具给购货方的运费发票,并由纳税人将该项发票转交给购货方的代垫运费。

(2)同时符合以下条件代为收取的政府型基金或者行政事业性收费:

①由国务院或者财政部批准设立的政府性基金,由国务院或者省级人民政府及其财政、价格主管部门批准设立的行政事业性收费;

②收取时开具省级以上财政部门印制的财政票据;

③所收款项全额上缴财政。

除此之外,其他价外费用,无论是否属于纳税人的收入,均应并入销售额计算纳税。即:

销售额=应税消费品销售额+价外费用

"销售额"不包括应向用买方收取的增值税税额。如果纳税人应税消费品的销售额中未扣除增值税税额或者因不得开具增值税专用发票而发生价款和增值税税额合并收取的,在计算消费税时,应当换算为不含增值税税额的销售额。其换算公式为:

应税消费品的销售额=含增值税的销售额÷(1+增值税税率或征收率)

应税消费品连同包装物销售的,无论包装物是否单独计价以及在会计上如何核算,均应并入应税消费品的销售额中征收消费税。如果包装物不作价随同产品销售,而是收取押金,此项押金则不应并入应税消费品销售额中征税。但对逾期未收回的包装物不再退还的和已收取 12 个月以上的押金,应并入应税消费品的销售额,按照应税消费品的适用税率缴纳消费税。

对既作价随同应税消费品销售,又另外收取的包装物押金,凡纳税人在规定的期限内不予退还的,均应并入应税消费品的销售额,按照应税消费品的适用税率征收消费税。对除啤酒、黄酒以外的酒类产品生产企业销售酒类产品而收取的包装物押金,无论押金是否返还及会计上如何核算,均应并入酒类产品销售额中征收消费税。

2. 自产自用和委托加工的应税消费品的销售额的确定

自产自用和委托加工的应税消费品,应按照本企业同类消费品的销售价格计算应纳税款。同类产品的销售价格是指纳税人或代收代缴义务人当月销售的同类消费品的销售价格。如果当月各期销售价格高低不同,则应按销售数量加权平均计算。但销售的应税消费品有下列情况之一者,不得列入加权平均数据:一是销售价格明显偏低又无正当理由的;二是无销售价格的。如果当月没有发生销售或当月未完结,应按照同类消费品上月或最近月份的销售价格计算纳税。

七、销售额的特殊规定

1. 应税消费品计税价格明显偏低又无正当理由的,税务机关有权核定其计税价格

应税消费品计税价格的核定权限规定如下:

(1)卷烟、白酒和小汽车的计税价格由国家税务总局核定,送财政部备案;

(2)其他应税消费品的计税价格由各省、自治区、直辖市国家税务局核定;

(3)进口的应税消费品的计税价格由海关核定。

2. 用外购的已税消费品连续生产应税消费品

对于用外购的已税消费品连续生产应税消费品，在计征消费税时可以扣除外购已税消费品的消费税的规定包括如下：

(1)外购已税烟丝生产的卷烟；

(2)外购已税高档化妆品生产的高档化妆品；

(3)外购已税珠宝玉石生产的贵重首饰及珠宝玉石；

(4)外购已税鞭炮焰火生产的鞭炮焰火；

(5)外购的已税杆头、杆身和握把为原料生产的高尔夫球杆；

(6)外购的已税木制一次性木筷为原料生产的木制一次性筷；

(7)外购的已税实木地板为原料生产的实木地板；

(8)外购的已税汽油、柴油、石脑油、燃料油、润滑油为原料生产的应税成品油；

(9)外购的已税葡萄酒为原料生产的葡萄酒。

上述当期准予扣除外购应税消费品已纳消费税税款的计算公式为：

当期准予扣除的外购应税消费品已纳税款＝当期准予扣除的外购应税消费品买价或数量×外购应税消费品的适用税率或税额

当期准予扣除的外购应税消费品买价或数量＝期初库存的外购应税消费品买价或数量＋当期购进的应税消费品买价或数量－期末库存的外购应税消费品买价或数量

外购已税消费品的买价是指购货发票上注明的销售额(不包括增值税税额)。

需要指出的是，纳税人用外购的已税珠宝玉石生产的改在零售环节征收消费税的金银首饰(镶嵌首饰)，在计税时一律不得扣除外购珠宝玉石的已纳税款。

3. 自设非独立核算门市部计税的规定

纳税人通过自设非独立核算门市部销售的自产应税消费品，应当按照门市部对外销售额或者销售数量计算征收消费税。

4. 应税消费品用于其他方面的规定

纳税人自产的应税消费品用于换取生产资料和消费资料，投资入股和抵偿债务等方面，应当按纳税人同类应税消费品的最高销售价格作为计税依据。

八、自产自用应税消费品消费税的计算

1. 用于连续生产应税消费品的

纳税人自产自用的应税消费品，用于连续生产应税消费品的，不纳税。例如，卷烟厂生产的烟丝，如果直接对外销售，应缴纳消费税。但如果烟丝用于本厂连续生产卷烟，则这些用于连续生产卷烟的烟丝不缴纳消费税，只对生产的卷烟征收消费税。

2. 用于其他方面的

纳税人将应税消费品用于生产非应税消费品和在建工程、管理部门、非生产机构、提供劳务以及用于馈赠、赞助、集资、广告、样品、职工福利奖励等方面，于移送使用时缴纳消费税。具体分为以下两种情况：

(1)有同类消费品的销售价格的，按照纳税人生产的同类消费品的销售价格计算纳税。

(2)没有同类消费品销售价格,应以组成计税价格计算纳税。

①实行从价定率办法计算纳税的组成计税价格计算公式

组成计税价格=(成本+利润)÷(1-消费税比例税率)
=成本×(1+成本利润率)÷(1-消费税比例税率)

②实行复合计税办法计算纳税的组成计税价格计算公式

组成计税价格=(成本+利润+自产自用数量×定额税率)÷(1-消费税比例税率)

应纳税额=组成计税价格×比例税率+自产自用数量×定额税率

公式中的"成本",是指应税消费品的产品生产成本。公式中的"利润",是指根据应税消费品的全国平均成本利润率计算的利润。应税消费品的全国平均成本利润率由国家税务总局确定。

九、委托加工应税消费品消费税的计算

委托加工的应税消费品,按照受托方的同类消费品的销售价格计算纳税;没有同类消费品销售价格的,按照组成计税价格计算纳税。计算公式如下:

①实行从价定率办法计算纳税的组成计税价格计算公式

组成计税价格=(材料成本+加工费)÷(1-消费税比例税率)
=成本×(1+成本利润率)÷(1-消费税比例税率)

②实行复合计税办法计算纳税的组成计税价格计算公式

组成计税价格=(材料成本+加工费+委托加工数量×定额税率)÷(1-消费税比例税率)

应纳税额=组成计税价格×比例税率+委托加工数量×定额税率

公式中的"材料成本",是指委托方所提供加工材料的实际成本。委托加工应税消费品的纳税人,必须在委托加工合同上如实注明(或以其他方式提供)材料成本,凡未提供材料成本的,受托方所在地税务机关有权核定其材料成本。

公式中的"加工费",是指受托方加工应税消费品向委托方所收取的全部费用,包括代垫辅助材料的实际成本。

纳税人用委托加工收回的下列应税消费品连续生产应税消费品,在计征消费税时可以扣除委托加工收回的应税消费品的已纳消费税税款:

(1)以委托加工收回的已税烟丝为原料生产的卷烟;

(2)以委托加工收回的已税高档化妆品为原料生产的高档化妆品;

(3)以委托加工收回的已税珠宝玉石为原料生产的贵重首饰及珠宝玉石;

(4)以委托加工收回的已税鞭炮焰火为原料生产的鞭炮焰火;

(5)以委托加工收回的已税杆头、杆身和握把为原料生产的高尔夫球杆;

(6)以委托加工收回的已税木制一次性木筷为原料生产的木制一次性筷;

(7)以委托加工收回的已税实木地板为原料生产的实木地板;

(8)以委托加工收回的已税汽油、柴油、石脑油、燃料油、润滑油为原料生产的应税成品油。

上述委托加工收回的应税消费品连续生产的应税消费品准予从应纳消费税税额中按当期生产领用数量计算扣除其已纳消费税款。计算公式如下：

当期准予扣除的委托加工应税消费品已纳税款＝期初库存的委托加工应税消费品已纳税款＋当期收回的委托加工应税消费品已纳税款－期末库存的委托加工应税消费品已纳税款

需要注意的是，已改在零售环节征收消费税的金银首饰、钻石及钻石饰品，在计税时一律不得扣除委托加工时已纳的消费税税款。

成本利润率：根据《中华人民共和国消费税暂行条例实施细则》第十七条的规定，应税消费品全国平均成本利润率规定如下：

(1)甲类卷烟 10%；
(2)乙类卷烟 5%；
(3)雪茄烟 5%；
(4)烟丝 5%；
(5)粮食白酒 10%；
(6)薯类白酒 5%；
(7)其他酒 5%；
(8)鞭炮、焰火 5%；
(9)贵重首饰及珠宝玉石 6%；
(10)摩托车 6%；
(11)小轿车 8%；
(12)越野车 6%；
(13)小客车 5%。

十、进口环节应纳消费税的计算

进口的应税消费品，实行从价定率办法计算应纳税额的，按照组成计税价格计算纳税。计算公式为：

(1)实行从价定率办法计算纳税的组成计税价格计算公式。

组成计税价格＝(关税完税价格＋关税)÷(1－消费税比例税率)

(2)实行复合计税办法计算纳税的组成计税价格计算公式。

组成计税价格＝(关税完税价格＋关税＋进口数量×消费税定额税率)÷(1－消费税比例税率)

应纳税额＝组成计税价格×比例税率＋应税消费品数量×消费税定额税率

(3)进口卷烟消费税的计算。

①先确定每标准条(200支)进口卷烟消费税的组成计税价格。

每标准条进口卷烟消费税的组成计税价格＝(关税完税价格＋关税＋进口数量×消费税定额税率)÷(1－进口卷烟消费税适用比例税率)÷进口数量

②根据每标准条卷烟的组成计税价格确定的适用税率，计算进口卷烟消费税组成计税价格。

每标准条进口卷烟的组成计税价格≥70元人民币的，适用税率56%；每标准条进口卷烟的组成计税价格<70元人民币的，适用税率36%。

应纳税额＝进口卷烟消费税组成计税价格×进口卷烟消费税适用比例税率＋进口数量×消费税定额税率

第四节 消费税的征收管理

一、纳税义务发生时间

(1)纳税人销售的应税消费品，其纳税义务发生的时间为：

①纳税人采取赊销和分期收款结算方式的，为书面合同约定的收款日期的当天，书面合同没有约定收款日期或者无书面合同的，为发出应税消费品的当天。

②纳税人采取预收货款结算方式的，为发出应税消费品的当天。

③纳税人采取托收承付和委托银行收款方式销售的应税消费品，为发出应税消费品并办妥托收手续的当天。

④纳税人采取其他结算方式的，为收讫销售款或者取得索取销售款的凭据的当天。

(2)纳税人自产自用的应税消费品，为移送使用的当天。

(3)纳税人委托加工的应税消费品，为纳税人提货的当天。

(4)纳税人进口的应税消费品，为报关进口的当天。

二、纳税期限

消费税的纳税期限分别为1日、3日、5日、10日、15日、1个月或者1个季度。纳税人的具体纳税期限，由主管税务机关根据纳税人应纳税额的大小分别核定，不能按照固定期限纳税，可以按次纳税。

纳税人以1个月或者1个季度为1个纳税期的，自期满之日起15日内申报纳税；以1日、3日、5日、10日，或者15日为1个纳税期的，自期满之日起5日内预缴税款，于次月1日起15日内申报纳税并结清上月应纳税款。

纳税人进口应税消费品，应当自海关填发海关进口消费税专用缴款书之日起15日内缴纳税款。

三、纳税地点

(1)纳税人销售的应税消费品及自产自用的应税消费品，除国务院财政、税务主管部门另有规定外，应当向纳税人机构所在地或者居住地的主管税务机关申报纳税。纳税人总机构和分支机构不在同一县(市)的，应当分别向各自机构所在地的主管税务机关申报纳税。

(2)纳税人到外县(市)销售或委托外县(市)代销自产应税消费品，于应税消费品销售后，向机构所在地或者居住地主管税务机关申报纳税。

(3)委托加工的应税消费品,由受托方向机构所在地或者居住地的主管税务机关解缴消费税税款。但纳税人委托个人加工应税消费品的,一律于委托方收回货物后在委托方机构所在地或居住地缴纳消费税。

(4)进口的应税消费品,由进口人或由其代理人向报关地海关申报纳税。此外,个人携带或者邮寄进境的应税消费品,连同关税由海关一并计征。

习 题

一、单项选择题

1. 消费税主要采取在(　)环节计征。

A. 流通　B. 消费　C. 生产或进口　D. 出口

2. 依据消费税的有关规定,下列行为中应缴纳消费税的是(　)。

A. 进口卷烟　B. 进口服装　C. 零售化妆品　D. 零售白酒

3. 下列各项中,应同时征收增值税和消费税的是(　)。

A. 零售环节销售的卷烟　B. 零售环节销售的金银首饰

C. 生产环节销售的普通护肤护发品　D. 进口环节取得外国政府捐赠的小汽车

4. 某日化厂既生产化妆品又生产护发品,为了扩大销路,该厂将化妆品和护发品组成礼品盒销售,当月销售化妆品取得收入 8.5 万元,销售护发品取得收入 6.8 万元,销售礼品盒取得收入 12 万元,上述收入均不含增值税,该企业应纳的消费税为(　)。

A. 6.125 万元　B. 4.215 万元　C. 3.275 万元　D. 1.275 万元

5. 下列应税消费品中,应按照化妆品税目税率计算征收消费税的是(　)。

A. 香水　B. 爽身粉　C. 花露水　D. 面油

6. 下列经营业务中,应征收消费税的是(　)。

A. 轮胎经销商销售的农用车辆通用轮胎　B. 烟草公司批发的卷烟

C. 汽车加油站销售的汽油　D. 汽车制造厂生产销售的卡车

7. 下列税目中征收消费税的是(　)。

A. 委托加工金银首饰　B. 商店销售白酒

C. 委托加工烟丝　D. 加油站销售汽油

8. 纳税人外购下列已税消费品连续生产应税消费品,准予扣除外用已纳消费税的是(　)。

A. 外购已税汽车轮胎生产的小轿车　B. 外购已税珠宝玉石生产的金银首饰

C. 外购已税白酒生产的白酒　D. 外购已税葡萄酒生产的葡萄酒

9. 某汽车厂自产的小汽车抵偿债务,消费税的计税销售额应选择(　)。

A. 同类消费品中间价格　B. 同类消费品加权平均价

C. 同类消费品最高价格　D. 组成计税价格

10. 生产汽油出口应税消费品实行的退、免税政策是(　)。

A. 增值税又免又退,消费税不免不退　B. 增值税又免又退,消费税只免不退

C. 增值税只免不退,消费税又免又退　D. 增值税又免又退,消费税又免又退

11.从概念上看,我国的消费税属于( )。

A.一般消费税 B.特别消费税 C.总量消费税 D.收入消费税

12.以下不征消费税的项目是( )。

A.高尔夫球 B.高尔夫球袋 C.高尔夫球杆 D.高尔夫球车

13.征收消费税的车辆是( )。

A.越野吉普车 B.电动汽车 C.沙滩车 D.大客车

14.下列应税消费品中,适用单一定额税率的有( )。

A.白酒 B.酒精 C.黄酒 D.啤酒

15.消费税暂行条例规定,纳税人自产自用应税消费品,用于连续生产应税消费品的是( )。

A.视同销售纳税 B.于移送使用时纳税

C.按组成计税价格 D.不纳税

二、多项选择题

1.根据税法规定,下列说法正确的有( )。

A.凡是征收消费税的消费品都征收增值税

B.凡是征收增值税的货物都征收消费税

C.应税消费品征收增值税的,其税基含有消费税

D.应税消费品征收消费税的,其税基不含有增值税

2.纳税人委托加工收回的下列应税消费品连续生产应税消费品销售时,准予扣除委托加工收回的应税消费品的已纳消费税税款的有( )。

A.委托加工烟丝生产的卷烟 B.委托加工高档化妆品生产的高档化妆品

C.委托加工葡萄酒生产的葡萄酒 D.委托加工溶剂油生产的溶剂油

3.消费税是对我国境内从事生产、委托加工应税消费品的单位和个人,就其( )在特定环节征收的一种税。

A.销售额 B.所得额 C.生产额 D.销售数量

4.下列货物征收消费税的有( )。

A.金银首饰 B.汽车轮胎 C.保健食品 D.啤酒

5.下列应税消费品中,适用从量定额办法计算缴纳消费税的有( )。

A.黄酒 B.啤酒 C.汽油 D.柴油

6.下列各项中,符合消费税法规定的有( )。

A.以外购酒精生产的白酒,按酒精所用原料确定白酒的适用税率;凡酒精所用原料无法确定的,一律按粮食白酒的适用税率征税

B.外购两种以上酒精生产的白酒,一律从高适用税率

C.以外购白酒加浆降度或外购散白酒装瓶出售,以及外购白酒以曲香、香精进行调香、调味生产的白酒,按照外购白酒所用原料确定适用税率

D.以外购的不同品种白酒勾兑的白酒,一律按照粮食白酒的税率征税

7.下列项目中,按照消费税暂行条例的规定应征收消费税的有( )。

A.汽车制造厂将自制的小轿车提供给上级主管部门使用

B.石化工厂将自己生产的柴油用于本厂基建工程的车辆使用

C. 摩托车厂将自制的摩托车赠送给摩托车拉力赛赛手使用

D. 化妆品厂将自制的化妆品继续用于化妆品的生产

8. 啤酒屋自制销售的啤酒，应征收（ ）。

A. 消费税　　B. 增值税

C. 只征增值税不征消费税　　D. 城建税

9. 下列属于消费税的征税范围的有（ ）。

A. 生产应税消费品　　B. 委托加工应税消费品

C. 批发应税消费品　　D. 零售应税消费品

10. 某酒厂总部设在北京，生产酒的基地设在安徽，则下列关于消费税纳税地点的说法正确的是（ ）。

A. 在北京纳税　　B. 在安徽纳税

C. 经国家税务总局批准在北京纳税　　D. 经北京、安徽税务局协商决定在哪里纳税

三、判断题

1. 用于换取生产资料的卷烟，应按同类商品的平均价格作为计税依据，计算征收消费税。（ ）

2. 零售环节征收消费税的金银首饰不能扣除外用、委托加工收回的珠宝玉石已纳的消费税税款。（ ）

3. 对销售果酒收取的押金，不论到期与否，均应并入销售额计征消费税。（ ）

4. 烹饪料酒属于黄酒，应按照黄酒的单位税额计算缴纳消费税。（ ）

5. 纳税人自产自用的应税消费品用于连续生产应税消费品的不纳税；用于非应税消费品的于移送使用环节纳税。（ ）

6. 某有出口经营权的化妆品厂外销一批化妆品，因该厂直接外销出口，可申请出口退增值税和消费税。（ ）

7. 消费税和增值税都按退税率计算出口退税。（ ）

8. 鞭炮厂销售鞭炮应征消费税不征增值税。（ ）

9. 在现行消费税的征税范围中，除卷烟、白酒外，其他一律不得采用从价定率和从量定额相结合的混合计税方法。（ ）

10. 生产销售、委托加工、进口摩托车都应缴纳消费税。（ ）

四、计算题

1. 某摩托车厂（一般纳税人）本月销售摩托车 200 辆。开具的增值税专用发票上注明的不含增值税价款为每辆 0.2 万元，共 40 万元，赞助省运会同类产品 5 辆，每辆成本 0.1 万元。

计算：该企业应纳消费税。（成本利润率 6%）

2. 某酒厂 2019 年 9 月将自产白酒 10 吨（售价 5 650 元/吨）销售，1 吨（成本 4 000 元/吨）发给职工作福利；销售啤酒 80 吨，单价 2 900 元/吨（不含增值税），每吨收取包装物押金 50 元和运输装卸费 80 元。

计算：当月应纳的消费税。（成本利润率 10%）

3.某汽车制造厂(一般纳税人)2019年10月发生以下业务：

(1)外购期初轮胎已入库，取得增值税专用发票注明价款100万元，增值税13万元；

(2)进口汽车发动机一批，关税完税价格300万元，进口关税税率35%，海关已代征进口环节税金，支付运输费1万元(取得运费普通发票)，货已入库；

(3)销售小轿车一批，开具增值税专用发票注明销售额400万元；

(4)销售达到污染排放值的小轿车，取得价税合并的价款226万元；

(5)应客户要求，用自产小轿车的底盘改装一辆抢险车，取得含税收入13万元，另收改装费2万元。

计算：该厂10月应纳的消费税和增值税。(小轿车消费税税率5%)

4.某卷烟厂为增值税一般纳税人，2019年10月有关生产经营情况如下：

(1)从某烟丝厂购进已税烟丝200吨，每吨不含税单价2万元，取得烟丝厂开具的增值税专用发票注明货款400万元，增值税52万元，烟丝已验收入库。

(2)向农业生产者收购烟叶30吨，收购凭证上注明支付收用货款42万元，另支付运输费用3万元，取得运输公司开具的普通发票。烟叶验收入库后，又将其运往烟丝厂加工成烟丝，取得烟丝厂开具的增值税专用发票，注明支付加工费8万元，增值税1.04万元，卷烟厂收回烟丝时，烟丝厂未代收代缴消费税。

(3)卷烟厂生产领用，外购已税烟丝150吨，生产卷烟20 000标准箱。(每条调拨价70元以上)当月销售给卷烟专卖商18 000箱，取得不含税销售额36 000万元。

计算：卷烟厂10月份应缴纳的增值税和消费税。

5.某化妆品生产企业为增值税一般纳税人，2019年9月上旬从国外进口一批散装化妆品，支付给国外的货价120万元，相关税金10万元，卖方佣金2万元，运抵我国海关前的运杂费和保险费18万元，进口机器设备一套，支付给国外的货价35万元。运抵我国海关前的运杂费和保险费5万元。散装化妆品和机器设备均验收入库。本月内企业将进口的散装化妆品的80%生产加工为成套化妆品7 800件，对外批发销售6 000件，取得不含税销售额290万元，向消费者零售800件，取得含税销售额51.48万元。(化妆品的进口关税税率40%，消费税税率30%，机器设备的进口关税税率20%)

要求：

(1)计算该企业在进口环节应缴纳的消费税、增值税。

(2)计算该企业国内生产销售环节应缴纳的增值税、消费税。

第五章 关 税

★ 本章学习要点

- 关税的概念
- 关税的分类
- 关税的税制要素
- 关税的计算
- 关税的征收管理

第一节 关税概述

一、关税的概念及特征

关税，是指以进出关境的货物或物品为征税对象，以其流转额作为计税依据的一种税。其中，关境又称“海关境域”或“关税领域”，是指一国海关法规可以全面实施的领域；国境是一个主权国家的领土范围。

通常情况下，一国的关境与其国境的范围是一致的，关境即是国境。但由于自由港、自由区和关税同盟的存在，关境与国境有时不完全一致。再说有自由港、自由区的国家，自由港、自由区虽在国境之内，但从征收关税的角度来说，它是在该国关境之外，对进出自由港（区）的货物可以不征关税，此时关境小于国境。例如根据《中华人民共和国香港特别行政区基本法》和《中华人民共和国澳门特别行政区基本法》的规定，香港地区和澳门地区保持自由港地位，为我国单独的关税地区，即单独关境区。单独关境区是不完全使用该国海关法律、法规，实施单独海关管理制度的区域。相反，在缔结关税同盟的国家之间，它们相互组成一个共同关境，实施统一的关税法令和税则，彼此间进出境的货物不征收关税，关境包括了几个缔约国的领土，这时关境便大于国境，如欧洲联盟。

关税也是商品税的一种，属于涉外商品税，与国内商品税相比，具有如下特征：

1. 以进出关境的货物或物品作为征税对象

征税对象的“跨关境”是关税的一个重要特征。这里的“货物”是指贸易性的进出口商品；“物品”是指用于个人消费的非贸易性商品，如入境旅客随身携带的行李物品、个人邮递进境的物品等。

2. 以进出口为纳税环节

关税属于单一环节的商品税，且以进出口为纳税环节，货物或物品在进出口环节履行纳税义务以后,在国内其他流通环节就不需要再缴纳关税。

3. 以流转额为计税依据

流转额可以从价或从量确定。在从价确定的情况下,根据完税价格确定,完税价格是关税法的一个特有概念,关税法对完税价格的审定作了详细的规定。

4. 具有涉外性

关税以进出关境的货物或物品作为征税对象,关税的种类和税率的调整与国际贸易息息相关,世界贸易组织是各国和地区专门进行关税协调的国际组织,因此,关税具有明显的涉外性。尽管其他税种也与政策联系密切,但关税的这一特点更为突出,这与其具有涉外性直接相关。在其他涉外税法由于实行国民待遇原则而逐步与国内税法趋同的情况下,关税的这一特征就显得更有意义。

5. 由海关负责征收

我国的大多数税种都由税务机关负责征收,但关税由海关负责征收。由海关负责关税的征收与关税的性质、海关本身的职能密切相关,这也是世界各国的通行做法。

二、关税的种类

根据不同的标准,关税可分为不同的种类。

(一)根据征税对象的流向,关税可分为进口关税、出口关税和过境关税

这是较为重要的一种划分。

1. 进口关税

就是对进入关境的货物或物品征收的关税,它在关税中占有最重要的地位,世界各国征收的关税主要是进口关税(import duty)或称进口税。进口税一般是在进入关境或国境时征收。关境作为关税法有效实施的境界,既可能与国境一致,也可能小于或大于国境。当一国境内设有免征关税的自由港、自由贸易区、保税区、保税仓库或保税工厂等时,关境就小于国境。反之,当几个国家缔结关税同盟,在成员国内部取消关税,而对外则实行共同的关税政策时,关境就大于国境。不管怎样,进口税的征收总是与关境联系在一起。

2. 出口关税

简称出口税(export duty),是对运出关境输往国外的货物或物品课征的关税。欧洲国家在18世纪以前曾经以出口税作为重要财源。后来各国重视了关税的经济作用,认识到了征收出口税不利于本国的生产和经济发展,因此,各国为了鼓励出口,都先后取消了出口关税。但在特殊情况下,也有国家课征出口关税。如为了保护本国的天然资源、保护本国工业原料的来源等,国家通过课征出口关税而限制其大量出口。当然,当一国对某一商品拥有独占性的时候,由于课征出口关税不会影响出口,同时又可以为国家带来财政收入,因此在这种情况下,各国往往开征出口关税,如巴西对咖啡课征出口关税,古巴对烟草课征出口关税。

3. 过境关税

简称过境税(transit duty),是对通过本国关境运输的货物课征的关税。过境关税的课征

主要是为了取得财政收入,在重商主义时代比较盛行;但这一关税的课征,负面影响较多,因而当今国家一般都不予以课征。

(二)根据征收目的的不同,把进口关税可分为财政关税、保护关税和混合关税

1. 财政关税

财政关税(financial duty)是指以增加财政收入为目的而征收的关税。财政关税在早期比较普遍,现在财政关税在国家财政收入中的地位已日趋下降。目前,仅有少数发展中国家还征收财政关税。

2. 保护关税

保护关税(protective duty)是指以保护本国经济发展为目的而开征的关税。保护关税往往税率很高,从而削弱进口产品的竞争力,达到保护本国经济的目的。实行保护关税是一国对外贸易政策的重要措施之一。其主要特点是税率较高,从而可以削弱进口商品在本国市场上的竞争力,以实现保护本国民族经济的目的。保护关税是构成关税壁垒的重要组成部分,随着关税减让的日益推进,保护关税的作用受到削弱。

3. 混合关税

混合关税(mixed duty)是指兼有财政目的和保护本国经济发展目的的关税。在实践中,开征混合关税的国家较多。

(三)根据税率的不同,还可把进口关税分为优惠关税、普通关税和差别关税

1. 优惠关税

又称特惠关税,是指一国对从其他国家或地区进口的全部或部分商品,给予特别优惠的低关税待遇。一般有特定优惠税制、普遍优惠税制和最惠国待遇制 3 种。

(1)特定优惠税制(preferential duty),又称特惠税,是指某一国家对另一国家或某些国家对另一些国家的某些方面予以特定优惠关税待遇,他国不得享有的一种关税制度。

(2)普遍优惠税制(generalized system of preferences),简称普惠制,是指发达国家对从发展中国家输入的产品,特别是成品和半成品,普遍给予优惠关税待遇,而不应要求发展中国家给予同等的优惠待遇的一种制度,是发展中国家经过长期斗争赢得的。

(3)最惠国待遇制(most-favoured nation(MFN) treatment),是指缔约国双方相互间现在和将来所给予任何第三国的优惠待遇,同样适用于对方。

2. 普通关税

普通关税(ordinary customs duty)也称一般关税,是指一国对与本国没有签署贸易协定、经济互惠协定等协定的国家和地区按普通税率征收的关税。

3. 差别关税

差别关税(differential duty)指一国对同一类进口商品,采用不同税率征收的关税。如加重关税、反倾销税、反补贴税、报复关税等。

(四)根据税基,即计税依据的不同,可把关税分为从价关税、从量关税、复合关税、选择关税、差价关税、滑动关税、指数关税和季节关税

1.从价关税

从价关税(ad valorem duty)指以纳税人进口商品的价格为计税依据的关税。从价税的税率表现为货物价格的百分值。经海关审定作为计征关税依据的价格称为完税价格,目前多数国家以到岸价格作为完税价格。以完税价格乘税则中规定的税率,就可得出应纳的税额。

2.从量关税

从量关税(specific duty)指以商品的重量、数量、容量、长度、面积等为标准课征的关税。目前,世界各国多以货物重量为标准计征关税。在确定重量时,又有总量(即毛重量)或半总量(即净重或净重加内包装)两个标准。

3.复合关税

复合关税(compound duty)指从价关税、从量关税同时并用的关税制度。从理论上讲,复合税使税负适度、公正、科学。当物价上涨时,所课税额比单纯征收从量税多,而比单纯征收从价税少;当物价下跌时,所课税额则刚好相反。因此,复合税有较好的相互补偿作用,特别是在物价波动时可以减少对财政收入的影响,又能维持一定的保护作用。复合税的缺点是,在实践中,货物的从量税额和从价税额比较难以确定,而且征收手续复杂,很难普遍推广实行。

4.选择关税

选择关税(alternative duty)指对同一商品同时制定从价关税和从量关税征收标准,在执行过程中由海关选择其中一种征收的关税制度。实行选择关税多根据产品价格高低而定。在物价上涨时,使用从价税;在物价下跌时,使用从量税。这样,不仅能保证国家的财政收入,还可较好地发挥保护本国产业的作用。但由于选择关税通常是就高不就低,征税标准摇摆不定,海关征税手续、计税工作繁杂。同时,纳税人也不能预知缴纳多少税额,容易与海关发生摩擦,阻碍国际贸易顺利进行。

5.差价关税

差价关税(variable import levy)又称差额关税,是指以进口货物价格与该货物的国内限价之差额作为税额的关税,它可兼具保护国内产业和稳定国内市场价格的双重效果。差价税分部分差价税、全部差价税和倍数差价税等几种。部分差价税是对进口货物价格与国内市场价格差额部分征税以鼓励这种货物进口;全部差价税或倍数差价税是对进口货物价格低于国内市场同类价格的全部差价或差额倍数征收关税,其目的是限制进口。差价税通常没有固定税率,多根据进口货物逐件进行计征。

6.滑动关税

滑动关税(sliding scale duty)也称滑准关税,是对部分国际市场行情变化剧烈的货物征收的关税。如果进口货物价格低就征收附加关税,如果价格高就实行零税率,这类关税由于在零税区附近有一个随进口货物价格上涨而关税随之减少的滑动区域,从而能起到较好的调节作用。

7.指数关税

指数关税(index duty)指以进口商品在市场上的价格指数的倍数为标准,而依法课征的关税。

8.季节关税

季节关税(seasonal duty)指根据进口季节的不同而适用不同的税率的关税。在本国同类产品上市季节就对进口货物征收较高的关税,非上市季节则征收较低的关税。这样可以维护市场供销平衡,稳定市场。季节税有一定的普遍性,世界相当一部分国家曾经或正在采用。

除了上述的种类划分以外,还有人把关税按照征收地域分为国境关税和内地关税(但内地关税在现实中已不存在);按照课税标准分为从价税、从量税、混合税(即从量税与从价税的合并课征)、选择税(在从量与从价两种税率中选择应纳税额较多者课征),等等。其实,有些划分并不是绝对的,有些种类还可作进一步的划分。

三、关税的作用

(一)增加政府财政收入

从世界大多数国家尤其是发达国家的税制结构分析,关税收入在整个财政收入中的比重不大,并呈下降趋势。但是,一些发展中国家,其中主要是那些国内工业不发达、工商税源有限、国民经济主要依赖于某种或某几种初级资源产品出口,以及国内许多消费品主要依赖于进口的国家,征收进出口关税仍然是他们取得财政收入的重要渠道之一。我国关税收入是财政收入的重要组成部分,新中国成立以来,关税为经济建设提供了可观的财政资金。目前,发挥关税在筹集建设资金方面的作用,仍然是我国关税政策的一项重要内容。随着对外经济交流的扩大,我国关税收入逐年上升,1950 年关税总收入为 3.56 亿元,1994 年上升为 285.11 亿元,占整个税收总额的 6.5%,2008 年关税总收入为 9 161.1 亿元,占整个税收总额的 16.90%。因此,关税为社会主义现代化建设提供了必要的资金。

(二)维护国家主权和经济利益

对进出口货物征收关税,表面上看似乎只是一个与对外贸易相联系的税收问题,其实一国采取什么样的关税政策直接关系到国与国之间的主权和经济利益。历史发展到今天,关税已成为各国政府维护本国政治、经济权益,乃至进行国际经济斗争的一个重要武器。我国根据平等互利和对等原则,通过关税复式税则的运用等方式,争取国际间的关税互惠并反对他国对我国进行关税歧视,促进对外经济技术交往,扩大对外经济合作。

(三)保护和促进本国工农业生产的发展

一个国家采取什么样的关税政策,是实行自由贸易,还是采用保护关税政策,是由该国的经济发展水平、产业结构状况、国际贸易收支状况以及参与国际经济竞争的能力等多种因素决定的。国际上许多经济学家认为,自由贸易政策不适合发展中国家的情况。相反,这些国家为了顺利地发展民族经济,实现工业化,必须实行保护关税政策。我国作为发展中国家,一直十分重视利用关税保护本国的"幼稚工业",促进进口替代工业发展,关税在保护和促进本国工农业生产的发展方面发挥了重要作用。如我国通过对进口货物征收高额的关税,提高进口货物的销售成本,从而削弱其与我国同类产品的竞争能力,保护和促进我国经济的发展。通过对出口货物的退税或补贴,使其以无税的形式进入国际市场,从而增强我国产品在国际市场上的竞争能力,并以此为国家赚取更多的外汇收入。

（四）调节国民经济和对外贸易

关税是国家的重要经济杠杆，通过税率的高低和关税的减免，可以影响进出口规模，调节国民经济活动。如调节出口产品和出口产品生产企业的利润水平，有意识地引导各类产品的生产，调节进出口商品数量和结构，可促进国内市场商品的供需平衡，保护国内市场的物价稳定等。

（五）实现收入的再分配

一般来说，进口产品在缴纳关税后，其价格上涨，进口产品价格的上涨使国内原有的收入水平和收入结构发生了变化。此外，进口产品价格上涨的结构往往带动国内产品价格上升，从而迫使政府、企业不得不增加工资。由于产品上涨结构和幅度往往与工资增加的结构和幅度不一致，因而形成对人们实际收入的再分配。

第二节　关税的课征制度

一、关税的征税对象

关税的征税对象以《海关进出口税则》规定的国家准许进出境的货物或进境的物品，但法律、行政法规另有规定的除外。货物是指贸易性商品；物品是指非贸易性的商品，主要包括入境旅客随身携带的行李物品、个人邮寄的物品、各种运输工具上的服务人员携带进口的自用物品、馈赠物品及其他方式进口的个人物品。对从境外采购进口的原产于中国境内的货物，海关也要依照《海关进出口税则》征收进口关税。具体地说，除国家规定享受减免税的货物可以免征或减征关税外，所有进口货物和少数出口货物均属于关税的征税范围。

二、关税的纳税义务人

根据现行的《中华人民共和国进出口关税条例》规定，进口货物的收货人、出口货物的发货人、进境物品的所有人，是关税的纳税义务人。进出口货物的收、发货人具体包括：外贸进出口公司；工贸或农贸结合的进出口公司；其他经批准经营进出口商品的企业。进出口货物的报关纳税手续，可以由收、发货人自己办理，也可以委托专业的报关企业代理。进出境物品的纳税人为进境物品的所有人或推定所有人。一般情况下，对于携带进境的物品，推定其携带人为所有人；对分离运输的行李，推定相应的进出境旅客为所有人；对以邮递方式进境的物品，推定其收件人为所有人；以邮递或其他运输方式出境的物品，推定其寄件人或托运人为所有人。

三、税率

关税税率，分为进口关税税率、出口关税税率和特别关税。

（一）进口关税税率

在我国加入世界贸易组织（WTO）之前，我国进口税则设有两栏税率，即普通税率和优惠税率。对原产于与我国未订有关税互惠协议的国家或者地区的进口货物，按照普通税率征税；

对原产于与我国订有关税互惠协议的国家或者地区的进口货物，按照优惠税率征税。在我国加入 WTO 之后，为履行我国在加入 WTO 关税减让谈判中承诺的有关义务，享有 WTO 成员应有的权利，自 2004 年 1 月 1 日起，我国进口税则设有最惠国税率、协定税率、特惠税率、普通税率、关税配额税率、暂定税率等。不同税率的运用是以进口货物的原产地为标准的。

(1)最惠国税率适用原产于与我国共同适用最惠国待遇条款的 WTO 成员方或地区的进口货物，或原产于与我国签订有相互给予最惠国待遇条款的双边贸易协定的国家或地区进口的货物，以及原产于我国境内的进口货物。

(2)协定税率适用原产于我国参加的含有关税优惠条款的区域性贸易协定有关缔约方的进口货物，2019 年我国对原产于新西兰、秘鲁、哥斯达黎加、瑞士、冰岛、韩国、澳大利亚、格鲁吉亚以及亚太贸易协定的 23 个国家或地区的部分商品实施协定税率。

(3)特惠税率适用原产于与我国签订有特殊优惠关税协定的国家或地区的进口货物，目前对原产于孟加拉国的 18 个税目进口商品实行特惠税率。

(4)普通税率适用于原产于上述国家或地区以外的其他国家或地区的进口货物。按照普通税率征税的进口货物，经国务院关税税则委员会特别批准，可以适用最惠国税率。

(5)按照国家规定实行关税配额管理的进口货物，如对部分进口农产品和化肥产品实行关税配额制度，关税配额内的，适用较低的关税配额税率；关税配额外的，其税率的适用按上述规定执行，适用较高的配额外税率。

(6)根据经济发展需要，国家对部分进口原材料、零部件、农药原药和中间体、乐器及生产设备实行暂定税率。适用最惠国税率大的进口货物有暂定税率的，应当适用暂定税率；适用协定税率、特惠税率的进口货物有暂定税率的，应当从低适用税率；适用普通税率的进口货物，不适用暂定税率。

(二)出口关税税率

出口关税税率是对出口货物征收关税而规定的税率。目前我国仅对少数资源性产品及易于竞相杀价，需要规范出口秩序的半制成品征收出口关税。

与进口关税税率一样，出口关税税率也规定有暂定税率。与进口暂定税率一样，出口暂定税率优先适用于出口税则中规定的出口关税税率。

未订有出口关税税率的货物，不征出口关税。

(三)特别关税

为了应对外国对我国出口货物的歧视，任何国家或者地区如果对进口原产于我国的货物征收歧视性关税或者给予其他歧视性待遇的，海关可以对原产于该国或者地区的进口货物征收特别关税。

特别关税包括报复性关税、反倾销关税与反补贴关税、保障性关税。

(1)报复性关税是指对违反与我国签订或者共同参加的贸易协定及相关协定，对我国在贸易方面采取禁止、限制、加征关税或者其他影响正常贸易的国家或者地区采取的一种进口附加税。任何国家或者地区对其进口的原产于我国的货物征收歧视性关税或者给予其他歧视性待遇的，我国对原产于该国家或者地区的进口货物征收报复性关税，税率由具体情况定。

(2)反倾销关税与反补贴关税，是指进口国海关对外国的倾销货物，在征收关税的同时附加征收的一种特别关税，其目的在于抵消他国的补贴。

(3)保障性关税是指当某类商品进口量剧增，对我国相关产业带来巨大威胁或损害时，按照 WTO 有关规则，可以启动一般保障措施，即在与有实质利益的国家或地区进行磋商后，在一定时期内提高该项商品的进口关税或采取数量限制措施，以保护国内相关产业不受损害。根据《中华人民共和国保障措施条例》规定，有明确证据表明进口产品数量增加，在不采取临时保障措施将对国内产业造成难以补救的损害的紧急情况下，可以做出初裁决定，并采取临时保障措施。临时保障措施采取提高关税的形式。终裁决定确定进口产品数量增加，并由此对国内产业造成损害的，可以采取保障措施。保障措施可以提高关税、数量限制等形式，针对正在进口的产品实施，不区分产品来源国家或地区。其中采取提高关税形式的，由外经贸部提出建议，国务院关税税则委员会根据建议做出决定，由外经贸部予以公告。

征收报复性关税的货物，适用国别、税率、期限和征收办法，由国务院关税税则委员会决定公布。征收反倾销与反补贴税和保障性关税的适用税率按照《中华人民共和国保障措施条例》的有关规定执行。

为了逐步完善关税的税率结构，更好地发挥关税的作用，从 1997 年 7 月 1 日起，我国对部分进口货物实行从量定额、从量定额和从价定率混合使用的复合税率及滑准税率。

第三节 关税的完税价格

一、进口货物的完税价格

进口货物的完税价格由海关审定的以成交价格为基础的到岸价格。到岸价格是指货物在采购地的正常批发价格，加上国外已征的出口税和该货物运抵中华人民共和国境内输入地点起卸前的运输及其相关费用、保险费。即：

进口货物关税的完税价格＝货价＋采购费用

(1)进口货物的下列费用应当计入完税价格：

①由买方负担的除购货佣金以外的佣金和经纪费；

②由买方负担的与该货物视为一体的容器的费用；

③由买方负担的包装材料费用和包装劳务费用；

④与该货物的生产和向我国境内销售有关的，由买方以免费或者以低于成本的方式提供并可以按适当比例分摊的料件、工具、模具、消耗材料及类似货物的价款以及在境外开发、设计等相关服务的费用；

⑤作为该货物向我国境内销售的条件，买方必须支付的、与该货物有关的特许权使用费；

⑥卖方直接或者间接从买方获得的该货物进口后转售、处置或者使用的收益。

(2)进口时在货物的价款中列明的下列税收、费用，则不能计入该货物的完税价格当中：

①厂房、机械、设备等货物进口后进行建设、安装、装配、维修和技术服务的费用，但保修费用除外；

②进口货物运抵境内输入地点起卸后的运输及其相关费用、保险费；

③进口关税及国内税收。

(3)进口货物的成交价格不符合规定，或成交价格不能确定的，由海关依下列次序估定完税价格：

①相同货物成交价格估价方法，是指海关以与进口货物同时或者大约同时向中华人民共和国境内销售的相同货物的成交价格为基础，审查确定进口货物的完税价格的估价方法。

②类似货物成交价格估价方法，是指海关以与进口货物同时或者大约同时向中华人民共和国境内销售的类似货物的成交价格为基础，审查确定进口货物的完税价格的估价方法。

③倒扣价格估价方法，是指海关以进口货物、相同或者类似进口货物在境内的销售价格为基础，扣除境内发生的有关费用后，审查确定进口货物完税价格的估价方法。

④计算价格估价方法，是指海关以下列各项的总和为基础，审查确定进口货物完税价格的估价方法：

a. 生产该货物所使用的料件成本和加工费用；

b. 向境内销售同等级或者同种类货物通常的利润和一般费用（包括直接费用和间接费用）；

c. 该货物运抵境内输入地点起卸前的运输及相关费用、保险费。

按照前款的规定审查确定进口货物的完税价格时，海关在征得境外生产商同意并且提前通知有关国家或者地区政府后，可以在境外核实该企业提供的有关资料。

按照本条第一款的规定确定有关价值或者费用时，应当使用与生产国或者地区公认的会计原则相一致的原则和方法。

⑤合理方法，是指当海关不能根据成交价格估价方法、相同货物成交价格估价方法、类似货物成交价格估价方法、倒扣价格估价方法和计算价格估价方法确定完税价格时，海关根据规定的原则，以客观量化的数据资料为基础审查确定进口货物完税价格的估价方法。

二、加工贸易内销货物的完税价格

加工贸易进口料件或者其制成品应当征税的，海关按照以下规定审查完税价格：

(1)进料加工进口料件或其制成品（包括残次品）申报内销时，海关以料件的原进口成交价格为基础审查确定完税价格。

(2)来料加工进口料件或其制成品（包括残次品）申报内销时，海关按照接受内销申报的同时或大约同时进口的，与料件相同或类似的货物的进口成交价格为基础审查确定完税价格。

(3)加工贸易企业加工过程中产生的边角料或副产品申报内销时，海关以其内销价格为基础审查确定完税价格。

(4)深加工结转货物内销时，海关以该结转货物的结转价格为基础审查确定完税价格。

(5)保税区内企业内销的保税加工进口料件或者其制成品，海关以其内销价格为基础审查确定完税价格。

保税区内企业内销的保税加工制成品中，如果含有从境内采购的料件，海关以制成品所含从境外购入料件的原进口成交价格为基础审查确定完税价格。

保税区内企业内销的保税加工进口料件或者其制成品的完税价格依据本条前两款规定不能确定的，海关以接受内销申报的同时或者大约同时内销的相同或者类似的保税货物的内销价格为基础审查确定完税价格。

(6)除保税区以外的海关特殊监管区域内企业内销的保税加工料件或者其制成品，以其内销价格为基础审查确定完税价格。

(7)海关特殊监管区域内企业内销的保税加工过程中产生的边角料、废品、残次品和副产品,以其内销价格为基础审查确定完税价格。海关特殊监管区域内企业经海关允许采用拍卖方式内销的边角料、废品、残次品和副产品,海关以其拍卖价格为基础审查确定完税价格。

(8)海关特殊监管区域、保税监管场所内企业内销的保税物流货物,海关以该货物运出海关特殊监管区域、保税监管场所时的内销价格为基础审查确定完税价格;该内销价格包含的能够单独列明的海关特殊监管区域、保税监管场所内发生的保险费、仓储费和运输及其相关费用,不计入完税价格。

(9)海关特殊监管区域内企业内销的研发货物,海关依据本节第(五)(六)(七)条的规定审查确定完税价格。海关特殊监管区域内企业内销的检测、展示货物,海关依据本节第(八)条的规定审查确定完税价格。

(10)内销保税货物的完税价格不能按规定确定的,海关依次以下列价格估定该货物的完税价格:

①与该货物同时或者大约同时向中华人民共和国境内销售的相同货物的成交价格;

②与该货物同时或者大约同时向中华人民共和国境内销售的类似货物的成交价格;

③与该货物进口的同时或者大约同时,将该进口货物、相同或者类似进口货物在第一级销售环节销售给无特殊关系买方最大销售总量的单位价格,但应当扣除以下项目:

a. 同等级或者同种类货物在中华人民共和国境内第一级销售环节销售时通常的利润和一般费用以及通常支付的佣金;

b. 进口货物运抵境内输入地点起卸后的运输及其相关费用、保险费;

c. 进口关税及国内税收。

④按照下列各项总和计算的价格:生产该货物所使用的料件成本和加工费用,向中华人民共和国境内销售同等级或者同种类货物通常的利润和一般费用,该货物运抵境内输入地点起卸前的运输及其相关费用、保险费;

⑤以合理方法估定的价格。

纳税义务人向海关提供有关资料后,可以提出申请,颠倒前款第三项和第四项的适用次序。

加工贸易企业向海关申报内销时,应当提交原进口报关单或备案清单复印件,海关认为必要时,还应提供与成交价格或内销价格有关的资料。

三、特殊进口货物的完税价格

(一)运往境外修理的货物

运往境外修理的机械器具、运输工具或者其他货物,出境时已向海关报明,并且在海关规定的期限内复运进境的,应当以境外修理费和料件费为基础审查确定完税价格。

(二)运往境外加工的货物

运往境外加工的货物,出境时已向海关报明,并且在海关规定期限内复运进境的,应当以境外加工费和料件费以及该货物复运进境的运输及其相关费用、保险费为基础审查确定完税价格。

(三)暂时进境货物

对于经海关批准的暂时进境的货物,应当按照一般进口货物估价办法的规定,估定完税价格。

(四)租赁方式进口货物

租赁方式进口的货物中,以租金方式对外支付的租赁货物,在租赁期间以海关审定的租金作为完税价格,利息应当予以计入;留购的租赁货物,以海关审定的留购价格作为完税价格;承租人申请一次性缴纳税款的经海关同意按照一般进口货物估价办法的规定估定完税价格,或者按照海关审查确定的租金总额作为完税价格。

(五)留购的进口货样

对于境内留购的进口货样、展览品和广告陈列品,以海关审定的留购价格作为完税价格。但对于留购货样、展览品和广告陈列品的买方除支付留购货款外另又直接或间接给卖方一定利益的,海关可以另行确定留购货物的完税价格。

(六)予以补税的减免税货物

减税或免税进口的货物需补税时,应当以海关审定的该货物原进口时的价格,扣除折旧部分作为完税价格。其计算公式如下:

完税价格＝海关审定的货物原进口时的价格×[1－补税时实际已进口的时间(月)÷(监管年限×12)]

公式中,补税时实际已进口的时间按月计算,不足1个月但是超过15日的,按1个月计算,不超过15日的,不予计算。

(七)以其他方式进口的货物

以易货贸易、寄售、捐赠、赠送等其他方式进口的货物,应当按照一般进口货物估价办法的规定,估定完税价格。

四、出口货物的完税价格

(一)以成交价格为基础的完税价格

出口货物的完税价格由海关以该货物的成交价格为基础审查确定,并应当包括货物运至中华人民共和国境内输出地点装载前的运输及其相关费用、保险费。出口货物的成交价格是指该货物出口时卖方为出口该货物应当向买方直接收取和间接收取的价款总额。

完税价格＝离岸价格÷(1＋出口税率)－单独列明的支付给境外的佣金

下列税收、费用不计入出口货物的完税价格:

(1)出口关税;

(2)在货物价款中单独列明的货物运至中华人民共和国境内输出地点装载后的运输及其

相关费用、保险费；

(3)在货物价款中单独列明由卖方承担的佣金。

(二)出口货物海关估定方法

出口货物的成交价格不能确定的，海关经了解有关情况，并与纳税义务人进行价格磋商后，依次以下列价格审查确定该货物的完税价格：

(1)同时或者大约同时向同一国家或者地区出口的相同货物的成交价格；

(2)同时或者大约同时向同一国家或者地区出口的类似货物的成交价格；

(3)根据境内生产相同或者类似货物的成本、利润和一般费用(包括直接费用和间接费用)、境内发生的运输及其相关费用、保险费计算所得的价格；

(4)按照合理方法估定的价格。

按照规定计入或者不计入完税价格的成本、费用、税收，应当以客观、可量化的数据为依据。

五、进出口货物完税价格中的运输及其相关费用、保险费的计算

进口货物的运输及其相关费用、保险费应当按照下列方法计算：

(1)海运进口货物，计算至该货物运抵境内的卸货口岸，如果货物的卸货口岸是内河(江)口岸，则应当计算至内河(江)口岸；

(2)陆运进口货物，计算至该货物运抵境内的第一口岸，如果运输及其相关费用、保险费支付至目的地口岸，则计算至目的地口岸；

(3)空运进口货物，计算至该货物运抵境内的第一口岸，如果该货物的目的地为境内第一口岸外的其他口岸，则计算至目的地口岸。

陆运、空运和海运进口货物的保险费应当按照实际支付的费用计算。如果进口货物的保险费无法确定或未实际发生，海关应当按照“货价加运费”两者总额的千分之三计算保险费。

邮运的进口货物应当以邮运作为运输机器相关费用、保险费。

以境外边境口岸价格条件成交的铁路或公路运输进口货物，海关应当按照货价的百分之一计算运输及其相关费用、保险费。

作为进口货物的自驾进口的运输工具，海关在审定完税价格时可以不另行计入运费。

第四节 关税应纳税额的计算

依据海关确认的进出口货物的完税价格和由货物原产地确认的适用税率，按照进出口货物的价值和数量分别实行从价计征、从量计征、复合计征和滑准税率计征的征收方法。

一、从价关税

从价关税是以进(出)口货物的完税价格作为计税依据，以应征税额占货物完税价格的百分比作为税率，货物进(出)口时以此税率和实际完税价格相乘计征税额。

计算公式：

应征税额＝进（出）口货物的完税价格×进（出）口关税税率

减税征收的进（出）口关税税额＝进（出）口货物的完税价格×减税进（出）口关税税率

二、从量关税

从量关税是以进（出）口商品的数量、体积、重量等计征关税的方法。计税时以货物的数量（体积、重量）乘以每单位应纳税金额即可得出该货物的关税税额。

计算公式：

应征税额＝进（出）口货物数量×单位税额

三、复合关税

复合关税是对进（出）口商品混合使用从价税和从量税计征关税。

计算公式：

应纳税额＝进（出）口货物数量×单位税额＋进（出）口货物的完税价格×进（出）口从价关税税率

四、滑准关税

计算公式：

关税税额＝应税进（出）口货物数量×滑准税税率

现行税则《进（出）口商品从量税、复合税、滑准税税目税率表》后注明滑准税税率的计算公式，该公式是一个与应税进（出）口货物完税价格相关的取整函数。

第五节 税收优惠

一、法定减免

法定减免税是指税法中明确列出的减税或免税。凡是完全符合税法明确规定可予减免税的进出口货物，进出口人或其代理人无须事先向海关提出申请，海关征税人员可按规定予以减免税。

我国《海关法》和《进出口条例》明确规定，下列货物、物品予以减免关税：

（1）无商业价值的广告品和货样；

（2）外国政府、国际组织无偿赠送的物资；

（3）在海关放行前遭受损坏或者损失的货物；

（4）规定数额以内的物品；

（5）关税、进口环节增值税或者消费税税额在人民币50元以下的一票货物；

(6)中华人民共和国缔结或者参加的国际条约规定减征、免征关税的货物、物品；

(7)法律规定减征、免征关税的其他货物、物品；

(8)进出境运输工具装载的途中必需的燃料、物料和饮食用品；

(9)其他无需办理减免税审核确认手续的减征或者免征税款的货物。

需由海关监管使用的减免税进口货物，在监管年限内转让或者移作他用需要补税的，海关应当根据该货物进口时间折旧估价，补征进口关税。

二、特定减免税

特定减免税也称政策性减免税。在法定减免税之外，国家按照国际通行规则和我国实际情况，制定发布的有关进出口货物减免关税的政策，称为特定或政策性减免税。特定减免税货物一般有地区、企业和用途的限制，海关需要进行后续管理，也需要减免税统计。

(一)科教用品

为有利于我国科研、教育事业发展，国务院制定了《科学研究和教学用品免征进口税收暂行规定》，对科学研究机构和学校，不以营利为目的，在合理数量范围内进口国内不能生产的科学研究和教学用品，直接用于科学研究和教学的，免征进口关税和进口环节增值税、消费税。该规定对享受该优惠的科研机构和学校资格、类别以及可以免税的物品都作了明确规定。

(二)残疾人专用品

为支持残疾人的健康工作，国务院制定了《残疾人专用品免征进口税收暂行规定》。对康健、福利机构、假肢厂和荣誉军人康复医院进口国内不能生产的，对规定的残疾个人专用品，免征进口关税和进口环节增值税、消费税。该规定对免税的残疾人专用品种类和品名作了明确规定。

(三)扶贫、慈善性捐赠物资

为促进公益事业的健康发展，经国务院批准，财政部、国家税务总局、海关总署发布了《扶贫、慈善性捐赠物资免征进口税收的暂行办法》。对境外自然人、法人或者其他组织等境外捐赠人，无偿向经国务院主管部门依法批准成立的、以人道救助和发展扶贫、慈善事业为宗旨的社会团体以及国务院有关部门和各省、自治区、直辖市人民政府捐赠的，直接用于扶贫、慈善事业的物资，免征进口关税和进口增值税。所称扶贫、慈善事业是指非营利的扶贫济困、慈善救助等社会慈善和福利事业。该办法对可以免税的捐赠物资种类和品名作了明确规定。

(四)加工贸易产品

1.加工装配和补偿贸易

加工装配即来料加工、来样加工及来件装配，是指由境外客商提供全部或部分原辅料、零配件和包装物料，必要时提供设备，由我方按客商要求进行加工装配，成品由外商销售，我方收取加工费。客商提供的作价设备价款，我方用工缴费偿还。补偿贸易是指由境外客商提供或国内单位利用国外出口信贷进口生产技术或设备，由我方生产，以返销产品方式分期偿还对方技术、设备价款或贷款本息的交易方式。因有利于较快地提高出口产品生产技术，改善我国产品质量和品种，扩大出口，增加我国外汇收入，国家给予一定的关税优惠：进境料件不予征税，准许在境内保税加工为成品后返销出口；进口外商的不作价设备和作价设备，分别比照外商投资项目和国内投资项目的免税规定执行；剩余料件或增产的产品，经批准转内销时，价值在进口料件总值 2%以内，且总价值在 3 000 元以下的，可予免税。

2. 进料加工

对其关税优惠政策是：对专为加工出口商品而进口的料件，海关按实际加工复出的数量，免征进口税；加工的成品出口，免征出口税，但内销料件及成品照章征税；对加工过程中产生的副产品、次品、边角料，海关根据其使用价值分析估价征税或者酌情减免税；剩余料件或增产的产品，经批准转内销时，价值在进口料件总值 2%以内，且总价值在 5 000 元以下的，可予免税。进料加工业务是指经批准有权经营进出口业务的企业使用进料加工专项外汇进口料件，并在一年内加工或装配成品外销出口的业务。

(五)边境贸易进口物资

为了鼓励我国边境地区积极发展与我国毗邻国家间的边境贸易与经济合作，国家制定了有关扶持、鼓励边境贸易和边境地区发展对外经济合作的政策措施。边境贸易有边民互市贸易和边境小额贸易两种形式。边民互市贸易指边境地区边民在边境线 20 千米以内、经政府批准的开放点或指定的集市上进行的商品交换活动。边民通过互市贸易进口的生活用品(列入边民互市进口商品不予免税清单的除外)，每人每日价值在人民币 8 000 元以下的，免征进口关税和进口环节税。边境小额贸易是指沿陆地边境线经国家批准对外开放的边境县(旗)、边境城市辖区内经批准有边境小额贸易经营权的企业，通过国家指定的陆地边境口岸，与毗邻国家边境地区的企业或其他贸易机构之间进行的贸易活动。边境小额贸易企业通过指定边境口岸进口原产于毗邻国家的商品，除烟、酒、化妆品以及国家规定必须照章征税的其他商品外进口关税和进口环节增值税减半征收。

(六)保税区进出口货物

为了创造完善的投资、运营环境，开展为出口贸易服务的加工整理、包装、运输、仓储、商品展出和转口贸易，国家在境内设立了保税区，即与外界隔离的全封闭方式，在海关临近管理下进行存放和加工保税货物的特定区域。保税区的主要关税优惠政策有：进口供保税区使用的机器、设备、基建物资、生产用车辆，为加工出口产品进口的原材料、零部件、元器件、包装物料，供储存的转口货物以及在保税区内加工运输出境的产品免征进口关税和进口环节税；保税区内企业进口专为生产加工出口产品所需的原材料、零部件、包装物料以及转口货物予以保税；从保税区运往境外的货物，一般免征出口关税。

(七)出口加工区进出口货物

为加强与完善加工贸易管理，严格控制加工贸易产品内销，保护国内相关产业，并为出口加工企业提供更宽松的经营环境，带动国产原材料、零配件的出口，国家设立了出口加工区。出口加工区的主要关税优惠政策有：从境外进入区内生产性的基础设施建设项目所需的机器、设备和建设生产厂房、仓储设施所需的基建物资，区内企业生产所需的机器、设备、模具及其维修用零配件，区内企业和行政管理机构自用合理数量的办公用品，予以免税进口关税和进口环节税；区内企业为加工出口产品所需的原材料、零部件、元器件、包装物料及消耗性材料，予以保税；对加工区运往区外的货物，海关按照对进口货物的有关规定办理报关手续，并按照制成品征税；对从区外进入加工区的货物视同出口，可按规定办理出口退税。

(八)进口设备

为进一步扩大利用外资，引进国外先进技术和设备，促进产业结构的调整和技术进步，保持国民经济持续、快速、健康发展，国务院决定自 1998 年 1 月 1 日起，对国家鼓励发展的国内投资项目和外商投资项目进口设备，在规定范围内免征进口关税和进口环节增值税。具体为：对符合《外商投资产业指导目录》鼓励类，并转让技术和外商投资项目，在投资总额内进口的自用设备，以及外国政府贷款和国际金融组织贷款项目进口的自用设备、加工贸易外商提供的不做价进口设备，除《外商投资项目不予免税的进口商品目录》所列商品外，免征进口关税和进口环节增值税；对符合《当前国家重点鼓励发展的产业、产品和技术目录》的国内投资项目，在投资总额内进口的自用设备，除《国内投资项目不予免税的进口商品目录》所列商品外，免征进口关税和进口环节增值税；对符合上述规定的项目，按照合同随设备进口的技术及配套件、备件，也免征进口关税和进口环节增值税。

(九)特定行业或用途的减免税政策

为鼓励、支持部分行业或特定产品的发展，国家制定了部分特定行业或用途的减免税政策，这类政策一般对可以减免税的商品列有具体清单。如：为支持我国海洋和路上特定地区石油、天然气开采作业，对相关项目进口国内不能生产或性能不能满足要求的，直接用于开采作业的设备、仪器、零附件、专用工具，免征进口关税和进口环节增值税；为支持纺织品出口，经国务院批准，决定自 2005 年 8 月 1 日起对 17 种 8 位税目项下的纺织品(61021000 税号的毛制针织女式大衣、防风衣等)停止征收出口关税。

(十)特定地区的减免税政策

经国务院批准，自 2005 年 8 月 1 日起对原产于台湾地区的 15 种进口鲜水果实施零关税。

海关凭借海关总署认可的台湾地区签发水果产地证明文件的有关机构和民间组织于 2005 年 8 月 1 日后签发的、能够证明水果原产于台湾地区的产地证明文件，办理享受零关税水果的征税验放手续。原产于台湾地区水果的原产地标准为在台湾地区完全获得，即在台湾地区收获、采摘或采集。

三、临时减免税

临时减免税是指法定减免税和特定减免税以外的其他减免税，即由国务院或国务院授权的部门按照规定根据某个单位、某类商品、某个时期或者某批进出口货物的特殊情况，需要给予特别的照顾，一案一批，专文下达，通知口岸海关办理的减免税。

临时减免税具有集权性、临时性、局限性和特殊性。临时减免税审批的层次较前两类减免税要高，它必须通过国务院或国务院授权的部门“一支笔”审批，而不允许由中央或地方的其他部门自行审批。临时减免一般来说时效较短，在所批准的优惠执行完毕后即告结束。临时减免税必须在特殊情况下提出，而这些特殊情况必须有较为充足的理由需要国家在财政上给予特别的照顾。这些特殊情况通常有以下几种：

(1)由于国别政策或经济体制的变化等政策方面的原因，造成经营上亏损或税负过重的。

(2)进口用于救灾的。

(3)税则税率明显不合理但一时又难以调整，造成税负过重的。

(4)因特殊原因，国家需要给予专门照顾或扶持的。

第六节 关税的征收管理

一、关税的申报和缴纳

按照现行进出口关税条例的规定，进口货物的纳税义务人应当自运输工具申报进境之日起14日内，出口货物的纳税义务人应当在货物运抵海关监管区后、装货的24小时以前，向货物的进出境地海关申报。进口货物到达前，纳税义务人也可经海关核准先行申报。海关对申报的货物确认货物的原产地，依据税则归类和完税价格计算应缴纳的关税及进口环节代征的增值税、消费税，并填发税款缴款书。纳税义务人应当自海关填发税款缴款书之日起15日内，向指定银行缴纳税款，延期缴纳的，从滞纳税款之日起，按日加收滞纳税款万分之五的滞纳金。海关对纳税义务人欠缴税款的情况可以公告。纳税义务人因不可抗力或者在国家税收政策调整的情形下，不能按期缴纳税款的，经海关总署批准，可以延期缴纳税款，但是最长不得超过6个月。

进出口货物的纳税义务人在规定的纳税期限内有明显的转移、藏匿其应税货物以及其他财产迹象的，海关可以责令纳税义务人提供担保；纳税义务人不能提供担保的，海关可以依法采取税收保全措施。对纳税义务人、担保人超过缴纳期限3个月仍未缴纳税款的，海关可以依法采取强制扣缴、变价抵缴等强制措施。

二、关税退还

根据《海关法》规定，海关多征的税款，海关发现后应当立即退还。

有下列情形之一的，纳税义务人自缴纳税款之日起1年内，可以申请退还关税，并应当以书面形式向海关说明理由，提供原缴款凭证及相关资料：

(1)已征进口关税的货物，因品质或者规格原因，原状退货复运出境的；

(2)已征出口关税的货物，因品质或者规格原因，原状退货复运进境，并已重新缴纳因出口而退还的国内环节有关税收的；

(3)已征出口关税的货物，因故未装运出口，申报退关的。

海关应当自受理退税申请之日起30日内查实并通知纳税义务人办理退还手续。纳税义务人应当自收到通知之日起3个月内办理有关退税手续。

按照其他有关法律、行政法规规定应当退还关税的，海关应当按照有关法律、行政法规的规定退税。

按规定有下列情形之一的，进出口货物的纳税义务人可以自缴纳税款之日起1年内，书面声明理由，连同原纳税收据向海关申请退税，逾期不予受理：

①因海关误征，多纳税款的。

②海关核准免验进口的货物，在完税后，发现有短卸情形，经海关审查认可的。

③已征出口关税的货物，因故未将其运出口，申报退关，经海关查验属实的。

对已征出口关税的出口货物和已征进口关税的进口货物，因货物品种或规格原因(非其他原因)原状复运进境或出境的，经海关查验属实的，也应退还已征关税。海关应当自受理退税申请之日起 30 日内，做出书面答复并通知退税申请人。本规定强调的是，“因货物品种或规格原因，原状复运进境或出境的。”如果属于其他原因且不能以原状复运进境或出境，不能退税。

三、关税纳税争议

关税纳税争议又称纳税纠纷，是指有关相对当事人认为海关征收关税的行为在实体法上违法或不适当，侵害了其合法权益，而对海关征收关税的行为表示异议。在海关征收关税工作中，对进出境货品的原产地的确定、税则归类、税率变更时税率的适用、完税价格的审定、汇率适用、关税税额的确定、关税减免(包括应否征收关税)、追征、补征和退还、关税强制执行措施等征收关税的行为是否合法或适当，都可能引起关税纳税争议。

产生关税纳税争议的原因是多种多样的，主要有以下几个方面：

(1)海关公务员未能严格依法行政。个别海关公务员的法制观念淡漠，有法不依，滥用职权，或是违反海关法规定的程序行使征收权，有些甚至以权谋私，就会引起相对当事人的反对，形成关税纳税争议。

(2)一些海关公务员业务素质不高，对海关征收关税所依据的法律、法规理解有错误，或对有关业务知识、原理不熟悉，或是在工作中疏忽大意都会在征税工作中出现失误，造成海关行政争议。

(3)相对当事人缺乏法律知识和法律意识，特别是对关税法律缺乏了解，或是主观上认识的错误，对海关的合法并且适当的征税行为认为是违法或不适当的，或是由于不懂法而不愿意接受海关征收关税的决定，从而发生关税纳税争议。

(4)由于我国目前法制尚不完善，法律、法规的规定不明确、缺乏透明度等原因，也会在一定程度上引起关税纳税争议。

纳税争议的申诉过程：纳税义务人自海关填发税款缴款书之日起 30 日内，向原征税海关的上一级海关书面申请复议。逾期申请复议的，海关不予受理。海关应当自收到复议申请之日起 60 日内做出复议决定，并以复议决定书的形式正式答复纳税义务人；纳税义务人对海关复议决定仍然不服的，可以自收到复议决定书之日起 15 日之内向人民法院提起诉讼。

习　题

一、单项选择题

1. 下列各项中符合关税有关规定的是(　)。

A. 进口货物由于完税价格审定需要补税的，按照原进口之日的税率计税

B. 溢卸进口货物事后确定需要补税的，按照确定补税当天实施的税率计税

C. 暂时进口货物转为正式进口需要补税的，按照原报关进口之日的税率计税

D. 进口货物由于税则归类改变需要补税的，按照原征税日期实施的税率计税

2. 下列各项中，符合进口关税完税价格规定的是（ ）。

A. 留购的进口货样，以海关审定的留购价格为完税价格

B. 转让进口的免税旧货物，以原入境的到岸价格为完税价格

C. 准予暂时进口的施工机械，按同类货物的价格为完税价格

D. 运往境外加工的货物，应以加工后入境时的到岸价格为完税价格

3. 某企业海运进口一批货物，海关审定货价折合人民币 5 000 万元，运费折人民币 20 万元，该批货物进口关税税率为 5%，则应纳关税（ ）万元。

A. 250　　B. 251　　C. 251.75　　D. 260

4. 下列各项中，符合关税法定免税规定的是（ ）。

A. 保税区进出口的基建物资和生产用车辆

B. 边境贸易进出口的基建物资和生产用车辆

C. 关税税款在人民币 100 元以下的一票货物

D. 经海关核准进口的无商业价值的广告品和货样

5. 关税纳税义务人因不可抗力或者在国家税收政策调整的情形下，不能按期缴纳税款的，经海关总署批准，可以延期缴纳税款，但最多不得超过（ ）个月。

A. 3　　B. 6　　C. 9　　D. 12

6. 某公司进口一批货物，海关于 2016 年 3 月 1 日填发税款缴款书，但公司迟至 3 月 27 日才缴纳 500 万元的关税。海关应征收关税滞纳金（ ）万元。

A. 2.75　　B. 3　　C. 6.5　　D. 6.75

二、多项选择题

1. 下列各项目中，不计入进口完税价格的有（ ）。

A. 进口关税及其他国内税

B. 进口设备进口后的维修服务费用

C. 货物运抵我国境内输入地起卸后的运输装卸费

D. 进口货物在境内的复制权费

2. 下列各项中，属于关税法定纳税义务人的有（ ）。

A. 进口货物的收货人　　B. 进口货物的代理人

C. 出口货物的发货人　　D. 出口货物的代理人

3. 我国特别关税的种类包括（ ）。

A. 报复性关税　　B. 保障性关税

C. 进口附加税　　D. 反倾销税与反补贴税

4. 下列各项中，经海关查明属实，可酌情减免进口关税的有（ ）。

A. 在境外运输途中遭受损坏或损失的货物

B. 因不可抗力缴税确有困难的纳税人进口的货物

C. 起卸后海关放行前，因不可抗力遭受损坏的货物

D. 海关查验时已经损坏，经证明为保管不慎的货物

5. 关税的计算方法可分为（ ）。

A. 从价关税计算方法　　B. 从量关税计算方法

C. 复合关税计算方法　　D. 滑准关税计算方法

6. 进口货物成交价格已包括（ ）费用，且能够单独分列的，可从完税价格中扣除。

A. 货物成交过程中，进口人向卖方支付的佣金

B. 卖方付给买方的回扣

C. 进口人向境外采购代理人支付的买方佣金

D. 工业设施、机械设备类货物进口后发生的基建、安装、调试、技术指导等费用

三、判断题

1. 我国目前对进出口货物试行从量关税、复合关税和滑准关税。（ ）

2. 出口货物应以海关审定的成交价格为基础的离岸价格为关税的完税价格。（ ）

3. 为了鼓励出口，我国只对进口货物或物品征收关税，不征出口关税。（ ）

4. 我国对少数进口商品计征关税时所采用的滑准关税实质上是一种特殊的从价税。（ ）

5. 出口关税税率只有一栏普通税率。（ ）

6. 关税纳税人同海关就进口增值税、消费税发生纳税争议，可在缴纳税款后向税务机关申请复议。（ ）

四、计算题

1. 上海某进出口公司从美国进口应征消费税货物一批，货物以离岸价格成交，成交价折合人民币为 1 410 万元（包括单独计价并经海关审查属实的向境外采购代理人支付的买方佣金 10 万元，但不包括因使用该货物而向境外支付的软件费 50 万元、向卖方支付的佣金 15 万元），另支付货物运抵我国上海港的运费、保险费等 35 万元。假设该货物适用的关税税率为 20%、增值税税率为 17%、消费税税率为 10%。

要求：请分别计算该公司应缴纳的关税、消费税和增值税。

2. 有进出口经营权的某外贸公司，2016 年 10 月发生以下经营业务：

（1）经有关部门批准从境外进口小轿车 30 辆，每辆小轿车货价 15 万元，运抵我国海关前发生的运输费用、保险费用无法确定，经海关查实其他运输公司相同业务的运输费用占货价的比例为 2%。向海关缴纳了相关税款，并取得了完税凭证。

公司委托运输公司将小轿车从海关运回本单位，支付运输公司运输费用 9 万元，取得了运输公司开具的普通发票。当月售出 24 辆，每辆取得含税销售额 40.95 万元，公司自用 2 辆并作为本企业固定资产。

（2）月初将上月购进的库存材料价款 40 万元，经海关核准委托境外公司加工一批货物，月末该批加工货物在海关规定的期限内复运进境供销售，支付给境外公司的加工费 20 万元；进境前的运输费和保险费共 3 万元。向海关缴纳了相关税款，并取得了完税凭证。（提示：小轿车关税税率为 60%、货物关税税率为 20%、增值税税率为 17%、消费税税率为 8%。）

要求：

(1)计算小轿车在进口环节应缴纳的关税、消费税和增值税。

(2)计算加工货物在进口环节应缴纳的关税、增值税。

(3)计算国内销售环节 10 月份应缴纳的增值税。

第六章　城市维护建设税及烟叶税

★ 本章学习要点

- 城市维护建设税及烟叶税的概念
- 城市维护建设税及烟叶税的纳税人
- 城市维护建设税及烟叶税的计算
- 城市维护建设税及烟叶税的征收管理

第一节　城市维护建设税

一、城市维护建设税的概念和特点

(一)城市维护建设税的概念

城市维护建设税(简称城建税)是对从事工商经营,缴纳增值税、消费税的单位和个人征收的一种附加税。

(二)城市维护建设税的基本法律依据

城市维护建设税法,是国家制定的用以调整城市维护建设税征收与缴纳权利及义务关系的法律规范。1985 年 2 月,国务院公布《中华人民共和国城市维护建设税暂行条例》(以下简称《暂行条例》),规定自 1985 年起征收城市维护建设税。《暂行条例》实施以来,运行比较平稳。2000—2018 年,全国累计征收城市维护建设税 40 190 亿元,其中 2018 年征收城市维护建设税 4 840 亿元。城市维护建设税对组织财政收入、加强城市维护建设发挥了重要作用。

《中共中央关于全面深化改革若干重大问题的决定》提出“落实税收法定原则”,制定城市维护建设税法是重要任务之一,已列入全国人大常委会和国务院立法工作计划。

(三)城市维护建设税的特点

现行城市维护建设税按照“二税”税额计征,是国家为加强城市的维护建设、扩大和稳定城市维护建设资金的来源而采取的一项税收措施,属于一种特定目的税。城市维护建设税具有以下特点:

1. 属于一种附加税

城市维护建设税是以纳税人实际缴纳的增值税、消费税税额为计税依据,随增值税、消费税同时征收，其本身没有特定的课税对象，其征管方法也完全比照增值税、消费税的有关规定办理。

2. 税款专款专用

在一般情况下，城建税所征税款专门用于城市的公用事业和公共设施的维护与建设。

3. 根据城市规模设计不同的比例税率

城市维护建设税的负担水平，不是依据纳税人获取的利润水平和经营特点而定，而是依据纳税人所在城镇的规模及其维护建设资金需要设计不同的比例税率。

二、城市维护建设税的纳税义务人

在中华人民共和国境内缴纳增值税、消费税的单位和个人，为城市维护建设税的纳税人。

城市维护建设税扣缴义务人为负有增值税、消费税扣缴义务的单位和个人。城市维护建设税的代扣代缴、代收代缴，比照增值税、消费税的有关规定办理。增值税、消费税的代扣代缴、代收代缴义务人同时也是城市维护建设税的代扣代缴、代收代缴义务人。

三、城市维护建设税的税率

1. 城市维护建设税的税率

是指纳税人应缴纳的城市维护建设税税额与纳税人实际缴纳的增值税、消费税税额之间的比率。城市维护建设税的税率是根据纳税人所在城镇规模和所需资金需要设计的。

(1)纳税人所在地为市区的，税率为7%。

(2)纳税人所在地为县城、镇的，税率为5%。撤县建市后，城市维护建设税适用税率为7%。

(3)纳税人所在地不在市区、县城或者镇的，税率为1%；开采海洋石油资源的中外合作油(气)田所在地在海上，其城市维护建设税适用1%的税率。

2. 其他规定

(1)对受托方的规定。由受托方代征代扣“二税”的单位和个人，其代征代扣的城建税按照受托方所在地适用税率。

(2)对无固定纳税地点的规定。对流动经营等无固定纳税地点的单位和个人，在经营地缴纳“二税”的，其城建税的缴纳按经营地适用税率。

四、城市维护建设税的税收优惠

城市维护建设税原则上不单独减免，但因城市维护建设税具有附加税性质，当主税发生减免时，城市维护建设税相应也发生税收减免。对特殊情形需要免征、减征城市维护建设税的，由国务院规定。城市维护建设税的税收减免具体有以下几种情况：

(1)城市维护建设税按减免后实际缴纳的增值税、消费税税额计征，即随增值税、消费税的减免而减免。

(2)对于因减免税而需进行增值税、消费税退库的，城市维护建设税也可同时退库。

(3)海关对进口产品代征的增值税、消费税，不征收城市维护建设税。

(4)对增值税、消费税实行先征后返、先征后退、即征即退办法的，除另有规定外，对随增值税、消费税附征的城市维护建设税和教育费附加，一律不退(返)还。

(5)为支持国家重大水利工程建设，对国家重大水利工程建设基金免征城市维护建设税。

(6)对实行增值税期末留抵退税的纳税人，允许其从城市维护建设税、教育费附加和地方教育附加的计税(征)依据中扣除退还的增值税税额。

五、城市维护建设税应纳税额的计算

1.计税依据

城市维护建设税的计税依据，是纳税人实际缴纳的增值税、消费税税额。纳税人违反增值税、消费税有关税法而加收的滞纳金和罚款，是税务机关对纳税人违法行为的经济制裁，不作为城市维护建设税的计税依据；但纳税人在被查补增值税、消费税和被处以罚款时，应同时对其偷漏的城市维护建设税进行补税、征收滞纳金、并处罚款。

城市维护建设税以增值税、消费税税额为计税依据并同时征收，如果要免征或者减征增值税、消费税，也就要同时免征或者减征城市维护建设税。

对出口货物、劳务和跨境销售服务、无形资产以及因优惠政策退还增值税、消费税的，不退还已缴纳的城市维护建设税。

自2005年1月1日起，经国家税务局正式审核批准的当期免抵的增值税税额应纳入城市维护建设税和教育费附加的计征范围，分别按规定的税(费)率征收城市维护建设税和教育费附加。2005年1月1日前，已按抵免的增值税税额征收的城市维护建设税和教育费附加不再退还，未征的不再补征。

2.应纳税额的计算

城市维护建设税的应纳税额按照纳税人实际缴纳的增值税、消费税税额和出口货物、劳务或者跨境销售服务、无形资产增值税免抵税额乘以适用税率计算。

对实行增值税期末留抵退税的纳税人，允许其从城市维护建设税的计税依据中扣除退还的增值税税额。

【例6-1】位于市区的甲企业8月销售产品缴纳增值税和消费税共计50万元，被税务机关查补增值税15万元并处罚款5万元，要求计算：甲企业8月应缴纳的城市维护建设税。

解：应缴纳城市维护建设税＝(50＋15)×7％＝4.55(万元)。

六、城市维护建设税的征收管理

城市维护建设税由税务机关依照本法和《中华人民共和国税收征收管理法》的有关规定征收管理。

(一)纳税环节

城市维护建设税的纳税环节，实际就是纳税人缴纳增值税、消费税的环节。纳税人只要发生增值税、消费税的纳税义务，就要在同样的环节，分别计算缴纳城市维护建设税。

(二)纳税地点

城市维护建设税以纳税人实际缴纳的增值税、消费税税额为计税依据，分别与增值税、消

费税同时缴纳。所以,城市维护建设税纳税地点为实际缴纳增值税、消费税的地点。但是,属于下列情况的,纳税地点为:

(1)代扣代缴、代收代缴增值税、消费税的单位和个人,同时也是城市维护建设税的代扣代缴、代收代缴义务人,其城市维护建设税的纳税地点在代扣代收地。扣缴义务人应当向其机构所在地或者居住地的主管税务机关申报缴纳其扣缴的税款。

(2)跨省开采的油田,下属生产单位与核算单位不在一个省内的,其生产的原油,在油井所在地缴纳增值税,其应纳税款由核算单位按照各油井的产量和规定税率,计算汇拨各油井缴纳。所以,各油井应纳的城市维护建设税,应由核算单位计算,随同增值税一并汇拨油井所在地,由油井在缴纳增值税的同时,一并缴纳城市维护建设税。

(3)纳税人跨地区提供建筑服务、销售和出租不动产的,应在建筑服务发生地 、不动产所在地预缴增值税时,以预缴增值税税额为计税依据,并按预缴增值税所在地的城市维护建设税适用税率和教育费附加征收率就地计算缴纳城市维护建设税和教育费附加。

预缴增值税的纳税人在其机构所在地申报缴纳增值税时,以其实际缴纳的增值税税额为计税依据,并按机构所在地的城市维护建设税适用税率和教育费附加征收率就地计算缴纳城市维护建设税和教育费附加。

(4)对流动经营等无固定纳税地点的单位和个人,应随同增值税、消费税在经营地按适用税率缴纳。

(三)纳税期限

城市维护建设税纳税义务发生时间为缴纳增值税、消费税的当日。城市维护建设税扣缴义务发生时间为扣缴增值税、消费税的当日。城市维护建设税按月或者按季计征。不能按固定期限计征的,可以按次计征。实行按月或者按季计征的,纳税人应当于月度或者季度终了之日起十五日内申报并缴纳税款。实行按次计征的,纳税人应当于纳税义务发生之日起十五日内申报并缴纳税款。扣缴义务人解缴税款的期限,依照前述规定执行。

第二节 教育费附加和地方教育附加

一、教育费附加和地方教育附加概述

(一)概念

教育费附加和地方教育附加是对缴纳增值税、消费税的单位和个人,就其实际缴纳的税额为计算依据征收的一种附加费。

(二)基本法律依据

教育费附加是为加快地方教育事业,扩大地方教育经费的资金而征收的一项专用基金。国务院于 1986 年 4 月 28 日颁布了《征收教育费附加的暂行规定》,决定从同年 7 月 1 日开始在全国范围内征收教育费附加。自 2006 年 9 月 1 日起施行的《中华人民共和国教育法》规定:“税务机关依法足额征收教育费附加,由教育行政部门统筹管理,主要用于实施义务教育。省、自治区、直辖市人民政府根据国务院的有关规定，可以决定开征用于教育的地方附加费，专款专用。”2010 年财政部下发了《关于统一地方教育附加政策有关问题的通知》，对各省、直辖市、自治区的地方教育附加进行了统一。

二、教育费附加和地方教育附加的征收范围及计征依据

教育费附加和地方教育附加对缴纳增值税、消费税的单位和个人征收，以其实际缴纳的增值税、消费税税款为计征依据，分别与增值税、消费税同时缴纳。

三、教育费附加和地方教育附加计征比率

现行教育费附加征收比率为 3%，地方教育附加征收率从 2010 年起统一为 2%。

四、教育费附加和地方教育附加的计算

教育费附加和地方教育附加的计算公式为：

应纳教育费附加或地方教育附加＝实际缴纳的增值税、消费税×征收比率(3% 或 2%)

【例 6-2】某企业 3 月实际缴纳增值税 300 000 元，缴纳消费税 200 000 元。要求计算该企业应缴纳的教育费附加和地方教育附加。

解：应纳教育费附加＝(实际缴纳的增值税＋实际缴纳的消费税)×征收比率＝(300 000＋200 000)×3%＝500 000×3%＝15 000 (元)

应纳地方教育附加＝(实际缴纳的增值税＋实际缴纳的消费税)×征收比率＝(300 000＋300 000)×2%＝500 000×2%＝10 000 (元)

五、教育费附加和地方教育附加的减免规定

(1)对海关进口的产品征收的增值税、消费税，不征收教育费附加。

(2)对由于减免增值税、消费税而发生退税的，可同时退还已征收的教育费附加。但对出口产品退还增值税、消费税的，不退还已征的教育费附加。

(3)对国家重大水利工程建设基金免征教育费附加。

(4)自 2016 年 2 月 1 日起，按月纳税的月销售额或营业额不超过 10 万元(按季度纳税的季度销售额或营业额不超过 30 万元)的缴纳义务人，免征教育费附加、地方教育附加。

第三节　烟　叶　税

一、烟叶税的概念

(一)概念

烟叶税是以纳税人收购烟叶的收购金额为计税依据征收的一种税。

(二)烟叶税的基本法律依据

2006 年 4 月 28 日，国务院公布了《中华人民共和国烟叶税暂行条例》，并自公布之日起施

行。2017 年 12 月 27 日第十二届全国人民代表大会常务委员会第三十一次会议通过《中华人民共和国烟叶税法》,并于 2018 年 7 月 1 日正式施行,《中华人民共和国烟叶税暂行条例》亦同时废止。

二、纳税义务人和征税范围

(一)纳税义务人

在中华人民共和国境内,依照《中华人民共和国烟草专卖法》的规定收购烟叶的单位为烟叶税的纳税人。纳税人应当依照烟叶税法规定缴纳烟叶税。

(二)征税范围

烟叶税的征税范围是指烟叶,烟叶是指烤烟叶、晾晒烟叶。

三、税率、计税依据和应纳税额的计算

(一)税率

烟叶税实行比例税率,税率为 20%。烟叶税实行全国统一的税率,主要是考虑烟叶属于特殊的专卖品,其税率不宜存在地区间的差异,否则会形成各地之间的不公平竞争,不利于烟叶种植的统一规划和烟叶市场、烟叶收购价格的统一。

(二)烟叶税的计税依据

烟叶税的计税依据为纳税人收购烟叶实际支付的价款总额。

(三)应纳税额的计算

烟叶税的应纳税额按照纳税人收购烟叶实际支付的价款总额乘以税率计算。计算公式为:应纳税额=实际支付价款×税率

【例 6-3】某烟草公司 8 月 8 日支付烟叶收购价款 88 万元,另向烟农支付了价外补贴 10 万元 。要求计算该烟草公司 8 月收购烟叶应缴纳的烟叶税。

解:应缴纳的烟叶税=(88+10)×20%=19.6(万元)

四、征收管理

烟叶税由税务机关依照《中华人民共和国烟叶税法》和《中华人民共和国税收征收管理法》的有关规定征收管理。

(一)纳税义务发生时间

烟叶税的纳税义务发生时间为纳税人收购烟叶的当日。收购烟叶的当日是指纳税人向烟叶销售者付讫收购烟叶款项或者开具收购烟叶凭据的当日。

(二)纳税地点

纳税人应当向烟叶收购地的主管税务机关申报缴纳烟叶税。

(三)纳税期限

烟叶税按月计征,《烟叶税法》规定纳税义务发生月终了之日起15天内申报纳税。

习 题

一、单项选择题

1. 某市一企业2019年3月被查补增值税50 000元、消费税20 000元、所得税30 000元,被加收滞纳金2 000元,被处罚款8 000元。该企业应补缴城市维护建设税、教育费附加及地方教育附加(　)元。

A. 4 200　　B. 8 400　　C. 7 000　　D. 12 000

2. 甲生产企业地处市区,2019年9月缴纳增值税28万元,当月委托位于县城的乙企业加工应税消费品,乙企业代收消费税15万元。甲企业应缴纳城市维护建设税(　)万元。

A. 1.96　　B. 0.75　　C. 2.71　　D. 1.31

3. 某县城一家服装缝纫部经营范围为服装制作(小规模纳税人),2019年8月缝纫业务共收取现金25 750元,该缝纫部2019年8月缴纳的城市维护建设税(　)元。

A. 37.5　　B. 866.50　　C. 1 000.38　　D. 1 467.55

4. 单位和个人发生下列(　)行为,在缴纳相关税种的同时,还应缴纳城建税。

A. 私营企业销售货物　　B. 科研单位取得技术转让收入

C. 企业购置车辆　　D. 个人取得有奖发票中奖所得

5. 流动经营等无固定纳税地点的单位和个人,在经营地缴纳"二税"的,其城建税税率按(　)适用税率执行。

A. 经营地　　B. 居住地　　C. 一律7%　　D. 一律3%

6. 位于市区的某企业2019年8月份共缴纳增值税、消费税和关税562万元,其中关税102万元、进口环节缴纳的增值税和消费税260万元。该企业8月份应缴纳的城市维护建设税为(　)。

A. 14万元　　B. 18.2万元　　C. 32.2万元　　D. 39.34万元

7. 烟叶税按月计征,纳税人应当于纳税义务发生月终了之日起(　)内申报纳税。

A. 10日　　B. 15日　　C. 30日　　D. 45日

8. 下列关于烟叶税的说法错误的是(　)。

A. 烟叶税的纳税人为销售烟叶的单位和个人

B. 烟叶税的征税范围为晾晒烟叶、烤烟叶

C. 纳税人收购烟叶,应当向烟叶收购地的主管税务机关申报纳税

D. 纳税人应当自纳税义务发生月终了之日起15日内申报并缴纳税款

9. 下列有关项目属于城市维护建设税计税依据的是(　)。

A. 国有企业偷漏增值税被处的罚款　　B. 化妆品公司偷逃的消费税

C. 个体工商户拖欠的个人所得税　　D. 中外合资企业在华机构缴纳的企业所得税

10. 甲县某烟草公司去相邻的乙县收购烟叶,2019年2月5日,实际支付的价款总额

80 万元。下列纳税事项的表述正确的是（ ）。

A. 烟草公司应在 3 月 20 日申报缴纳烟叶税

B. 烟草公司 2 月收购烟叶应缴纳烟叶税 16 万元

C. 烟草公司应向甲县主管税务机关申报缴纳烟叶税

D. 烟草公司收购烟叶的纳税义务发生时间是 2 月 15 日

二、多项选择题

1. 下列各项中，可以作为城市维护建设税计税依据的有（ ）。

A. 纳税人滞纳增值税而加收的滞纳金 B. 纳税人享受减免后实际缴纳的消费税

C. 纳税人偷逃增值税被处的罚款 D. 纳税人偷逃消费税被查补的税款

2. 下列各项中，符合城建税规定的有（ ）。

A. 只要缴纳增值税、消费税的企业都应缴纳城建税

B. 城建税税率为 7%、3%

C. 对出口产品退还增值税、消费税的，不退还城建税

D. 海关对进口产品代征的增值税、消费税，不征收城建税

3. 下列各项中，符合城市维护建设税征收管理规定的有（ ）。

A. 海关对进口产品代征增值税时，应同时代征城建税

B. 对增值税实行先征后返的，应同时返还附征的城建税

C. 对出口产品退还增值税的，不退还已经缴纳的城建税

D. 纳税人延迟缴纳增值税而加收的滞纳金，不作为城建税的计税依据

4. 下列关于城市维护建设税纳税地点的表述中，正确的有（ ）。

A. 纳税人应在增值税和消费税的纳税地缴纳

B. 纳税人跨地区提供建筑服务的，在建筑服务发生地预缴

C. 跨省开采的油田，下属单位与核算单位不在一个省内的，在核算单位所在地纳税

D. 无固定纳税地点的流动经营者应随同增值税和消费税在经营地缴纳

5. 下列关于城市维护建设税纳税地点的表述中，正确的有（ ）。

A. 无固定纳税地点的个人，为户籍所在地

B. 代收代缴"二税"的单位，为税款代收地

C. 代扣代缴"二税"的个人，为税款代扣地

D. 取得管道输油收入的单位，为管道机构所在地

6. 烟叶税的征税范围包括（ ）。

A. 采摘烟叶 B. 晾晒烟叶 C. 烤烟叶 D. 烟丝

三、判断题

1. 城建税随增值税、消费税的纳税环节分别在销售、进口等环节缴纳。（ ）

2. 凡是缴纳增值、消费税的纳税人，须同时缴纳城市维护建设税。（ ）

四、计算题

1. 某县城生产化妆品的纳税人本月缴纳增值税 10 万元，消费税 30 万元，补缴上月应纳消

费税 2 万元，当月取得出口退还增值税 5 万元，获批准出口免抵增值税 4 万元，进口消费税 10 万元。要求：计算本月应缴的城建税和教育费附加。

2. 某市区化妆品生产企业 2019 年 1 月隐瞒化妆品销售取得现金 46 800 元，2019 年 2 月 28 日被税务机关查实，应如何查补城建税和教育费附加？如何加收滞纳金？

3. 位于市区的某动漫软件公司为增值税一般纳税人，2019 年 1 月支付给境外某公司特许权使用费，扣缴相应税款并取得税收缴款凭证。合同约定的特许权使用费的金额为人民币 100 万元（含按税法规定应由该动漫软件公司代扣代缴的税款）。

要求：计算应代扣代缴的增值税、城市维护建设税、教育费附加和地方教育附加、预提所得税。

第七章　车辆购置税

★ 本章学习要点

- 车辆购置税的概念
- 车辆购置税的税制要素
- 车辆购置税的计算
- 车辆购置税的征收管理

车辆购置税是在原有的车辆购置附加费的基础上，通过“费改税”演变而来的。2000 年 10 月 22 日国务院颁布并于 2001 年 1 月 1 日起施行的《中华人民共和国车辆购置税暂行条例》。2018 年 12 月 29 日，第十三届全国人大常委会第七次会议审议通过了《中华人民共和国车辆购置税法》(以下简称《车购税法》)，《车购税法》明确将车辆购置税完税或免税电子信息代替了纸质车辆购置税完税证明，《车购税法》于 2019 年 7 月 1 日起实施。

第一节　车辆购置税概述

一、车辆购置税的概念

车辆购置税是以在中国境内购置规定的车辆为课税对象，在特定的环节向车辆购置者征收的一种税。

二、车辆购置税的特点

车辆购置税作为一种特殊的税种，除具有税收的共同特点外，还有其自身独立的特点：

第一，征收范围单一。车辆购置税以购置的特定车辆为课税对象，而不是对所有的财产或消费财产征税，范围窄，是一种特种财产税。

第二，征收环节单一。车辆购置税实行一次性课征制，它不是在生产、经营和消费的每个环节征收，而是在消费领域中的特定环节一次征收。

第三，征税具有特定目的。车辆购置税为中央税，它取之于应税车辆，用之于交通建设，其征税具有专门用途，可作为中央财政的经常性预算科目，由中央财政根据国家交通建设投资计划，统筹安排。这种特定目的的税收，可以保证国家财政支出的需要，既有利于统筹合理地安排资金，又有利于保证特定事业和建设支出的需要。

第四，价外征收，不转嫁税负。也就是说，征收车辆购置税的商品价格中不含车辆购置税税额，车辆购置税是附加在价格之外的，且税收的缴纳者即为最终的税收负担者，税负没有转嫁性。

三、开征车辆购置税的意义

(一)有利于合理筹集建设资金

国家通过开征车辆购置税参与国民收入的再分配,可以更好地将一部分消费资金转化为财政资金,为社会主义建设筹集更多的资金,以满足国家行使职能的需要。首先,车辆购置税是在消费(使用)环节征税,具有经常税的特点,只要纳税人发生了购置、使用应税车辆的行为就要征税,这比对所得课税和商品课税具有及时性。其次,车辆购置税按统一比例税率课征,具有相对的稳定性。再次,车辆购置税与车辆购置附加费相比,具有税收强制性和固定性的属性,因而它具有可靠性。因此,车购费改税更有利于依法合理地筹集交通基础设施建设和维护资金,从而促进交通基础设施建设事业的健康发展。

(二)有利于规范政府行为

社会主义市场经济需要有健全的宏观经济调控体系,以保证其快速协调发展和健康运行。首先,由于税与费之间的本质区别,以费改税,开征车辆购置税,有利于理顺税费关系,进一步完善财税制度,实现税制结构的不断优化。其次,"费改税"改革,不但能规范政府行为,遏制乱收费,同时对正确处理税费关系、深化和完善财税体制改革也能起到积极的作用。

(三)有利于调节收入差别

车辆购置税在消费环节对消费应税车辆的使用者课税,能更好地体现两条原则:第一,兼顾公平的原则。兼顾公平的原则,就是保护合法收入,取缔非法收入,整顿不合理收入,调节过高收入。因此,开征车辆购置税可以对过高的消费支出进行调节。第二,纳税能力原则。即高收入者多负税,低收入者少负税,具有较高消费需求能力的人比一般消费能力的人要多负税,如购置高档车的纳税人要比购置经济型车的纳税人缴纳的车辆购置税税额多。

第二节 车辆购置税的课征制度

一、纳税义务人

车辆购置税的纳税义务人是指在中华人民共和国境内购置汽车、有轨电车、汽车挂车、排气量超过一百五十毫升的摩托车(以下统称应税车辆)的单位和个人。其中纳税人购买使用、进口使用、受赠使用、自产自用、获奖使用以及通过拍卖、抵债、走私、罚没等方式取得并使用应税车辆的行为,都属于车辆购置税的应税行为。

车辆购置税纳税义务人的范围包括单位和个人,具体为:

(1)单位是指国有企业、集体企业、私营企业、股份制企业、外商投资企业、外国企业以及其他企业,事业单位、社会团体、国家机关、部队以及其他单位。

(2)个人是指个体工商业户及其他个人。

二、征税对象和征税范围

车辆购置税以列举的车辆为征税对象。征收范围包括汽车、有轨电车、汽车挂车、排气量超过一百五十毫升的摩托车(以下统称应税车辆)。

农用运输车、无轨电车,不属于应税车辆。

地铁、轻轨等城市轨道交通车辆,装载机、平地机、挖掘机、推土机等轮式专用机械车,以及起重机(吊车)、叉车、电动摩托车,不属于应税车辆。

三、税率

车辆购置税的税率实行统一的比例税率,税率为10%。

四、税收优惠

(一)车辆购置税减税免税的具体规定

我国车辆购置税实行法定减免税。减税免税范围的具体规定是:

(1)外国驻华使馆、领事馆和国际组织驻华机构及其外交人员自用车辆免税;

(2)中国人民解放军和中国人民武装警察部队列入军队武器装备订货计划的车辆免税;

(3)悬挂应急救援专用号牌的国家综合性消防救援车辆免税;

(4)设有固定装置的非运输专用作业车辆免税;

(5)城市公交企业购置的公共汽电车辆免税;

城市公交企业购置的公共汽电车辆免征车辆购置税中的城市公交企业,是指由县级以上(含县级)人民政府交通运输主管部门认定的,依法取得城市公交经营资格,为公众提供公交出行服务,并纳入《城市公共交通管理部门与城市公交企业名录》的企业;公共汽电车辆是指按规定的线路、站点票价营运,用于公共交通服务,为运输乘客设计和制造的车辆,包括公共汽车、无轨电车和有轨电车;

(6)长期来华定居专家一辆自用小汽车免税;

(7)自2004年10月1日起,对三轮农用运输车免征车辆购置税;

(8)根据国民经济和社会发展的需要,国务院可以规定减征或者其他免征车辆购置税的情形,报全国人民代表大会常务委员会备案。

(二)车辆购置税的退税

纳税人将已征车辆购置税的车辆退回车辆生产企业或者销售企业的,可以向主管税务机关申请退还车辆购置税。退税额以已缴税款为基准,自缴纳税款之日至申请退税之日,每满一年扣减百分之十。

第三节 车辆购置税的计算

一、计税依据的确定

车辆购置税的计税依据一般应以应税车辆的价格为计税价格。但是,由于应税车辆购置的来源不同，应税行为的发生不同，计税价格的组成也就不一样。因此，车辆购置税计税依据的构成也就不同。

(1)按应税车辆全部价款确定的计税依据。纳税人购买自用的应税车辆的计税依据为纳税人购买应税车辆而实际支付给销售者的全部价款。这里的“购买自用的应税车辆”，包括购买自用的国产应税车辆和购买自用的进口应税车辆。

(2)按组成计税价格确定的计税依据。纳税人进口自用的应税车辆以组成计税价格为计税依据。组成计税价格的计算公式为：

组成计税价格＝关税完税价格＋关税＋消费税

这里的“进口自用的应税车辆”，是指纳税人直接从境外进口或者委托代理进口自用的应税车辆，即非贸易方式进口自用的应税车辆。不包括在境内购买的进口车辆。

进口自用应税车辆的计税价格，应根据纳税人提供的，经海关审查确认的有关完税证明资料确定。

(3)按照购置应税车辆时相关凭证载明的价格确定，不包括增值税税款，确定的计税依据纳税人以受赠、获奖或者其他方式取得自用应税车辆的计税价格，按照购置应税车辆时相关凭证载明的价格确定，不包括增值税税款。

(4)按照纳税人生产的同类应税车辆的销售价格确定，不包括增值税税款，确定的计税依据纳税人自产自用应税车辆的计税价格，按照纳税人生产的同类应税车辆的销售价格确定，不包括增值税税款；没有同类应税车辆销售价格的，按照组成计税价格确定。组成计税价格计算公式如下：

组成计税价格＝成本×(1＋成本利润率)

属于应征消费税的应税车辆，其组成计税价格中应加计消费税税额。

上述公式中的成本利润率，由国家税务总局各省、自治区、直辖市和计划单列市税务局确定。

(5)计税依据的特殊规定。纳税人申报的应税车辆计税价格明显偏低，又无正当理由的，由税务机关依照《中华人民共和国税收征收管理法》的规定核定其应纳税额。

①免税、减税车辆因转让、改变用途等原因不再属于免税、减税范围的，纳税人应当在办理车辆转移登记或者变更登记前缴纳车辆购置税。计税价格以免税、减税车辆初次办理纳税申报时确定的计税价格为基准，每满一年扣减百分之十。

②纳税人将已征车辆购置税的车辆退回车辆生产企业或者销售企业的，可以向主管税务机关申请退还车辆购置税。退税额以已缴税款为基准，自缴纳税款之日至申请退税之日，每满一年扣减百分之十。

(6)车辆购置税计税依据使用统一货币单位计算。车辆购置税的计税依据和应纳税款应以人民币计算。纳税人以外汇结算应税车辆价款的，按照申报纳税之日中国人民银行公布的人民币基准汇价，折合成人民币计算应纳税额。

二、应纳税额的计算

车辆购置税实行从价定率的办法计算应纳税额，应纳税额的计算公式为：

应纳税额＝计税价格×税率

由于应税车辆购置来源、应税行为发生以及计税价格组成的不同，因此，车辆购置税应纳税额的计算方法也有区别。

(一)购买自用应税车辆应纳税额的计算

纳税人购买自用的应税车辆，其计税价格由纳税人实际支付给销售者的全部价款，不包括增值税税款。

【例 7-1】A 公司 2019 年 12 月，从某汽车销售公司购买轿车一辆供公司使用，支付含增值税车价款 234 000 元，支付购买工具件和零配件价款 1 680 元，车辆装饰费 3 000 元。支付的各项价费款均由汽车销售公司开具"机动车销售统一发票"和有关票据。计算车辆购置税应纳税额。

(1)计税依据＝(234 000＋1 680＋3 000)÷(1＋13％)＝211 211.24(元)

(2)应纳税额＝211 211.24×10％＝21 121.12(元)

(二)进口自用应税车辆应纳税额的计算

纳税人进口自用的应税车辆应纳税额的计算公式为：

应纳税额＝组成计税价格×税率＝(关税完税价格＋关税＋消费税)×税率

【例 7-2】某外贸进出口公司进口 5 辆小汽车分配给公司各部门使用，总关税完税价格为 750 000 元，海关征收关税共计 112 500 元，并按规定代征了消费税和增值税，其中消费税共计 117 500 元，计算车辆购置税应纳税额。

(1)计税依据＝750 000＋112 500＋117 500＝980 000(元)

(2)应纳税额＝980 000×10％＝98 000(元)

(三)纳税人自产自用应税车辆应纳税额的计算

纳税人自产自用应税车辆的计税价格，按照纳税人生产的同类应税车辆的销售价格确定，不包括增值税税款；没有同类应税车辆销售价格的，按照组成计税价格确定。

组成计税价格计算公式如下：

组成计税价格＝成本×(1＋成本利润率)

属于应征消费税的应税车辆，其组成计税价格中应加计消费税税额。

上述公式中的成本利润率，由国家税务总局各省、自治区、直辖市和计划单列市税务局确定。

【例 7-3】某汽车制造厂 2019 年 6 月将自产的一辆小汽车，用于本厂后勤生活服务，该厂在办理车辆上牌落籍前，出具该车的发票注明不含税金额为 44 300 元，该价格为纳税人同类应税车辆的销售价格。计算该车应纳的车辆购置税税额。

应纳税额＝44 300×10％＝4 430(元)

(四)特殊情形自用应税车辆应纳税额的计算

1.减税、免税条件消失车辆应纳税额的计算

对减税、免税条件消失的车辆,纳税人应按现行规定,在办理车辆过户手续前或者办理变更车辆登记注册手续前向主管税务机关缴纳车辆购置税。

应纳税额=初次办理纳税申报时确定的计税价格×[1-(使用年限×10%)]×10%-已纳税额

应纳税额不得为负数。

使用年限的计算方法是,自纳税人初次办理纳税申报之日起,至不再属于免税、减税范围的情形发生之日止。使用年限取整计算,不满一年的不计算在内。

2.退还车辆购置税税额的计算

已征车辆购置税的车辆退回车辆生产或销售企业,纳税人申请退还车辆购置税的,应退税额计算公式如下:

应退税额=已纳税额×(1-使用年限×10%)

应退税额不得为负数。

使用年限的计算方法是,自纳税人缴纳税款之日起,至申请退税之日止。

【例 7-4】某车主买了一辆 12 万元的车,需要缴纳车辆购置税 10 619 元,若车辆已经使用 2 年,但在使用过程中因某种原因需要退车,则可申请退还车辆购置税:

10 619×(1-2×10%)=8 495(元)

第四节　车辆购置税的征收管理

一、纳税申报

车辆购置税实行一车一申报制度。纳税人办理纳税申报时应如实填写《车辆购置税纳税申报表》,同时提供以下资料的原件和复印件:车主身份证明、车辆价格证明、车辆合格证明和税务机关要求提供的其他资料。原件经审核后退还纳税人,复印件和《机动车销售统一发票》的报税联由主管税务机关留存。

二、纳税环节

车辆购置税的征税环节为使用环节,即最终消费环节。纳税人应当在向公安机关交通管理部门办理车辆注册登记前,缴纳车辆购置税。

三、纳税地点

纳税人购置应税车辆,应当向车辆登记地的主管税务机关申报缴纳车辆购置税;购置不需要办理车辆登记的应税车辆,应当向纳税人所在地的主管税务机关申报缴纳车辆购置税。车辆登记注册地是指车辆的上牌落籍地或落户地。

四、纳税期限

车辆购置税的纳税义务发生时间为纳税人购置应税车辆的当日。纳税人应当自纳税义务发生之日起六十日内申报缴纳车辆购置税。

习 题

一、单项选择题

1. 车辆购置税的税率为（ ）。

A. 10% B. 13% C. 17% D. 33%

2. 某人参加一项抽奖活动，中奖得一辆小轿车，发奖机构提供的购置应税车辆时相关凭证载明的价格为35 000元，但根据国家税务总局的规定，该辆车的最低计税价格是40 000元，则车辆购置税的计税价格是（ ）元。

A. 3 500 B. 35 000 C. 37 500 D. 4 0000

3. 下列车辆不属于车辆购置税征税范围的是（ ）。

A. 汽车挂车 B. 有轨电车

C. 农用运输车 D. 排气量超过150毫升的摩托车

4. 依据车辆购置税的有关规定，下列车辆中享受法定减免的是（ ）。

A. 国家机关购买的小轿车 B. 留学人员购买的小轿车

C. 有突出贡献专家购买的小轿车 D. 国际组织驻华机构购买的自用小轿车

5. 车辆购置税的纳税环节是（ ）。

A. 销售和使用环节 B. 生产环节

C. 销售环节 D. 登记注册前的使用环节

二、多项选择题

1. 属于车辆购置税应税车辆的有（ ）。

A. 汽车 B. 摩托车 C. 有轨电车 D. 自行车

2. 车辆购置税的计税依据有（ ）。

A. 支付的全部价款（不含增值税） B. 最低计税价格

C. 完税价格＋关税＋消费税 D. 支付的全部价款（含增值税）

3. 我国现行税种中具有特定目的的税种包括（ ）。

A. 增值税 B. 城市维护建设税 C. 资源税 D. 车辆购置税

4. 以下关于车辆购置税的说法正确的是（ ）。

A. 车辆购置税为中央税 B. 征税环节多样化

C. 征税具有特定目的 D. 以在中国境内购置规定的车辆为征税对象

5. 下列行为属于车辆购置税应税行为的有（ ）。

A. 应税车辆的购买自用行为 B. 应税车辆的销售行为

C. 自产自用应税车辆的行为 D. 获奖方式取得并自用应税车辆的行为

三、判断题

1. 车辆购置税的纳税人是销售应税车辆的单位和个人。(　)

2. 车辆购置税的计税依据车辆的来源不同而不尽相同。(　)

3. 只要购置应税车辆,均应缴纳车辆购置税。(　)

4. 进口自用的应税大卡车,其车辆购置税计税价格包括关税完税价格和关税。

5. 购买免税车辆的使用期限已超过 8 年,不再征收车辆购置税。(　)

四、计算题

1. 一单位购进一辆小轿车自用,普通发票注明金额为 93 600 元。计算应纳车辆购置税。

2. 一单位对一辆已缴纳车辆购置税的车辆进行改制,将其发动机和底盘同时更换,改制后的车的同类新车的最低计税价格为 8 万元,计算应纳的车辆购置税。

第八章 车船税

★ 本章学习要点

- 车船税的概念
- 车船税的纳税人
- 车船税的计算
- 车船税的征收管理

第一节 车船税概述

一、车船税的概念

车船税是以车船为征税对象,向拥有车船的单位和个人征收的一种税。现行车船税法的基本规范,是2011年2月25日,由中华人民共和国第十一届全国人民代表大会常务委员会第十九次会议通过的《中华人民共和国车船税法》,自2012年1月1日起施行。第十三届全国人大常委会第十次会议2019年4月23日修正。

二、纳税义务人

在中华人民共和国境内属于本法所附《车船税税目税额表》规定的车辆、船舶(以下简称车船)的所有人或者管理人,为车船税的纳税人。

从事机动车第三者责任强制保险业务的保险机构为机动车车船税的扣缴义务人,应当在收取保险费时依法代收车船税,并出具代收税款凭证。

三、征税范围

车船税的征税范围是指在中华人民共和国境内属于车船税法所附《车船税税目税额表》规定的车辆、船舶。车辆、船舶是指:

(1)依法应当在车船管理部门登记的机动车辆和船舶;

(2)依法不需要在车船管理部门登记、在单位内部场所行驶或者作业的机动车辆和船舶。

车船管理部门,是指公安、交通运输、农业、渔业、军队、武装警察部队等依法具有车船登记管理职能的部门;单位,是指依照中国法律、行政法规规定,在中国境内成立的行政机关、企业、事业单位、社会团体以及其他组织。

四、税目与税率

车船税实行定额税率。车辆的具体适用税额由省、自治区、直辖市人民政府依照车船税法所附《车船税税目税额表》(表 8-1)规定的税额幅度和国务院的规定确定。

船舶的具体适用税额由国务院在车船税法所附《车船税税目税额表》规定的税额幅度内确定。

表 8-1 车船税税目、税额表

税目		计税单位	年基准税额/元	备注
乘用车按发动机气缸容量(排气量分档)	1.0 升(含)以下的	辆	60～360	
	1.0 升以上至 1.6 升(含)的		300～540	
	1.6 升以上至 2.0 升(含)的		360～660	
	2.0 升以上至 2.5 升(含)的		660～1 200	
	2.5 升以上至 3.0 升(含)的		1 200～2 400	
	3.0 升以上至 4.0 升(含)的		2 400～3 600	
	4.0 升以上的		3 600～5 400	
商用车	客车	辆	480～1 440	核定载客人数 9 人(包括电车)以上
	货车	整备质量每吨	16～120	包括半挂牵引车、挂车、客货两用汽车、三轮汽车和低速载货汽车等。挂车按照货车税额的 50% 计算
其他车辆	专用作业车	整备质量每吨	16～120	不包括拖拉机
	轮式专用机械车	整备质量每吨	16～120	
摩托车		辆	36～180	
船舶	机动船舶	净吨位每吨	3～6	拖船、非机动驳船分别按照机动船舶税额的 50% 计算；游艇的税额另行规定
	游艇	艇身长度每米	600～2 000	

(1)机动船舶,具体适用税额为：

净吨位小于或者等于 200 吨的,每吨 3 元；

净吨位 201～2 000 吨的,每吨 4 元；

净吨位 2 001～10 000 吨的,每吨 5 元；

净吨位 10 001 吨及以上的,每吨 6 元。

拖船按照发动机功率每 1 千瓦折合净吨位 0.67 吨计算征收车船税。

(2)游艇,具体适用税额为：

艇身长度不超过 10 米的游艇,每米 600 元；

艇身长度超过 10 米但不超过 18 米的游艇，每米 900 元；

艇身长度超过 18 米但不超过 30 米的游艇，每米 1 300 元；

艇身长度超过 30 米的游艇，每米 2 000 元；

辅助动力帆艇，每米 600 元。

游艇艇身长度是指游艇的总长。

(3)车船税法及其实施条例涉及的整备质量、净吨位、艇身长度等计税单位，有尾数的一律按照含尾数的计税单位据实计算车船税应纳税额。计算得出的应纳税额小数点后超过两位的可四舍五入保留两位小数。

(4)乘用车以车辆登记管理部门核发的机动车登记证书或者行驶证书所载的排气量毫升数确定税额区间。

(5)车船税法和本条例所涉及的排气量、整备质量、核定载客人数、净吨位、功率、艇身长度，以车船登记管理部门核发的车船登记证书或者行驶证所载数据为准。

依法不需要办理登记的车船和依法应当登记而未办理登记或者不能提供车船登记证书、行驶证的车船，以车船出厂合格证明或者进口凭证标注的技术参数、数据为准；不能提供车船出厂合格证明或者进口凭证的，由主管税务机关参照国家相关标准核定，没有国家相关标准的参照同类车船核定。

五、应纳税额的计算与代收代缴

(1)购置的新车船，购置当年的应纳税额自纳税义务发生的当月起按月计算。计算公式为：

应纳税额＝(年应纳税额÷12)×应纳税月份数

应纳税月份数＝12 －纳税义务发生时间(取月份)＋1

(2)在一个纳税年度内，已完税的车船被盗抢、报废、灭失的，纳税人可以凭有关管理机关出具的证明和完税证明，向纳税所在地的主管税务机关申请退还自被盗抢、报废、灭失月份起至该纳税年度终了期间的税款。

(3)已办理退税的被盗抢车船，失而复得的，纳税人应当从公安机关出具相关证明的当月起计算缴纳车船税。

(4)在一个纳税年度内，纳税人在非车辆登记地由保险机构代收代缴机动车车船税，且能够提供合法有效完税证明的，纳税人不再向车辆登记地的地方税务机关缴纳车辆车船税。

(5)已缴纳车船税的车船在同一纳税年度内办理转让过户的，不另纳税，也不退税。

【例 8-1】某运输公司拥有载货汽车 12 辆(货车整备质量全部为 10 吨)；乘人大客车 15 辆；小客车 10 辆。计算该公司应纳车船税。(注：载货汽车每吨年税额 80 元，乘人大客车每辆年税额 800 元，小客车每辆年税额 700 元)。

载货汽车应纳税额＝12×10×80＝9 600 (元)

乘人汽车应纳税额＝15×800＋10×700＝19 000 (元)

全年应纳车船税额＝9 600＋19 000＝28 600 (元)

六、税收优惠

下列车船免征车船税：

(一)捕捞、养殖渔船

捕捞、养殖渔船,是指在渔业船舶登记管理部门登记为捕捞船或者养殖船的船舶。

(二)军队、武装警察部队专用的车船

军队、武装警察部队专用的车船,是指按照规定在军队、武装警察部队车船登记管理部门登记,并领取军队、武警牌照的车船。

(三)警用车船

警用车船,是指公安机关、国家安全机关、监狱、劳动教养管理机关和人民法院、人民检察院领取警用牌照的车辆和执行警务的专用船舶。

(四)悬挂应急救援专用号牌的国家综合性消防救援车辆和国家综合性消防救援专用船舶

(五)依照法律规定应当予以免税的外国驻华使领馆、国际组织驻华代表机构及其有关人员的车船

对节约能源、使用新能源的车船可以减征或者免征车船税;对受严重自然灾害影响纳税困难以及有其他特殊原因确需减税、免税的,可以减征或者免征车船税。具体办法由国务院规定,并报全国人民代表大会常务委员会备案。

省、自治区、直辖市人民政府根据当地实际情况,可以对公共交通车船,农村居民拥有并主要在农村地区使用的摩托车、三轮汽车和低速载货汽车定期减征或者免征车船税。

第二节 车船税的征收管理

一、纳税期限

车船税纳税义务发生时间为取得车船所有权或者管理权的当月。

二、纳税地点

车船税的纳税地点为车船的登记地或者车船税扣缴义务人所在地。依法不需要办理登记的车船,车船税的纳税地点为车船的所有人或者管理人所在地。

三、纳税申报

车船税由税务机关负责征收。车船税按年申报缴纳。具体申报纳税期限由省、自治区、直辖市人民政府规定。

公安、交通运输、农业、渔业等车船登记管理部门、船舶检验机构和车船税扣缴义务人的行业主管部门应当在提供车船有关信息等方面,协助税务机关加强车船税的征收管理。

车辆所有人或者管理人在申请办理车辆相关登记、定期检验手续时,应当向公安机关交通管理部门提交依法纳税或者免税证明。公安机关交通管理部门核查后办理相关手续。

车船税的征收管理，依照车船税法和《中华人民共和国税收征收管理法》的规定执行。

习　题

一、单项选择题

1. 下列免缴车船税的是(　)。

A. 拥有小汽车的农民　B. 拥有小汽车的外资企业

C. 拥有小汽车的个人　D. 拥有小汽车的武警某部

2. 下列车船中不属于车船税征税范围的是(　)。

A. 拖船　B. 火车

C. 港口内部作业的船舶　D. 小汽车

3. 下列船舶中，不缴车船税而属于船舶吨税征税范围的是(　)。

A. 个体户王某的 5 吨的观光渔船　B. 港务人员非机动的驳船

C. 航行于我国领海口岸的外籍船舶　D. 非机动船舶

4. 天津市民张三 2019 年 1 月购买一辆小轿车，依法缴纳了当年的车船税 660 元，2019 年 3 月底，因工作地点变动，张三将该车转让给北京市的李四，则下列表述正确的是(　)。

A. 张三应向天津市税务机关申请退还当年已纳车船税 660 元，李四应在北京市缴纳 660 元的车船税

B. 张三应向天津市税务机关申请退还已纳车船税 550 元，李四应在北京市缴纳 3 至 12 月的车船税 550 元

C. 张三应向天津市税务机关申请退还已纳车船税 495 元，李四应在北京市缴纳 4 至 12 月的车船税 495 元

D. 当年该轿车既不需要重新纳税，也不再退税

5. 下列车船中，以每辆作为车船税计税标准的是(　)。

A. 客车　B. 半挂牵引车　C. 游艇　D. 机动船舶

6. 根据现行政策，下列表述不正确的是(　)。

A. 半挂牵引车不需要缴纳车船税

B. 拖船按照发动机功率每 1 千瓦折合净吨位 0.67 吨计算征收车船税

C. 非机动驳船按照船舶税额的 50%计算

D. 挂车按照货车税额的 50%计算

7. 下列关于车船税的表述正确的是(　)。

A. 新购置的车船，购置当年的应纳税额自纳税义务发生的下月起按月计算

B. 已办理退税的被盗抢车船，失而复得的，纳税人应当从公安机关出具相关证明的次月起计算缴纳车船税

C. 已完税的车船报废，纳税人可以向纳税机关所在地的主管税务机关申请退还自报废月份起计算缴纳的车船税

D. 已缴纳车船税的车船在同一纳税年度内办理转让过户的，另纳税

8. 某船舶公司拥有机动船 3 艘，每艘净吨位 2 000 吨；拖船 2 艘，发动机功率均为 1 500 千

瓦。其船舶税额为净吨位 201 吨至 2 000 吨的，每吨 4 元。该船舶公司当年应缴纳车船税( )元。

A. 26 680　　B. 27 000　　C. 28 020　　D. 32 000

9. 某小型运输公司 2019 年拥有并使用以下车辆：(1)整备质量 4.3 吨的载货卡车 10 辆，省级人民政府规定年税额每吨 50 元；(2)18 座的小型客车 2 辆，省级人民政府规定年税额每辆 530 元。该公司当年应纳车船税为( )元。

A. 5 120　　B. 4 800　　C. 3 840　　D. 3 210

10. 某企业在 2019 年 4 月购入整备质量 6 吨的挂车 3 辆；11 月，年初购进的 1 辆小轿车被盗，取得了公安机关证明，当地载货汽车车船税年税额为每吨 60 元，小轿车适用的车船税年税额为每辆 300 元，该企业 2019 年实际应缴纳车船税( )元。

A. 600　　B. 655　　C. 612　　D. 648

二、多项选择题

1. 下列各项中，符合车船税征收管理规定的有( )。

A. 车船税的申报纳税地点由省级人民政府确定

B. 车船税的纳税地点为车船所有人的住所所在地

C. 纳税地点为车船的登记地或扣缴义务人所在地

D. 车船纳税义务发生时间为取得车船所有权或管理权的当月

2. 下列车船税法定免税的有( )。

A. 专项作业车　　B. 警用车船

C. 非机动驳船　　D. 捕捞、养殖用渔船

3. 下列情况中不缴或免缴车船税的有( )。

A. 建筑工地的小推车　　B. 公安部门的警车

C. 武警的雷达车　　D. 汽车制造厂尚未销售的汽车

4. 下列不缴或免缴车船税的有( )。

A. 工人的自行人　　B. 农民的大马车

C. 残疾人专用轮椅车　　D. 商贩的平板手推车

5. 根据车船税的规定，下列各项属于车船税征税范围的有( )。

A. 电动自行车　　B. 非机动驳船

C. 机场内部场所使用的车辆　　D. 电车

6. 下列关于车船税的表述中，错误的有( )。

A. 车船税的纳税义务人是在中华人民共和国境内境外车辆、船舶的所有人

B. 车船税的征税范围包括依法应当在车船管理部门登记的机动车辆和船舶

C. 扣缴义务人代收代缴车船税的，纳税地点为车船登记地的主管税务机关所在地

D. 车船管理部门包括公安、交通运输、农业等依法具有车船登记管理职能的部门

7. 根据车船税的规定，下列选项中属于减免税的有( )。

A. 使用新能源的车船　　B. 人民检察院领取警用牌照的车辆

C. 外国驻华使领馆有关人员使用的车辆　　D. 农村公共交通车船

8. 下列各项中，符合车船税有关规定的有（ ）。

A. 商用客车，以“每辆”为计税单位

B. 载货汽车，以“整备质量每吨”为计税单位

C. 游艇，以“每艘”为计税单位

D. 机动船，以“净吨位每吨”为计税单位

三、判断题

1. 应税车船的纳税人是车船的使用人。（ ）

2. 跨省、自治区、直辖市使用的车船，纳税地点为车船的常用地。（ ）

3. 省、自治区、直辖市人民政府可以根据当地实际情况，对农村公共交通车船给予定期减税、免税。（ ）

4. 车船税由保险公司负责征收。（ ）

5. 某单位 2019 年 4 月 3 日购买奥迪轿车一辆，该省规定该排量乘用车每辆适用的车船税税额为 960 元，则该辆轿车当年应纳车船税为 720 元。（ ）

第九章　印花税

★ 本章学习要点

- 印花税的概念
- 印花税的税目
- 印花税的计算
- 印花税的征收管理

第一节　印花税概述

一、印花税的概念、特点和法律依据

(一)印花税的概念

印花税是以经济活动和经济交往中,书立、领受应税凭证的行为为征税对象征收的一种税。印花税因其采用在应税凭证上粘贴印花税票的方法缴纳税款而得名。

(二)我国印花税的特点

1.征收范围广

表现有二:一是涉及的应税行为广泛,包括书立和领受应税凭证的行为,这些行为在经济活动中是经常发生的;二是涉及的应税凭证范围广泛,包括各类经济合同、营业账簿、权利许可证照等,这些凭证在经济活动中被广泛地使用着。

2.税负从轻

其税率和税额明显低于其他税种,最低比例税率为应税凭证所载金额的0.05‰,一般都为万分之几或千分之几,定额税率是每件应税凭证5元。

3.自行贴花纳税

印花税的纳税方法完全不同于其他税种,它采取纳税人自行计算应纳税额、自行购买印花税票、自行贴花、自行在每枚税票的骑缝处盖戳注销或画销的纳税方法。

4.多贴印花税票不退不抵

印花税与其他税种不同,凡多贴印花税票者,不得申请退税或抵用。

(三)印花税的基本法律依据

印花税法是指国家制定的用以调整印花税征收与缴纳权利及义务关系的法律规范。现行印花税法的基本规范是1988年8月6日国务院发布并于同年10月1日实施的《中华人民共和国印花税暂行条例》(以下简称《印花税暂行条例》)。1992年,国家统一规定对沪深两市证券交易征收印花税,经过多次政策调整,目前证券交易印花税按1‰的税率对卖出方征收。1988年至2018年,全国累计征收印花税23 649亿元,其中2018年征收印花税2 199亿元。《中共中央关于全面深化改革若干重大问题的决定》提出“落实税收法定原则”,制定印花税法是重要任务之一,已列入全国人大常委会和国务院立法工作计划。

二、印花税的纳税人

印花税的纳税人,是在中国境内书立、使用、领受印花税法所列举的凭证,并应依法履行纳税义务的单位和个人。单位和个人是指国内各类企业、事业、机关、团体、部队以及外商投资企业和其他经济组织及其在华机构等单位和个人。

所称在中国境内书立、领受印花税法所列举的凭证,是指在中国境内具有法律效力,受中国法律保护的凭证。这些凭证无论在中国境内或者境外书立,均应依法缴纳印花税。

印花税的纳税人,按照所书立、使用、领受的应税凭证不同,又可分为以下六类:立合同人、立据人、立账簿人、领受人、使用人、各类电子应税凭证的签订人。

(一)立合同人

指合同的当事人。所谓当事人,是指对凭证有直接权利义务关系的单位和个人,但不包括合同的担保人、证人、鉴定人。各类合同的纳税人是立合同人。各类合同,包括购销、加工承揽、建设工程勘察设计、建筑安装工程承包、财产租赁、货物运输、仓储保管、借款、财产保险、技术合同或者具有合同性质的凭证。

所称合同,是指根据原《中华人民共和国经济合同法》《中华人民共和国涉外经济合同法》和其他有关合同法规订立的合同。所称具有合同性质的凭证,是指具有合同效力的协议、契约、合约、单据、确认书及其他各种名称的凭证。有关合同的法律依据可参考1999年10月1日起施行的《中华人民共和国合同法》的规定。

当事人的代理人有代理纳税的义务,他与纳税人负有同等的税收法律义务和责任。

(二)立据人

产权转移书据的纳税人是立据人。是指土地房屋权属转移过程中买卖双方的当事人。

(三)立账簿人

营业账簿的纳税人是立账簿人。所谓立账簿人,指设立并使用营业账簿的单位和个人。例如,企业单位因生产、经营需要,设立了营业账簿,该企业即为纳税人。

(四)领受人

权利、许可证照的纳税人是领受人。领受人,是指领取或接受并持有该项凭证的单位和个人。例如,某人因其发明创造,经申请依法取得国家专利机关颁发的专利证书,该人即为纳税人。

(五)使用人

在国外书立、领受,但在国内使用的应税凭证,其纳税人是使用人。

(六)各类电子应税凭证的签订人

即以电子形式签订的各类应税凭证的当事人。

值得注意的是,对应税凭证,凡由两方或两方以上当事人共同书立的,其当事人各方都是印花税的纳税人,应各就其所持凭证的计税金额履行纳税义务。

三、税目

印花税的税目,指印花税法明确规定的应当纳税的项目,它具体划定了印花税的征税范围。一般地说,列入税目的就要征税,未列入税目的就不征税。印花税共有13个税目。

1.购销合同

包括供应、预购、采购、购销结合及协作、调剂、补偿贸易等合同。此外,还包括出版单位与发行单位之间订立的图书、报纸、期刊和音像制品的应税凭证,如订购单、订数单等。还包括发电厂与电网之间、电网与电网之间(国家电网公司系统、南方电网公司系统内部各级电网互供电量除外)签订的购售电合同。但是,电网与用户之间签订的供用电合同不属于印花税列举征税的凭证,不征收印花税。

2.加工承揽合同

包括加工、定做、修缮、修理、印刷、广告、测绘、测试等合同。

3.建设工程勘察设计合同

包括勘察、设计合同。

4.建筑安装工程承包合同

包括建筑、安装工程承包合同。承包合同,包括总承包合同、分包合同和转包合同。

5.财产租赁合同

包括租赁房屋、船舶、飞机、机动车辆、机械、器具、设备等合同,还包括企业、个人出租门店、柜台等签订的合同。

6.货物运输合同

包括民用航空运输、铁路运输、海上运输、公路运输和联运合同,以及作为合同使用的单据。

7.仓储保管合同

包括仓储、保管合同,以及作为合同使用的仓单、栈单等。

8.借款合同

银行及其他金融组织与借款人(不包括银行同业拆借)所签订的合同,以及只填开借据并作为合同使用、取得银行借款的借据。银行及其他金融机构经营的融资租赁业务，是一种以融物方式达到融资目的的业务，实际上是分期偿还的固定资金借款，因此融资租赁合同也属于借款合同。

9.财产保险合同

包括财产、责任、保证、信用保险合同，以及作为合同使用的单据。财产保险合同，分为企业财产保险、机动车辆保险、货物运输保险、家庭财产保险和农牧业保险五大类。“家庭财产两全保险”属于家庭财产保险性质，其合同在财产保险合同之列，应照章纳税。

10.技术合同

包括技术开发、转让、咨询、服务等合同，以及作为合同使用的单据。

技术转让合同，包括专利申请权转让、专利实施许可和非专利技术转让。

技术咨询合同，是当事人就有关项目的分析、论证、预测和调查订立的技术合同。但一般的法律、会计、审计等方面的咨询不属于技术咨询，其所立合同不贴印花。

技术服务合同，是当事人一方委托另一方就解决有关特定技术问题，如为改进产品结构、改良工艺流程、提高产品质量、降低产品成本、保护资源环境、实现安全操作、提高经济效益等提出实施方案，实施指导所订立的技术合同，包括技术服务合同、技术培训合同和技术中介合同。但不包括以常规手段或者为生产经营目的进行一般加工、修理、修缮、广告、印刷、测绘、标准化测试，以及勘察、设计等所书立的合同。

11.产权转移书据

包括财产所有权和版权、商标专用权、专利权、专有技术使用权等转移书据和土地使用权出让合同、土地使用权转让合同、商品房销售合同等权利转移合同。

所称产权转移书据，是指单位和个人产权的买卖、继承、赠与、交换、分割等所立的书据。“财产所有权”转移书据的征税范围，是指经政府管理机关登记注册的动产、不动产的所有权转移所立的书据，以及企业股权转让所立的书据，并包括个人无偿赠与不动产所签订的《个人无偿赠与不动产登记表》。当纳税人完税后，税务机关（或其他征收机关）应在纳税人印花税完税凭证上加盖“个人无偿赠与”印章。

12.营业账簿

指单位或者个人记载生产经营活动的财务会计核算账簿。营业账簿按其反映内容的不同，可分为记载资金的账簿和其他账簿。

记载资金的账簿，是指反映生产经营单位资本金数额增减变化的账簿。其他账簿，是指除上述账簿以外的有关其他生产经营活动内容的账簿，包括日记账簿和各明细分类账簿。

但是，对金融系统营业账簿，要结合金融系统财务会计核算的实际情况进行具体分析。凡银行用以反映资金存贷经营活动、记载经营资金增减变化、核算经营成果的账簿，如各种日记账、明细账和总账都属于营业账簿，应按照规定缴纳印花税；银行根据业务管理需要设置的各种登记簿，如空白重要凭证登记簿、有价单证登记簿、现金收付登记簿等，其记载的内容与资金活动无关，仅用于内部备查，属于非营业账簿，均不征收印花税。

13.权利、许可证照

包括政府部门发给的房屋产权证、工商营业执照、商标注册证、专利证、土地使用证。

四、税率

印花税的税率设计，遵循税负从轻、共同负担的原则，所以税率比较低。印花税的税率有两种形式，即比例税率和定额税率。

1. 比例税率

在印花税的13个税目中，各类合同以及具有合同性质的凭证(含以电子形式签订的各类应税凭证)、产权转移书据、营业账簿中记载资金的账簿，适用比例税率。

印花税的比例税率分为4个档次，分别是0.5‰、3‰、5‰、1‰。在上海证券交易所、深圳证券交易所、全国中小企业股份转让系统买卖、继承、赠与优先股所书立的股权转让书据，均依书立时实际成交金额，由出让方按1‰的税率计算、缴纳证券(股票)交易印花税。

香港市场投资者通过沪港通买卖、继承、赠与上交所上市A股，按照内地现行税制规定缴纳证券(股票)交易印花税；内地投资者通过沪港通买卖、继承、赠与联交所上市股票，按照香港特别行政区现行税法规定缴纳印花税。

2. 定额税率

在印花税的13个税目中，“权利、许可证照”和“营业账簿”税目中的其他账簿，适用定额税率，均为按件贴花，税额为5元。这样规定，主要是考虑到上述应税凭证比较特殊，有的是无法计算金额的凭证，例如权利许可证照；有的虽记载有金额，但以其作为计税依据又明显不合理，例如其他账簿。采用定额税率，便于纳税人缴纳，便于税务机关征管。印花税税目税率见表9-1。

表9-1 印花税税目税率表

税 目	范 围	税 率	纳税义务人	说 明
1. 购销合同	包括供应、预购、采购、购销结合及协作、调剂、补偿、易货等合同	按购销金额3‰贴花	立合同人	合同的当事人
2. 加工承揽合同	包括加工、定做、修缮、修理、印刷、广告、测绘、测试等合同	按加工或承揽收入5‰贴花	立合同人	
3. 建设工程勘察设计合同	包括勘察、设计合同	按收取费用5‰贴花	立合同人	
4. 建筑安装工程承包合同	包括建筑、安装工程承包合同	按承包金额3‰贴花	立合同人	
5. 财产租赁合同	包括租赁房屋、船舶、飞机、机动车辆、机械、器具、设备等合同	按租赁金额1‰贴花。税额不足1元的，按1元贴花	立合同人	
6. 货物运输合同	包括民用航空运输、铁路运输、海上运输、内河运输、公路运输和联运的合同	按运输费用5‰贴花	立合同人	单据作为合同使用的，按合同贴花

续表9-1

税　目	范　围	税　率	纳税义务人	说　明
7.仓储保管合同	包括仓储、保管合同	按仓储保管费用1‰贴花	立合同人	仓单或栈单作为合同使用的，按合同贴花
8.借款合同	银行及其他金融组织和借款人(不包括银行同业拆借)所签订的借款合同	按借款金额0.5‱贴花	立合同人	包括融资租赁合同，单据作为合同使用的，按合同贴花
9.财产保险合同	包括财产、责任、信用、保证等保险合同	按保费收入1‰贴花	立合同人	
10.技术合同	包括技术开发、转让、咨询、服务等合同	按所载金额3‱贴花	立合同人	
11.产权转移书据	包括财产所有权和版权、商标专用权、专利权、商品房销售合同等转移书据	按所载金额5‱贴花	立据人	
12.营业账簿	生产、经营用账册	记载资金的账簿，按实收资本和资本公积的合计金额5‱贴花。其他账簿按件贴花5元	立账簿人	
13.权利、许可证照	包括房屋产权证、工商营业执照、商标注册证、专利证、土地使用证	按件贴花5元	领受人	

五、税收优惠

对印花税的减免税优惠主要有：

(1)对已缴纳印花税凭证的副本或者抄本免税。

(2)对无息、贴息贷款合同免税。

(3)对房地产管理部门与个人签订的用于生活居住的租赁合同免税。

(4)对农牧业保险合同免税。

(5)对与高校学生签订的高校学生公寓租赁合同，免征印花税。

(6)对公租房经营管理单位建造管理公租房涉及的印花税予以免征。

(7)为贯彻落实《国务院关于加快棚户区改造工作意见》，对改造安置住房经营管理单位、开发商与改造安置住房相关的印花税以及购买安置住房的个人涉及的印花税自2013年7月4日起予以免征。

(8)对因农村集体经济组织以及代行集体经济组织职能的村民委员会、村民小组进行清产核资收回集体资产而签订的产权转移书据，免征印花税。

(9)对北京冬奥组委使用的营业账簿和签订的各类合同等应税凭证，免征北京冬奥组委应缴纳的印花税。

(10)对保险保障基金公司下列应税凭证,免征印花税:

a. 新设立的资金账簿;

b. 在对保险公司进行风险处置和破产救助过程中签订的产权转移书据;

c. 在对保险公司进行风险处置过程中与中国人民银行签订的再贷款合同;

d. 以保险保障基金自有财产和接收的受偿资产与保险公司签订的财产保险合同。

(11)自 2018 年 5 月 1 日起,对按万分之五税率贴花的资金账簿减半征收印花税,对按件贴花五元的其他账簿免征印花税。

(12)自 2019 年 1 月 1 日起至 2021 年 12 月 31 日止,增值税小规模纳税人减按 50%征收印花税(不含证券交易印花税)。增值税小规模纳税人已依法享受印花税其他优惠政策的,可叠加享受。

(13)对易地扶贫搬迁项目实施主体(以下简称项目实施主体)取得用于建设安置住房的土地,免征印花税。对安置住房建设和分配过程中应由项目实施主体、项目单位缴纳的印花税,予以免征。

(14)自 2019 年 1 月 1 日起至 2021 年 12 月 31 日止,对与高校学生签订的高校学生公寓租赁合同,免征印花税。

第二节　印花税的计算与征收管理

一、计税依据

(一)计税依据的一般规定

印花税的计税依据为各种应税凭证上所记载的计税金额。具体规定为:

(1)购销合同的计税依据为合同记载的购销金额。

(2)加工承揽合同的计税依据是加工或承揽收入的金额。具体规定:

①对于由受托方提供原材料的加工、定做合同,凡在合同中分别记载加工费金额和原材料金额的,应分别按"加工承揽合同""购销合同"计税,两项税额相加数,即为合同应贴印花;若合同中未分别记载,则应就全部金额依照加工承揽合同计税贴花。

②对于由委托方提供主要材料或原料,受托方只提供辅助材料的加工合同,无论加工费和辅助材料金额是否分别记载,均以辅助材料与加工费的合计数,依照加工承揽合同计税贴花。对委托方提供的主要材料或原料金额不计税贴花。

(3)建设工程勘察设计合同的计税依据为收取的费用。

(4)建筑安装工程承包合同的计税依据为承包金额。

(5)财产租赁合同的计税依据为租赁金额。经计算,税额不足 1 元的,按 1 元贴花。

(6)货物运输合同的计税依据为取得的运输费金额(即运费收入),不包括所运货物的金额、装卸费和保险费等。

(7)仓储保管合同的计税依据为收取的仓储保管费用。

(8)借款合同的计税依据为借款金额。针对实际借贷活动中不同的借款形式,税法规定了不同的计税方法:

①凡是一项信贷业务既签订借款合同，又一次或分次填开借据的，只以借款合同所载金额为计税依据计税贴花；凡是只填开借据并作为合同使用的，应以借据所载金额为计税依据计税贴花。

②借贷双方签订的流动资金周转性借款合同，一般按年(期)签订，规定最高限额，借款人在规定的期限和最高限额内随借随还。为避免加重借贷双方的负担，对这类合同只以其规定的最高额为计税依据，在签订时贴花一次，在限额内随借随还不签订新合同的，不再另贴印花。

③对借款方以财产作抵押，从贷款方取得一定数量抵押贷款的合同，应按借款合同贴花；在借款方因无力偿还借款而将抵押财产转移给贷款方时，应再就双方书立的产权书据，按产权转移书据的有关规定计税贴花。

④对银行及其他金融组织的融资租赁业务签订的融资租赁合同，应按合同所载租金总额，暂按借款合同计税。

⑤在贷款业务中，如果贷方系由若干银行组成的银团，银团各方均承担一定的贷款数额。借款合同由借款方与银团各方共同书立，各执一份合同正本。对这类合同借款方与贷款银团各方应分别在所执的合同正本上，按各自的借款金额计税贴花。

⑥在基本建设贷款中，如果按年度用款计划分年签订借款合同，在最后一年按总概算签订借款总合同，且总合同的借款金额包括各个分合同的借款金额的，对这类基建借款合同，应按分合同分别贴花，最后签订的总合同，只就借款总额扣除分合同借款金额后的余额计税贴花。

(9)财产保险合同的计税依据为支付(收取)的保险费，不包括所保财产的金额。

(10)技术合同的计税依据为合同所载的价款、报酬或使用费。为了鼓励技术研究开发，对技术开发合同，只就合同所载的报酬金额计税，研究开发经费不作为计税依据。单对合同约定按研究开发经费一定比例作为报酬的，应按一定比例的报酬金额贴花。

(11)产权转移书据的计税依据为所载金额。

(12)营业账簿税目中记载资金的账簿的计税依据为“实收资本”与“资本公积”两项的合计金额。实收资本，包括现金、实物、无形资产和材料物资。现金按实际收到或存入纳税人开户银行的金额确定。实物，指房屋、机器等，按评估确认的价值或者合同、协议约定的价格确定。无形资产和材料物资，按评估确认的价值确定。

资本公积，包括接受捐赠、法定财产重估增值、资本折算差额、资本溢价等。如果是实物捐赠，则按同类资产的市场价格或有关凭据确定。

其他账簿的计税依据为应税凭证件数。

(13)权利、许可证照的计税依据为应税凭证件数。

(二)计税依据的特殊规定

(1)上述凭证以“金额”“收入”“费用”作为计税依据的，应当全额计税，不得作任何扣除。

(2)同一凭证，载有两个或两个以上经济事项而适用不同税目税率，如分别记载金额的，应分别计算应纳税额，相加后按合计税额贴花；如未分别记载金额的，按税率高的计税贴花。

(3)按金额比例贴花的应税凭证，未标明金额的，应按照凭证所载数量及国家牌价计算金额；没有国家牌价的，按市场价格计算金额，然后按规定税率计算应纳税额。

(4)应税凭证所载金额为外国货币的，应按照凭证书立当日国家外汇管理局公布的外汇牌价折人民币，然后按规定税率计算应纳税额。

(5)应纳税额不足1角的,免纳印花税;1角以上的,其税额尾数不满5分的不计,满5分的按1角计算。

(6)有些合同,在签订时无法确定计税金额,如技术转让合同中的转让收入,是按销售收入的一定比例收取或是按实现利润分成的;财产租赁合同,只是规定了月(天)租金标准而无租赁期限的。对这类合同,可在签订时先按定额5元贴花,以后结算时再按照实际金额计税,补贴印花。

(7)应税合同在签订时纳税义务即已产生,应计算应纳税额并贴花。所以,不论合同是否兑现或是否按期兑现,均应贴花。

对已履行并贴花的合同,所载金额与合同履行后实际结算金额不一致的,只要双方未修改合同金额,一般不再办理完税手续。

(8)对有经营收入的事业单位,凡属由国家财政拨付事业经费,实行差额预算管理的单位,其记载经营业务的账簿,按其他账簿定额贴花,不记载经营业务的账簿不贴花;凡属经费来源实行自收自支的单位,其营业账簿,应对记载资金的账簿和其他账簿分别计算应纳税额。

跨地区经营的分支机构使用的营业账簿,应由各分支机构于其所在地计算贴花。对上级单位核拨资金的分支机构,其记载资金的账簿按核拨的账面资金额计税贴花,其他账簿按定额贴花;对上级单位不核拨资金的分支机构,只就其他账簿按件定额贴花。为避免对同一资金重复计税贴花,上级单位记载资金的账簿,应按扣除拨给下属机构资金数额后的其余部分计税贴花。

(9)商品购销活动中,采用以货换货方式进行商品交易签订的合同,是反映既购又销双重经济行为的合同。对此,应按合同所载的购、销合计金额计税贴花。合同未列明金额的,应按合同所载购、销数量依照国家牌价或者市场价格计算应纳税额。

(10)施工单位将自己承包的建设项目,分包或者转包给其他施工单位所签订的分包合同或者转包合同,应按新的分包合同或转包合同所载金额计算应纳税额。这是因为印花税是一种具有行为税性质的凭证税,尽管总承包合同已依法计税贴花,但新的分包或转包合同是一种新的凭证,又发生了新的纳税义务。

(11)从2008年9月19日起,对证券交易印花税政策进行调整,由双边征收改为单边征收,即只对卖出方(或继承、赠与A股、B股股权的出让方)征收证券(股票)交易印花税,对买入方(受让方)不再征税。税率仍保持1‰。

(12)对国内各种形式的货物联运,凡在起运地统一结算全程运费的,应以全程运费作为计税依据,由起运地运费结算双方缴纳印花税;凡分程结算运费的,应以分程的运费作为计税依据,分别由办理运费结算的各方缴纳印花税。

对国际货运,凡由我国运输企业运输的,不论在我国境内、境外起运或中转分程运输,我国运输企业所持的一份运费结算凭证,均按本程运费计算应纳税额;托运方所持的一份运费结算凭证,按全程运费计算应纳税额。由外国运输企业运输进出口货物的,外国运输企业所持的一份运费结算凭证免纳印花税;托运方所持的一份运费结算凭证应缴纳印花税。国际货运运费结算凭证在国外办理的,应在凭证转回我国境内时按规定缴纳印花税。

印花税票为有价证券,其票面金额以人民币为单位,分为1角、2角、5角、1元、2元、5元、10元、50元、100元9种。(如2008年版印花税票一套共9枚,图案分别为:1角的图案是京剧《空城计》中的诸葛亮;2角的图案是豫剧《花木兰》中的花木兰;5角的图案是秦腔《龙凤阁》

中的徐彦昭；1元的图案是评剧《花为媒》中的张五可；2元的图案是黄梅戏《女驸马》中的冯素珍；5元的图案是粤剧《昭君出塞》中的王昭君；10元的图案是川剧《白蛇传》中的紫金铙钹；50元的图案是越剧《红楼梦》中的林黛玉；100元的图案是昆剧《十五贯》中的娄阿鼠。2008年版印花税票是国家税务总局委托国家邮政局邮票印制局设计印刷的，设计者为著名邮票设计家王虎鸣。）

二、印花税应纳税额的计算方法

纳税人的应纳税额，根据应纳税凭证的性质，分别按比例税率或者定额税率计算，其计算公式为：

应纳税额＝应税凭证计税金额（或应税凭证件数）×适用税率

【例9-1】2019年1月，甲公司将闲置厂房出租给乙公司，合同约定每月租金2 500元，租期未定。签订合同时，预收租金5 000元，双方已按定额贴花。5月底合同解除，甲公司收到乙公司补交租金7 500元。请计算甲公司5月份应补缴印花税。

解：根据印花税法规定：有些合同在签订时无法确定计税金额，可在签订时先按定额5元贴花，以后结算时再按实际金额计税，补贴印花税票。

应补缴印花税＝(5 000＋7 500)×1‰－5＝7.5(元)

【例9-2】甲企业与乙企业签订一份技术开发合同，记载金额共计800万元，其中研究开发经费为500万元。该合同甲、乙各持一份，请计算双方共应缴纳的印花税。

解：应纳税额＝(800－500)×0.3‰×2＝0.18(万元)

【例9-3】某钢铁公司与机械进出口公司签订购买价值2 000万元设备合同，为购买此设备向商业银行签订借款2 000万元的借款合同。后因故购销合同作废，改签融资租赁合同，租赁费1 000万元。根据上述情况，计算该钢铁公司共应缴纳印花税。

解：本题涉及3项应税行为

(1)购销合同应纳税额＝2 000×0.3‰＝0.6(万元)，产生纳税义务后合同作废不能免税；

(2)借款合同应纳税额＝2 000×0.05‰＝0.1(万元)；

(3)融资租赁合同属于借款合同，应纳税额＝1 000×0.05‰＝0.05(万元)。

该钢铁公司应纳税额＝0.6＋0.1＋0.05＝0.75(万元)。

三、印花税的征收管理

（一）纳税办法

印花税的纳税办法，根据税额大小、贴花次数以及税收征收管理的需要，分别采用以下三种纳税办法。

1. 自行贴花

这种办法，一般适用于应税凭证较少或者贴花次数较少的纳税人。纳税人必须自行贴花并注销或划销，这样才算完整地完成了纳税义务，这也就是通常所说的“三自”纳税办法。

在实际执行中，由于印花税票保管成本高，贴花纳税不方便，纳税人大多选择汇总申报纳税，较少采用贴花纳税。同时，随着现代信息技术发展，出现了大量电子凭证，难以再采用贴花的纳税方式。

2.汇贴或汇缴

这种办法，一般适用于应纳税额较大或者贴花次数频繁的纳税人。

一份凭证应纳税额超过500元的，应向当地税务机关申请填写缴款书或者完税证，将其中一联粘贴在凭证上或者由税务机关在凭证上加注完税标记代替贴花。这就是通常所说的“汇贴”办法。

同一种类应纳税凭证，需频繁贴花的，纳税人可以根据实际情况自行决定是否采用按期汇总缴纳印花税的方式。

采用按期汇总缴纳方式的纳税人应事先告知主管税务机关。缴纳方式一经选定，1年内不得改变。主管税务机关接到纳税人要求按期汇总缴纳印花税的告知后，应及时登记，制定相应的管理办法，防止出现管理漏洞。对采用按期汇总缴纳方式缴纳印花税的纳税人，应加强日常监督、检查。

实行印花税按期汇总缴纳的单位，对征税凭证和免税凭证汇总时，凡分别汇总的，按本期征税凭证的汇总金额计算缴纳印花税；凡确属不能分别汇总的，应按本期全部凭证的实际汇总金额计算缴纳印花税。

凡汇总缴纳印花税的凭证，应加注税务机关指定的汇缴戳记、编号并装订成册后，将已贴印花或者缴款书的一联粘附册后，盖章注销，保存备查。

3.委托代征

这一办法主要是通过税务机关的委托，经由发放或者办理应纳税凭证的单位代为征收印花税税款。税务机关应与代征单位签订委托代征协议。所谓发放或者办理应纳税凭证的单位，是指发放权利、许可证照的单位和办理凭证的鉴证、公证及其他有关事项的单位。如按照印花税法规定，工商行政管理机关核发各类营业执照和商标注册证的同时，负责代售印花税票，征收印花税税款，并监督领受单位或个人负责贴花。税务机关委托工商行政管理机关代售印花税票，按不超过代售金额5%的比例支付代售手续费。

印花税法规定，发放或者办理应纳税凭证的单位，负有监督纳税人依法纳税的义务，具体是指对以下纳税事项监督：

(1)应纳税凭证是否已粘贴印花；

(2)粘贴的印花是否足额；

(3)粘贴的印花是否按规定注销。

对未完成以上纳税手续的，应督促纳税人当场完成。

(二)纳税环节

印花税纳税义务发生时间为订立、领受或者完成证券交易的当日。具体是指在合同签订时、账簿启用时和证照领受时贴花。如果合同是在国外签订，并且不便在国外贴花的，应在将合同带入境时办理贴花纳税手续。

证券交易印花税扣缴义务发生时间为证券交易完成的当日。

(三)纳税地点

印花税一般实行就地纳税。单位纳税人应当向其机构所在地的主管税务机关申报缴纳印花税;个人纳税人应当向应税凭证订立、领受地或者居住地的税务机关申报缴纳印花税。

纳税人出让或者转让不动产产权的,应当向不动产所在地的税务机关申报缴纳印花税。

证券交易印花税的扣缴义务人应当向其机构所在地的主管税务机关申报缴纳扣缴的税款。

对于全国性商品物资订货会(包括展销会、交易会等)上所签订合同应纳的印花税,由纳税人回其所在地后及时办理贴花完税手续;对地方主办、不涉及省际关系的订货会、展销会上所签合同的印花税,其纳税地点由各省、自治区、直辖市人民政府自行确定。

(四)违章与处罚

印花税纳税人有下列行为之一的,由税务机关根据情节轻重予以处罚:

(1)在应纳税凭证上未贴或者少贴印花税票的或者已粘贴在应税凭证上的印花税票未注销或者未划销的,由税务机关追缴其不缴或者少缴的税款、滞纳金,并处不缴或者少缴的税款50%以上5倍以下的罚款。

(2)已贴用的印花税票揭下重用造成未缴或少缴印花税的,由税务机关追缴其不缴或者少缴的税款、滞纳金,并处不缴或者少缴的税款50%以上5倍以下的罚款;构成犯罪的,依法追究刑事责任。

(3)伪造印花税票的,由税务机关责令改正,处以2 000元以上1万元以下的罚款;情节严重的,处以1万元以上5万元以下的罚款;构成犯罪的,依法追究刑事责任。

(4)按期汇总缴纳印花税的纳税人,超过税务机关核定的纳税期限,未缴或少缴印花税款的,由税务机关追缴其不缴或者少缴的税款、滞纳金,并处不缴或者少缴的税款50%以上5倍以下的罚款;情节严重的,同时撤销其汇缴许可证;构成犯罪的,依法追究刑事责任。

(5)纳税人违反以下规定的,由税务机关责限期改正,可处以2 000元以下的罚款;情节严重的,处以2 000元以上1万元以下的罚款。

①凡汇总缴纳印花税的凭证,应加注税务机关指定的汇缴戳记,编号并装订成册后,将已贴印花或者缴款书的一联粘附册后,盖章注销,保存备查。

②纳税人对纳税凭证应妥善保存。凭证的保存期限,凡国家已有明确规定的,按规定办理;没有明确规定的其余凭证均应在履行完毕后保存1年。

(6)代售户对取得的税款逾期不缴或者挪作他用,或者违反合同将所领印花税票转托他人代售或者转至其他地区销售,或者未按规定详细提供领、售印花税票情况的,税务机关可视其情节轻重,给予警告或者取消其代售资格的处罚。

习 题

一、单项选择题

1. 某电厂与某水运公司签订一份运输保管合同，合同载明的费用为 500 000 元（运费和保管费未分别记载）。货物运输合同的印花税税率为 5‰，仓储保管合同的印花税税率为 1‰，该项合同双方各应缴纳的印花税额为（ ）元。

A. 500　　B. 250　　C. 150　　D. 1 000

2. 甲公司与乙公司分别签订了两份合同：一是以货换货合同，甲公司的货物价值 200 万元，乙公司的货物价值 150 万元；二是采购合同甲公司购买乙公司 50 万元货物，但因故合同未能兑现。甲公司应缴纳印花税（ ）元。

A. 150　　B. 600　　C. 1 050　　D. 1 200

3. 某建筑公司与甲企业签订一份建筑承包合同，合同金额 6 000 万元（含相关费用 50 万元）。施工期间，该建筑公司又将其中价值 800 万元的安装工程转包给乙企业，并签订转包合同。该建筑公司此项业务应缴纳印花税（ ）万元。

A. 1.785　　B. 1.8　　C. 2.025　　D. 2.04

4. 下列合同中，属于印花税征税范围的是（ ）。

A. 审计咨询合同　　B. 融资租赁合同　　C. 人寿保险合同　　D. 法律咨询合同

5. 某交通运输企业 2019 年 2 月签订以下合同：①与某银行签订融资租赁合同购置新车 15 辆，合同载明租赁期限为 3 年，每年支付租金 100 万元；②与某客户签订货物运输合同，合同载明货物价值 500 万元，运输费用 65 万元（含装卸费 5 万元，货物保险费 10 万元）；③与某运输企业签订租赁合同，合同载明将本企业闲置的总价值 300 万元的 10 辆货车出租，每辆车月租金 4 000 元，租期未定；④与某保险公司签订保险合同，合同载明为本企业的 50 辆车上第三方责任险，每辆车每年支付保险费 4 000 元。该企业当月应缴纳的印花税是（ ）元。

A. 505　　B. 540　　C. 605　　D. 640

6. A 公司向 B 汽车运输公司租入 5 辆载重汽车，双方签订的合同规定，5 辆载重汽车的总价值为 240 万元，租期 3 个月，租金为 12.8 万元。则 A 公司应缴纳印花税税额（ ）元。

A. 32　　B. 128　　C. 600　　D. 2 400

7. 某公司受托加工制作广告牌，双方签订的加工承揽合同中分别注明加工费 40 000 元，委托方提供价值 60 000 元的主要材料，受托方提供价值 2 000 元的辅助材料。该公司此项合同应缴纳印花税（ ）元。

A. 20　　B. 21　　C. 12.6　　D. 39

8. 下列与应税合同有关的纳税人是（ ）。

A. 合同担保人　　B. 合同鉴定人　　C. 合同证人　　D. 合同代理人

9. 某工厂委托一服装厂加工工作服，合同约定布料由工厂提供，价值 60 万元，工厂另支付加工费 20 万元，下列各项关于计算印花税的表述中，正确的是（ ）。

A. 工厂应以 60 万元的计税依据，按销售合同的税率计算印花税

B. 服装厂应以 60 万元的计税依据，按销售合同的税率计算印花税

C. 服装厂应以 20 万元加工费为计税依据，按加工承揽合同的税率计算印花税

D. 服装厂和工厂均以 80 万元为计税依据，按照加工承揽合同的税率计算印花税

10. 某股民 2019 年 2 月 26 日买卖股票记录如表 9-2 所示。

表 9-2 某股民买卖股票记录情况表数量单位股

股票名称	买或卖	委托价/元	委托数量	成交价/元	成交数量
BJ01	买	7.50	10 000	7.48	8 000
				7.46	2 000
JT03	卖	7.40	5 000		
ZJ06	买	6.80	5 000	6.80	4 000
SZ08	卖	9.90	20 000	9.90	20 000

则该股民该日应交印花税额为（ ）元。

A. 198　　B. 299.96　　C. 599.92　　D. 899.88

11. 某人与某租赁公司签订机动车辆租赁合同，租用小轿车一辆，租期一周，租金 800 元，该合同各方应按（ ）元贴花。

A. 0.80　　B. 1.60　　C. 1　　D. 5

12. 某企业 2019 年期初营业账簿记载的实收资本和资本公积余额为 500 万元，2019 年 6 月该企业增加实收资本 120 万元，新建其他账簿 12 本，领受专利局发给的专利证 1 件。该企业上述凭证 2019 年应纳印花税为（ ）元。

A. 65　　B. 305　　C. 665　　D. 3 165

13. A 公司与 B 公司签订了以货易货合同，由 A 公司向 B 公司提供价值 100 000 元的钢材，B 公司向 A 公司提供价值 150 000 元的机器设备，货物差价由 A 公司付款补足。A、B 两公司共应缴纳印花税为（ ）元。

A. 250　　B. 125　　C. 75　　D. 150

二、多项选择题

1. 下列属于印花税纳税人的有（ ）。

A. 借款合同的担保人

B. 发放商标注册证的国家商标局

C. 在国外书立，在国内使用技术合同的单位

D. 签订加工承揽合同的两家中外合资企业

2 下列选项中，属于印花税税率形式的有（ ）。

A. 比例税率　　B. 比率税率　　C. 定额税率　　D. 定量税率

3. 下列合同中，免征印花税的有（ ）。

A. 贴息贷款合同　　B. 仓储保管合同

C. 农牧业保险合同　　D. 建设工程勘察合同

4. 居民甲将其拥有的一处房产给居民乙，双方签订房屋权属转移合同并按规定办理了房屋产权过户手续。下列关于契税和印花税的表述中，正确的有（ ）。

A. 作为交易的双方,居民甲和居民乙均同时负有印花税和契税的纳税义务
B. 契税的计税依据为房屋权属转移合同中确定的房产成交价格
C. 契税纳税人应在该房产的所在地交纳契税,印花税的纳税人应在签订合同时就地纳税
D. 契税纳税人的纳税义务在房屋权属转移合同的当天发生,印花税纳税人的纳税义务在房屋权属转移合同签订时发生

5. 下列各项中,应当征收印花税的项目有( )。
A. 产品加工合同 B. 会计咨询合同 C. 技术开发合同 D. 图书销售合同

6. 下列各项,应按照"产权转移书据"税目缴纳印花税的有( )。
A. 股权转让合同 B. 专利实施许可合同
C. 商品房销售合同 D. 专利申请权转让合同

7. 下列属于印花税纳税人的有( )。
A. 签订加工承揽合同的两家中外合资企业
B. 发放专利证的国家专利局
C. 借款合同担保人
D. 在国外书立,在国内使用技术合同的单位

8. 下列凭证中作为合同使用的,按合同贴印花税票的有( )。
A. 保险单据 B. 借款(贷款)单据
C. 仓单或栈单 D. 订购单

9. 以下属于技术合同贴花的有( )。
A. 技术开发 B. 专利申请权转让
C. 专利权转让 D. 非专利技术转让

10. 财产租赁合同可以是( )。
A. 出租设备的合同 B. 出租机动车辆的合同
C. 出租柜台的合同 D. 企业租赁承包合同

11. 印花税规定中记载资金的账簿是指( )。
A. 记载现金的账簿 B. 记载银行存款的账簿
C. 记载实收资本的账簿 D. 记载资本公积的账簿

12. 下列说法正确的有( )。
A. 财产保险合同的计税依据为所保财产的金额
B. 权利、许可证照的计税依据为应税凭证的件数
C. 流动资金周转性借款以其规定的最高限额为计税依据
D. 建设工程勘察设计合同的计税依据为收取的费用

13. 下列各项中,应征收印花税的有( )。
A. 分包或转包合同 B. 会计咨询合同
C. 财政贴息贷款合同 D. 未列明金额的购销合同

14. 下面关于印花税的纳税地点表述正确的是( )。
A. 一般实行就地纳税
B. 由主管税务所决定纳税人的纳税地点

C. 不涉及省际关系的商品展销会所签合同印花税的纳税地点由省、自治区、直辖市人民政府确定

D. 全国性商品展销会所签合同在展销会所在地就地纳税

三、判断题

1. 各类合同的纳税义务人是立合同人。立合同人指合同的当事人，包括担保人、证人、鉴定人等对凭证有直接权利义务关系的单位和个人。（ ）

2. 加工承揽合同适用比例税率，税率为万分之五，营业账簿适用定额税率，税额为每件5元。（ ）

3. 财产所有人将财产赠给政府、社会团体、社会福利单位、学校及其他事业单位所立的书据免纳印花税。（ ）

4. 甲乙双方签订一份仓储保管合同，合同上注明货物金额500万元，保管费用10万元。甲乙双方共应缴纳印花税200元。（ ）

5. 甲公司与乙公司签订一份加工合同，甲公司提供价值30万元的辅助材料并收取加工费25万元，乙公司提供价值100万元的原材料。甲公司应纳印花税275元。（ ）

6. 一项信贷业务既签订整体借款合同，又分次填开借据的，合同和借据都要计印花税。（ ）

7. 某企业分别与他人签订了经营租赁合同和融资租赁合同各一项，该企业按照两项租赁合同金额的1‰缴纳了印花税。（ ）

8. 对于由委托方提供原材料的加工承揽合同，凡是合同中分别记载加工费金额和原材料金额的，应分别按“加工承揽合同”和“购销合同”计税贴花；若合同中未分别记载，则应就全部金额依照“加工承揽合同”计税。（ ）

9. 对纳税人以电子形式签订的各类合同不征收印花税。（ ）

10. 企业与主管部门签订的租赁承包经营合同不征印花税。（ ）

第十章 资源税

★ 本章学习要点

- 资源税的概念
- 资源税的税制要素
- 资源税的计算
- 资源税的征收管理

第一节 资源税纳税义务人、税目与税率

资源税是对在中华人民共和国领域和中华人民共和国管辖的其他海域开发应税资源的单位和个人课征的一种税。我国从1984年开始征收资源税，征收对象主要是煤炭、石油、天然气等矿产资源。1993年12月25日，国务院发布《中华人民共和国资源税暂行条例》，自施行以来，资源税运行比较平稳。1994年至2018年，全国累计征收资源税10 955亿元，其中2018年征收1 630亿元。资源税对于促进资源节约集约利用、加强生态环境保护等，发挥着重要作用。近些年在一些省份开始试点水资源税。

资源税法是指国家制定的用以调整资源税征收与缴纳相关权利及义务关系的法律规 范。现行资源税法的基本规范是2019年8月26日第十三届全国人民代表大会常务委员会第十二次会议通过的《中华人民共和国资源税法》，自2020年9月1日起施行。《中华人民共和国资源税暂行条例》同时废止。

一、纳税义务人

在中华人民共和国领域和中华人民共和国管辖的其他海域开发应税资源的单位和个人，为资源税的纳税人，应当依法缴纳资源税。

中外合作开采陆上、海上石油资源的企业依法缴纳资源税。2011年11月1日前已依法订立中外合作开采陆上、海上石油资源合同的，在该合同有效期内，继续依照国家有关规定缴纳矿区使用费，不缴纳资源税；合同期满后，依法缴纳资源税。

国务院根据国民经济和社会发展需要，依照本法的原则，对取用地表水或者地下水的单位和个人试点征收水资源税。征收水资源税的，停止征收水资源费。水资源税根据当地水资源

状况、取用水类型和经济发展等情况实行差别税率。水资源税试点实施办法由国务院规定，报全国人民代表大会常务委员会备案。国务院自本法施行之日起五年内，就征收水资源税试点情况向全国人民代表大会常务委员会报告，并及时提出修改法律的建议。

二、税目、税率

(一)税目

资源税税目包括7大类，在7个税目下面又设有若干个子目。

(1)原油，是指开采的天然原油，不包括人造石油。

(2)天然气，是指专门开采或者与原油同时开采的天然气。

(3)煤炭，包括原煤和以未税原煤加工的洗选煤。

(4)其他非金属矿原矿，是指上列产品和井矿盐以外的非金属矿原矿。

(5)黑色金属矿原矿，包括铁矿石、锰矿石和铬矿石。

(6)有色金属矿原矿。

(7)盐，一是固体盐，包括海盐原盐、湖盐原盐和井矿盐；二是液体盐(卤水)，是指氯化钠含量达到一定浓度的溶液，是用于生产碱和其他产品的原料。

纳税人在开采主矿产品的过程中伴采的其他应税矿产品，凡未单独规定适用税额的，一律按主矿产品或视同主矿产品税目征收资源税。

未列举名称的其他非金属矿原矿和其他有色金属矿原矿，由省、自治区、直辖市人民政府决定征收或暂缓征收资源税，并报财政部和国家税务总局备案。

(二)税率

资源税采取从价定率或者从量定额的办法计征。

资源税具体适用的税额、税率是在表10-1(旧)、表10-2(新)中执行的。

表10-1 旧资源税税目、税率

税目		税率
一、原油		销售额的6%～10%
二、天然气		销售额的6%～10%
三、煤炭		销售额的2%～10%
四、其他非金属矿原矿	普通非金属矿原矿	每吨或者每立方米0.5～20元
	贵重非金属矿原矿	每千克或者每克拉0.5～20元
五、黑色金属矿原矿		每吨2～30元

续表 10-1

税　目		税　率
六、有色金属矿原矿	稀土矿	每吨 0.4～60 元
	其他有色金属矿原矿	每吨 0.4～30 元
七、盐	固体盐	每吨 10～60 元
	液体盐	每吨 2～10 元

表 10-2　新资源税税目、税率

税　目			征税对象	税率
能源矿产	原油		原矿	6%
	天然气、页岩气、天然气水合物		原矿	6%
	煤		原矿或者选矿	2%～10%
	煤成(层)气		原矿	1%～2%
	铀、钍		原矿	4%
	油页岩、油砂、天然沥青、石煤		原矿或者选矿	1%～4%
	地热		原矿	1%～20%或者每立方米1～30 元
金属矿产	黑色金属	铁、锰、铬、钒、钛	原矿或者选矿	1%～9%
	有色金属	铜、铅、锌、锡、镍、锑、镁、钴、铋、汞	原矿或者选矿	2%～10%
		铝土矿	原矿或者选矿	2%～9%
		钨	选矿	6.5%
		钼	选矿	8%
		金、银	原矿或者选矿	2%～6%
		铂、钯、钌、锇、铱、铑	原矿或者选矿	5%～10%
		轻稀土	选矿	7%～12%
		中重稀土	选矿	20%
		铍、锂、锆、锶、铷、铯、铌、钽、锗、镓、铟、铊、铪、铼、镉、硒、碲	原矿或者选矿	2%～10%

续表10-2

税目			征税对象	税率
非金属矿产	矿物类	高岭土	原矿或者选矿	1%～6%
		石灰岩	原矿或者选矿	1%～6%或者每吨(或每立方米)1～10 元
		磷	原矿或者选矿	3%～8%
		石墨	原矿或者选矿	3%～12%
		萤石、硫铁矿、自然硫	原矿或者选矿	1%～8%
		天然石英砂、脉石英、粉石英、水晶、工业用金刚石、冰洲石、蓝晶石、硅线石(矽线石)、长石、滑石、刚玉、菱镁矿、颜料矿石、天然碱、芒硝、钠硝石、明矾石、砷、硼、碘、溴、膨润土、硅藻土、陶瓷土、耐火黏土、铁矾土、凹凸棒石黏土、海泡石黏土、伊利石黏土、累托石黏土	原矿或者选矿	1%～12%
		叶蜡石、硅灰石、透辉石、珍珠岩、云母、沸石、重晶石、毒重石、方解石、蛭石、透闪石、工业用电气石、白垩、石棉、蓝石棉、红柱石、石榴子石、石膏	原矿或者选矿	2%～12%
		其他黏土(铸型用黏土、砖瓦用黏土、陶粒用黏土、水泥配料用黏土、水泥配料用红土、水泥配料用黄土、水泥配料用泥岩、保温材料用黏土)	原矿或者选矿	1%～5%或者每吨(或每立方米)0.1～5 元
	岩石类	大理岩、花岗岩、白云岩、石英岩、砂岩、辉绿岩、安山岩、闪长岩、板岩、玄武岩、片麻岩、角闪岩、页岩、浮石、凝灰岩、黑曜岩、霞石正长岩、蛇纹岩、麦饭石、泥灰岩、含钾岩石、含钾砂页岩、天然油石、橄榄岩、松脂岩、粗面岩、辉长岩、辉石岩、正长岩、火山灰、火山渣、泥炭	原矿或者选矿	1%～10%
	宝玉石类	砂石	原矿或者选矿	1%～5%每吨(或每立方米)0.1～5 元
		宝石、玉石、宝石级金刚石、玛瑙、黄玉、碧玺	原矿或者选矿	4%～20%
水气矿产	二氧化碳气、硫化氢气、氦气、氡气		原矿	2%～5%
	矿泉水		原矿	1%～20%或每立方米1～30 元

续表 10-2

税目			征税对象	税率
盐	钠盐、钾盐、镁盐、锂盐		选矿	3%～15%
	天然卤水		原矿	3%～15%或者每吨(或每立方米)1～10元
	海盐			2%～5%

煤炭资源税税率幅度为2%～10%，具体适用税率由省级财税部门在此幅度内，根据本地区清理收费基金、企业承受能力、煤炭资源条件等因素提出建议，报省级人民政府拟定。结合当前煤炭行业实际情况，现行税费负担较高的地区要适当降低负担水平。省级人民政府需将拟定的适用税率在公布前报财政部、国家税务总局审批。跨省煤田的适用税率由财政部、国家税务总局确定。

纳税人开采或者生产不同税目应税产品的，应当分别核算不同税目应税产品的销售额或者销售数量；未分别核算或者不能准确提供不同税目应税产品的销售额或者销售数量的，从高适用税率。

收购未税矿产品的单位或中外合作开采油气田作业者为资源税的扣缴义务人。具体包括：

(1)独立矿山、联合企业收购未税矿产品的单位，按照本单位应税产品税额、税率标准，依据收购的数量代扣代缴资源税。

(2)其他收购单位收购的未税矿产品，按税务机关核定的应税产品税额、税率标准，依据收购的数量代扣代缴资源税。

(3)开采海洋或陆上油气资源的中外合作油气田，按实物量计算缴纳资源税，以该油气田开采的原油、天然气扣除作业用量和损耗量之后的原油、天然气产量作为课税数量。中外合作油气田的资源税由作业者负责代扣，申报缴纳事宜由参与合作的中国石油公司负责办理。计征的原油、天然气资源税实物随同中外合作油气田的原油、天然气一并销售，按实际销售额(不含增值税)扣除其本身所发生的实际销售费用后入库。海上自营油气田比照此规定执行。

第二节 资源税计税依据与应纳税额的计算

一、计税依据

(一)从价定率征收的计税依据

实行从价定率征收的以销售额作为计税依据。销售额是指纳税人销售应税产品向购买方收取的全部价款和价外费用，但不包括收取的增值税销项税额。

(二)从量定额征收的计税依据

实行从量定额征收的以销售数量为计税依据。销售数量的具体规定为：

(1)销售数量包括纳税人开采或者生产应税产品的实际销售数量和视同销售的自用数量。

(2)纳税人不能准确提供应税产品销售数量的，以应税产品的产量或者主管税务机关确定的折算比换算成的数量为计征资源税的销售数量。

(3)对于连续加工前无法正确计算原煤移送使用量的煤炭，可按加工产品的综合回收率，将加工产品实际销量和自用量折算成原煤数量，以此作为课税数量。

(4)金属和非金属矿产品原矿，因无法准确掌握纳税人移送使用原矿数量的，可将其精矿按选矿比折算成原矿数量，以此作为课税数量，其计算公式为：

选矿比＝精矿数量÷耗用原矿数量

(5)纳税人以自产的液体盐加工固体盐，按固体盐税额征税，以加工的固体盐数量为课税数量。纳税人以外购的液体盐加工成固体盐，其加工固体盐所耗用液体盐的已纳税额准予抵扣。

二、应纳税额的计算

(1)实行从价定率征收的，计算公式为：

应纳税额＝销售额×适用税率

【例 10-1】某油田 2019 年 3 月销售原油 20 000 吨，开具增值税专用发票取得销售额 11 000 万元、增值税额 1 430 万元，其适用的税率为 8%。请计算该油田 3 月应缴纳的资源税。

应纳税额＝11 000×8%＝880（万元）

(2)实行从量定额征收的，计算公式为：

应纳税额＝课税数量×单位税额

代扣代缴应纳税额＝收购未税矿产品的数量×适用的单位税额

(3)自 2014 年 12 月 1 日起，在全国范围内实施煤炭资源税从价计征改革，煤炭应税产品包括原煤和以未税原煤加工的洗选煤。

①应纳税额的计算公式如下：

应纳税额＝应税煤炭销售额×适用税率

纳税人开采原煤直接对外销售的，以原煤销售额作为应税煤炭销售额计算缴纳资源税。

原煤应纳税额＝原煤销售额×适用税率

原煤销售额不含从坑口到车站、码头等的运输费用。

②纳税人将其开采的原煤，自用于连续生产洗选煤的，在原煤移送使用环节不缴纳资源税；自用于其他方面的，视同销售原煤，计算缴纳资源税。

③纳税人将其开采的原煤加工为洗选煤销售的，以洗选煤销售额乘以折算率作为应税煤炭销售额计算缴纳资源税。

洗选煤应纳税额＝洗选煤销售额×折算率×适用税率

折算率可通过洗选煤销售额扣除洗选环节成本、利润计算，也可通过洗选煤市场价格与其所用同类原煤市场价格的差额及综合回收率计算。折算率由省、自治区、直辖市财税部门或其授权地市级财税部门确定。

④原煤和洗选煤销售额中包含的运输费用、建设基金以及随运销产生的装卸、仓储、港杂等费用，应与煤价分别核算，凡取得相应凭据的，允许在计算煤炭计税销售额时予以扣减。

⑤纳税人将其开采的原煤加工为洗选煤自用的，视同销售洗选煤，计算缴纳资源税。

⑥纳税人同时销售(包括视同销售)应税原煤和洗选煤的，应当分别核算原煤和洗选煤的销售额；未分别核算或者不能准确提供原煤和洗选煤销售额的，一并视同销售原煤按①计算缴纳资源税。

纳税人同时以自采未税原煤和外购已税原煤加工洗选煤的，应当分别核算；未分别核算的，按上文③计算缴纳资源税。

(4)为便于征管，对开采稠油、高凝油、高含硫天然气、低丰度油气资源及三次采油的陆上油气田企业，根据2014年以前年度符合减税规定的原油、天然气销售额占其原油、天然气总销售额的比例，确定资源税综合减征率和实际征收率，计算资源税应纳税额。计算公式为：

$$综合减征率=\sum(减税项目销售额\times减征幅度\times6\%)\div总销售额$$

$$实际征收率=6\%-综合减征率$$

$$应纳税额=总销售额\times实际征收率$$

(5)自2015年5月1日起稀土、钨、钼资源税由从量定额计征改为从价定率计征。稀土、钨、钼应税产品包括原矿和以自采原矿加工的精矿。

应纳税额的计算公式为：

$$应纳税额=精矿销售额\times适用税率$$

第三节 资源税税收优惠和征收管理

一、减税、免税项目

(1)开采原油过程中用于加热、修井的原油，免税。

(2)纳税人开采或者生产应税产品过程中，因意外事故或者自然灾害等原因遭受重大损失的，由省、自治区、直辖市人民政府酌情决定减税或者免税。

(3)铁矿石资源税减按40%征收资源税。

(4)尾矿再利用的，不再征收资源税。

(5)从2007年1月1日起，对地面抽采煤层气暂不征收资源税。

(6)自2010年6月1日起，纳税人在新疆开采的原油、天然气，自用于连续生产原油、天然气的，不缴纳资源税；自用于其他方面的，视同销售，依照本规定计算缴纳资源税。

(7)有下列情形之一的，免征或者减征资源税：

①开采原油以及在油田范围内运输原油过程中用于加热的原油、天然气，免征资源税。

②稠油、高凝油和高含硫天然气资源税减征40%。

③3次采油资源税减征30%。

④对低丰度油气田资源税暂减征20%。

⑤对深水油气田资源税减征30%。

⑥对衰竭期煤矿开采的煤炭，资源税减征30%。

⑦对采用填充开采置换出来的煤炭，资源税减征50%。

(8)自2018年4月1日至2021年3月31日，对页岩气资源税（按6%的规定税率）减征30%。

(9)自2019年1月1日起至2021年12月31日止，增值税小规模纳税人减按50%征收资源税（不含水资源税）。增值税小规模纳税人已依法享受资源税（不含水资源税）其他优惠政策的，可叠加享受。

二、出口应税产品不退(免)资源税的规定

资源税规定仅对在中国境内开采或生产应税产品的单位和个人征收，进口的矿产品和盐不征收资源税。由于对进口应税产品不征收资源税，相应的，对出口应税产品也不免征或退还已纳资源税。

三、纳税义务发生时间

纳税人销售应税产品，其纳税义务发生时间为：

①纳税人采取分期收款结算方式的，其纳税义务发生时间，为销售合同规定的收款日期的当天。

②纳税人采取预收货款结算方式的，其纳税义务发生时间，为发出应税产品的当天。

③纳税人采取其他结算方式的，其纳税义务发生时间，为收讫销售款或者取得索取销售款凭据的当天。

④纳税人自产自用应税产品的纳税义务发生时间，为移送使用应税产品的当天。

⑤扣缴义务人代扣代缴税款的纳税义务发生时间，为支付首笔货款或首次开具支付货 款凭据的当天。

四、纳税期限

资源税的纳税期限为1日、3日、5日、10日、15日或者1个月，纳税人的纳税期限由主管税务机关根据实际情况具体核定。不能按固定期限计算纳税的，可以按次计算纳税。

纳税人以1个月为一期纳税的，自期满之日起10日内申报纳税；以1日、3日、5日、10日或者15日为一期纳税的，自期满之日起5日内预缴税款，于次月1日起10日内申报纳税并结清上月税款。

五、纳税地点

(1)凡是缴纳资源税的纳税人，都应当向应税产品的开采或者生产所在地主管税务机关缴纳税款。

(2)如果纳税人在本省、自治区、直辖市范围内开采或者生产应税产品，其纳税地点需要调整的，由所在地省、自治区、直辖市税务机关决定。

(3)如果纳税人应纳的资源税属于跨省开采，其下属生产单位与核算单位不在同一省、自治区、直辖市的，对其开采或者生产的应税产品，一律在开采地或者生产地纳税。实行从量计

征的应税产品,其应纳税款一律由独立核算的单位按照每个开采地或者生产地的销售量及适用税率计算划拨;实行从价计征的应税产品,其应纳税款一律由独立核算的单位按照每个开采地或者生产地的销售量、单位销售价格及适用税率计算划拨。

(4)扣缴义务人代扣代缴的资源税,也应当向收购地主管税务机关缴纳。

六、资源税改革的主要内容

2016 年 5 月 10 日财政部、国家税务总局发出《关于全面推进资源税改革的通知》,于 2016 年 7 月 1 日起在我国全面推进资源税改革。

(一)扩大资源税征收范围

1. 开展水资源税改革试点工作

为全面贯彻落实党的十九大精神,推进资源全面节约和循环利用,推动形成绿色发展方式和生活方式,按照党中央、国务院决策部署,自 2017 年 12 月 1 日起在北京、天津、山西、内蒙古、山东、河南、四川、陕西、宁夏等 9 个省(自治区、直辖市)扩大水资源税改革试点。

(1)直接取用地表水、地下水的单位和个人,为水资源税纳税人。水资源税的征税对象为地表水和地下水。水资源税实行从量计征。

(2)下列情形,不缴纳水资源税。

①农村集体经济组织及其成员从本集体经济组织的水塘、水库中取用水的;

②家庭生活和零星散养、圈养畜禽饮用等少量取用水的;

③水利工程管理单位为配置或者调度水资源取水的;

④为保障矿井等地下工程施工安全和生产安全必须进行临时应急取用(排)水的;

⑤为消除对公共安全或者公共利益的危害临时应急取水的;

⑥为农业抗旱和维护生态与环境必须临时应急取水的。

2. 逐步将其他自然资源纳入征收范围

鉴于森林、草场、滩涂等资源在各地区的市场开发利用情况不尽相同,对其全面开征资源税条件尚不成熟,此次改革不在全国范围统一规定对森林、草场、滩涂等资源征税。各省、自治区、直辖市(以下统称省级)人民政府可以结合本地实际,根据森林、草场、滩涂等资源开发利用情况提出征收资源税的具体方案建议,报国务院批准后实施。

(二)实施矿产资源税从价计征改革

(三)全面清理涉及矿产资源的收费基金

(1)在实施资源税从价计征改革的同时,将全部资源品目矿产资源补偿费费率降为零,停止征收价格调节基金,取缔地方针对矿产资源违规设立的各种收费基金项目。

(2)地方各级财政部门要会同有关部门对涉及矿产资源的收费基金进行全面清理。凡不符合国家规定、地方越权出台的收费基金项目要一律取消。对确需保留的依法合规收费基金项目,要严格按规定的征收范围和标准执行,切实规范征收行为。

(四)合理确定资源税税率水平

(五)加强矿产资源税收优惠政策管理，提高资源综合利用效率

(1)对符合条件的采用充填开采方式采出的矿产资源，资源税减征 50%；对符合条件的衰竭期矿山开采的矿产资源，资源税减征 30%。具体认定条件由财政部、国家税务总局规定。

(2)对鼓励利用的低品位矿、废石、尾矿、废渣、废水、废气等提取的矿产品，由省级人民政府根据实际情况确定是否减税或免税，并制定具体办法。

(六)关于收入分配体制及经费保障

(1)按照现行财政管理体制，此次纳入改革的矿产资源税收入全部为地方财政收入。

(2)水资源税仍按水资源费中央与地方 1∶9 的分成比例不变。河北省在缴纳南水北调工程基金期间，水资源税收入全部留给该省。

(3)资源税改革实施后，相关部门履行正常工作职责所需经费，由中央和地方财政统筹安排和保障。

(七)关于实施时间

(1)此次资源税从价计征改革及水资源税改革试点，自 2016 年 7 月 1 日起实施。

(2)已实施从价计征的原油、天然气、煤炭、稀土、钨、钼等 6 个资源品目资源税政策暂不调整，仍按原办法执行。

习 题

一、单项选择题

1. 某油田 3 月生产原油 6 400 吨，当月销售 6 100 吨，对外赠送 5 吨，另有 2 吨在运输稠油过程中用于加热，每吨原油的不含增值税销售价格为 5 000 元，增值税 650 元。当地规定原油的资源税税率为 8%，该油田当月应缴纳资源税(　)元。

A. 2 440 000　　B. 2 442 000　　C. 2 442 800　　D. 2 857 140

2. 某油田原油价格每吨不含税价 6 000 元(不含税价，下同)，天然气每立方米 2 元，6 月该油田开采原油 25 万吨，当月销售 20 万吨，加热、修井用 2 万吨，将 3 万吨原油赠送给协作单位；开采天然气 700 万米^3，当月销售 600 万米^3，待售 100 万米^3。若原油、天然气的资源税税率为 6%，则该油田本月应纳资源税(　)万元。

A. 9 084　　B. 8 364　　C. 8 352　　D. 7 272

3. 下列企业既是增值税纳税人又是资源税纳税人的是(　)。

A. 销售有色金属矿产品的贸易公司　　B. 进口有色金属矿产品的企业

C. 在境内开采有色金属矿产品的企业　　D. 在境外开采有色金属矿产品的企业

4. 甲县某独立矿山 2018 年 12 份开采铜矿石原矿，销售到外省乙县；当月还到丙县收购未税铜矿石原矿并运回甲县，并将收购矿石销售到丁县。则该独立矿山 12 月份资源税纳税地点

为(　)县。

A.甲　　B.乙　　C.丙　　D.丁

二、多项选择题

1.下列关于资源税的说法,正确的有(　)。

A.对在中国境内开采煤炭的单位和个人,应按税法规定征收资源税,但对进口煤炭的单位和个人,则不征收资源税

B.原油是资源税的应税资源,包括天然原油和人造原油

C.纳税人进口应税资源不缴纳资源税,但要缴纳增值税和关税

D.开采资源税应税产品销售的,应向销售所在地的主管税务机关缴纳资源税

2.资源税的纳税义务人包括(　)。

A.在中国境内开采并销售煤炭的个人

B.在中国境内生产销售天然气的国有企业

C.在中国境内生产自用应税资源的个人

D.进口应税资源的国有企业

3.下列生产或开采的资源产品中,不征收资源税的有(　)。

A.金属矿产品原矿或精矿　　B.焦煤

C.汽油　　D.食盐

三、判断题

1.资源税实行从价计征或者从量计征。(　)

2.进口的矿产品和盐,不征收资源税;出口的矿产品和盐,也不免征或退还已纳资源税。(　)

第十一章 房产税

★ 本章学习要点

- 房产税的概念
- 房产税的税制要素
- 房产税的计算
- 房产税的征收管理

第一节 房产税概述

一、房产税的概念和特点

(一)房产税的概念

房产税是以房屋为征税对象,依据房屋的计税余值或租金收入向房产所有人征收的一种财产税。

(二)基本法律依据

现行房产税的基本规范是1986年9月15日国务院颁布并于当年10月1日开始施行的《中华人民共和国房产税暂行条例》(以下简称《房产税暂行条例》)。各省、自治区、直辖市人民政府根据暂行条例规定,先后制定了施行细则。财政部、国家税务总局下发的《关于房产税、城镇土地使用税有关问题的通知》(财税〔2008〕152号),对房产税、城镇土地使用税进行了重新调整。

(三)房产税的特点

1.房产税属于财产税中的个别财产税

财产税按征收方式分类,可分为一般财产税与个别财产税。一般财产税也称综合财产税,是对纳税人拥有的财产综合课征的税收。个别财产税,也称特种财产税,是对纳税人所有的土地、房屋、资本或其他财产分别课征的税收。我国现行房产税属于个别财产税。

2.征税范围限于城镇的经营性房屋

房产税的征税范围是在城市、县城、建制镇和工矿区,不涉及农村。农村的房屋大部分是农民居住用房，为了不增加农民负担，对农村的房屋没有纳入征税范围。另外，对某些拥有房屋但自身没有纳税能力的单位，如国家拨付行政经费、事业经费和国防经费的单位自用的房产，税法也通过免税的方式将这类房屋排除在征税范围之外。因为这些单位本身没有经营收入，若对其征税，就要相应增加财政拨款，征税也就失去意义。

3. 区别房屋的经营使用方式规定征税办法

拥有房屋的单位和个人，既可以自己使用房屋，也可以把房屋用于出租、出典。房产税根据纳税人经营形式不同，确定对房屋征税。可以按房产计税余值征收，又可以按租金收入征收，使其符合纳税人的经营特点，便于平衡税收负担和征收管理。

二、房产税的纳税人与征税对象

(一)房产税的纳税义务人

房产税以在征税范围内的房屋的产权所有人、经营管理单位、承典人、房产代管人或者使用人为纳税义务人，其中：

(1)产权属国家所有的，由经营管理单位纳税；产权属集体和个人所有的，由集体单位和个人纳税。

(2)产权出典的，由承典人纳税。所谓产权出典，是指产权所有人将房屋、生产资料等的产权，在一定期限内典当给他人使用，而取得资金的一种融资业务。

财税〔2009〕128 号文件明确，产权出典的房产，由承典人依照房产余值缴纳房产税。尽管房产税的计税依据有从租和从价两种，但由于出典不同于出租，出典人收取的典价也不同于租金，因此，不应将其确定为出租行为而按租金计征房产税。

(3)产权所有人、承典人不在房屋所在地的，由房产代管人或者使用人纳税。

(4)产权未确定及租典纠纷未解决的，由房产代管人或者使用人纳税。

(5)无租使用其他房产的问题。

对于纳税单位和个人无租使用房产管理部门、免税单位及纳税单位的房产，应由使用人代缴房产税。对于承租人使用房产，以支付房屋的修理费抵交房产租金，仍应由房产的产权所有人依照规定缴纳房产税。

为统一税收政策，财税〔2009〕128 号文件明确，无租使用其他单位房产的应税单位和个人，依照房产余值代缴纳房产税。也就是说，从 2009 年 12 月 1 日开始，无租使用房产按照房产余值由房产使用人代缴房产税。

例如：A 有限责任公司无偿使用 B 股份有限公司的一处闲置房产作为经营用房，该房产的余值为 300 万元，同类房产的市场租赁费一般是每年 42 万元左右。如果上述租赁发生在 2009 年 12 月 1 日前，则 A 有限责任公司每年代缴房产税＝42×12%＝5.04(万元)。如果上述租赁发生在 2009 年 12 月 1 日(含)后，则 A 有限责任公司每年代缴房产税＝300×1.2%＝3.6(万元)。

从 2009 年 1 月 1 日起，我国内外资分设税种的历史彻底结束。财政部发布了《关于对外资企业及外籍个人征收房产税有关问题的通知》，明确外商投资企业、外国企业和组织以及外籍个人，须依照《中华人民共和国房产税暂行条例》缴纳房产税。

(二)征税对象

房产税的征税对象是房产。所谓房产,是指有屋面和围护结构(有墙或两边有柱),能够遮风避雨,可供人们在其中生产、学习、工作、娱乐、居住或贮藏物资的场所。房地产开发企业建造的商品房,在出售前,不征收房产税;但对出售前房地产开发企业已使用或出租、出借的商品房应按规定征收房产税。

三、房产税的征税范围

房产税的征税范围为城市、县城、建制镇和工矿区。

(1)城市是指国务院批准设立的市。

(2)县城是指县人民政府所在地的地区。

(3)建制镇是指经省、自治区、直辖市人民政府批准设立的建制镇。

(4)工矿区是指工商业比较发达、人口比较集中、符合国务院规定的建制镇标准但尚未设立建制镇的大中型工矿企业所在地。开征房产税的工矿区须经省、自治区、直辖市人民政府批准。

房产税的征税范围不包括农村,这主要是为了减轻农民的负担。因为农村的房屋,除农副业生产用房外,大部分是农民居住用房。对农村房屋不纳入房产税征税范围,有利于农业发展,繁荣农村经济,有利于社会稳定。

四、房产税的税率

我国现行房产税采用的是比例税率。由于房产税的计税依据分为从价计征和从租计征两种形式,所以房产税的税率也有两种:一种是按房产原值一次减除10%~30%后的余值计征的,税率为1.2%;另一种是按房产出租的租金收入计征的,税率为12%。从2001年1月1日起,对个人按市场价格出租的居民住房,用于居住的,可暂减按4%的税率征收房产税。

自2008年3月1日起,对个人出租住房,不区分用途,按4%的税率征收房产税。对企事业单位、社会团体以及其他组织按市场价格向个人出租用于居住的住房,减按4%的税率征收房产税。

五、税收优惠

房产税的税收优惠是根据国家政策需要和纳税人的负担能力制定的。由于房产税属地方税,因此给予地方一定的减免权限,有利于地方因地制宜处理问题。

目前,房产税的税收优惠政策主要有:

(1)国家机关、人民团体、军队自用的房产免征房产税。但上述免税单位的出租房产以及非自身业务使用的生产、营业用房,不属于免税范围

这里的"人民团体",是指经国务院授权的政府部门批准设立或登记备案并由国家拨付行政事业费的各种社会团体。

这里的"自用的房产",是指这些单位本身的办公用房和公务用房。

(2)由国家财政部门拨付事业经费(全额或差额)的单位(如学校、医疗卫生单位、托儿所、幼儿园、敬老院、文化、体育、艺术类单位)所有的,本身业务范围内使用的房产免征房产税

为了鼓励事业单位经济自立，由国家财政部门拨付事业经费的单位，其经费来源实行自收自支后，从事业单位实行自收自支的年度起，免征房产税3年。事业单位自用的房产，是指这些单位本身的业务用房。

上述单位所属的附属工厂、商店、招待所等不属于单位公务、业务的用房，应照章纳税。

(3)宗教寺庙、公园、名胜古迹自用的房产免征房产税

宗教寺庙自用的房产，是指举行宗教仪式等的房屋和宗教人员使用的生活用房屋。

公园、名胜古迹自用的房产，是指供公共参观游览的房屋及其管理单位的办公用房屋。

宗教寺庙、公园、名胜古迹中附设的营业单位，如影剧院、饮食部、茶社、照相馆等所使用的房产及出租的房产，不属于免税范围，应照章纳税。

(4)个人所有非营业用的房产免征房产税

个人所有的非营业用房，主要是指居民住房，不分面积多少，一律免征房产税。

对个人拥有的营业用房或者出租的房产，不属于免税房产，应照章纳税。

(5)对行使国家行政管理职能的中国人民银行总行(含国家外汇管理局)所属分支机构自用的房产，免征房产税

(6)经财政部批准免税的其他房产

这类免税房产，情况特殊、范围较小，是根据实际情况确定的。主要有：

①损坏不堪使用的房屋和危险房屋，经有关部门鉴定，在停止使用后，可免征房产税。

②纳税人因房屋大修导致连续停用半年以上的，在房屋大修期间免征房产税。免征税额由纳税人在申报缴纳房产税时自行计算扣除，并在申报表附表或备注栏中作相应说明。

纳税人房屋大修停用半年以上需要免征房产税的，应在房屋大修前向主管税务机关报送相关的证明材料，包括大修房屋的名称、坐落地点、产权证编号、房产原值、用途、房屋大修的原因、大修合同及大修的起止时间等信息和资料，以备税务机关查验。具体报送材料由各省、自治区、直辖市和计划单列市税务局确定。

③在基建工地为基建工地服务的各种工棚、材料棚、休息棚和办公室、食堂、茶炉房、汽车房等临时性房屋，在施工期间，一律免征房产税。但工程结束后，施工企业将这种临时性房屋交还或估价转让给基建单位的，应从基建单位接收的次月起，照章纳税。

④为鼓励利用地下人防设施，暂不征收房产税。

⑤从1988年1月1日起，对房管部门经租的居民住房，在房租调整改革之前收取租金偏低的，可暂缓征收房产税。对房管部门经租的其他非营业用房，是否给予照顾，由各省、自治区、直辖市根据当地具体情况按税收管理体制的规定办理。

⑥对高校后勤实体免征房产税。

⑦对非营利性医疗机构、疾病控制机构和妇幼保健机构等卫生机构自用的房产，免征房产税。

⑧老年服务机构自用的房产。老年服务机构是指专门为老年人提供生活照料、文化、护理、健身等多方面服务的福利性、非营利性的机构，主要包括：老年社会福利院、敬老院(养老院)、老年服务中心、老年公寓(含老年护理院、康复中心、托老所)等。

⑨从2001年1月1日起，对按政府规定价格出租的公有住房和廉租住房，包括企业和自收自支事业单位向职工出租的单位自有住房，房管部门向居民出租的公有住房，落实私房政策

中带户发还产权并以政府规定租金标准向居民出租的私有住房等，暂免征收房产税。

⑩对邮政部门坐落在城市、县城、建制镇、工矿区范围内的房产，应当依法征收房产税；对坐落在城市、县城、建制镇、工矿区范围以外的尚在县邮政局内核算的房产，在单位财务账中划分清楚的，从 2001 年 1 月 1 日起不再征收房产税。

除上面提到的可以免纳房产税的情况以外，如纳税人确有困难的，可由省、自治区、直辖市人民政府确定，定期减征或者免征房产税。

⑪向居民供热并向居民收取采暖费的供热企业暂免征收房产税。“供热企业”包括专业供热企业、兼营供热企业、单位自供热及为小区居民供热的物业公司等，不包括从事热力生产但不直接向居民供热的企业。

对于免征房产税的“生产用房”，是指上述企业为居民供热所使用的厂房。对既向居民供热，又向非居民供热的企业，可按向居民供热收取的收入占其总供热收入的比例划分征免税界限；对于兼营供热的企业，可按向居民供热收取的收入占其生产经营总收入的比例划分征免税界限。

⑫自 2019 年 1 月 1 日起至 2021 年 12 月 31 日止，对高校学生公寓免征房产税。所称高校学生公寓，是指为高校学生提供住宿服务，按照国家规定的收费标准收取住宿费的学生公寓。

⑬自 2007 年 8 月 1 日起，对廉租住房经营管理单位按照政府规定价格，向规定保障对象出租廉租住房的租金收入，免征房产税。

⑭对青藏铁路公司及其所属单位自用的房产免征房产税。

⑮对按照去产能和调结构政策要求停产停业、关闭的企业，自停产停业次月起，免征房产税、城镇土地使用税。企业享受免税政策的期限累计不得超过两年。按照去产能和调结构政策要求停产停业、关闭的中央企业名单由国务院国有资产监督管理部门认定发布，其他企业名单由省、自治区、直辖市人民政府确定的去产能、调结构主管部门认定发布。认定部门应当及时将认定发布的企业名单(含停产停业、关闭时间)抄送同级财政和税务部门。

⑯自 2019 年 1 月 1 日至 2021 年 12 月 31 日，对国家级、省级科技企业孵化器、大学科技园和国家备案众创空间自用以及无偿或通过出租等方式提供给在孵对象使用的房产，免征房产税。

⑰自 2019 年 1 月 1 日至 2021 年 12 月 31 日，对农产品批发市场、农贸市场(包括自有和承租，下同)专门用于经营农产品的房产、土地，暂免征收房产税和城镇土地使用税。对同时经营其他产品的农产品批发市场和农贸市场使用的房产、土地，按其他产品与农产品交易场地面积的比例确定征免房产税和城镇土地使用税。

⑱自 2019 年 1 月 1 日起至 2021 年 12 月 31 日止，增值税小规模纳税人减按 50%征收房产税。增值税小规模纳税人已依法享受房产税其他优惠政策的，可叠加享受。

⑲由财政部门拨付事业经费的文化单位转制为企业，自转制注册之日起五年内对其自用房产免征房产税。2018 年 12 月 31 日之前已完成转制的企业，自 2019 年 1 月 1 日起对其自用房产可继续免征五年房产税。

⑳国家机关、军队、人民团体、财政补助事业单位、居民委员会、村民委员会拥有的体育场馆，用于体育活动的房产，免征房产税。

第二节 房产税的计算与征收管理

一、房产税的计算

(一)计税依据

房产税的计税依据是房产的计税价值或房产的租金收入。按照房产计税价值征税的,称为从价计征;按照房产租金收入计征的,称为从租计征。

1. 从价计征

《房产税暂行条例》规定,房产税依照房产原值一次减除10%~30%后的余值计算缴纳。各地扣除比例由当地省、自治区、直辖市人民政府确定。

(1)从2009年1月1日起,对依照房产原值计税的房产,不论是否记载在"固定资产"科目中,均应按照房屋原价计算缴纳房产税。房屋原价应根据国家有关会计制度规定进行核算。对纳税人未按国家会计制度规定核算并记载的,应按规定予以调整或重新评估。财税地字〔1986〕第008号第十五条同时废止。

(2)房产概念的界定。房产是以房屋形态表现的财产,房屋是指有屋面和围护结构(有墙或两边有柱),能够遮风避雨,可供人们在其中生产、工作、学习、娱乐、居住或贮藏物资的场所。独立于房屋之外的建筑物,如围墙、烟囱、水塔、变电塔、油池油柜、酒窖、菜窖、酒精池、糖蜜池、室外游泳池、玻璃暖房、砖瓦石灰窑以及各种油气罐等,不属于房产。房产原值应包括与房屋不可分割的各种附属设备或一般不单独计算价值的配套设施。主要有:暖气、卫生、通风、照明、煤气等设备;各种管线,如蒸汽、压缩空气、石油、给水排水等管道及电力、电信、电缆导线;电梯、升降机、过道、晒台等。属于房屋附属设备的水管、下水道、暖气管、煤气管等从最近的探视井或三通管算起。电灯网、照明线从进线盒连接管算起。

(3)纳税人对原有房屋进行改建、扩建的,要相应增加房屋的原值。

房产余值是房产的原值减除规定比例后的剩余价值。

此外,还应注意下面的问题:

①对投资联营的房产,在计征房产税时应予以区别对待。对于以房产投资联营,投资者参与投资利润分红,共担风险的,按房产余值作为计税依据计征房产税;对以房产投资,收取固定收入,不承担联营风险的,实际是以联营名义取得房产租金,应根据《房产税暂行条例》的有关规定由出租方按租金收入计缴房产税。

②对融资租赁房屋的情况,由于租赁费包括购进房屋的价款、手续费、借款利息等,与一般房屋出租的"租金"内涵不同,且租赁期满后,当承租方偿还最后一笔租赁费时,房屋产权要转移到承租方。这实际是一种变相的分期付款购买固定资产的形式,所以在计征房产税时应以房产余值计算征收,至于租赁期内房产税的纳税人,由当地税务机关根据实际情况确定。

财税〔2009〕128号文件明确,融资租赁的房产,由承租人自融资租赁合同约定开始日的次月起,依照房产余值缴纳房产税。合同未约定开始日的,由承租人自合同签订的次月起,依照房产余值缴纳房产税。在此,承租人要特别注意合同是否约定租赁开始日,因为不同租赁开始日,纳税义务的起止时间不同。

例如：甲企业拥有A、B两处房产，原值分别为500万元、1 000万元，于2009年12月20日将A处房产融资租赁给乙企业，合同约定租期从2010年1月1日至2013年12月31日，共4年，每年收取租金120万元。2009年12月30日，甲企业又将B处的房产融资租赁给乙企业，合同只注明租期为5年，每年租金190万元，但没约定租期开始日。对A处房产，根据"融资租赁的房产，由承租人自融资租赁合同约定开始日的次月起依照房产余值缴纳房产税"的规定，应由甲企业缴纳A处融资租赁房产在2010年1月份的房产税，即应纳房产税＝500×(1－30％)×1.2％÷12＝0.35(万元)，由乙企业缴纳A处融资租赁房产在2010年2月1日至2010年12月31日的房产税，即应纳房产税＝500×(1－30％)×1.2％×11÷12＝3.85(万元)。对B处房产，根据"融资租赁的房产，合同未约定开始日的，由承租人自合同签订的次月起依照房产余值缴纳房产税"的规定，合同于2009年12月30日签订，则2010年1月1日至2010年12月31日的B处房产税全部由承租人乙企业缴纳，应纳房产税＝1 000×(1－30％)×1.2％＝8.4(万元)。则乙企业融资租赁甲企业A、B两处房产的房产税＝3.85＋8.4＝12.25(万元)。

(4)房屋附属设备和配套设施的计税规定。从2006年1月1日起，房屋附属设备和配套设施计征房产税按以下规定执行：

①凡以房屋为载体，不可随意移动的附属设备和配套设施，如给排水、采暖、消防、中央空调、电气及智能化楼宇设备等，无论在会计核算中是否单独记账与核算，都应计入房产原值，计征房产税。

②对于更换房屋附属设备和配套设施的，在将其价值计入房产原值时，可扣减原来相应设备和设施的价值；对附属设备和配套设施中易损坏、需要经常更换的零配件，更新后不再计入房产原值。

③自2006年1月1日起，凡在房产税征收范围内的具备房屋功能的地下建筑，包括与地上房屋相连的地下建筑以及完全建在地面以下的建筑、地下人防设施等，均应当依照有关规定征收房产税。

(5)居民住宅区内业主共有的经营性房产缴纳房产税。从2007年1月1日起，对居民住宅区内业主共有的经营性房产，由实际经营(包括自营和出租)的代管人或使用人缴纳房产税。其中自营的，依照房产原值减除10％～30％后的余值计征，没有房产原值或不能将业主共有房产与其他房产的原值准确划分开的，由房产所在地税务机关参照同类房产核定房产原值；出租的，依照租金收入计征。

2.从租计征

《房产税暂行条例》规定，房产出租的，以房产租金收入为房产税的计税依据。所谓房产的租金收入，是房屋产权所有人出租房产使用权所得的报酬，包括货币收入和实物收入。

如果是以劳务或者其他形式为报酬抵付房租收入的，应根据当地同类房产的租金水平，确定一个标准租金额从租计征。

纳税人对个人出租房屋的租金收入申报不实或申报数与同一地段同类房屋的租金收入相比明显不合理的，税务部门可以按照《中华人民共和国税收征收管理法》的有关规定，采取科学合理的方法核定其应纳税款。具体办法由各省、自治区、直辖市税务机关结合当地实际情况制定。

(二)应纳税额的计算

1. 从价计征应纳税额的计算

从价计征是按房产的原值减除一定比例后的余值计征,其计算公式为:

应纳税额=应税房产原值×(1-扣除比例)×1.2%

公式中的"扣除比例"为10%～30%,具体比例由省、市、自治区人民政府根据当地的实际情况确定。

2. 从租计征应纳税额的计算

从租计征是按房产的租金收入计征,其计算公式为:

应纳税额=租金收入×12%(或4%)

【例11-1】某企业有一处房产原值1 000万元,2019年6月1日用于投资联营(收取固定收入,不承担联营风险),投资期为5年。已知该企业当年取得固定收入50万元,当地政府规定的扣除比例为20%。请计算该企业2019年应缴纳房产税。

解:以房产联营投资,不担风险,只收取固定收入,应由出租方按租金收入计缴房产税。

应纳房产税=1 000×(1-20%)×1.2%÷2+50×12%=10.8(万元)

【例11-2】某供热企业生产用房原值8 000万元,还拥有一个内部职工医院、一个幼儿园、一个超市和一个学校,房产的原值分别为280万元、100万元、100万元和120万元。已知当地政府规定的扣除比例为20%,2019年度该企业取得供热总收入5 000万元,其中2 000万元为向居民供热取得的收入。请计算该企业应缴纳的房产税。

解:内部职工医院、幼儿园、学校均属于房产税免税单位,向居民供热并向居民收取采暖费的供热企业暂免征收房产税。

应纳房产税=(8 000+100)×(1-20%)×1.2%×(5 000-2 000)÷5 000=46.66(万元)

二、征收管理

(一)纳税义务发生时间

(1)纳税人将原有房产用于生产经营,从生产经营之月起缴纳房产税。

(2)纳税人自行新建房屋用于生产经营,从建成之次月起缴纳房产税。

(3)纳税人委托施工企业建设的房屋,从办理验收手续之次月起缴纳房产税。

(4)纳税人购置新建商品房,自房屋交付使用之次月起缴纳房产税。

(5)纳税人购置存量房,自办理房屋权属转移、变更登记手续,房地产权属登记机关签发房屋权属证书之次月起,缴纳房产税。

(6)纳税人出租、出借房产,自交付出租、出借房产之次月起,缴纳房产税。

(7)房地产开发企业自用、出租、出借本企业建造的商品房,自房屋使用或交付之次月起,缴纳房产税。

(8)自2009年1月1日起,纳税人因房产、土地的实物或权利状态发生变化而依法终止房产税纳税义务的,其应纳税款的计算应截止到房产、土地的实物或权利状态发生变化的当月末。即纳税人因房产、土地的实物或权利状态发生变化的次月起才免征相应的房产税。

(二)纳税期限

房产税实行按年计算、分期缴纳的征收方法,具体纳税期限由省、自治区、直辖市人民政府确定。

(三)纳税地点

房产税在房产所在地缴纳。房产不在同一地方的纳税人,应按房产的坐落地点分别向房产所在地的税务机关纳税。

(四)申报要求

房产税按年征收,每半年缴纳一次,具体缴纳时间为每年 5 月和 11 月,向税务机关办理纳税申报手续。注销的纳税人,应当在注销当月缴清房产税。

习　题

一、单项选择题

1. 某供热企业 2019 年拥有的生产用房原值 5 000 万元,全年取得供热总收入 2 500 万元,其中直接向居民供热的收入 800 万元。企业所在省规定计量房产余值的扣除比例为 30%,该企业 2019 年应缴纳房产税(　)万元。

A. 13.44　　B. 28.56　　C. 42　　D. 60

2. 下列房屋及建筑物中属于房产税征税范围的是(　)。

A. 农村的居住用房

B. 建在室外的露天游泳池

C. 个人拥有的市区经营性用房

D. 尚未使用或出租而待售的商品房

3. 赵某拥有两处房产,一处原值 60 万元的房产供自已及家人居住,另一处原值 20 万元的房产于 2019 年 7 月 1 日出租给王某居住,按市场价每月取得租金收入 1 200 元,赵某当年应缴纳房产税为(　)元。

A. 288　　B. 576　　C. 840　　D. 864

4. 某企业 2019 年 2 月委托一施工单位新建厂房,9 月对建成的厂房办理验收手续,同时接管基建工地价值 100 万元的材料棚,一并转入固定资产,原值合计 1 100 万元。该企业所在省规定的房产余值扣除比例为 30%。2019 年企业该项固定资产应缴纳房产税(　)万元。

A. 2.1　　B. 2.31　　C. 2.8　　D. 3.08

5. 某企业 2019 年 1 月 1 日的房产原值为 3 000 万元,4 月 1 日将其中原值为 1 000 万元的临街房出租给某连锁商店,从 4 月起每月收取租金 5 万元。当地政府规定允许按房产原值减除 20%后的余值计税。该企业当年应缴纳房产税(　)万元。

A. 4.8　　B. 24　　C. 27　　D. 28.8

6. 下列各项中,符合房产税纳税义务的人规定的是(　)。

A. 集体产权出租的由承租人缴纳　　B. 房屋产权出典的由出典人缴纳

C. 产权纠纷未解决的由代管人或使用人缴纳　　D. 产权属于国家所有的由国家缴纳

7. 下列房产税的纳税人是(　)。

A. 房屋的出典人　　B. 拥有农村房产的农村农民

C. 允许他人无租使用房产的房管部门　　D. 产权不明的房屋的使用人

8. 对以房产投资,收取固定收入,应由(　)计缴房产税。

A. 承租方按租金收入　　B. 出租方按租金收入

C. 承租方按房产余值　　D. 出租方按房产余值

9. 某省政府机关有办公用房一幢,房产价值 6 000 万元,2019 年将其中 1/3 对外出租,取得租金收入 200 万元。已知该省统一规定计算房产余值时的减除幅度为 30%,该政府机关当年应纳的房产税为(　)万元。

A. 168　　B. 72　　C. 24　　D. 0

10. 纳税人委托施工企业建设的房屋,在办理验收手续前就已经出租的新建房屋,应纳房产税的规定是(　)。

A. 未验收则免税　　B. 从使用当月起缴纳房产税

C. 从交付出租之次月起缴纳房产税　　D. 从取得房产证之日缴纳房产税

二、多项选择题

1. 下列各项中,符合房产税纳税义务发生时间规定的有(　)。

A. 纳税人购置新建商品房,自房屋交付使用之次月起缴纳房产税

B. 纳税人委托施工企业建设的房屋,自建成之次月起缴纳房产税

C. 纳税人将原有房产用于生产经营,自生产经营之次月起缴纳房产税

D. 纳税人购置存量房,自房地产权属登记机关签发房屋权属证书之次月起缴纳房产税

2. 下列各项中,符合房产税纳税义务发生时间规定的有(　)。

A. 将原有房产用于生产经营,自生产经营之次月起缴纳房产税

B. 委托施工企业建设的房屋,从办理验收手续之次月起缴纳房产税

C. 购置存量房,自权属登记机关签发房屋权属证书之次月起缴纳房产税

D. 购置新建商品房,自权属登记机关签发房屋权属证书之次月起缴纳房产税

3. 下列情况中应征房产税的有(　)。

A. 高等院校教学用房　　B. 中小学出租房屋

C. 军队办的对外营业的招待所　　D. 区政府办公用房

4. 以下免征房产税的项目有(　)。

A. 国家图书馆的藏书用房　　B. 行政单位附属招待所用房

C. 人民团体的办公用房　　D. 尼姑庵中尼姑的生活用房

5. 某个体户有私有住房三套,每套原值 20 万元,第一套自住,第二套以 5 万元/年出租给他人居住,第三套自营小卖部,则下列说法正确的有(　)。

A. 该个体户应缴纳房产税、增值税、城建税、个人所得税

B. 该个体户应缴纳房产税、增值税、城建税、城镇土地使用税、个人所得税

C. 该个体户应计算房产税时使用 1.2% 和 12% 的税率

D. 该个体户应计算房产税时使用 1.2% 和 4% 的税率

三、判断题

1. 农民王某将他在本村价值 20 万元的楼房出租，取得租金收入 3 000 元，应按照房产税从租计征规定计算缴纳房产税。（ ）

2. 凡以房产为载体，不可随意移动的附属设备和配套设施，无论在会计核算中是否单独记账与核算，都应计入房产原值，计征房产税。（ ）

3. 对房地产开发企业建造的商品房，在出售前，一律不征收房产税。（ ）

4. 房产出租时，如果以劳务为报酬抵付房租收入的，应根据当地同类劳务的平均价格折算为房租收入，据此计征房产税。（ ）

5. 如果纳税单位无偿使用免税单位的房产，则不缴房产税。（ ）

6. 纳税人对原有房屋进行扩建，改建的，要相应增加房屋的原值。（ ）

7. 对居民住宅区内业主共有的经营性房产，由实际经营（包括自营和出租）的代管人和使用人缴纳房产税。但没有房产原值或不能将业主共有房产与其他房产的原值准确划分开的，暂不征收房产税。（ ）

8. 国家拨付事业经费的单位有办公用房一幢，房产价值 3 000 万元，该单位将其 1/3 对外出租，取得租金收入 30 万元，该省规定计算房产计税余值的减除幅度 20%，该单位应纳房产税 3.6 万元。（ ）

第十二章　城镇土地使用税

★ 本章学习要点

- 城镇土地使用税的概念
- 城镇土地使用税的税制要素
- 城镇土地使用税的计算
- 城镇土地使用税的征收管理

第一节　城镇土地使用税概述

一、城镇土地使用税的概念和特点

(一)城镇土地使用税的概念

城镇土地使用税是以国有土地为征税对象,对拥有土地使用权的单位和个人征收的一种税。

(二)法律依据

城镇土地使用税法是指国家制定的,调整城镇土地使用税征收与缴纳权利及义务关系的法律规范。现行城镇土地使用税法的基本规范,是 2006 年 12 月 31 日国务院修改并颁布的《中华人民共和国城镇土地使用税暂行条例》,根据 2019 年 3 月 2 日《国务院关于修改部分行政法规的决定》作了部分修改(以下简称《城镇土地使用税暂行条例》)。

(三)城镇土地使用税的特点

1. 征税对象是国有土地

我国《宪法》明确规定,城镇土地的所有权归国家,单位和个人对占有的土地只有使用权而无所有权。国家既可以凭借财产权利对土地使用人获取的收益进行分配,又可以凭借政治权利对土地使用人进行征税。开征城镇土地使用税,实质上是运用国家政治权力,将纳税人获取的本应属于国家的土地收益集中到国家手中。

2. 征税范围广

现行城镇土地使用税对在我国境内使用土地的单位和个人征收,征税范围较广的城镇土地使用税将在筹集地方财政资金、调节土地使用和收益分配方面，发挥积极作用。

3. 实行差别幅度税额

开征城镇土地使用税的目的之一，在于调节土地的级差收入，而级差收入的产生主要取决于土地的位置。占有土地位置优越的纳税人可以节约运输和流通费用，扩大销售和经营规模，取得额外经济利益。为了有利于体现国家政策，城镇土地使用税实行差别幅度税额。对不同城镇适用不同税额，对同一城镇的不同地段，根据市政建设状况和经济繁荣程度也确定不等的负担水平。

二、城镇土地使用税的纳税人

在城市、县城、建制镇、工矿区范围内使用土地的单位和个人，为城镇土地使用税的纳税人，应当依照规定缴纳城镇土地使用税。

所称单位，包括国有企业、集体企业、私营企业、股份制企业、外商投资企业、外国企业以及其他企业和事业单位、社会团体、国家机关、军队以及其他单位；所称个人，包括个体工商户以及其他个人。

城镇土地使用税纳税人通常包括以下几类：

(1)拥有土地使用权的单位和个人。

(2)拥有土地使用权的纳税人不在土地所在地的，其土地的代管人或实际使用人为纳税人。

(3)土地使用权未确定或权属纠纷未解决的，其实际使用人为纳税人。

(4)土地使用权共有的，由共有各方按实际使用的土地面积占总面积的比例，分别计算纳税。例如，某城市的甲与乙共同拥有一块土地的使用权，这块土地面积为 2 000 平方米，甲实际使用 1/5，乙实际使用 4/5，则甲应是其所占的土地 400 平方米(2 000×1/5)的城镇土地使用税的纳税人，乙是其所占的土地 1 600 平方米(2 000×4/5)的城镇土地使用税的纳税人。

三、城镇土地使用税的征税范围

城镇土地使用税的征税范围，包括在城市、县城、建制镇和工矿区内的国家所有和集体所有的土地。

上述城市、县城、建制镇和工矿区分别按以下标准确认：

(1)城市是指经国务院批准设立的市。

(2)县城是指县人民政府所在地。

(3)建制镇是指经省、自治区、直辖市人民政府批准设立的建制镇。

(4)工矿区是指工商业比较发达，人口比较集中，符合国务院规定的建制镇标准，但尚未设立建制镇的大中型工矿企业所在地，工矿区须经省、自治区、直辖市人民政府批准。

上述城镇土地使用税的征税范围中，城市的土地包括市区和郊区的土地，县城的土地是指县人民政府所在地的城镇的土地，建制镇的土地是指镇人民政府所在地的土地。

建立在城市、县城、建制镇和工矿区以外的工矿企业则不需缴纳城镇土地使用税。

自 2009 年 1 月 1 日起，公园、名胜古迹内的索道公司经营用地，应按规定缴纳城镇土地使用税。

四、城镇土地使用税的税收优惠

(一)法定减免土地使用税的优惠

(1)国家机关、人民团体、军队自用的土地。

这部分土地是指这些单位本身的办公用地和公务用地。如国家机关、人民团体的办公楼用地,军队的训练场用地等。

(2)由国家财政部门拨付事业经费的单位自用的土地。

这部分土地是指这些单位本身的业务用地。如学校的教学楼、操场、食堂等占用的土地。

(3)宗教寺庙、公园、名胜古迹自用的土地。

宗教寺庙自用的土地,是指举行宗教仪式等的用地和寺庙内的宗教人员生活用地。

公园、名胜古迹自用的土地,是指供公共参观游览的用地及其管理单位的办公用地。

以上单位的生产、经营用地和其他用地,不属于免税范围,应按规定缴纳土地使用税,如公园、名胜古迹中附设的营业单位,如影剧院、饮食部、茶社、照相馆等使用的土地。

(4)市政街道、广场、绿化地带等公共用地。

(5)直接用于农、林、牧、渔业的生产用地。

这部分土地是指直接从事于种植、养殖、饲养的专业用地,不包括农副产品加工场地和生活办公用地。

(6)经批准开山填海整治的土地和改造的废弃土地,从使用的月份起免缴土地使用税5～10年。

具体免税期限由各省、自治区、直辖市税务局在《城镇土地使用税暂行条例》规定的期限内自行确定。

(7)对非营利性医疗机构、疾病控制机构和妇幼保健机构等卫生机构自用的土地,免征城镇土地使用税。对营利性医疗机构自用的土地自2000年起免征城镇土地使用税3年。

(8)企业办的学校、医院、托儿所、幼儿园,其用地能与企业其他用地明确区分的,免征城镇土地使用税。

(9)免税单位无偿使用纳税单位的土地(如公安、海关等单位使用铁路、民航等单位的土地),免征城镇土地使用税。纳税单位无偿使用免税单位的土地,纳税单位应照章缴纳城镇土地使用税。纳税单位与免税单位共同使用共有使用权土地上的多层建筑,对纳税单位可按其占用的建筑面积占建筑总面积的比例计征城镇土地使用税。

(10)对行使国家行政管理职能的中国人民银行总行(含国家外汇管理局)所属分支机构自用的土地,免征城镇土地使用税。

(11)为了体现国家的产业政策,支持重点产业的发展,对石油、电力、煤炭等能源用地,民用港口、铁路等交通用地和水利设施用地,三线调整企业、盐业、采石场、邮电等一 些特殊用地划分了征免税界限和给予政策性减免税照顾。具体规定如下:

①对石油天然气生产建设中用于地质勘探、钻井、井下作业、油气田地面工程等施工临时用地,暂免征收城镇土地使用税。

②对企业的铁路专用线、公路等用地,在厂区以外、与社会公用地段未加隔离的,暂免征收城镇土地使用税。

③对企业厂区以外的公共绿化用地和向社会开放的公园用地，暂免征收城镇土地使用税。

④对盐场的盐滩、盐矿的矿井用地，暂免征收城镇土地使用税。

(12)自2018年5月1日起至2019年12月31日止，对物流企业承租用于大宗商品仓储设施的土地，减按所属土地等级适用税额标准的50%计征城镇土地使用税。

物流企业，是指至少从事仓储或运输一种经营业务，为工农业生产、流通、进出口和居民生活提供仓储、配送等第三方物流服务，实行独立核算、独立承担民事责任，并在工商部门注册登记为物流、仓储或运输的专业物流企业。

大宗商品仓储设施，是指同一仓储设施占地面积在6 000平方米及以上，且主要储存粮食、棉花、油料、糖料、蔬菜、水果、肉类、水产品、化肥、农药、种子、饲料等农产品和农业生产资料，煤炭、焦炭、矿砂、非金属矿产品、原油、成品油、化工原料、木材、橡胶、纸浆及纸制品、钢材、水泥、有色金属、建材、塑料、纺织原料等矿产品和工业原材料的仓储设施。

仓储设施用地，包括仓库库区内的各类仓房(含配送中心)、油罐(池)、货场、晒场(堆场)、罩棚等储存设施和铁路专用线、码头、道路、装卸搬运区域等物流作业配套设施的用地。

物流企业的办公、生活区用地及其他非直接从事大宗商品仓储的用地，不属于规定的优惠范围，应按规定征收城镇土地使用税。

非物流企业的内部仓库，不属于规定的优惠范围，应按规定征收城镇土地使用税。实施前已征的应予减免的税款，在纳税人以后应缴税款中抵减或者予以退还。

(13)国家机关、军队、人民团体、财政补助事业单位、居民委员会、村民委员会拥有的体育场馆，用于体育活动的土地，免征城镇土地使用税。

经费自理事业单位、体育社会团体、体育基金会、体育类民办非企业单位拥有并运营管理的体育场馆，同时符合下列条件的，其用于体育活动的土地，免征城镇土地使用税：

①向社会开放，用于满足公众体育活动需要；

②体育场馆取得的收入主要用于场馆的维护、管理和事业发展；

③拥有体育场馆的体育社会团体、体育基金会及体育类民办非企业单位，除当年新设立或登记的以外，前一年度登记管理机关的检查结论为“合格”。

企业拥有并运营管理的大型体育场馆，其用于体育活动的土地，减半征收城镇土地使用税。

(14)对饮水工程运营管理单位自用的生产、办公用土地，免征城镇土地使用税。对于既向城镇居民供水，又向农村居民供水的饮水工程运营管理单位，依据向农村居民供水量占总供水量的比例免征城镇土地使用税。无法提供具体比例或所提供数据不实的，不得享受上述税收优惠政策。

(15)对按照去产能和调结构政策要求停产停业、关闭的企业，自停产停业次月起，免征城镇土地使用税。企业享受免税政策的期限累计不得超过两年。按照去产能和调结构政策要求停产停业、关闭的中央企业名单由国务院国有资产监督管理部门认定发布，其他企业名单由省、自治区、直辖市人民政府确定的去产能、调结构主管部门认定发布。认定部门应当及时将认定发布的企业名单(含停产停业、关闭时间)抄送同级财政和税务部门。

(16)自2019年1月1日至2021年12月31日，对国家级、省级科技企业孵化器、大学科技园和国家备案众创空间自用以及无偿或通过出租等方式提供给在孵对象使用的土地，免征城镇土地使用税。

(17)自2019年1月1日至2021年12月31日,对农产品批发市场、农贸市场(包括自有和承租,下同)专门用于经营农产品的土地,暂免征收城镇土地使用税。对同时经营其他产品的农产品批发市场和农贸市场使用的土地,按其他产品与农产品交易场地面积的比例确定征免城镇土地使用税。

(18)自2019年1月1日起至2021年12月31日止,增值税小规模纳税人减按50%征收城镇土地使用税。增值税小规模纳税人已依法享受城镇土地使用税其他优惠政策的,可叠加享受。

(19)自2019年1月1日起至2021年12月31日止,对中国兵器工业集团公司和中国兵器装备集团公司所属专门生产枪炮弹、火炸药、引信、火工品的企业,除办公、生活区用地外,其他用地继续免征城镇土地使用税。

(20)对城市公交站场、道路客运站场、城市轨道交通系统运营用地,免征城镇土地使用税。

(二)由省、自治区、直辖市税务机关确定减免土地使用税的优惠

(1)个人所有的居住房屋及院落用地。

(2)房产管理部门在房租调整改革前经租的居民住房用地。

(3)免税单位职工家属的宿舍用地。

(4)集体和个人办的各类学校、医院、托儿所、幼儿园用地。

第二节 城镇土地使用税的计算与征收管理

一、城镇土地使用税的计税依据

城镇土地使用税以纳税人实际占用的土地面积为计税依据,土地面积计量标准为每平方米。税务机关根据纳税人实际占用的土地面积,按照规定的税额计算应纳税额,向纳税人征收土地使用税。

纳税人实际占用的土地面积按下列办法确定:

(1)由省、自治区、直辖市人民政府确定的单位组织测定土地面积的,以测定的面积为准。

(2)尚未组织测量,但纳税人持有政府部门核发的土地使用证书的,以证书确认的土地面积为准。

(3)尚未核发土地使用证书的,应由纳税人申报土地面积,据以纳税,待核发土地使用证以后再作调整。

(4)对在城镇土地使用税征税范围内单独建造的地下建筑用地,按规定征收城镇土地使用税。其中,已取得地下土地使用权证的,按土地使用权证确认的土地面积计算应征税款;未取得地下土地使用权证或地下土地使用权证上未标明土地面积的,按地下建筑垂直投影面积计算应征税款。

对上述地下建筑用地暂按应征税款的50%征收城镇土地使用税。

二、税率

城镇土地使用税采用定额税率，即采用有幅度的差别税额，按大、中、小城市和县城、建制镇、工矿区分别规定每平方米土地使用税年应纳税额。城镇土地使用税税率见表12-1。

表12-1　城镇土地使用税税率表

级别	人口/人	每平方米税额/元
大城市	50万以上	1.5～30
中等城市	20万～50万	1.2～24
小城市	20万以下	0.9～18
县城、建制镇、工矿区		0.6～12

大、中、小城市以公安部门登记在册的非农业正式户口人数为依据，按照国务院颁布的《城市规划条例》中规定的标准划分。人口在50万以上者为大城市；人口20万～50万为中等城市；人口20万以下者为小城市。

各省、自治区、直辖市人民政府可根据市政建设情况和经济繁荣程度在规定税额幅度内，确定所辖地区的适用税额幅度。经济落后地区，土地使用税的适用税额标准可适当降低，但降低额不得超过上述规定最低税额的30%。经济发达地区的适用税额标准可以适当提高，但须报财政部批准。

土地使用税规定幅度税额主要考虑到我国各地区存在着悬殊的土地级差收益，同一地区内不同地段的市政建设情况和经济繁荣程度也有较大的差别。把土地使用税税额定为幅度税额，拉开档次，而且每个幅度税额的差距规定为20倍。这样，各地政府在划分本辖区不同地段的等级，确定适用税额时，有选择余地，便于具体划分和确定。幅度税额还可以调节不同地区、不同地段之间的土地级差收益，尽可能地平衡税负。

三、应纳税额的计算

城镇土地使用税的应纳税额可以通过纳税人实际占用的土地面积乘以该土地所在地段的适用税额求得。其计算公式为：

全年应纳税额＝实际占用应税土地面积(平方米)×适用税额

【例12-1】某公司与政府机关共同使用一栋共有土地使用权的建筑物。该建筑物占用土地面积2 000平方米，建筑物面积10 000平方米(公司与机关的占用比例为4∶1)，该公司所在市城镇土地使用税单位税额每平方米5元。请计算该公司应纳城镇土地使用税。

解：应纳税额＝2 000×4/5×5＝8 000(元)

四、城镇土地使用税的征管

(一)纳税期限

城镇土地使用税实行按年计算、分期缴纳的征收方法，具体纳税期限由省、自治区、直辖市人民政府确定。

(二)纳税义务发生时间

(1)纳税人购置新建商品房,自房屋交付使用之次月起,缴纳城镇土地使用税。

(2)纳税人购置存量房,自办理房屋权属转移、变更登记手续,房地产权属登记机关签发房屋权属证书之次月起,缴纳城镇土地使用税。

(3)纳税人出租、出借房产,自交付出租、出借房产之次月起,缴纳城镇土地使用税。

(4)以出让或转让方式有偿取得土地使用权的,应由受让方从合同约定交付土地时间的次月起缴纳城镇土地使用税;合同未约定交付时间的,由受让方从合同签订的次月起缴纳城镇土地使用税。

(5)纳税人新征用的耕地,自批准征用之日起满一年时开始缴纳城镇土地使用税。

(6)纳税人新征用的非耕地,自批准征用次月起缴纳土地使用税。

(7)自 2009 年 1 月 1 日起,纳税人因土地的权利发生变化而依法终止城镇土地使用税纳税义务的,其应纳税款的计算应截止到土地权利发生变化的当月末。

(三)纳税地点和征收机构

城镇土地使用税在土地所在地缴纳。

纳税人使用的土地不属于同一省、自治区、直辖市管辖的,由纳税人分别向土地所在地的税务机关缴纳土地使用税;在同一省、自治区、直辖市管辖范围内,纳税人跨地区使用的土地,其纳税地点由各省、自治区、直辖市税务局确定。

土地使用税由土地所在地的税务机关征收,其收入纳入地方财政预算管理。土地使用税征收工作涉及面广,政策性较强,在税务机关负责征收的同时,还必须注意加强同国土管理、测绘等有关部门的联系,及时取得土地的权属资料,沟通情况,共同协作把征管工作做好。

城镇土地使用税按年征收,每半年缴纳一次。具体缴纳时间为每年 5 月和 11 月,向税务机关办理纳税申报手续。注销的纳税人,应当在注销当月缴清城镇土地使用税。

习　　题

一、单项选择题

1. 某供热企业占地面积 80 000 平方米,其中厂房 63 000 平方米(有一间 3 000 平方米的车间无偿提供给公安消防队使用),行政办公楼 5 000 平方米,厂办子弟学校 5 000 平方米,厂办招待所 2 000 平方米,厂办医院和幼儿园各 1 000 平方米,厂区内绿化用地 3 000 平方米。该年度该企业取得供热总收入 5 000 万元,其中 2 000 万元为向居民供热取得的收入。城镇土地使用税单位税额每平方米 3 元,该企业该年度应缴纳城镇土地使用税(　)万元。

A. 8.4　　B. 12.6　　C. 14.4　　D. 24

2. 某市肉制品加工企业 2019 年占地 60 000 平方米,其中办公占地 5 000 平方米,生猪养殖基地占地 28 000 平方米,肉制品加工车间占地 16 000 平方米,企业内部道路及绿化占地 11 000 平方米。企业所在地城镇使用税单位税额每平方米 0.8 元。该企业全年应缴纳城镇土地使用税(　)元。

A. 16 800　　B. 25 600　　C. 39 200　　D. 48 000

3. 某工厂与某派出所建立了警民共建关系，由派出所将其一占地 20 平方米的平房布置成企业产品展示厅，由工厂无偿使用。则这 20 平方米占地用房的税务处理是(　)。

A. 派出所拥有土地使用权，该土地不纳土地使用税

B. 由派出所缴纳城镇土地使用税

C. 由工厂缴纳城镇土地使用税

D. 由工厂缴纳城镇土地使用税和房产税

4. 纳税人实际占用的土地面积尚未核发土地使用证书的，应由(　)城镇土地使用税。

A. 免征　　B. 纳税人申报土地面积，并以此为计税依据征收

C. 税务机关估定　　D. 房地产管理部门估定

5. 某公司与政府机关共同使用一栋共有土地使用权的建筑物。该土地建筑物占用土地面积 2 000 平方米，建筑物面积 10 000 平方米(公司与机关的占用比例为 4∶1)，该公司所在市城镇土地使用税单位税额 5 元/平方米，则当年该公司应缴纳城镇土地使用税(　)元。

A. 0　　B. 2 000　　C. 8 000　　D. 10 000

二、多项选择题

下列各项中，应缴纳城镇土地使用税的有(　)。

A. 用于水产养殖业的生产用地　　B. 名胜古迹园区内附设的茶水部用地

C. 公园中管理单位的办公用地　　D. 对社会营业的学校食堂用地

三、判断题

1. 土地使用权未确定的土地暂时不缴城镇土地使用税，待权属确定时补缴。(　)

2. 城镇土地使用税的开征区域不包括市郊和农村。(　)

3. 种植、养殖业用地和农副产品加工场地免征土地使用税。(　)

4. 纳税人新征用的耕地，自批准征用之日起满一年时开始缴纳城镇土地使用税。(　)

第十三章　耕地占用税

★ 本章学习要点

- 耕地占用税的概念
- 耕地占用税的税制要素
- 耕地占用税的计算
- 耕地占用税的征收管理

第一节　耕地占用税概述

一、耕地占用税的概念和特点

(一)耕地占用税的概念

耕地占用税是在中华人民共和国境内占用耕地建设建筑物、构筑物或者从事非农业建设的单位和个人，就其实际占用的耕地面积征收的一种税，它属于对特定土地资源占用课税。

(二)耕地占用税的特点

耕地占用税作为一个出于特定目的、对特定的土地资源课征的税种，与其他税种相比，具有鲜明的特点，主要表现在如下几个方面：

1.兼具资源税与特定行为税的性质

耕地占用税以占用农用耕地建房或从事其他非农用建设的行为为征税对象，以约束纳税人占用耕地的行为、促进土地资源的合理运用为课征目的，除具有资源占用税的属性外，还具有明显的特定行为税的特点。

2.采用地区差别税率

耕地占用税采用地区差别税率，根据不同地区的具体情况，分别制定差别税额，以适应我国地域辽阔、各地区之间耕地质量差别较大、人均占有耕地面积相差悬殊的具体情况，具有因地制宜的特点。

3. 在占用耕地环节一次性课征

耕地占用税在纳税人获准占用耕地的环节征收，除对获准占用耕地后超过两年未使用者须加征耕地占用税外，此后不再征收耕地占用税。因而，耕地占用税具有一次性征收的特点。

4. 税收收入专用于耕地开发与改良

耕地占用税收入按规定应用于建立发展农业专项基金，主要用于开展宜耕土地开发和改良现有耕地之用，因此，具有“取之于地、用之于地”的补偿性特点。

(三)耕地占用税的基本法律依据

耕地占用税法是国家制定的调整耕地占用税征收与缴纳权利及义务关系的法律规范。现行耕地占用税法的基本规范是2018年12月29日第十三届全国人民代表大会常务委员会第七次会议通过的《中华人民共和国耕地占用税法》(以下简称《耕地占用税法》)，自2019年9月1日起施行。2007年12月1日国务院公布的《中华人民共和国耕地占用税暂行条例》同时废止。

二、纳税义务人

在中华人民共和国境内占用耕地建设建筑物、构筑物或者从事非农业建设的单位和个人，为耕地占用税的纳税人，应当依照本法规定缴纳耕地占用税。

所称单位，包括国有企业、集体企业、私营企业、股份制企业、外商投资企业、外国企业以及其他企业和事业单位、社会团体、国家机关、军队以及其他单位；所称个人，包括个体工商户以及其他个人。

三、征税范围

耕地占用税的征税范围包括纳税人为建设建筑物、构筑物或者从事非农业建设而占用国家所有和集体所有的耕地。占用园地、林地、草地、农田水利用地、养殖水面、渔业水域滩涂以及其他农用地建设建筑物、构筑物或者从事非农业建设的，按规定缴纳耕地占用税。

占用耕地建设农田水利设施的，不缴纳耕地占用税。

所谓“耕地”是指种植农业作物的土地，包括菜地、园地。其中，园地包括花圃、苗圃、茶园、果园、桑园和其他种植经济林木的土地。

占用鱼塘及其他农用土地建房或从事其他非农业建设，也视同占用耕地，必须依法征收耕地占用税。占用已开发从事种植、养殖的滩涂、草场、水面和林地等从事非农业建设，由省、自治区、直辖市本着有利于保护土地资源和生态平衡的原则，结合具体情况确定是否征收耕地占用税。此外，在占用之前3年内属于上述范围的耕地或农用土地，也视为耕地。

四、税收优惠

(一)免征耕地占用税

(1)军事设施、学校、幼儿园、社会福利机构、医疗机构占用耕地，免征耕地占用税。

(2)农村居民经批准搬迁,新建自用住宅占用耕地不超过原宅基地面积的部分,免征耕地占用税。

(3)农村烈士遗属、因公牺牲军人遗属、残疾军人以及符合农村最低生活保障条件的农村居民,在规定用地标准以内新建自用住宅,免征耕地占用税。

(二)减征耕地占用税

(1)铁路线路、公路线路、飞机场跑道、停机坪、港口、航道占用耕地,减按每平方米2元的税额征收耕地占用税。根据国民经济和社会发展的需要,国务院可以规定免征或者减征耕地占用税的其他情形,报全国人民代表大会常务委员会备案。

(2)农村居民在规定用地标准以内占用耕地新建自用住宅,按照当地适用税额减半征收耕地占用税。

(3)自2019年1月1日起至2021年12月31日止,增值税小规模纳税人减按50%征收耕地占用税。增值税小规模纳税人已依法享受耕地占用税其他优惠政策的,可叠加享受。

第二节　耕地占用税的计算与征收管理

一、耕地占用税的计算

(一)计税依据

耕地占用税以纳税人占用耕地的面积为计税依据,以每平方米为计量单位。

(二)税率

由于在我国的不同地区之间人口和耕地资源的分布极不均衡,有些地区人烟稠密,耕地资源相对匮乏;而有些地区则人烟稀少,耕地资源比较丰富。各地区之间的经济发展水平也有很大差异。考虑到不同地区之间客观条件的差别以及与此相关的税收调节力度和纳税人负担能力方面的差别,耕地占用税在税率设计上采用了地区差别定额税率。税率规定如下:

(1)人均耕地不超过1亩的地区(以县级行政区域为单位,下同),每平方米为10～50元;

(2)人均耕地超过1亩但不超过2亩的地区,每平方米为8～40元;

(3)人均耕地超过2亩但不超过3亩的地区,每平方米6～30元;

(4)人均耕地超过3亩以上的地区,每平方米5～25元。

本人均耕地低于零点五亩的地区,省、自治区、直辖市可以根据当地经济发展情况,适当提高耕地占用税的适用税额,但提高的部分不得超过上述确定的适用税额的百分之五十。(表13-1)。

表 13-1 各省、自治区、直辖市耕地占用税平均税额

地　区	每平方米平均税额/元
上海	45
北京	40
天津	35
江苏、浙江、福建、广东	30
辽宁、湖北、湖南	25
河北、安徽、江西、山东、河南、重庆、四川	22.5
广西、海南、贵州、云南、陕西	20
山西、吉林、黑龙江	17.5
内蒙古、西藏、甘肃、青海、宁夏、新疆	12.5

(三)应纳税额的计算

耕地占用税以纳税人实际占用的耕地面积为计税依据，以每平方米土地为计税单位，按适用的定额税率计税。其计算公式为：

应纳税额＝实际占用耕地面积(平方米)×适用定额税率

【例 13-1】假设某市一家企业新占用 20 000 平方米耕地用于工业建设，所占耕地适用的定额税率为 20 元/平方米。计算该企业应纳的耕地占用税。

应纳税额＝20 000 平方米×20 元/平方米＝400 000(元)

二、征收管理

耕地占用税由税务机关负责征收。税务机关应当与相关部门建立耕地占用税涉税信息共享机制和工作配合机制。县级以上地方人民政府自然资源、农业农村、水利等相关部门应当定期向税务机关提供农用地转用、临时占地等信息，协助税务机关加强耕地占用税征收管理。耕地占用税的纳税义务发生时间为纳税人收到自然资源主管部门办理占用耕地手续的书面通知的当日。纳税人应当自纳税义务发生之日起 30 日内申报缴纳耕地占用税。自然资源主管部门凭耕地占用税完税凭证或者免税凭证和其他有关文件发放建设用地批准书。

纳税人因建设项目施工或者地质勘查临时占用耕地，应当依照本法的规定缴纳耕地占用税。纳税人在批准临时占用耕地期满之日起一年内依法复垦，恢复种植条件的，全额退还已经缴纳的耕地占用税。

占用园地、林地、草地、农田水利用地、养殖水面、渔业水域滩涂以及其他农用地建设建筑物、构筑物或者从事非农业建设的，依照本法的规定缴纳耕地占用税。占用上述农用地建设直接为农业生产服务的生产设施的，不缴纳耕地占用税。

习　题

一、多项选择题

1. 纳税人占用下列土地建房或从事非农业建设应缴纳耕地占用税(　)。

A. 人工牧场　　B. 打谷场　　C. 菜地　　D. 茶园

2. 下列关于耕地占用税的规定正确的是(　)。

A. 耕地占用税实行地区差别幅度定额税率

B. 人均耕地面积越少,耕地占用税单位税额越高

C. 耕地占用税由地方税务机关负责征收

D. 获准占用耕地的单位或者个人应当在收到土地管理部门的通知之日起 10 日内缴纳耕地占用税

二、判断题

1. 依照规定免征或者减征耕地占用税后,纳税人改变原占地用途,不再属于免征或者减征耕地占用税情形的,应当按照当地适用税额补缴耕地占用税。(　)

2. 建设直接为农业生产服务的生产设施占用耕地的,不征收耕地占用税。(　)

3. 纳税人临时占用耕地可以不缴纳耕地占用税。(　)

第十四章　契　　税

★ 本章学习要点

- 契税的概念
- 契税的税制要素
- 契税的计算
- 契税的征收管理

第一节　契税概述

一、契税的概念和特点

(一)契税的概念

契税是以在中华人民共和国境内转移土地、房屋权属为征税对象,向产权承受人征收的一种财产税。

(二)契税的特点

(1)契税属于财产转移税。它以权属发生转移的土地、房屋为征税对象,具有对财产转移课税的性质。

(2)契税由财产承受人纳税。一般税种在税制中确定纳税人,都确定销售者作为纳税人,即卖方纳税。对买方征税的主要目的,在于承认不动产转移生效,承受人纳税以后,便可拥有转移过来的不动产的产权或使用权,法律保护纳税人的合法权益。

(三)契税的基本法律依据

契税法是指国家制定的用以调整契税征收与缴纳之间权利及义务关系的法律规范。现行契税的基本规范是 1997 年 7 月 7 日国务院发布并于同年 10 月 1 日开始施行的《中华人民共和国契税暂行条例》(以下简称《契税暂行条例》),2019 年 3 月 2 日《国务院关于修改部分行政法规的决定》对其进行了修改。契税法草案已被纳入 2019 年立法工作计划 ,标志着我国“税收法定”原则又向前迈出了关键性一步。

二、征税对象

契税的征税对象是境内转移土地、房屋权属。具体包括以下几项内容:

(一)国有土地使用权出让

国有土地使用权出让是指土地使用者向国家交付土地使用权出让费用,国家将国有土地使用权在一定年限内让与土地使用者的行为。

(二)土地使用权的转让

土地使用权的转让是指土地使用者以出售、赠与、交换或其他方式将土地使用权转移给其他单位和个人的行为。土地使用权的转让不包括农村集体土地承包经营权的转移。

(三)房屋买卖

即以货币为媒介,出卖者向购买者过渡房产所有权的交易行为。以下几种特殊情况,视同买卖房屋:

(1)以房产抵债或实物交换房屋。经当地政府和有关部门批准,以房抵债和实物交换房屋,均视同房屋买卖,应由产权承受人,按房屋现值缴纳契税。

例如,甲某因无力偿还乙某债务,而以自有的房产折价抵偿债务。经双方同意,有关部门批准,乙某取得甲某的房屋产权,在办理产权过户手续时,按房产折价款缴纳契税。如以实物(金银首饰等等价物品)交换房屋,应视同以货币购买房屋。

(2)以房产作投资或作股权转让。这种交易业务属房屋产权转移,应根据国家房地产管理的有关规定,办理房屋产权交易和产权变更登记手续,视同房屋买卖,由产权承受方按契税税率计算缴纳契税。

例如,甲某以自有房产,投资于乙某企业。其房屋产权变为乙某企业所有,故产权所有人发生变化,因此,乙某企业在办理产权登记手续后,按甲某入股房产现值(国有企事业房产须经国有资产管理部门评估核价)缴纳契税。如丙某以股份方式购买乙某企业房屋产权,丙某在办理产权登记后,按取得房产买价缴纳契税。

以自有房产作股投入本人独资经营的企业,免纳契税。因为以自有的房地产投入本人独资经营的企业,产权所有人和使用权使用人未发生变化,不需办理房产变更手续,也不办理契税手续。

(3)买房拆料或翻建新房,应照章征收契税。例如,甲某购买乙某房产,不论其目的是取得该房产的建筑材料或是翻建新房,实际构成房屋买卖。甲某应首先办理房屋产权变更手续,并按买价缴纳契税。

(四)房屋赠与

房屋的赠与是指房屋产权所有人将房屋无偿转让给他人所有。其中,将自己的房屋转交给他人的法人和自然人,称作房屋赠与人;接受他人房屋的法人和自然人,称为受赠人。房屋赠与的前提必须是产权无纠纷,赠与人和受赠人双方自愿。

由于房屋是不动产,价值较大,故法律要求赠与房屋应有书面合同(契约),并到房地产管理机关或农村基层政权机关办理登记过户手续,才能生效。如果房屋赠与行为涉及涉外关系,还须公证处证明和外事部门认证,才能有效。房屋的受赠人要按规定缴纳契税。

(五)房屋交换

房屋交换是指房屋所有者之间互相交换房屋的行为。

随着经济形势的发展,有些特殊方式转移土地、房屋权属的,也将视同土地使用权转让、房屋买卖或者房屋赠与。

(1)以土地、房屋权属作价投资、入股;

(2)以土地、房屋权属抵债;

(3)以获奖方式承受土地、房屋权属;

(4)以预购方式或者预付集资建房款方式承受土地、房屋权属。

三、纳税义务人

契税的纳税义务人是境内转移土地、房屋权属,承受的单位和个人。境内是指中华人民共和国实际税收行政管辖范围内。土地、房屋权属是指土地使用权和房屋所有权。单位是指企业单位、事业单位、国家机关、军事单位和社会团体以及其他组织。个人是指个体经营者及其他个人,包括中国公民和外籍人员。

四、税率

契税实行3%~5%的幅度税率。实行幅度税率是考虑到我国经济发展的不平衡,各地经济差别较大的实际情况。因此,各省、自治区、直辖市人民政府可以在3%~5%的幅度税率规定范围内,按照本地区的实际情况决定。

五、契税的优惠政策

(一)契税优惠的一般规定

(1)国家机关、事业单位、社会团体、军事单位承受土地、房屋用于办公、教学、医疗、科研和军事设施的,免征契税。

(2)城镇职工按规定第一次购买公有住房,免征契税。

此外,财政部、国家税务总局规定:自2000年11月29日起,对各类公有制单位为解决职工住房而采取集资建房方式建成的普通住房,或由单位购买的普通商品住房,经当地县以上人民政府房改部门批准,按照国家房改政策出售给本单位职工的,如属职工首次购买住房,均可免征契税。

(3)因不可抗力灭失住房而重新购买住房的,酌情减免。不可抗力是指自然灾害、战争等不能预见、不可避免,并不能克服的客观情况。

(4)土地、房屋被县级以上人民政府征用、占用后,重新承受土地、房屋权属的,由省级人民政府确定是否减免。

(5)承受荒山、荒沟、荒丘、荒滩土地使用权,并用于农、林、牧、渔业生产的,免征契税。

(6)经外交部确认,依照我国有关法律规定以及我国缔结或参加的双边和多边条约或协定,应当予以免税的外国驻华使馆、领事馆、联合国驻华机构及其外交代表、领事官员和其他外交人员承受土地、房屋权属。

(7)公租房经营单位购买住房作为公租房的,免征契税。

(8)对个人购买家庭唯一住房(家庭成员范围包括购房人、配偶以及未成年子女,下同),面积为90平方米及以下的,减按1%的税率征收契税;面积为90平方米以上的,减按1.5%的税率征收契税。

(9)对个人购买家庭第二套改善性住房,面积为90平方米及以下的,减按1%的税率征收契税;面积为90平方米以上的,减按2%的税率征收契税。

家庭第二套改善性住房是指已拥有一套住房的家庭购买的家庭第二套住房。

(10)纳税人申请享受税收优惠的,根据纳税人的申请或授权,由购房所在地的房地产主管部门出具纳税人家庭住房情况书面查询结果,并将查询结果和相关住房信息及时传递给税务机关。暂不具备查询条件而不能提供家庭住房查询结果的,纳税人应向税务机关提交家庭住房实有套数书面诚信保证,诚信保证不实的,属于虚假纳税申报,按照《中华人民共和国税收征收管理法》的有关规定处理,并将不诚信记录纳入个人征信系统。

(二)契税优惠的特殊规定

自2018年1月1日起至2020年12月31日,企业、事业单位改制重组过程中涉及的契税按以下规定执行。该规定出台前,企业、事业单位改制重组过程中涉及的契税尚未处理的,符合以下规定的可按以下规定执行。

1. 企业改制

企业按照《中华人民共和国公司法》有关规定整体改制,包括非公司制企业改制为有限责任公司或股份有限公司,有限责任公司变更为股份有限公司,股份有限公司变更为有限责任公司,原企业投资主体存续并在改制(变更)后的公司中所持股权(股份)比例超过75%,且改制(变更)后公司承继原企业权利、义务的,对改制(变更)后公司承受原企业土地、房屋权属,免征契税。

2. 事业单位改制

事业单位按照国家有关规定改制为企业,原投资主体存续并在改制后企业中出资(股权、股份)比例超过50%的,对改制后企业承受原事业单位土地、房屋权属,免征契税。

3. 公司合并

两个或两个以上的公司,依照法律规定、合同约定,合并为一个公司,且原投资主体存续的,对合并后公司承受原合并各方土地、房屋权属,免征契税。

4. 公司分立

公司依照法律规定、合同约定分立为两个或两个以上与原公司投资主体相同的公司,对分立后公司承受原公司土地、房屋权属,免征契税。

5. 企业破产

企业依照有关法律法规规定实施破产,债权人(包括破产企业职工)承受破产企业抵偿债务的土地、房屋权属,免征契税;对非债权人承受破产企业土地、房屋权属,凡按照《中华人民共和国劳动法》等国家有关法律法规政策妥善安置原企业全部职工,与原企业全部职工签订服务年限不少于三年的劳动用工合同的,对其承受所购企业土地、房屋权属,免征契税;与原企业超过30%的职工签订服务年限不少于3年的劳动用工合同的，减半征收契税。

6.资产划转

对承受县级以上人民政府或国有资产管理部门按规定进行行政性调整、划转国有土地、房屋权属的单位，免征契税。

同一投资主体内部所属企业之间土地、房屋权属的划转，包括母公司与其全资子公司之间，同一公司所属全资子公司之间，同一自然人与其设立的个人独资企业、一人有限公司之间土地、房屋权属的划转，免征契税。

7.债权转股权

经国务院批准实施债权转股权的企业，对债权转股权后新设立的公司承受原企业的土地、房屋权属，免征契税。

8.划拨用地出让或作价出资

以出让方式或国家作价出资(入股)方式承受原改制重组企业、事业单位划拨用地的，不属上述规定的免税范围，对承受方应按规定征收契税。

9.公司股权(股份)转让

在股权(股份)转让中，单位、个人承受公司股权(股份)，公司土地、房屋权属不发生转移，不征收契税。

(三)有关契税、印花税政策

为落实中共中央、国务院《关于稳步推进农村集体产权制度改革的意见》要求，支持农村集体产权制度改革，现就有关契税、印花税政策通知如下：

(1)对进行股份合作制改革后的农村集体经济组织承受原集体经济组织的土地、房屋权属，免征契税。

(2)对农村集体经济组织以及代行集体经济组织职能的村民委员会、村民小组进行清产核资收回集体资产而承受土地、房屋权属，免征契税。

(3)对农村集体土地所有权、宅基地和集体建设用地使用权及地上房屋确权登记，不征收契税。

(四)免征契税

对易地扶贫搬迁贫困人口按规定取得的安置住房，免征契税。

第二节 契税的计算与征收管理

一、契税的计税依据

契税的计税依据为不动产的价格。由于土地、房屋权属转移方式不同，定价方法不同，因而具体计税依据视不同情况而决定。

(1)国有土地使用权出让、土地使用权出售、房屋买卖，以成交价格为计税依据。成交价格是指土地、房屋权属转移合同确定的价格，包括承受者应交付的货币、实物、无形资产或者其他经济利益。

(2)土地使用权赠与、房屋赠与,由征收机关参照土地使用权出售、房屋买卖的市场价格核定。

(3)土地使用权交换、房屋交换,为所交换的土地使用权、房屋的价格差额。也就是说,交换价格相等时,免征契税;交换价格不等时,由多交付货币、实物、无形资产或者其他经济利益的一方缴纳契税。

(4)以划拨方式取得土地使用权,经批准转让房地产时,由房地产转让者补交契税。计税依据为补交的土地使用权出让费用或者土地收益。

为了避免偷逃税款,税法规定,成交价格明显低于市场价格并且无正当理由的,或者所交换土地使用权、房屋的价格的差额明显不合理并且无正当理由的,征收机关可以参照市场价格核定计税依据。

(5)房屋附属设施征收契税的依据。

①采取分期付款方式购买房屋附属设施土地使用权、房屋所有权的,应按合同规定的总价款计征契税。

②承受的房屋附属设施权属如为单独计价的,按照当地确定的适用税率征收契税;如与房屋统一计价的,适用与房屋相同的契税税率。

(6)个人无偿赠与不动产行为(法定继承人除外),应对受赠人全额征收契税。在缴纳契税时,纳税人须提交经税务机关审核并签字盖章的《个人无偿赠与不动产登记表》,税务机关(或其他征收机关)应在纳税人的契税完税凭证上加盖"个人无偿赠与"印章,在个人无偿赠与不动产登记表中签字并将该表格留存。

(7)营业税改征增值税后计征契税的成交价格不含增值税。

二、契税应纳税额的计算

契税税额的基本计算公式为:

$$应纳税额=计税依据\times适用税率$$

【例 14-1】甲企业以自有房产作为抵押向某商业银行借入一年期贷款 1 000 万元,房产账面价值 600 万元,抵押时市价 900 万元;一年后无力偿还贷款,将房产折价给银行抵偿了 1 080 万元的债务本息,抵债时房产市价 1 100 万元。当地规定的契税税率为 3%,请计算甲企业、银行应纳契税情况。

解:

(1)甲企业不用缴纳契税;

(2)银行(承受方)按房产折价款缴纳契税,应纳税额=1 080×3%=32.4(万元)。

三、契税的征收管理

(一)纳税义务发生时间

契税的纳税义务发生时间是纳税人签订土地、房屋权属转移合同的当天,或者纳税人取得其他具有土地、房屋权属转移合同性质凭证的当天。

(二)纳税期限

纳税人应当自纳税义务发生之日起10日内，向土地、房屋所在地的契税征收机关办理纳税申报，并在契税征收机关核定的期限内缴纳税款。

(三)纳税地点

契税在土地、房屋所在地的征收机关缴纳。

(四)征收管理

纳税人办理纳税事宜后，征收机关应向纳税人开具契税完税凭证。纳税人持契税完税凭证和其他规定的文件材料，依法向土地管理部门、房产管理部门办理有关土地、房屋的权属变更登记手续。土地管理部门和房产管理部门应向契税征收机关提供有关资料，并协助契税征收机关依法征收契税。

国家税务总局决定，各级征收机关要在2005年1月1日后停止代征委托，直接征收契税。另外，对已缴纳契税的购房单位和个人，在未办理房屋权属变更登记前退房的，退还已纳契税；在办理房屋权属变更登记之后退还的，不予退还已纳契税。

习 题

一、单项选择题

1. 甲企业将国有土地使用权有偿转让给乙企业，以下说法正确的是( )。

A. 甲企业缴纳土地增值税和契税

B. 乙企业缴纳土地增值税和契税

C. 甲企业缴纳土地增值税，乙企业缴纳契税

D. 甲企业缴纳契税，乙企业缴纳土地增值税

2. 居民甲某共有三套房产，将第一套市价为80万元的房产与乙某交换，并支付给乙某15万元；将第二套市价为60万元的房产折价给丙某抵偿了50万元的债务；将第三套市价为30万元的房产作股投入本人独资经营的企业。若当地确定的契税税率为3%，甲某应缴纳契税( )万元。

A. 0.45　　B. 1.95　　C. 2.25　　D. 2.85

3. 根据契税暂行条例的规定，可以享受减免契税优惠待遇的是( )。

A. 城镇职工购买公有住房的

B. 房屋所有者之间互相交换房屋的

C. 因不可抗力灭失住房而重新购买住房的

D. 取得荒山、荒沟、荒丘、荒滩土地使用权，用于工业园建设的

4. 符合契税减免税规定的纳税人，向土地、房屋所在地征收机关办理减免税手续的期限为签订转移产权合同后的( )日内。

A. 5　　B. 7　　C. 10　　D. 30

5. 下列各项中,应征收契税的是( )。

A. 法定继承人承受房屋权属

B. 企业以行政划拨方式取得土地使用权

C. 承包者获得农村集体土地承包经营权

D. 运动员因成绩突出获得国家奖励的住房

6. 某公司发生两笔互换房产业务,并已办理了相关手续。第一笔业务换出的房产价值500万元,换进的房产价值800万元;第二笔业务换出的房产价值600万元,换进的房产价值300万元。已知当地政府规定的契税税率为3%,该公司应缴纳契税( )万元。

A. 0　　B. 9　　C. 18　　D. 33

7. 居民甲某有四套住房,将第一套价值120万元的别墅折价给乙某抵偿了100万元的债务;用市场价值70万元的第二、第三两套两室住房与丙某交换一套四居室住房,另取得丙某赠送价值12万元的小轿车一辆;将第四套市场价值50万元的公寓房折成股份投入本人独资经营的企业。当确定的契税税率为3%,甲、乙、丙应纳契税的情况是( )。

A. 甲不缴纳,乙30 000元,丙3 600元　　B. 甲3 600元,乙30 000元,丙不缴纳

C. 甲不缴纳,乙36 000元,丙21 000元　　D. 甲15 000元,乙36 000元,丙不缴纳

8. 下列行为中计征契税的有( )。

A. 以抵债方式取得土地使用权　　B. 以相等价格交换房屋

C. 以划拨方式取得土地使用权　　D. 转移农村集体土地承包经营权

9. 土地使用权的转让不包括( )。

A. 城市土地使用权的赠与　　B. 企业倒闭出售空地

C. 甲乙两个企业交换经营场所　　D. 农村集体土地承包经营权的转移

10. 某学校将一栋闲置不用的房屋转让给临近的公司,房产价值400万元,土地使用权当年是以无偿划拨方式取得的。按规定该转让行为是( )。

A. 应由受让公司缴纳契税

B. 应由学校在转让时补交契税

C. 应由学校和公司各负担一半契税

D. 学校补交土地使用权的契税,公司缴纳房屋买卖的契税

11. 对以国家作价出资(入股)方式转移国有土地使用权的行为,应( )。

A. 由承受方缴纳契税　　B. 不属于契税征税范围

C. 按规定免征契税　　D. 减半征收契税

12. 企业关闭破产,非债权人承受原土地房屋权属,买受人与原企业30%以上职工签订服务年限不少于3年的劳动用工合同的( )。

A. 免征契税　　B. 减半征收契税

C. 暂缓征收契税　　D. 照章征收契税

13. 以下关于契税的政策说法错误的是( )。

A. 对廉租房经营管理单位购买住房作为廉租住房、经济适用住房经营管理单位回购经济适用住房继续作为经济适用住房房源的免征契税

B. 拆迁居民新置住房免征契税

C. 对个人购买经济适用住房减半征收契税

D. 自 2008 年 11 月 1 日起，个人首次购买 90 平方米及以下普通住房的，契税税率暂统一下调到 1%

14. 契税的纳税义务发生时间是(　)。

A. 签订土地、房屋权属转移合同或合同性质凭证的当天

B. 签订土地、房屋权属转移合同或合同性质凭证的 7 日内

C. 签订土地、房屋权属转移合同或合同性质凭证的 10 日内

D. 签订土地、房屋权属转移合同或合同性质凭证的 30 日内

15. 契税的纳税地点是(　)。

A. 企业的核算地　　B. 纳税人的居住地

C. 单位的注册地　　D. 土地房屋所在地

16. 甲企业因无力偿还乙企业已到期的债务 3 000 万元，经双方协商甲企业同意以自有房产偿还债务，该房产的原值 5 000 万元，净值 2 000 万元，评估现值 9 000 万元，乙企业支付差价款 6 000 万元，双方办理了产权过户手续。则乙企业计缴契税的计税依据是(　)万元。

A. 5 000　　B. 6 000　　C. 9 000　　D. 2 000

17. 某生产企业购置办公楼一栋，支付不含增值税的金额 2 200 万元，增值税 110 万元并办妥权属证明，当地契税税率 4%，应缴纳契税(　)万元。

A. 88　　B. 92.4　　C. 44　　D. 4.4

18. 下列行为中，应当缴纳契税的是(　)。

A. 个人以自有房产投入本人独资经营的企业

B. 企业将自有房产与另一企业的房产等价交换

C. 公租房经营企业购买住房作为公租房

D. 企业以自有房产投资于另一企业并取得相应的股权

19. 赠与房屋时，确定契税计税依据所参照的价格或价值是(　)。

A. 房屋原值　　B. 摊余价值　　C. 协议价格　　D. 市场价格

20. 居民乙因拖欠居民甲 180 万元款项无力偿还，2019 年 5 月经当地有关部门调解，以房产抵偿该笔债务，居民甲因此取得该房产的产权并支付给居民乙差价款 20 万元。假定当地省政府规定的契税税率为 5%。下列表述中正确的是(　)。

A. 居民甲应缴纳契税 1 万元

B. 居民乙应缴纳契税 1 万元

C. 居民甲应缴纳契税 10 万元

D. 居民乙应缴纳契税 10 万元

二、多项选择题

1. 下列行为中，应视同土地使用权转让征收契税的有(　)。

A. 以土地权属作价投资　　B. 以土地权属抵债

C. 以获奖方式承受土地权属　　D. 以预购方式承受土地权属

2. 下列各项中，应当征收契税的有(　)。

A. 以房产抵债　　B. 将房产赠与他人

C. 以房产做投资　　D. 子女继承父母房产

3.下列各项中,按税法规定应缴纳契税的有( )。

A.农民承包荒山造林的山地　　B.银行承受企业抵债的房产

C.科研事业单位受赠的科研用地　　D.劳动模范获得政府奖励的住房

4.下列各项中,可以享受契税免税优惠的有( )。

A.城镇职工自己购买商品住房　　B.政府机关承受房屋用于医疗

C.遭受自然灾害后重新购买住房　　D.军事单位承受房屋用于军事设施

5.下列各项中,免征或不征契税的有( )。

A.国家出让国有土地使用权　　B.受赠人接受他人赠与的房屋

C.法定继承人继承土地、房屋权属　　D.承受荒山土地使用权用于林业生产

6.下列各项中,符合契税规定的有( )。

A.城镇职工按规定第一次购买公有住房免征契税

B.某人中奖获得一套市场价格为60万元的住房,应以60万元为计税依据缴纳契税

C.在股权转让中,单位承受企业股权,企业土地、房屋权属不发生转移,不征收契税

D.甲向乙无偿赠送一套市场价格为60万元的住房,同时乙向甲赠送一幅市场价格为20万元的书画作品,乙应以40万元为计税依据缴纳契税

7.独资企业主张某的以下哪些情况会使其成为契税的纳税人?( )

A.将自有住房作股投资于自身经营的企业

B.以拆门窗做工艺品收藏为目的而购买江南水乡小屋一幢

C.接受抵债房屋一套

D.赠送恩师一套房子

8.以下说法错误的有( )。

A.土地使用权的转让包括农村集体土地承包经营权的转移

B.以获奖方式得到的房屋权属不用缴纳契税

C.继承土地房屋权属免征契税

D.国有资产行政性调整和划转过程中的土地权属转移的不征契税

9.契税纳税义务发生时间可以是( )。

A.取得具有房地产权属转移合同性质凭证的当天

B.签订房地产权属转移合同的当天

C.办理房地产产权证的当天

D.交纳房地产预付款的当天

10.某外资企业将土地使用权转让给另一家内资企业,则外资企业涉及的税种有( )。

A.土地增值税　　B.契税　　C.增值税　　D.城建税

11.甲企业以自有房产对乙企业进行投资并取得了相应的股权,办理了产权过户手续。经有关部门评估,该房产的现值为2.4亿元。当月丙企业以股权方式购买该房产并办理了过户手续,支付的股份价值为3亿元。下列各企业计缴契税的处理中,正确的有( )。

A.乙企业向丙企业出售房屋不缴纳契税

B.甲企业以房产投资的行为不缴纳契税

C.丙企业按3亿元作为计税依据计缴契税

D.乙企业从甲企业取得房屋按房产现值2.4亿元作为计税依据计缴契税

12. 下列方式获取的房屋，可免征契税的有（　）。

A. 居民购置的商品房

B. 运动员以获奖方式承受的房屋

C. 医院购买用于门诊部的商铺

D. 因债转股新设立的公司承受原企业的房屋

13. 下列有关契税征管说法正确的有（　）。

A. 纳税地点为土地、房屋所在地

B. 纳税期限自纳税义务发生之日起的15日内

C. 在未办理房屋权属变更登记前退房的，可退还已纳契税

D. 纳税义务发生时间为签订土地、房屋权属转移合同的当天，或取得其他具有土地、房屋权属转移合同性质凭证的当天

14. 以下选项中获取的房屋权属中，可以免征契税的有（　）。

A. 因房屋拆迁取得的房屋

B. 以实物交换取得的房屋

C. 全资公司的母公司划转的房屋

D. 债权人承受破产企业抵偿债务的房屋

15. 下列关于契税计税依据的表述中，正确的有（　）。

A. 购买的房屋以成交价格作为计税依据

B. 接受赠与的房屋参照市场价格核定计税依据

C. 采取分期付款方式购买的房屋参照市场价格核定计税依据

D. 转让以划拨方式取得的土地使用权以补交的土地使用权出让金作为计税依据

三、判断题

1. 境内承受转移土地、房屋权属的单位和个人为契税的纳税人，但不包括外商投资企业和外国企业。（　）

2. 企业依据法律规定和合同约定分设为两个或两个以上投资主体相同的企业，对派生方、新设方承受企业原土地、房屋权属，不征收契税。（　）

3. 企业依照有关法律、法规的规定实施关闭、破产后，对非债权人承受关闭、破产企业土地、房屋权属，凡妥善安置原企业30%以上职工的，减半征收契税；全部安置原企业员工的，免征契税。（　）

4. 现行税法规定，获省级人民政府、国务院部委和中国人民解放军军以上单位奖励而取得房屋产权的纳税人，可以免征契税。（　）

5. 承受与房屋相关的汽车库所有权的，应征收契税。（　）

6. 房地产转让者经批准转让以划拨方式取得土地使用权时，由房地产受让者缴纳契税，该房地产转让者不涉及契税。（　）

7. 因不可抗力丧失住房而重新购买住房的，免征契税。（　）

8. 对承受国有土地使用权所应支付的土地出让金，要计征契税。减免土地出让金的，也不能随之减免契税。（　）

9. 拆迁居民新购置住房的免征契税。（　）

10. 继承土地房屋权属免征契税。(　)

11. 因契税由承受方缴纳，所以土地使用权交换，由少付货币或其他经济利益的一方缴纳契税。(　)

12. 公司制改造过程中改变土地房屋权属的，应免征契税。(　)

13. 国有资产行政性调整和划转过程中的土地权属转移的不征契税。(　)

14. 承受的房屋附属设施权属如为单独计价的，按照当地确定的税率征收契税。(　)

15. 承受的房屋附属设施权属如与房屋统一计价的，适用与房屋相同的契税税率。(　)

16. 纳税人应当自纳税人义务发生 15 日内，向土地、房屋所在地的征收机关办理纳税申报。(　)

17. 纳税人在办理变更土地房屋产权登记手续之后缴纳契税。(　)

第十五章 土地增值税

★ 本章学习要点

- 土地增值税的概念
- 土地增值税的特点
- 土地增值税的税制要素
- 土地增值税的计算
- 土地增值税的征收管理

第一节 土地增值税概述

一、土地增值税的概念、特点、法律依据

(一)土地增值税的概念

土地增值税是对有偿转让国有土地使用权及地上建筑物及其附着物并取得产权收入的单位和个人,就其转让房地产所取得的增值额征收的一种税。

(二)我国土地增值税的特点

(1)以转让房地产的增值额为计税依据;
(2)征税面比较广;
(3)实行四级超率累进税率;
(4)实行按次征收。

(三)土地增值税的法律依据

土地增值税法是指国家制定的用以调整土地增值税征收与缴纳之间权利及义务关系的法律规范。现行土地增值税的基本规范是1993年12月13日国务院颁布的《中华人民共和国土地增值税暂行条例》(以下简称《土地增值税暂行条例》),施行20多年以来,税制比较健全,运行平稳,上升为法律的条件和时机已经成熟。土地增值税立法是贯彻落实税收法定原则的重要步骤,也是健全地方税体系改革的重要内容。

二、土地增值税的纳税义务人

土地增值税的纳税义务人为有偿转让国有土地使用权、地上建筑物及其附着物(以下简称

转让房地产)并取得收入的单位和个人。单位包括各类企业、事业单位、国家机关和社会团体及其他组织。个人包括个体经营者和其他个人。

概括地说,《中华人民共和国土地增值税暂行条例》对纳税人的规定主要有以下四个特点:不论法人与自然人;不论经济性质;不论内资与外资、不论部门,只要有偿转让房地产,都是土地增值税的纳税人。

三、征税范围

(一)基本征税范围

土地增值税是对转让国有土地使用权及其地上建筑物和附着物的行为征税,不包括国有土地使用权出让所取得的收入。

国有土地使用权出让,是指国家以土地所有者的身份将土地使用权在一定年限内让与土地使用者,并由土地使用者向国家支付土地使用权出让金的行为,属于土地买卖的一级市场。土地使用权出让的出让方是国家,国家凭借土地的所有权向土地使用者收取土地的租金。出让的目的是实行国有土地的有偿使用制度,合理开发、利用、经营土地,因此,土地使用权的出让不属于土地增值税的征税范围。

而国有土地使用权的转让是指土地使用者通过出让等形式取得土地使用权后,将土地使用权再转让的行为,包括出售、交换和赠与,它属于土地买卖的二级市场。土地使用权转让,其地上的建筑物、其他附着物的所有权随之转让。土地使用权的转让,属于土地增值税的征税范围。

土地增值税的征税范围不包括未转让土地使用权、房产产权的行为,是否发生转让行为主要以房地产权属(指土地使用权和房产产权)的变更为标准。凡土地使用权、房产产权未转让的(如房地产的出租),不征收土地增值税。

土地增值税的基本范围包括:

1. 转让国有土地使用权

"国有土地",是指按国家法律规定属于国家所有的土地。出售国有土地使用权是指土地使用者通过出让方式,向政府缴纳了土地出让金,有偿受让土地使用权后,仅对土地进行通水、通电、通路和平整地面等土地开发,不进行房产开发,即所谓"将生地变熟地",然后直接将空地出售出去。

2. 地上的建筑物及其附着物连同国有土地使用权一并转让

"地上的建筑物",是指建于土地上的一切建筑物,包括地上地下的各种附属设施。"附着物",是指附着于土地上的不能移动或一经移动即遭损坏的物品。纳税人取得国有土地使用权后进行房屋开发建造然后出售的,这种情况即是一般所说的房地产开发。虽然这种行为通常被称作卖房,但按照国家有关房地产法律和法规的规定,卖房的同时,土地使用权随之发生转让。由于这种情况既发生了产权的转让又取得了收入,所以应纳入土地增值税的征税范围。

存量房地产的买卖。存量房地产是指已经建成并已投入使用的房地产,其房屋所有人将房屋产权和土地使用权一并转让给其他单位和个人。这种行为按照国家有关的房地产法律和法规,应当到有关部门办理房产产权和土地使用权的转移变更手续;原土地使用权属于无偿划拨的，还应到土地管理部门补交土地出让金。

(二)特殊征税范围

1. 房地产的继承

房地产的继承是指房产的原产权所有人、依照法律规定取得土地使用权的土地使用人死亡以后，由其继承人依法承受死者房产产权和土地使用权的民事法律行为。这种行为虽然发生了房地产的权属变更，但作为房产产权、土地使用权的原所有人(即被继承人)并没有因为权属变更而取得任何收入。因此，这种房地产的继承不属于土地增值税的征税范围。

2. 房地产的赠与

房地产的赠与是指房产所有人、土地使用权所有人将自己所拥有的房地产无偿地交给其他人的民事法律行为。

但这里的“赠与”仅指以下情况：

(1)房产所有人、土地使用权所有人将房屋产权、土地使用权赠与直系亲属或承担直接赡养义务人的。

(2)房产所有人、土地使用权所有人通过中国境内非营利的社会团体、国家机关将房屋产权、土地使用权赠与教育、民政和其他社会福利、公益事业的。社会团体是指中国青少年发展基金会、希望工程基金会、宋庆龄基金会、减灾委员会、中国红十字会、中国残疾人联合会、全国老年基金会、老区促进会以及经民政部门批准成立的其他非营利性的公益性组织。

房地产的赠与虽发生了房地产的权属变更，但作为房产所有人、土地使用权的所有人并没有因为权属的转让而取得任何收入。因此，房地产的赠与不属于土地增值税的征税范围。

3. 房地产的出租

房地产的出租是指房产的产权所有人、依照法律规定取得土地使用权的土地使用人，将房产、土地使用权租赁给承租人使用，由承租人向出租人支付租金的行为。房地产的出租，出租人虽取得了收入，但没有发生房产产权、土地使用权的转让。因此，不属于土地增值税的征税范围。

4. 房地产的抵押

房地产的抵押是指房地产的产权所有人、依法取得土地使用权的土地使用人作为债务人或第三人向债权人提供不动产作为清偿债务的担保而不转移权属的法律行为。这种情况由于房产的产权、土地使用权在抵押期间产权并没有发生权属的变更，房产的产权所有人、土地使用权人仍能对房地产行使占有、使用、收益等权利，房产的产权所有人、土地使用权人虽然在抵押期间取得了一定的抵押贷款，但实际上这些贷款在抵押期满后是要连本带利偿还给债权人的。因此，对房地产的抵押，在抵押期间不征收土地增值税。待抵押期满后，视该房地产是否转移占有而确定是否征收土地增值税。对于以房地产抵债而发生房地产权属转让的，应列入土地增值税的征税范围。

5. 房地产的交换

这种情况是指一方以房地产与另一方的房地产进行交换的行为。由于这种行为既发生了房产产权、土地使用权的转移，交换双方又取得了实物形态的收入，按《土地增值税暂行条例》规定，它属于土地增值税的征税范围。但对个人之间互换自有居住用房地产的，经当地税务机关核实，可以免征土地增值税。

6. 合作建房

对于一方出地，一方出资金，双方合作建房，建成后按比例分房自用的，暂免征收土地增值税；建成后转让的，应征收土地增值税。

7. 房地产的代建房行为

这种情况是指房地产开发公司代客户进行房地产的开发，开发完成后向客户收取代建收入的行为。对于房地产开发公司而言，虽然取得了收入，但没有发生房地产权属的转移，其收入属于劳务收入性质，故不属于土地增值税的征税范围。

8. 房地产的重新评估

这主要是指国有企业在清产核资时对房地产进行重新评估而使其升值的情况。这种情况下，房地产虽然有增值，但其既没有发生房地产权属的转移，房产产权、土地使用权人也未取得收入，所以不属于土地增值税的征税范围。

（三）企业改制重组土地增值税政策

(1)按照《中华人民共和国公司法》的规定，非公司制企业整体改建为有限责任公司或者股份有限公司，有限责任公司(股份有限公司)整体改建为股份有限公司(有限责任公司)。对改建前的企业将国有土地和房屋权属转移及变更到改建后的企业，暂不征土地增值税。

整体改建是指不改变原企业的投资主体，并承继原企业权利、义务的行为。

(2)按照法律规定或者合同约定，两个或两个以上企业合并为一个企业，且原企业投资主体存续的，对原企业将国有土地和房屋权属转移及变更到合并后的企业，暂不征土地增值税。

(3)按照法律规定或者合同约定，企业分设为两个或两个以上与原企业投资主体相同的企业，对原企业将国有土地和房屋权属转移及变更到分立后的企业，暂不征土地增值税。

(4)单位、个人在改制重组时以国有土地、房屋进行投资，对其将国有土地和房屋权属转移及变更到被投资的企业，暂不征土地增值税。

上述1～4项有关改制重组土地增值税政策不适用于房地产开发企业。

(5)企业改制重组后再转让国有土地使用权并申报缴纳土地增值税时，应以改制前取得该宗国有土地使用权所支付的地价款和按国家统一规定缴纳的有关费用，作为该企业取得土地使用权所支付的金额扣除。企业在重组改制过程中经省级以上(含省级)国土管理部门批准，国家以国有土地使用权作价出资入股的，再转让该宗国有土地使用权并申报缴纳土地增值税时，应以该宗土地作价入股时省级以上(含省级)国土管理部门批准的评估价格，作为该企业“取得土地使用权所支付的金额”扣除。办理纳税申报时，企业应提供该宗土地作价入股时省级以上(含省级)国土管理部门的批准文件和批准的评估价格，不能提供批准文件和批准的评估价格的，不得扣除。

企业按有关规定享受相关土地增值税优惠政策的，应及时向主管税务机关提交相关房产、国有土地权证、价值证明等书面材料。

四、土地增值税的税率

土地增值税实行四级超率累进税率，税率为30%～60%。具体税率见表15-1：

表15-1 土地增值税四级超率累进税率表 %

级数	增值额与扣除项目金额的比率	税率	速算扣除系数
1	不超过50%的部分	30	0
2	超过50%～100%的部分	40	5
3	超过100%～200%的部分	50	15
4	超过200%的部分	60	35

上述所列四级超率累进税率，其中，每级“增值额与扣除项目金额的比率”，均包括本比例数。

五、税收优惠

(一)建造普通标准住宅的税收优惠

纳税人建造普通标准住宅出售，增值额未超过扣除项目金额20%的，免征土地增值税。

这里所说的“普通标准住宅”，是指按所在地一般民用住宅标准建造的居住用住宅。高级公寓、别墅、度假村等不属于普通标准住宅。普通标准住宅与其他住宅的具体划分界限，2005年5月31日以前由各省、自治区、直辖市人民政府规定。2005年6月1日起，普通标准住宅应同时满足：住宅小区建筑容积率在1.0以上；单套建筑面积在120平方米以下；实际成交价格低于同级别土地上住房平均交易价格1.2倍以下。各省、自治区、直辖市要根据实际情况，制定本地区享受优惠政策普通住房的具体标准。允许单套建筑面积和价格标准适当浮动，但向上浮动的比例不得超过上述标准的20%。纳税人建造普通标准住宅出售，增值额未超过扣除项目金额20%的，免征土地增值税；增值额超过扣除项目金额20%的，应就其全部增值额按规定计税。

对于纳税人既建普通标准住宅又搞其他房地产开发的，应分别核算增值额。不分别核算增值额或不能准确核算增值额的，其建造的普通标准住宅不能适用这一免税规定。

(二)国家征用收回的房地产的税收优惠

因国家建设需要依法征用、收回的房地产，免征土地增值税。

这里所说的“因国家建设需要依法征用、收回的房地产”，是指因城市实施规划、国家建设的需要而被政府批准征用的房产或收回的土地使用权。

(三)因城市规划、国家建设需要而搬迁由纳税人自行转让原房地产的税收优惠

因城市实施规划、国家建设的需要而搬迁，由纳税人自行转让原房地产的，免征土地增值税。

因“城市实施规划”而搬迁，是指因旧城改造或因企业污染、扰民(指产生过量废气、废水、

废渣和噪声，使城市居民生活受到一定危害)，而由政府或政府有关主管部门根据已审批通过的城市规划确定进行搬迁的情况。因“国家建设的需要”而搬迁，是指因实施国务院、省级人民政府、国务院有关部委批准的建设项目而进行搬迁的情况。

(四)对企事业单位、社会团体以及其他组织转让旧房作为公共租赁住房房源的税收优惠

对企事业单位、社会团体以及其他组织转让旧房作为公共租赁住房房源的且增值额未超过扣除项目金额20%的，免征土地增值税。享受上述税收优惠政策的公共租赁住房是指纳人省、自治区、直辖市、计划单列市人民政府及新疆生产建设兵团批准的公共租赁住房发展规划和年度计划，并按照《关于加快发展公共租赁住房的指导意见》(建保〔2010〕87号)和市、县人民政府制定的具体管理办法进行管理的公共租赁住房。

(五)改制重组过程中涉及的税收优惠

(1)按照《中华人民共和国公司法》的规定，非公司制企业整体改制为有限责任公司或者股份有限公司，有限责任公司(股份有限公司)整体改制为股份有限公司(有限责任公司)，对改制前的企业将国有土地使用权、地上的建筑物及其附着物(以下称房地产)转移、变更到改制后的企业，暂不征土地增值税。

所称整体改制是指不改变原企业的投资主体，并承继原企业权利、义务的行为。

(2)按照法律规定或者合同约定，两个或两个以上企业合并为一个企业，且原企业投资主体存续的，对原企业将房地产转移、变更到合并后的企业，暂不征土地增值税。

(3)按照法律规定或者合同约定，企业分设为两个或两个以上与原企业投资主体相同的企业，对原企业将房地产转移、变更到分立后的企业，暂不征土地增值税。

(4)单位、个人在改制重组时以房地产作价入股进行投资，对其将房地产转移、变更到被投资的企业，暂不征土地增值税。

上述改制重组有关土地增值税政策不适用于房地产转移任意一方为房地产开发企业的情形。

企业在申请享受上述土地增值税优惠政策时，应向主管税务机关提交房地产转移双方营业执照、改制重组协议或等效文件，相关房地产权属和价值证明、转让方改制重组前取得土地使用权所支付地价款的凭据(复印件)等书面材料。

所称不改变原企业投资主体、投资主体相同，是指企业改制重组前后出资人不发生变动，出资人的出资比例可以发生变动；投资主体存续，是指原企业出资人必须存在于改制重组后的企业，出资人的出资比例可以发生变动。

第二节 土地增值税的计算

一、计税依据的确定

土地增值税的计税依据是纳税人转让房地产所取得的增值额。转让房地产所得的增值额，是纳税人转让房地产的收入减除税法规定的扣除项目金额后的余额。

(一)应税收入的确定

土地增值税纳税人转让房地产取得的收入为不含增值税收入。根据《土地增值税暂行条例》及其实施细则的规定,纳税人转让房地产取得的应税收入,应包括转让房地产的全部价款及有关的经济收益。从收入的形式来看,包括货币收入、实物收入和其他收入。

1.货币收入

货币收入是指纳税人转让房地产而取得的现金、银行存款、支票、银行本票、汇票等各种信用票据和国库券、金融债券、企业债券、股票等有价证券。这些类型的收入其实质都是转让方因转让土地使用权、房屋产权而向取得方收取的价款。货币收入一般比较容易确定。

2.实物收入

实物收入是指纳税人转让房地产而取得的各种实物形态的收入,如钢材、水泥等建材,房屋、土地等不动产等。实物收入的价值不太容易确定,一般要对这些实物形态的财产进行估价。

3.其他收入

其他收入是指纳税人转让房地产而取得的无形资产收入或具有财产价值的权利,如专利权、商标权、著作权、专有技术使用权、土地使用权、商誉权等。这种类型的收入比较少见,其价值需要进行专门的评估。

(二)扣除项目的确定

计算土地增值税应纳税额,并不是直接对转让房地产所取得的收入征税,而是要对收入额减除国家规定的各项扣除项目金额后的余额计算征税(这个余额就是纳税人在转让房地产中获取的增值额)。因此,要计算增值额,首先必须确定扣除项目。税法准予纳税人从转让收入额中减除的扣除项目包括如下几项:

1.取得土地使用权所支付的金额

取得土地使用权所支付的金额包括两方面的内容:

(1)纳税人为取得土地使用权所支付的地价款。如果是以协议、招标、拍卖等出让方式取得土地使用权的,地价款为纳税人所支付的土地出让金;如果是以行政划拨方式取得土地使用权的,地价款为按照国家有关规定补交的土地出让金;如果是以转让方式取得土地使用权的,地价款为向原土地使用权人实际支付的地价款。

(2)纳税人在取得土地使用权时按国家统一规定缴纳的有关费用。它系指纳税人在取得土地使用权过程中为办理有关手续,按国家统一规定缴纳的有关登记、过户手续费。

2.房地产开发成本

房地产开发成本是指纳税人房地产开发项目实际发生的成本。包括土地的征用及拆迁补偿费、前期工程费、建筑安装工程费、基础设施费、公共配套设施费、开发间接费用等。

(1)土地征用及拆迁补偿费。包括土地征用费、耕地占用税、劳动力安置费及有关地上、地下附着物拆迁补偿的净支出、安置动迁用房支出等。

(2)前期工程费。包括规划、设计、项目可行性研究和水文、地质、勘察、测绘、"三通一平"

等支出。

(3)建筑安装工程费。指以出包方式支付给承包单位的建筑安装工程费,以自营方式发生的建筑安装工程费。

营改增后,土地增值税纳税人接受建筑安装服务取得的增值税发票,应按照《国家税务总局关于全面推开营业税改征增值税试点有关税收征收管理事项的公告》(国家税务总局公告2016 年第 23 号)规定,在发票的备注栏注明建筑服务发生地县(市、区)名称及项目名称,否则不得计入土地增值税扣除项目金额。

(4)基础设施费。包括开发小区内道路、供水、供电、供气、排污、排洪、通信、照明、环卫、绿化等工程发生的支出。

(5)公共配套设施费。包括不能有偿转让的开发小区内公共配套设施发生的支出。

(6)开发间接费用。指直接组织、管理开发项目发生的费用,包括工资、职工福利费、折旧费、修理费、办公费、水电费、劳动保护费、周转房摊销等。

3. 房地产开发费用

房地产开发费用是指与房地产开发项目有关的销售费用、管理费用和财务费用。根据现行财务会计制度的规定,这三项费用作为期间费用,直接计入当期损益,不按成本核算对象进行分摊。故作为土地增值税扣除项目的房地产开发费用,不按纳税人房地产开发项目实际发生的费用进行扣除,而按《实施细则》的标准进行扣除。

《实施细则》规定,财务费用中的利息支出,凡能够按转让房地产项目计算分摊并提供金融机构证明的,允许据实扣除,但最高不能超过按商业银行同类同期贷款利率计算的金额。其他房地产开发费用,按《实施细则》第七条(一)、(二)项规定(即取得土地使用权所支付的金额和房地产开发成本,下同)计算的金额之和的 5%以内计算扣除。凡不能按转让房地产项目计算分摊利息支出或不能提供金融机构证明的,房地产开发费用按《实施细则》第七条(一)、(二)项规定计算的金额之和的 10%以内计算扣除。计算扣除的具体比例,由各省、自治区、直辖市人民政府规定。

上述规定的具体含义是:

(1)纳税人能够按转让房地产项目计算分摊利息支出,并能提供金融机构的贷款证明的,其允许扣除的房地产开发费用为:利息+(取得土地使用权所支付的金额+房地产开发成本)×5%以内(注:利息最高不能超过按商业银行同类同期贷款利率计算的金额)。

(2)纳税人不能按转让房地产项目计算分摊利息支出或不能提供金融机构贷款证明的,其允许扣除的房地产开发费用为:(取得土地使用权所支付的金额+房地产开发成本)×10%以内。

此外,财政部、国家税务总局还对扣除项目金额中利息支出的计算问题作了两点专门规定:一是利息的上浮幅度按国家的有关规定执行,超过上浮幅度的部分不允许扣除;二是对于超过贷款期限的利息部分和加罚的利息不允许扣除。

4. 与转让房地产有关的税金

与转让房地产有关的税金是指在转让房地产时缴纳的城市维护建设税、印花税。因转让房地产缴纳的教育费附加,也可视同税金予以扣除。

营改增后,计算土地增值税增值额的扣除项目中“与转让房地产有关的税金”不包括增值税。《中华人民共和国土地增值税暂行条例》等规定的土地增值税扣除项目涉及的增值税进项税额，允许在销项税额中计算抵扣的，不计入扣除项目，不允许在销项税额中计算抵扣的，可以计入扣除项目。

营改增后，房地产开发企业实际缴纳的城市维护建设税(以下简称“城建税”)、教育费附加，凡能够按清算项目准确计算的，允许据实扣除。凡不能按清算项目准确计算的，则按该清算项目预缴增值税时实际缴纳的城建税、教育费附加扣除。

其他转让房地产行为的城建税、教育费附加扣除比照上述规定执行。

全面试行营业税改征增值税后，“营业税金及附加”科目名称调整为“税金及附加”科目，该科目核算企业经营活动发生的消费税、城市维护建设税、资源税、教育费附加及房产税、土地使用税、车船使用税、印花税等相关税费；利润表中的“营业税金及附加”项目调整为“税金及附加”项目。但需要明确的是，房地产开发企业在转让时缴纳的印花税在新政策明确前，仍按原规定执行，暂不允许单独再扣除。

5.其他扣除项目

对从事房地产开发的纳税人可按《实施细则》第七条(一)、(二)项规定计算的金额之和，加计20%的扣除

注意：此条优惠只适用于从事房地产开发的纳税人，除此之外的其他纳税人不适用。这样规定，目的是抑制炒买炒卖房地产的投机行为，保护正常开发投资者的积极性。

旧房及建筑物的评估价格是指在转让已使用的房屋及建筑物时，由政府批准设立的房地产评估机构评定的重置成本价乘以成新度折扣率后的价格。评估价格须经当地税务机关确认。

重置成本价的含义是：对旧房及建筑物，按转让时的建材价格及人工费用计算，建造同样面积、同样层次、同样结构、同样建设标准的新房及建筑物所需花费的成本费用。成新度折扣率的含义是：按旧房的新旧程度作一定比例的折扣。例如，一幢80年代建造的房屋，建造时的造价为1 000万元，按转让时的建材及人工费用计算，建同样的新房需花费3 000万元，该房有六成新，则该房的评估价格为：3 000×60%＝1 800(万元)。

此外，转让旧房的，应按房屋及建筑物的评估价格、取得土地使用权所支付的地价款和按国家统一规定缴纳的有关费用及在转让环节缴纳的税金作为扣除项目金额计征土地增值税。对取得土地使用权时未支付地价款或不能提供已支付的地价款凭据的，在计征土地增值税时不允许扣除。

(三)增值额的确定

土地增值税纳税人转让房地产所取得的收入减除规定的扣除项目金额后的余额，为增值额。

准确核算增值额是很重要的。由于计算土地增值税是以增值额与扣除项目金额的比率大小按相适用的税率累进计算征收的，增值额与扣除项目金额的比率越大，适用的税率越高，缴纳的税款越多。当然，准确核算增值额，还需要有准确的房地产转让收入额和扣除项目的金额。在实际房地产交易活动中，有些纳税人由于不能准确提供房地产转让价格或扣除项目金额，致使增值额不准确，直接影响应纳税额的计算和缴纳。因此，纳税人有下列情形之一的，按

照房地产评估价格计算征收：

(1)隐瞒、虚报房地产成交价格的；

(2)提供扣除项目金额不实的；

(3)转让房地产的成交价格低于房地产评估价格，又无正当理由的。

这里所说的“房地产评估价格”，是指由政府批准设立的房地产评估机构根据相同地段、同类房地产进行综合评定的价格。

这里所说的“隐瞒、虚报房地产成交价格”，是指纳税人不报或有意低报转让土地使用权、地上建筑物及其附着物价款的行为。

这里所说的“提供扣除项目金额不实的”，是指纳税人在纳税申报时不据实提供扣除项目金额的行为。

这里所说的“转让房地产的成交价格低于房地产评估价格，又无正当理由的”，是指纳税人申报的转让房地产的实际成交价低于房地产评估机构评定的交易价，纳税人又不能提供凭据或无正当理由的行为。

隐瞒、虚报房地产成交价格，应由评估机构参照同类房地产的市场交易价格进行评估。税务机关根据评估价格确定转让房地产的收入。

提供扣除项目金额不实的，应由评估机构按照房屋重置成本价乘以成新度折扣率计算的房屋成本价和取得土地使用权时的基准地价进行评估。税务机关根据评估价格确定扣除项目金额。

转让房地产的成交价格低于房地产评估价格，又无正当理由的，由税务机关参照房地产评估价格确定转让房地产的收入。

二、应纳税额的计算

土地增值税按照纳税人转让房地产所取得的增值额和规定的税率计算征收。土地增值税的计算公式是：

$$应纳税额 = \sum(每级距的增值额 \times 适用税率)$$

现举例说明如下：

【例 15-1】某纳税人转让房地产所取得的收入为 1 000 万元，其扣除项目金额为 575 万元，请计算其应纳土地增值税的税额。

计算方法一 （按《土地增值税暂行条例》规定的方法计算）：

第一步，先计算增值额。

增值额为：1 000－575＝425(万元)

第二步，再计算增值额与扣除项目金额之比。

增值额与扣除项目金额之比为：425÷575×100％＝73.91％

由此可见，增值额超过扣除项目金额 50％，未超过扣除项目金额 100％分别适用 30％、40％两档税率。

第三步，分别计算各级次土地增值税税额。

(1)增值额未超过扣除项目金额50%的部分

这部分增值额为:575×50%=287.5(万元)

适用30%的税率。

这部分增值额应纳的土地增值税税额为:287.5×30%=86.25(万元)

(2)增值额超过扣除项目金额50%,未超过扣除项目金额100%的部分,适用40%的税率。

这部分增值额为:425－575×50%=137.5(万元)

这部分增值额应纳的土地增值税税额为:137.5×40%=55(万元)

第四步,将各级的税额相加,得出总税额。

土地增值税税额为:86.25+55=141.25(万元)

计算方法二 (按《实施细则》规定的速算扣除法计算):

第一步,先计算增值额。

增值额为:1 000－575=425(万元)

第二步,再计算增值额与扣除项目金额之比。

增值额与扣除项目金额之比为:425÷575×100%=73.91%

由此可见,增值额超过扣除项目金额50%,未超过扣除项目金额100%,其适用的简便计算公式为:

土地增值税税额=增值额×40%－扣除项目金额×5%

第三步,计算土地增值税税额。

土地增值税税额为:425×40%－575×5%=141.25(万元)

两种计算方法计算的结果是一样的。

第三节 土地增值税的征收管理

由于房地产开发与转让周期较长,造成土地增值税征管难度大,应加强土地增值税的预征管理,预征率的确定要科学、合理。对已经实行预征办法的地区,可根据不同类型房地产的实际情况,确定适当的预征率。除保障性住房外,东部地区省份预征率不得低于2%,中部和东北地区省份不得低于1.5%,西部地区省份不得低于1%。

一、纳税地点

土地增值税的纳税人应向房地产所在地主管税务机关办理纳税申报,并在税务机关核定的期限内缴纳土地增值税。“房地产所在地”,是指房地产的坐落地。纳税人转让的房地产坐落在两个或两个以上地区的,应按房地产所在地分别申报纳税。

在实际工作中,纳税地点的确定又可分为以下两种情况:

1.纳税人是法人的

当转让的房地产坐落地与其机构所在地或经营所在地一致时,则在办理税务登记的原管辖税务机关申报纳税即可;如果转让的房地产坐落地与其机构所在地或经营所在地不一致时,则应在房地产坐落地所管辖的税务机关申报纳税。

2. 纳税人是自然人的

当转让的房地产坐落地与其居住所在地一致时，则在住所所在地税务机关申报纳税；当转让的房地产坐落地与其居住所在地不一致时，则在办理过户手续所在地的税务机关申报纳税。

二、纳税申报

土地增值税的纳税人应在转让房地产合同签订后的 7 日内，到房地产所在地主管税务机关办理纳税申报，并向税务机关提交房屋及建筑物产权、土地使用权证书，土地转让、房产买卖合同，房地产评估报告及其他与转让房地产有关的资料。

纳税人因经常发生房地产转让而难以在每次转让后申报的，经税务机关审核同意后，可以定期进行纳税申报，具体期限由税务机关根据相关规定确定。

纳税人因经常发生房地产转让而难以在每次转让后申报，是指房地产开发企业开发建造的房地产，因分次转让而频繁发生纳税义务，难以在每次转让后申报纳税的情况，土地增值税可按月或按各省、自治区、直辖市和计划单列市税务局规定的期限申报缴纳。纳税人选择定期申报方式的，应向纳税所在地的税务机关备案。定期申报方式确定后，一年之内不得变更。

此外，根据《中华人民共和国土地增值税暂行条例实施细则》，对于纳税人预售房地产所取得的收入，凡当地税务机关规定预征土地增值税的，纳税人应当到主管税务机关办理纳税申报，并按规定比例预交，待办理决算后，多退少补；凡当地税务机关规定不预征土地增值税的，也应在取得收入时先到税务机关登记或备案。

习　题

一、单项选择题

1. 下列各项中，应当征收土地增值税的是（　）。

A. 赠与社会公益事业的房地产　　B. 个人之间互换自有住房

C. 抵押期满转让给债权人的房地产　　D. 兼并企业从被兼并企业得到的房地产

2. 下列各项中，应当征收土地增值税的是（　）。

A. 公司与公司之间互换房产　　B. 房地产开发公司为客户代建房产

C. 兼并企业从被兼并企业取得房产　　D. 双方合作建房后按比例分配自用房产

3. 某房地产开发公司销售其新建商品房一幢，取得销售收入 1.4 亿元，已知该公司支付与商品房相关的土地使用权费及开发成本合计为 4 800 万元，该公司没有按房地产项目计算分摊银行借款利息，该商品所在地的省政府规定计征土地增值税时房地产开发费用扣除比例为 10%，销售商品房缴纳有关税金 770 万元。该公司销售该商品房应缴纳的土地增值税为（　）万元。

A. 2 256.5　　B. 2 445.5　　C. 3 070.5　　D. 3 080.5

4. 土地增值税的纳税人是法人的，如果转让的房地产坐落地与其机构所在地或经营所在地不一致时，则应在(　)的税务机关申报纳税。

A. 房地产坐落地所管辖　　B. 机构所在地所管辖

C. 经营所在地所管辖　　D. 房地产转让实现地

5. 下列各项中应征土地增值税的有(　)。

A. 用房地产进行投资　　B. 兼并企业取得被兼并企业房地产

C. 企业房地产交换　　D. 房地产的出租

6. 某单位转让一幢1980年建造的公寓楼，当时造价为500万元。经房地产评估机构评定，该楼的重置成本价为2 000万元，成新度折扣率为六成。在计算土地增值税时，其评估价格为(　)万元。

A. 500　　B. 1 200　　C. 2 000　　D. 1 500

7. 下列房地产交易行为中，应当计算缴纳土地增值税的是(　)。

A. 县城居民之间互换自有居住用房屋

B. 非营利的慈善组织将合作建造的房屋转让

C. 房地产开发企业代客户进行房地产开发，开发完成后向客户收取代建收入

D. 房地产公司出租高档住宅

8. 下列项目中，不属于土地增值税的纳税人转让房地产取得应税收入的是(　)。

A. 无形资产收入　　B. 货币收入　　C. 实物收入　　D. 租金收入

二、多项选择题

1. 下列各项中，符合土地增值税征收管理有关规定的有(　)。

A. 纳税人建造普通标准住宅出售，增值额未超过扣除项目金额20%的，减半征收土地增值税

B. 纳税人建造普通标准住宅出售，增值额未超过扣除项目金额20%的，免征收土地增值税

C. 纳税人建造普通标准住宅出售，增值额超过扣除项目金额20%的，应对其超过部分的增值额按规定征收土地增值税

D. 纳税人建造普通标准住宅出售，增值额超过扣除项目金额20%的，应就其全部增值额按规定征收土地增值税

2. 下列房地产交易行为中，应当计算缴纳土地增值税的有(　)。

A. 单位之间换房　　B. 房地产评估增值

C. 存量房地产的买卖　　D. 转让国有土地使用权

3. 以下应缴纳土地增值税的有(　)。

A. 将使用过的旧房卖给某单位作办公室　　B. 将使用过的旧房赠与子女

C. 将使用过的旧房出租　　D. 将使用过的旧房换取股票

4. 下列单位中，属于土地增值税纳税人的有(　)。

A. 建造房屋的施工单位　　B. 中外合资房地产开发公司

C. 转让国有土地的事业单位　　D. 房地产管理的物业公司

5. 下列各项中，属于土地增值税免税范围的有(　　)。

A. 因国家建设需要依法征用、收回的房地产

B. 个人之间互换自有居住用房地产

C. 个人因工作调动而转让购买满 5 年的经营性房产

D. 因国家建设需要而搬迁，由纳税人自行转让房地产

6. 下列项目中，按税法规定无需缴纳土地增值税的有(　　)。

A. 国家机关转让自用的房产

B. 税务机关拍卖欠税单位的房产

C. 对国有企业进行评估增值的房产

D. 因国家建设需要而被政府征用的房产

7. 下列各项中应缴纳土地增值税的纳税人有(　　)。

A. 与国有企业换房的某医院

B. 合作建房后出售房产的合作企业

C. 转让办公楼的事业单位

D. 国土局出让土地使用权

三、判断题

1. 某单位支付土地出让金取得 50 年土地使用权，该支出不缴纳土地增值税。(　　)

2. 对房地产的抵押，在抵押期间不征收土地增值税，但对于以房地产抵债而发生房地产权属转让的，则应增收土地增值税。(　　)

3. 某房地产公司将代售的花园别墅中的一栋赠给某影视明星，由于该房地产公司未取得收入，则不缴纳土地增值税。(　　)

四、计算题

1. 某药厂 2019 年 7 月 1 日转让其位于市区的一栋办公楼，取得不含增值税销售收入 24 000 万元。2011 年建造该办公楼时，为取得土地使用权支付金额 6 000 万元，发生建造成本 8 000 万元。转让时经政府批准的房地产评估机构评估后，确定该办公楼的重置成本价为 16 000 万元，成新度折扣率为 60%，允许扣除相关税金及附加 1 356 万元。

要求：根据上述资料，按照下列顺序计算回答问题，如有计算需计算出合计数。

(1)计算土地增值税时该企业办公楼的评估价格。

(2)计算土地增值税时允许扣除项目金额的合计数。

(3)计算转让办公楼应缴纳的土地增值税。

2. 某县 A 公司是增值税一般纳税人，于 2019 年 3 月将拥有的商铺以含增值税金额 815 万元出售。该商铺购买时，取得的营业税发票显示开票日期为 2012 年 1 月，金额为 500 万元；缴纳契税 15 万元。其他相关资料：产权转移书据印花税税率 0.5‰，以不含增值税的金额为基数；该企业选择适用增值税简易计税办法。

要求：计算商铺出售时应缴纳的相关税费。

3. 位于县城的某商贸公司 2019 年 9 月销售一栋旧办公楼，取得含增值税的全部售价 1 020 万元，缴纳印花税 0.5 万元，因无法取得评估价格，公司提供了购房发票，该办公楼购于 2014 年 8 月，购价为 600 万元，缴纳契税 18 万元。

要求：计算该公司销售办公楼计算土地增值税时可扣除项目金额的合计数。（增值税采用简易计税方法计税）

4. 某国有企业 2013 年 5 月在市区购置一栋办公楼，支付价款 8 000 万元。2019 年 5 月，该企业将办公楼转让，取得含增值税收入 10 000 万元，该企业增值税选择简易计税。办公楼经税务机关认定的重置成本价为 12 000 万元，成新率 70%。

要求：该企业在缴纳土地增值税时计算的增值额。

第十六章　企业所得税

★ 本章学习要点

- 企业所得税的概念
- 企业所得税的特点
- 企业所得税的课征制度
- 企业所得税的计算
- 企业所得税的征收管理

2007 年 3 月 16 日，第十届全国人民代表大会第五次会议通过了《中华人民共和国企业所得税法》(以下简称“企业所得税法”)，新的企业所得税法统一了原有的内资、外资企业所得税制度，于 2008 年 1 月 1 日起施行。为了确保企业所得税法的顺利施行，2007 年 11 月 28 日国务院第 197 次常务会议通过了《中华人民共和国企业所得税法实施条例》(以下简称“实施条例”)，于 2008 年 1 月 1 日正式施行。

第一节　企业所得税概述

一、企业所得税的概念和特点

(一)概念

企业所得税是对我国境内的企业和其他取得收入的组织的生产经营所得和其他所得征收的所得税。

(二)特点

企业所得税是以企业的应纳税所得额为计税基数，与其他税种相比，具有以下显著特点。

1. 征收范围广

凡在我国境内依法设立的企业都是企业所得税的纳税人，其取得的所得都要依法纳税。因此，企业所得税具有征收上的广泛性。

2. 税负公平

企业所得税以纳税人的生产、经营所得和其他所得为计税依据，贯彻了量能负担的原则。对企业不分所有制，不分地区、行业和层次，实行统一的比例税率，在普遍征收的基础上，能使各类企业税负大致公平。

3. 税法对税基的约束力强

所得税的计税涉及纳税人财务会计核算的各个方面，与企业会计核算关系密切。为了保护税基，企业所得税明确收入总额、扣除项目金额的确定以及资产的税务处理等内容，使应税所得额的计算相对独立于企业的会计核算，体现了税法的强制性与统一性。

4. 实行按年计征、分期预缴的征收管理办法

企业所得税以全年的应纳税所得额作为计税依据，分月或分季预缴，年终汇算清缴，与会计年度及核算期限一致，有利于税收征管。

二、企业所得税的立法原则

(1)贯彻公平税负原则，解决目前内资、外资企业税收待遇不同，税负差异较大的问题。

(2)发挥调控作用原则，按照国家产业政策要求，推动产业升级和技术进步，优化国民经济结构。

(3)参照国际惯例原则，借鉴世界各国税制改革最新经验，进一步充实和完善企业所得税制度，尽可能体现税法的科学性、完备性和前瞻性。

(4)理顺分配关系原则，兼顾财政承受能力和纳税人负担水平，有效地组织财政收入。

(5)有利于征收管理原则，规范征管行为，方便纳税人，降低税收征纳成本。

(6)科学发展原则，统筹经济社会和区域协调发展，促进环境保护和社会全面进步，实现国民经济的可持续发展。

三、企业所得税的产生和发展

我国现行的企业所得税制度，是随着改革开放和经济体制改革的不断推进而逐步建立、完善起来的。由于历史原因，在 1991 年 4 月 9 日和 1993 年 12 月 13 日，分别由第七届全国人民代表大会第四次会议通过了《中华人民共和国外商投资企业和外国企业所得税法》和国务院发布的《中华人民共和国企业所得税暂行条例》。10 多年来，这两个法规并行于内、外资企业所得税的征收管理，对我国经济的快速发展发挥了重要的作用。对改革开放、吸引外资、促进经济发展发挥了重要作用。但是，随着改革的深入，我国社会经济情况发生了很大变化，社会主义市场经济体制初步建立，加入世贸组织后，国内市场对外资进一步开放，内资企业也逐渐融入世界经济体系之中，面临越来越大的竞争压力，继续采取内资、外资企业不同的税收政策，必将使内资企业处于不平等竞争地位，影响统一、规范、公平竞争的市场环境的建立。为此，我国对企业所得税法进行了“两法合并”的改革，2007 年 3 月 16 日，经第十届全国人民代表大会第五次会议审议，通过了《中华人民共和国企业所得税法》，该法于 2008 年 1 月 1 日施行。

《中华人民共和国企业所得税法实施条例》于 2007 年 11 月 28 日经国务院第 197 次常务会通过，作为《企业所得税法》的配套法规，自 2008 年 1 月 1 日起施行。

四、我国企业所得税的作用

企业所得税在组织财政收入、促进社会经济发展、实施宏观调控等方面具有重要的职能作用。企业所得税调节的是国家与企业之间的利润分配关系，这种分配关系是我国经济分配制

度中最重要的一个方面，是处理其他分配关系的前提和基础。企业所得税的作用主要体现在两个方面：

1.财政收入作用

企业所得税是我国第二大主体税种，对组织国家税收收入作用非常重要。随着我国国民经济的快速发展和企业经济效益的不断提高，企业所得税作为税收收入的主体税种之一，也取得了较快的增长。

2.宏观调控作用

企业所得税是国家实施税收优惠政策的最主要的税种，减免税有降低税率、加计扣除、加速折旧、投资抵免、减计收入等众多的税收优惠措施，是贯彻国家产业政策和社会政策，实施宏观调控的主要政策工具。在为国家组织财政收入的同时，企业所得税作为国家宏观调控的一种重要手段，也促进了我国产业结构调整和经济又好又快的发展。

第二节 企业所得税的课征制度

一、纳税人

在中华人民共和国境内，企业和其他取得收入的组织（以下统称企业）为企业所得税的纳税人，依照企业所得税法的规定缴纳企业所得税。个人独资企业、合伙企业不适用新企业所得税法。

企业所得税法将企业分为居民企业和非居民企业。

居民企业，是指依法在中国境内成立，或者依照外国（地区）法律成立但实际管理机构在中国境内的企业。

非居民企业，是指依照外国（地区）法律成立且实际管理机构不在中国境内，但在中国境内设立机构、场所的，或者在中国境内未设立机构、场所，但有来源于中国境内所得的企业。

二、征税对象

居民企业应当就其来源于中国境内、境外的所得缴纳企业所得税。所得，包括销售货物所得、提供劳务所得、转让财产所得、股息红利等权益性投资所得、利息所得、租金所得、特许权使用费所得、接受捐赠所得和其他所得。

非居民企业在中国境内设立机构、场所的，应当就其所设机构、场所取得的来源于中国境内的所得，以及发生在中国境外但与其所设机构、场所有实际联系的所得，缴纳企业所得税。

非居民企业在中国境内未设立机构、场所的，或者虽设立机构、场所但取得的所得与其所设机构、场所没有实际联系的，应当就其来源于中国境内的所得缴纳企业所得税。

以上所称实际联系，是指非居民企业在中国境内设立的机构、场所拥有据以取得所得的股权、债权，以及拥有、管理、控制据以取得所得的财产等。

三、税率

企业所得税实行比例税率，现行规定是：

(1)基本税率为25%。适用于居民企业和在中国境内设有机构、场所且所得与机构、场所有关联的非居民企业。

(2)低税率为20%。适用于中国境内未设立机构、场所的,或者虽设立机构、场所但取得的所得与其机构、场所没有实际联系的非居民企业。但在实际征税时适用10%的税率。中国政府与外国政府签订的税收协定,按协定的税率办理。

四、税收优惠

(一)免税收入

(1)国债利息收入。为鼓励企业积极购买国债,支援国家建设,税法规定企业因购买国债所得的利息收入,免征企业所得税。

(2)符合条件的居民企业之间的股息、红利等权益性投资收益,是指居民企业直接投资于其他居民企业取得的投资收益。

(3)在中国境内设立机构、场所的非居民企业从居民企业取得与该机构、场所有实际联系的股息、红利等权益性投资收益。

以上所称股息、红利等权益性投资收益,不包括连续持有居民企业公开发行并上市流通的股票不足12个月取得的投资收益。

(4)符合条件的非营利组织的收入。符合条件的非营利组织是指同时符合下列条件的组织:

①依照国家有关法律法规设立或登记的事业单位、社会团体、基金会、社会服务机构、宗教活动场所、宗教院校以及财政部、税务总局认定的其他非营利组织;

②从事公益性或者非营利性活动;

③取得的收入除用于与该组织有关的、合理的支出外,全部用于登记核定或者章程规定的公益性或者非营利性事业;

④财产及其孳息不用于分配,但不包括合理的工资薪金支出;

⑤按照登记核定或者章程规定,该组织注销后的剩余财产用于公益性或者非营利性目的,或者由登记管理机关采取转赠给予该组织性质、宗旨相同的组织等处置方式,并向社会公告;

⑥投入人对投入该组织的财产不保留或者享有任何财产权利,本款所称投入人是指除各级人民政府及其部门外的法人、自然人和其他组织;

⑦工作人员工资福利开支控制在规定的比例内,不变相分配该组织的财产,其中:工作人员平均工资薪金水平不得超过税务登记所在地的地市级(含地市级)以上地区的同行业同类组织平均工资水平的两倍,工作人员福利按照国家有关规定执行;

⑧对取得的应纳税收入及其有关的成本、费用、损失应与免税收入及其有关的成本、费用、损失分别核算。

非营利组织的下列收入为免税收入:

①接受其他单位或者个人捐赠的收入;

②除《中华人民共和国企业所得税法》第七条规定的财政拨款以外的其他政府补助收入,但不包括因政府购买服务取得的收入;

③按照省级以上民政、财政部门规定收取的会费；
④不征税收入和免税收入滋生的银行存款利息收入；
⑤财政部、国家税务总局规定的其他收入。

(二)减免税项目

企业的下列所得，可以免征、减征企业所得税，但企业从事国家限制和禁止发展的项目，不得享受企业所得税优惠。

1.从事农、林、牧、渔业项目的所得

(1)企业从事下列项目的所得，免征企业所得税：
①蔬菜、谷物、薯类、油料、豆类、棉花、麻类、糖料、水果、坚果的种植；
②农作物新品种的选育；
③中药材的种植；
④林木的培育和种植；
⑤牲畜、家禽的饲养；
⑥林产品的采集；
⑦灌溉、农产品初加工、兽医、农技推广、农机作业和维修等农、林、牧、渔服务业项目；
⑧远洋捕捞。
(2)企业从事下列项目的所得，减半征收企业所得税：
①花卉、茶以及其他饮料作物和香料作物的种植；
②海水养殖、内陆养殖。

2.从事国家重点扶持的公共基础设施项目投资经营的所得

国家重点扶持的公共基础设施项目，是指《公共基础设施项目企业所得税优惠目录》规定的港口码头、机场、铁路、公路、城市公共交通、电力、水利等项目。

企业从事国家重点扶持的公共基础设施项目的投资经营的所得，自项目取得第一笔生产经营收入所属纳税年度起，第一年至第三年免征企业所得税，第四年至第六年减半征收企业所得税。

企业承包经营、承包建设和内部自建自用以上项目的，不得享受上述企业所得税优惠。

3.从事符合条件的环境保护、节能节水项目的所得

符合条件的环境保护、节能节水项目，包括公共污水处理、公共垃圾处理、沼气综合开发利用(包括垃圾填埋沼气发电项目)、节能减排技术改造、海水淡化等。

企业从事符合条件的环境保护、节能节水项目的所得，自项目取得第一笔生产经营收入所属纳税年度起，第一年至第三年免征企业所得税，第四年至第六年减半征收企业所得税。

以上2、3项享受减免税优惠的项目，在减免税期限内转让的，受让方自受让之日起，可以在剩余期限内享受规定的减免税优惠；减免税期限届满后转让的，受让方不得就该项目重复享受减免税优惠。

4.符合条件的技术转让所得

符合条件的技术转让所得免征、减征企业所得税，是指一个纳税年度内，居民企业技术转让所得不超过500万元的部分，免征企业所得税；超过500万元的部分，减半征收企业所得税。

自 2015 年 10 月 1 日起，全国范围内的居民企业转让 5 年(含，下同)以上非独占许可使用权取得的技术转让所得，纳入享受企业所得税优惠的技术转让所得范围。居民企业的年度技术转让所得不超过 500 万元的部分，免征企业所得税；超过 500 万元的部分，减半征收企业所得税。

享受技术转让所得减免企业所得税优惠的企业，应单独计算技术转让所得，并合理分摊企业的期间费用；没有单独计算的，不得享受技术转让所得企业所得税优惠。

可以计入技术转让收入的技术咨询、技术服务、技术培训收入，是指转让方为使受让方掌握所转让的技术投入使用、实现产业化而提供的必要的技术咨询、技术服务、技术培训所产生的收入，并应同时符合以下条件：

①在技术转让合同中约定的与该技术转让相关的技术咨询、技术服务、技术培训；

②技术咨询、技术服务、技术培训收入与该技术转让项目收入一并收取价款。

5. 高新技术企业税收优惠

国家需要重点扶持的高新技术企业，减按 15%的税率征收企业所得税。高新技术企业是指在《国家重点支持的高新技术领域》内，持续进行研究开发与技术成果转化，形成企业核心自主知识产权，并以此为基础开展经营活动，在中国境内(不包括港、澳、台地区)注册的居民企业。认定为高新技术企业须同时满足以下条件：

①企业申请认定时须注册成立一年以上；

②企业通过自主研发、受让、受赠、并购等方式，获得对其主要产品(服务)在技术上发挥核心支持作用的知识产权的所有权；

③对企业主要产品(服务)发挥核心支持作用的技术属于《国家重点支持的高新技术领域》规定的范围；

④企业从事研发和相关技术创新活动的科技人员占企业当年职工总数的比例不低于 10%；

⑤企业近 3 个会计年度(实际经营期不满 3 年的按实际经营时间计算，下同)的研究开发费用总额占同期销售收入总额的比例符合如下要求：

最近一年销售收入小于 5 000 万元(含)的企业，比例不低于 5%；

最近一年销售收入在 5 000 万元至 2 亿元(含)的企业，比例不低于 4%；

最近一年销售收入在 2 亿元以上的企业，比例不低于 3%。

其中，企业在中国境内发生的研究开发费用总额占全部研究开发费用总额的比例不低于 60%；

⑥近一年高新技术产品(服务)收入占企业同期总收入的比例不低于 60%；

⑦企业创新能力评价应达到相应要求；

⑧企业申请认定前一年内未发生重大安全、重大质量事故或严重环境违法行为。

自 2018 年 1 月 1 日起，当年具备高新技术企业或科技型中小企业资格(以下统称资格)的企业，其具备资格年度之前 5 个年度发生的尚未弥补完的亏损，准予结转以后年度弥补，最长结转年限由 5 年延长至 10 年。

6. 加计扣除

包括以下两方面内容：

(1)研究开发费。研究开发费用的加计扣除,是指企业为开发新技术、新产品、新工艺发生的研究开发费用,未形成无形资产计入当期损益的,在按照规定据实扣除的基础上,按照研究开发费用的50%加计扣除;形成无形资产的,按照无形资产成本的150%摊销。

在2018年1月1日至2020年12月31日期间,企业开展研发活动中实际发生的研发费用,未形成无形资产计入当期损益的,在按规定据实扣除的基础上,再按照实际发生额的75%在税前加计扣除;形成无形资产的,在上述期间按照无形资产成本的175%在税前摊销。

(2)企业安置残疾人员所支付的工资。企业安置残疾人员所支付的工资的加计扣除,是指企业安置残疾人员的,在按照支付给残疾职工工资据实扣除的基础上,按照支付给残疾职工工资的100%加计扣除。残疾人员的范围适用《中华人民共和国残疾人保障法》的有关规定。企业安置国家鼓励安置的其他就业人员所支付的工资的加计扣除办法,由国务院另行规定。

7.小型微利企业税收优惠

符合条件的小型微利企业,减按20%的税率征收企业所得税。小型微利企业,是指从事国家非限制和禁止行业,并符合下列条件的企业:

(1)工业企业,年度应纳税所得额不超过30万元,从业人数不超过100人,资产总额不超过3 000万元;

(2)其他企业,年度应纳税所得额不超过30万元,从业人数不超过80人,资产总额不超过1 000万元。

来源于我国所得,负有我国纳税义务的非居民企业,不适用小型微利企业减按20%税率征收企业所得税的政策。

自2019年1月1日至2021年12月31日期间,对小型微利企业年应纳税所得额不超过100万元的部分,减按25%计入应纳税所得额,按20%的税率缴纳企业所得税;对年应纳税所得额超过100万元但不超过300万元的部分,减按50%计入应纳税所得额,按20%的税率缴纳企业所得税。

上述小型微利企业是指从事国家非限制和禁止行业,且同时符合年度应纳税所得额不超过300万元、从业人数不超过300人、资产总额不超过5 000万元等三个条件的企业。小型微利企业无论按查账征收方式或核定征收方式缴纳企业所得税,均可享受上述优惠政策。小型微利企业所得税统一实行按季度预缴。小型微利企业在预缴和汇算清缴企业所得税时,通过填写纳税申报表相关内容,即可享受小型微利企业所得税减免政策。

8.创投企业税收优惠

创业投资企业从事国家需要重点扶持和鼓励的创业投资,可以按投资额的一定比例抵扣应纳税所得额。

抵扣应纳税所得额,是指创业投资企业采取股权投资方式投资于未上市的中小高新技术企业2年以上的,可以按照其投资额的70%在股权持有满2年的当年抵扣该创业投资企业的应纳税所得额;当年不足抵扣的,可以在以后纳税年度结转抵扣。

(1)公司制创业投资企业采取股权投资方式直接投资于种子期、初创期科技型企业(以下简称初创科技型企业)满2年(24个月,下同)的,可以按照投资额的70%在股权持有满2年的当年抵扣该公司制创业投资企业的应纳税所得额;当年不足抵扣的,可以在以后纳税年度结转抵扣。

(2)有限合伙制创业投资企业(以下简称合伙创投企业)采取股权投资方式直接投资于初创科技型企业满2年的,该合伙创投企业的合伙人分别按以下方式处理:

法人合伙人可以按照对初创科技型企业投资额的70%抵扣法人合伙人从合伙创投企业分得的所得;当年不足抵扣的,可以在以后纳税年度结转抵扣。

个人合伙人可以按照对初创科技型企业投资额的70%抵扣个人合伙人从合伙创投企业分得的经营所得;当年不足抵扣的,可以在以后纳税年度结转抵扣。

(3)天使投资个人采取股权投资方式直接投资于初创科技型企业满2年的,可以按照投资额的70%抵扣转让该初创科技型企业股权取得的应纳税所得额;当期不足抵扣的,可以在以后取得转让该初创科技型企业股权的应纳税所得额时结转抵扣。

天使投资个人投资多个初创科技型企业的,对其中办理注销清算的初创科技型企业,天使投资个人对其投资额的70%尚未抵扣完的,可自注销清算之日起36个月内抵扣天使投资个人转让其他初创科技型企业股权取得的应纳税所得额。

9.加速折旧优惠

企业的固定资产由于技术进步等原因,确需加速折旧的,可以缩短折旧年限或者采取加速折旧的方法。

可以采取缩短折旧年限或者采取加速折旧的方法的固定资产,包括:

(1)由于技术进步,产品更新换代较快的固定资产;

(2)常年处于强震动、高腐蚀状态的固定资产。

采取缩短折旧年限方法的,最低折旧年限不得低于税法规定折旧年限的60%;采取加速折旧方法的,可以采取双倍余额递减法或者年数总和法。

企业在2018年1月1日至2020年12月31日期间新购进的设备、器具,单位价值不超过500万元的,允许一次性计入当期成本费用在计算应纳税所得额时扣除,不再分年度计算折旧;单位价值超过500万元的,仍按企业所得税法实施条例、《财政部 国家税务总局关于完善固定资产加速折旧企业所得税政策的通知》(财税〔2014〕75号)、《财政部 国家税务总局关于进一步完善固定资产加速折旧企业所得税政策的通知》(财税〔2015〕106号)等相关规定执行。

10.减计收入税收优惠

(1)企业综合利用资源,生产符合国家产业政策规定的产品所取得的收入,可以在计算应纳税所得额时减计收入。

减计收入,是指企业以《资源综合利用企业所得税优惠目录》规定的资源作为主要原材料,生产国家非限制和禁止并符合国家和行业相关标准的产品取得的收入,减按90%计入收入总额。

(2)金融保险企业涉农贷款利息收入优惠政策。

《财政部 国家税务总局关于延续支持农村金融发展有关税收政策的通知》(财税〔2017〕44号):

自2017年1月1日至2019年12月31日,对金融机构农户小额贷款的利息收入在计算应纳税所得额时,按90%计入收入总额;对保险公司为种植业、养殖业提供保险业务的保费收入,在计算应纳税所得额时,按90%计入收入;

自2017年1月1日至2019年12月31日,对经省级金融管理部门(金融办、局等)批准成立的小额贷款公司取得的农户小额贷款利息收入，在计算应纳税所得额时，按90%计入收入总额。

11. 税额抵免税收优惠

企业购置用于环境保护、节能节水、安全生产等专用设备的投资额，可以按一定比例实行税额抵免。

税额抵免，是指企业购置并实际使用《环境保护专用设备企业所得税优惠目录》《节能节水专用设备企业所得税优惠目录》和《安全生产专用设备企业所得税优惠目录》规定的环境保护、节能节水、安全生产等专用设备的，该专用设备的投资额的10%可以从企业当年的应纳税额中抵免；当年不足抵免的，可以在以后5个纳税年度结转抵免。

享受上述规定的企业所得税优惠的企业，应当实际购置并自身实际投入使用规定的专用设备；企业购置上述专用设备在5年内转让、出租的，应当停止享受企业所得税优惠，并补缴已经抵免的企业所得税税款。

2008年1月1日起，停止执行企业购买国产设备投资抵免企业所得税的优惠。

12. 民族自治地方的优惠

民族自治地方的自治机关对本民族自治地方的企业应缴纳的企业所得税中属于地方分享的部分，可以决定减征或者免征。自治州、自治县决定减征或者免征的，须报省、自治区、直辖市人民政府批准。

民族自治地方，是指依照《中华人民共和国民族区域自治法》的规定，实行民族区域自治的自治区、自治州、自治县。

对民族自治地方内国家限制和禁止行业的企业，不得减征或者免征企业所得税。

13. 非居民企业税收优惠

非居民企业减按10%的税率征收企业所得税，这里的非居民企业指在中国境内未设立机构、场所的，或者虽设立机构、场所但取得的所得与其所设机构、场所没有实际联系的企业。

非居民企业下列所得可以免征企业所得税：

(1)外国政府向中国政府提供贷款取得的利息所得；

(2)国际金融组织向中国政府和居民企业提供优惠贷款取得的利息所得；

(3)经国务院批准的其他所得。

第三节 企业所得税的计算

一、企业所得税应纳税所得额的计算

企业每一纳税年度的收入总额，减除不征税收入、免税收入、各项扣除以及允许弥补的以前年度亏损后的余额，为应纳税所得额。

应纳税所得额＝收入总额－不征税收入－免税收入－准予扣除项目－允许弥补以前年度亏损

二、收入总额的确认

企业的收入总额包括以货币形式和非货币形式从各种来源取得的收入，包括：销售货物收入、提供劳务收入、转让财产收入、股息、红利等权益性投资收益、利息收入、租金收入、特许权使用费收入、接受捐赠收入和其他收入。

企业取得收入的货币形式,包括现金、银行存款、应收账款、应收票据、准备持有至到期的债券投资以及债务的豁免等。

企业取得收入的非货币形式,包括固定资产、生物资产、无形资产、股权投资、存货、不准备持有至到期的债券投资、劳务以及有关权益等。企业以非货币形式取得的收入,应当按照公允价值确定收入额。公允价值,是指按照市场价格确定的价值。

(一)一般收入的确认

(1)销售货物收入,是指企业销售商品、产品、原材料、包装物、低值易耗品以及其他存货取得的收入。

(2)提供劳务收入,是指企业从事建筑安装、修理修配、交通运输、仓储租赁、金融保险、邮电通信、咨询经纪、文化体育、科学研究、技术服务、教育培训、餐饮住宿、中介代理、卫生保健、社区服务、旅游、娱乐、加工以及其他劳务服务活动取得的收入。

(3)转让财产收入,是指企业转让固定资产、生物资产、无形资产、股权、债权等财产取得的收入。

(4)股息、红利等权益性投资收益,是指企业因权益性投资从被投资方取得的收入。股息、红利等权益性投资收益,除国务院财政、税务主管部门另有规定外,按照被投资方作出利润分配决定的日期确认收入的实现。

(5)利息收入,是指企业将资金提供他人使用但不构成权益性投资,或者因他人占用本企业资金取得的收入,包括存款利息、贷款利息、债券利息、欠款利息等收入。利息收入,按照合同约定的债务人应付利息的日期确认收入的实现。

(6)租金收入,是指企业提供固定资产、包装物或者其他有形资产的使用权取得的收入。租金收入,按照合同约定的承租人应付租金的日期确认收入的实现。

(7)特许权使用费收入,是指企业提供专利权、非专利技术、商标权、著作权以及其他特许权的使用权取得的收入。

特许权使用费收入,按照合同约定的特许权使用人应付特许权使用费的日期确认收入的实现。

(8)接受捐赠收入,是指企业接受的来自其他企业、组织或者个人无偿给予的货币性资产、非货币性资产。

接受捐赠收入,按照实际收到捐赠资产的日期确认收入的实现。

(9)其他收入,是指企业取得的除企业以上规定的收入外的其他收入,包括企业资产溢余收入、逾期未退包装物押金收入、确实无法偿付的应付款项、已作坏账损失处理后又收回的应收款项、债务重组收入、补贴收入、违约金收入、汇兑收益等。

(二)特殊收入的确认

(1)以分期收款方式销售货物的,按照合同约定的收款日期确认收入的实现。

(2)企业受托加工制造大型机械设备、船舶、飞机,以及从事建筑、安装、装配工程业务或者提供其他劳务等,持续时间超过12个月的,按照纳税年度内完工进度或者完成的工作量确认收入的实现。

(3)采取产品分成方式取得收入的，按照企业分得产品的日期确认收入的实现，其收入额按照产品的公允价值确定。

(4)企业发生非货币性资产交换，以及将货物、财产、劳务用于捐赠、偿债、赞助、集资、广告、样品、职工福利或者利润分配等用途的，应当视同销售货物、转让财产或者提供劳务，但国务院财政、税务主管部门另有规定的除外。

(三)处置资产收入的确认

(1)企业发生下列情形的处置资产，除将资产转移至境外以外，由于资产所有权属在形式和实质上均不发生改变，可作为内部处置资产，不视同销售确认收入，相关资产的计税基础延续计算。

①将资产用于生产、制造、加工另一产品；

②改变资产形状、结构或性能；

③改变资产用途(如，自建商品房转为自用或经营)；

④将资产在总机构及其分支机构之间转移；

⑤上述两种或两种以上情形的混合；

⑥其他不改变资产所有权属的用途。

(2)企业将资产移送他人的下列情形，因资产所有权属已发生改变而不属于内部处置资产，应按规定视同销售确定收入。

①用于市场推广或销售；

②用于交际应酬；

③用于职工奖励或福利；

④用于股息分配；

⑤用于对外捐赠；

⑥其他改变资产所有权属的用途。

(3)企业发生第 2 条规定情形时，属于企业自制的资产，应按企业同类资产同期对外销售价格确定销售收入；属于外购的资产，应按照被转送资产的公允价值确定销售收入。

对 2008 年 1 月 1 日以前发生的处置资产，2008 年 1 月 1 日以后尚未进行税务处理的，按上述规定执行。

(四)不征税收入

(1)财政拨款，是指各级人民政府对纳入预算管理的事业单位、社会团体等组织拨付的财政资金，但国务院和国务院财政、税务主管部门另有规定的除外。

(2)依法收取并纳入财政管理的行政事业性收费、政府性基金。

行政事业性收费，是指依照法律、法规等有关规定，按照国务院规定程序批准，在实施社会公共管理，以及在向公民、法人或者其他组织提供特定公共服务过程中，向特定对象收取并纳入财政管理的费用。

政府性基金，是指企业依照法律、行政法规等有关规定，代政府收取的具有专项用途的财政资金。

(3)国务院规定的其他不征税收入,是指企业取得的,由国务院财政、税务主管部门规定专项用途并经国务院批准的财政性资金。

三、准予扣除项目

(一)扣除项目的基本范围

企业所得税法规定,企业实际发生的与取得收入有关的、合理的支出,包括成本、费用、税金、损失和其他支出,准予在计算应纳税所得额时扣除。在实际中,计算应纳税所得额时还应注意三方面的内容:①企业发生的支出应当区分收益性支出和资本性支出。收益性支出在发生当期直接扣除;资本性支出应当分期扣除或者计入有关资产成本,不得在发生当期直接扣除。②企业的不征税收入用于支出所形成的费用或者财产,不得扣除或者计算对应的折旧、摊销扣除。③除企业所得税法和实施条例另有规定外,企业实际发生的成本、费用、税金、损失和其他支出,不得重复扣除。

1. 成本

指企业在生产经营活动中发生的销售成本、销货成本、业务支出以及其他耗费,即企业销售商品(产品、材料、下脚料、废料、废旧物资等)、提供劳务、转让固定资产、无形资产(包括技术转让)的成本。

企业应当将经营活动中发生的成本合理划分为直接成本和间接成本。直接成本是指可直接计入有关成本计算对象或劳务的经营成本中的直接材料、直接人工等。间接成本是指多个部门为同一成本对象提供服务的共同成本,或者同一种投入可以制造、提供两种或两种以上的产品或劳务的联合成本。

直接成本可根据有关会计凭证、记录直接计入有关成本计算对象或劳务的经营成本中。间接成本必须根据与成本计算对象之间的因果关系、成本计算对象的产量等,以合理的方法分配计入有关成本计算对象中。

2. 费用

指企业每一个纳税年度为生产、经营商品和提供劳务等经营活动所发生的销售(经营)费用、管理费用和财务费用。已计入成本的有关费用除外。

销售费用是指应由企业负担的为销售商品而发生的费用,包括广告费、运输费、装卸费、包装费、展览费、保险费、销售佣金(能直接认定的进口佣金调整商品进价成本)、代销手续费、经营性租赁费及销售部门发生的差旅费、工资、福利费等费用。

管理费用是指企业的行政管理部门为管理组织经营活动,提供各项支援性服务而发生的费用。

财务费用是指企业筹集经营性资金而发生的费用,包括利息净支出、汇兑净损失、金融机构手续费以及其他非资本化支出。

3. 税金

指企业发生的除企业所得税和允许抵扣的增值税以外的企业缴纳的各项税金及其附加,即企业按规定缴纳的消费税、城市维护建设税、关税、资源税、土地增值税、房产税、车船税、土地使用税、印花税、教育费附加等产品销售税金及附加。这些已纳税金准予税前扣除。准许扣除的税金有两种方式：一是在发生当期扣除；二是在发生当期计入相关资产的成本，在以后各期分摊扣除。

4.损失

指企业在生产经营活动中发生的固定资产和存货的盘亏、毁损、报废损失，转让财产损失，呆账损失，坏账损失，自然灾害等不可抗力因素造成的损失以及其他损失。

企业发生的损失减除责任人赔偿和保险赔款后的余额，依照国务院财政、税务主管部门的规定扣除。

企业已经作为损失处理的资产，在以后纳税年度又全部收回或者部分收回时，应当计入当期收入。

5.扣除的其他支出

指除成本、费用、税金、损失外，企业在生产经营活动中发生的与生产经营活动有关的、合理的支出。

(二)扣除项目的具体范围和标准

在计算应纳税所得额时，下列项目可按照实际发生额或规定的标准扣除。

1.工资、薪金支出

企业发生的合理的工资、薪金支出准予据实扣除。工资、薪金支出是企业每一纳税年度支付给在本企业任职或与其有雇佣关系的员工的所有现金或非现金形式的劳动报酬，包括基本工资、奖金、津贴、补贴、年终加薪、加班工资，以及与任职或者受雇有关的其他支出。

“合理工资薪金”，是指企业按照股东大会、董事会、薪酬委员会或相关管理机构制订的工资薪金制度规定实际发放给员工的工资薪金。对工资薪金进行合理性确认时，可按以下原则掌握：

(1)企业制订了较为规范的员工工资薪金制度。

(2)企业所制订的工资薪金制度符合行业及地区水平。

(3)企业在一定时期所发放的工资薪金是相对固定的，工资薪金的调整是有序进行的。

(4)企业对实际发放的工资薪金，已依法履行了代扣代缴个人所得税义务。

(5)有关工资薪金的安排，不以减少或逃避税款为目的。

“工资薪金总额”，是指企业按照第一条规定实际发放的工资薪金总和，不包括企业的职工福利费、职工教育经费、工会经费以及养老保险费、医疗保险费、失业保险费、工伤保险费、生育保险费等社会保险费和住房公积金。属于国有性质的企业，其工资薪金，不得超过政府有关部门给予的限定数额；超过部分，不得计入企业工资薪金总额，也不得在计算企业应纳税所得额时扣除。

2.职工福利费、工会经费、职工教育经费

企业发生的职工福利费、工会经费、职工教育经费按标准扣除，未超过标准的按实际数扣除，超过标准的只能按标准扣除。

(1)企业发生的职工福利费支出，不超过工资薪金总额14%的部分准予扣除。

企业职工福利费，包括以下内容：

①尚未实行分离办社会职能的企业，其内设福利部门所发生的设备、设施和人员费用，包

括职工食堂、职工浴室、理发室、医务所、托儿所、疗养院等集体福利部门的设备、设施及维修保养费用和福利部门工作人员的工资薪金、社会保险费、住房公积金、劳务费等。

②为职工卫生保健、生活、住房、交通等所发放的各项补贴和非货币性福利，包括企业向职工发放的因公外地就医费用、未实行医疗统筹企业职工医疗费用、职工供养直系亲属医疗补贴、供暖费补贴、职工防暑降温费、职工困难补贴、救济费、职工食堂经费补贴、职工交通补贴等。

③按照其他规定发生的其他职工福利费，包括丧葬补助费、抚恤费、安家费、探亲假路费等。

企业发生的职工福利费，应该单独设置账册，进行准确核算。

企业福利性补贴支出，列入企业员工工资薪金制度、固定与工资薪金一起发放的福利性补贴，符合《国家税务总局关于企业工资薪金及职工福利费扣除问题的通知》(国税函〔2009〕3号)第一条规定的，可作为企业发生的工资薪金支出，按规定在税前扣除。

不能同时符合上述条件的福利性补贴，应作为国税函〔2009〕3号文件第三条规定的职工福利费，按规定计算限额税前扣除。

(2)企业拨缴的工会经费，不超过工资薪金总额2%的部分准予扣除。

(3)自2018年1月1日起，企业发生的职工教育经费支出，不超过工资薪金总额8%的部分，准予在计算企业所得税应纳税所得额时扣除；超过部分，准予在以后纳税年度结转扣除。

3. 社会保险费

(1)企业依照国务院有关主管部门或者省级人民政府规定的范围和标准为职工缴纳的“五险一金”，即基本养老保险费、基本医疗保险费、失业保险费、工伤保险费、生育保险费等基本社会保险费和住房公积金，准予扣除。

(2)自2008年1月1日起，企业根据国家有关政策规定，为在本企业任职或者受雇的全体员工支付的补充养老保险费、补充医疗保险费，分别在不超过职工工资总额5%标准内的部分，在计算应纳税所得额时准予扣除；超过的部分，不予扣除。企业依照国家有关规定为特殊工种职工支付的人身安全保险费和符合国务院财政、税务主管部门规定可以扣除的商业保险费准予扣除。企业为投资者或者职工支付的商业保险费，不得扣除。

4. 利息费用

企业在生产、经营活动中发生的利息费用，按下列规定扣除：

(1)非金融企业向金融机构借款的利息支出、金融企业的各项存款利息支出和同业拆借利息支出、企业经批准发行债券的利息支出可据实扣除。

(2)非金融企业向非金融机构借款的利息支出，不超过按照金融企业同期同类贷款利率计算的数额的部分可据实扣除，超过部分不许扣除。

(3)企业由于投资者投资未到位而发生的利息支出，凡企业投资者在规定期限内未缴足其应缴资本额的，该企业对外借款所发生的利息，相当于投资者实缴资本额与在规定期限内应缴资本额的差额应计付的利息，其不属于企业合理的支出，应由企业投资者负担，不得在计算企业应纳税所得额时扣除。

5. 借款费用

(1)企业在生产经营活动中发生的合理的不需要资本化的借款费用，准予扣除。

(2)企业为购置、建造固定资产、无形资产和经过 12 个月以上的建造才能达到预定可销售状态的存货发生的借款的，在有关资产购置、建造期间发生的合理的借款费用，应作为资本性支出计入有关资产的成本；有关资产交付使用后发生的借款利息，可在发生当期扣除。

6. 汇兑损失

企业在货币交易中，以及纳税年度终了时将人民币以外的货币性资产、负债按照期末即期人民币汇率中间价折算为人民币时产生的汇兑损失，除已经计入有关资产成本以及与向所有者进行利润分配相关的部分外，准予扣除。

7. 业务招待费

企业发生的与其生产、经营业务有关的业务招待费支出，按照发生额的 60% 扣除，但最高不得超过当年销售(营业)收入的 5‰。

8. 广告费和业务宣传费

企业发生的符合条件的广告费和业务宣传费支出，除国务院财政、税务主管部门另有规定外，不超过当年销售(营业)收入 15% 的部分，准予扣除；超过部分，准予结转以后纳税年度扣除。

自 2016 年 1 月 1 日至 2020 年 12 月 31 日，对化妆品制造或销售、医药制造和饮料制造(不含酒类制造)企业发生的广告费和业务宣传费支出，不超过当年销售(营业)收入 30% 的部分，准予扣除；超过部分，准予在以后纳税年度结转扣除。

对签订广告费和业务宣传费分摊协议(以下简称分摊协议)的关联企业，其中一方发生的不超过当年销售(营业)收入税前扣除限额比例内的广告费和业务宣传费支出可以在本企业扣除，也可以将其中的部分或全部按照分摊协议归集至另一方扣除。另一方在计算本企业广告费和业务宣传费支出企业所得税税前扣除限额时，可将按照上述办法归集至本企业的广告费和业务宣传费不计算在内。

9. 环境保护专项资金

企业依照法律、行政法规有关规定提取的用于环境保护、生态恢复等方面的专项资金，准予扣除。上述专项资金提取后改变用途的，不得扣除。

10. 保险费

企业参加财产保险，按照规定缴纳的保险费，准予扣除。

企业参加雇主责任险、公众责任险等责任保险，按照规定缴纳的保险费，准予在企业所得税税前扣除。

11. 租赁费

企业根据生产经营需要租入固定资产支付的租赁费，按照以下方法扣除：

(1)以经营租赁方式租入固定资产发生的租赁费支出，按照租赁期限均匀扣除。经营性租赁是指所有权不转移的租赁。

(2)以融资租赁方式租入固定资产发生的租赁费支出，按照规定构成融资租入固定资产价值的部分应当提取折旧费用，分期扣除。

12. 劳动保护费

企业发生的合理的劳动保护支出，准予扣除。

13.公益性捐赠支出

公益性捐赠支出，是指企业通过公益性社会组织或者县级(含县级)以上人民政府及其组成部门和直属机构，用于慈善活动、公益事业的捐赠支出。

企业发生的公益性捐赠支出，在年度利润总额12%以内的部分，准予在计算应纳税所得额时扣除；超过年度利润总额12%的部分，准予结转以后三年内在计算应纳税所得额时扣除。企业在对公益性捐赠支出计算扣除时，应先扣除以前年度结转的捐赠支出，再扣除当年发生的捐赠支出。企业当年发生及以前年度结转的公益性捐赠支出，准予在当年税前扣除的部分，不能超过企业当年年度利润总额的12%。

(1)依法登记，具有法人资格。

(2)以发展公益事业为宗旨，且不以营利为目的。

(3)全部资产及其增值为该法人所有。

(4)收益和劳动结余主要用于符合该法人设立目的的事业。

(5)终止后的剩余财产不归属任何个人或者营利组织。

(6)不经营与其设立目的无关的业务。

(7)有健全的财务会计制度。

(8)捐赠者不以任何形式参与社会团体财产的分配。

(9)国务院财政、税务主管部门会同国务院民政部门等登记管理部门规定的其他条件。

14.有关资产的费用

企业转让各类固定资产发生的费用，允许扣除。企业按规定计算的固定资产折旧费、无形资产和递延资产的摊销费，准予扣除。

15.总机构分摊的费用

非居民企业在中国境内设立的机构、场所，就其中国境外总机构发生的与该机构、场所生产经营有关的费用，能够提供总机构出具的费用汇集范围、定额、分配依据和方法等证明文件，并合理分摊的，准予扣除。

16.资产损失

企业当期发生的固定资产和流动资产盘亏、毁损净损失，向税务机关申报扣除时，仅需填报企业所得税年度纳税申报表《资产损失税前扣除及纳税调整明细》，不再报送资产损失相关资料。相关资料由企业留存备查。企业应当完整保存资产损失相关资料，保证资料的真实性、合法性。

企业因存货盘亏、毁损、报废等原因不得从销项税金中抵扣的进项税金，应视同企业财产损失，准予与存货损失一起在所得税前按规定扣除。

17.手续费及佣金支出

企业发生与生产经营有关的手续费及佣金支出，不超过以下规定计算限额以内的部分，按照相关规定准予扣除；超过部分，不得扣除。

(1)保险企业：财产保险企业按当年全部保费收入扣除退保金等后余额的15%(含本数，下同)计算限额；人身保险企业按当年全部保费收入扣除退保金等后余额的10%计算限额。

(2)电信企业在发展客户、拓展业务等过程中(如委托销售电话入网卡、电话充值卡等)，需向经纪人、代办商支付手续费及佣金的,其实际发生的相关手续费及佣金支出,不超过企业当年收入总额5%的部分,准予在企业所得税前据实扣除。

电信企业手续费及佣金支出,仅限于电信企业在发展客户、拓展业务等过程中因委托销售电话入网卡、电话充值卡所发生的手续费及佣金支出。

(3)其他企业:按与具有合法经营资格中介服务机构或个人(不含交易双方及其雇员、代理人和代表人等)所签订服务协议或合同确认的收入金额的5%计算限额。

四、不予扣除项目

在计算应纳税所得额时,下列支出不得扣除:

(1)向投资者支付的股息、红利等权益性投资收益款项。

(2)企业所得税税款。

(3)税收滞纳金。

(4)罚金、罚款和被没收财物的损失。

(5)超过规定标准的捐赠支出。

(6)赞助支出,是指企业发生的与生产经营活动无关的各种非广告性质支出。

(7)未经核定的准备金支出,是指不符合国务院财政、税务主管部门规定的各项资产减值准备、风险准备等准备金支出。

(8)企业之间支付的管理费、企业内营业机构之间支付的租金和特许权使用费,以及非银行企业内营业机构之间支付的利息,不得扣除。

(9)与取得收入无关的其他支出。

五、资产的税务处理

资产是由于资本投资而形成的财产,对于资本性支出以及无形资产受让、开办、开发费用,不允许作为成本、费用从纳税人的收入总额中做一次性扣除,只能采取分次计提折旧或分次摊销的方式予以扣除。即纳税人经营活动中使用的固定资产的折旧费用、无形资产和长期待摊费用的摊销费用可以扣除。税法规定,纳入税务处理范围的资产形式主要有固定资产、生物资产、无形资产、长期待摊费用、投资资产、存货等除盘盈固定资产外,均以历史成本为计税基础。历史成本是指企业取得该项资产时实际发生的支出。企业持有各项资产期间资产增值或者减值,除国务院财政、税务主管部门规定可以确认损益外,不得调整该资产的计税基础。

(一)固定资产的税务处理

固定资产是指企业为生产产品、提供劳务、出租或者经营管理而持有的,使用期限超过12个月的非货币性资产,包括房屋、建筑物、机器、机械、运输工具,以及其他与生产经营活动有关的设备、器具、工具等。

1. 固定资产计税基础

(1)外购的固定资产,以购买价款和支付的相关税费以及直接归属于使该资产达到预定用途发生的其他支出为计税基础。

(2)自行建造的固定资产,以竣工结算前发生的支出为计税基础。

(3)融资租入的固定资产,以租赁合同约定的付款总额和承租人在签订租赁合同过程中发生的相关费用为计税基础,租赁合同未约定付款总额的,以该资产的公允价值和承租人在签订租赁合同过程中发生的相关费用为计税基础。

(4)盘盈的固定资产,以同类固定资产的重置完全价值为计税基础。

(5)通过捐赠、投资、非货币性资产交换、债务重组等方式取得的固定资产,以该资产的公允价值和支付的相关税费为计税基础。

(6)改建的固定资产,除已足额提取折旧的固定资产和租入的固定资产以外的其他固定资产,以改建过程中发生的改建支出增加计税基础。

2. 固定资产折旧的范围

在计算应纳税所得额时,企业按照规定计算的固定资产折旧,准予扣除。下列固定资产不得计算折旧扣除:

(1)房屋、建筑物以外未投入使用的固定资产。

(2)以经营租赁方式租入的固定资产。

(3)以融资租赁方式租出的固定资产。

(4)已提足折旧继续使用的固定资产。

(5)与经营活动无关的固定资产。

(6)单独估价作为固定资产入账的土地。

(7)其他不得计提折旧扣除的固定资产。

3. 固定资产折旧的计提方法

(1)企业应当自固定资产投入使用月份的次月起计提折旧;停止使用的固定资产,应当从停止使用月份的次月起停止计提折旧。

(2)企业应当根据固定资产的性质和使用情况,合理确定固定资产的预计净残值。固定资产的预计净残值一经确定,不得变更。

(3)固定资产按照直线法计算的折旧,准予扣除。

4. 固定资产折旧的计提年限

除国务院财政、税务主管部门另有规定外,固定资产计算折旧的最低年限如下:

(1)房屋、建筑物,为 20 年。

(2)飞机、火车、轮船、机器、机械和其他生产设备,为 10 年。

(3)与生产经营活动有关的器具、工具、家具等,为 5 年。

(4)飞机、火车、轮船以外的运输工具,为 4 年。

(5)电子设备,为 3 年。

从事开采石油、天然气等矿产资源的企业,在开始商业性生产前发生的费用和有关固定资产的折耗、折旧方法,由国务院财政、税务主管部门另行规定。

5. 新税法实施前已投入使用的固定资产,企业已按原税法规定预计净残值并计提的折旧,不做调整

新税法实施后,对此类继续使用的固定资产,可以重新确定其残值,并就其尚未计提折旧的余额,按照新税法规定的折旧年限减去已经计提折旧的年限后的剩余年限,按照新税法规定的折旧方法计算折旧。新税法实施后,固定资产原确定的折旧年限不违背新税法规定原则的,也可以继续执行。

(二)生产性生物资产的税务处理

生产性生物资产，是指为产出农产品、提供劳务或出租等目的而持有的生物资产，包括经济林、薪炭林、产畜和役畜等。

1. 生产性生物资产的计税基础

生产性生物资产按照以下方法确定计税基础：

(1)外购的生产性生物资产，以购买价款和支付的相关税费为计税基础。

(2)通过捐赠、投资、非货币性资产交换、债务重组等方式取得的生产性生物资产，以该资产的公允价值和支付的相关税费为计税基础。

2. 生产性生物资产的折旧方法和折旧年限

生产性生物资产按照直线法计算的折旧，准予扣除。企业应当自生产性生物资产投入使用月份的次月起计算折旧；停止使用的生产性生物资产应当自停止使用月份的次月起停止计算折旧。

企业应当根据生产性生物资产的性质和使用情况，合理确定生产性生物资产的预计净残值。生产性生物资产的预计净残值一经确定，不得变更。

生产性生物资产计算折旧的最低年限如下：

(1)林木类生产性生物资产，为 10 年。

(2)畜类生产性生物资产，为 3 年。

(三)无形资产的税务处理

无形资产是指企业长期使用、但没有实物形态的资产，包括专利权、商标权、著作权、土地使用权、非专利技术、商誉等。

1. 无形资产的计税基础

无形资产按照以下方法确定计税基础：

(1)外购的无形资产，以购买价款和支付的相关税费，以及直接归属于使该资产达到预定用途发生的其他支出为计税基础。

(2)自行开发的无形资产，以开发过程中该资产符合资本化条件后至达到预定用途前发生的支出为计税基础。

(3)通过捐赠、投资、非货币性资产交换、债务重组等方式取得的无形资产，以该资产的公允价值和支付的相关税费为计税基础。

2. 无形资产摊销的范围

在计算应纳税所得额时，企业按照规定计算的无形资产摊销费用，准予扣除。

下列无形资产不得计算摊销费用扣除：

(1)自行开发的支出已在计算应纳税所得额时扣除的无形资产。

(2)自创商誉。

(3)与经营活动无关的无形资产。

(4)其他不得计算摊销费用扣除的无形资产。

3.无形资产的摊销方法及年限

无形资产的摊销按照直线法计算。无形资产的摊销年限不得低于10年。作为投资或者受让的无形资产,有关法律规定或者合同约定了使用年限的,可以按照规定或者约定的使用年限分期摊销。外购商誉的支出,在企业整体转让或者清算时准予扣除。

(四)长期待摊费用的税务处理

长期待摊费用,是指企业发生的应在一个年度以上或几个年度进行摊销的费用。在计算应纳税所得额时,企业发生的下列支出作为长期待摊费用,按照规定摊销的,准予扣除。

(1)已足额提取折旧的固定资产的改建支出。

(2)租入固定资产的改建支出。

(3)固定资产的大修理支出。

(4)其他应当作为长期待摊费用的支出。

企业的固定资产修理支出可在发生当期直接扣除。企业的固定资产改良支出,如果有关固定资产尚未提足折旧,可增加固定资产价值;如有关固定资产已提足折旧,可作为长期待摊费用,在规定的期间内平均摊销。

固定资产的改建支出,是指改变房屋或者建筑物结构、延长使用年限等发生的支出。已足额提取折旧的固定资产的改建支出,按照固定资产预计尚可使用年限分期摊销;租入固定资产的改建支出,按照合同约定的剩余租赁期限分期摊销;改建的固定资产延长使用年限的,除已足额提取折旧的固定资产、租入固定资产的改建支出外,其他的固定资产发生改建支出,应当适当延长折旧年限。

大修理支出,按照固定资产尚可使用年限分期摊销。

企业所得税法所指固定资产的大修理支出,是指同时符合下列条件的支出:

①修理支出达到取得固定资产时的计税基础50%以上。

②修理后固定资产的使用年限延长2年以上。

其他应当作为长期待摊费用的支出,自支出发生月份的次月起,分期摊销,摊销年限不得低于3年。

企业的开(筹)办费可以在开始经营之日的当年一次性扣除,也可以按照新税法有关长期待摊费用的处理规定处理,但一经选定,不得改变。

企业在新税法实施以前年度的未摊销完的开办费,也可根据上述规定处理。

(五)存货的税务处理

存货,是指企业持有以备出售的产品或者商品、处在生产过程中的在产品、在生产或者提供劳务过程中耗用的材料和物料等。

1.存货的计税基础

存货按照以下方法确定成本:

(1)通过支付现金方式取得的存货,以购买价款和支付的相关税费为成本。

(2)通过支付现金以外的方式取得的存货,以该存货的公允价值和支付的相关税费为成本。

(3)生产性生物资产收获的农产品,以产出或者采收过程中发生的材料费、人工费和分摊的间接费用等必要支出为成本。

2.存货的成本计算方法

企业使用或者销售的存货的成本计算方法,可以在先进先出法、加权平均法、个别计价法中选用一种。计价方法一经选用,不得随意变更。

企业转让以上资产,在计算企业应纳税所得额时,资产的净值允许扣除。其中,资产的净值是指有关资产、财产的计税基础减除已经按照规定扣除的折旧、折耗、摊销、准备金等后的余额。

除国务院财政、税务主管部门另有规定外,企业在重组过程中,应当在交易发生时确认有关资产的转让所得或者损失,相关资产应当按照交易价格重新确定计税基础。

(六)投资资产的税务处理

投资资产,是指企业对外进行权益性投资和债权性投资而形成的资产。

1.投资资产的成本

投资资产按以下方法确定投资成本:

(1)通过支付现金方式取得的投资资产,以购买价款为成本。

(2)通过支付现金以外的方式取得的投资资产,以该资产的公允价值和支付的相关税费为成本。

2.投资资产成本的扣除方法

企业对外投资期间,投资资产的成本在计算应纳税所得额时不得扣除,企业在转让或者处置投资资产时,投资资产的成本准予扣除。

(七)税法规定与会计规定差异的处理

税法规定与会计规定差异的处理,是指企业在财务会计核算中与税法规定不一致的,应当依照税法规定予以调整。即企业在平时进行会计核算时,可以按会计制度的有关规定进行账务处理,但在申报纳税时,对税法规定和会计制度规定有差异的,要按税法规定进行纳税调整。

(1)企业不能提供完整、准确的收入及成本、费用凭证,不能正确计算应纳税所得额的,由税务机关核定其应纳税所得额。

(2)企业依法清算时,以其清算终了后的清算所得为应纳税所得额,按规定缴纳企业所得税,所谓清算所得,是指企业清算时的全部资产或者财产扣除各项清算费用、损失、负债、企业未分配利润、公益金和公积金后的余额,超过实缴资本的部分。

(3)企业应纳税所得额是根据税收法规计算出来的,它在数额上与依据财务会计制度计算的利润总额往往不一致。因此,税法规定:对企业按照有关财务会计规定计算的利润总额,要按照税法的规定进行必要调整后,才能作为应纳税所得额计算缴纳所得税。

六、亏损弥补

亏损是指企业依照企业所得税法和实施条例的规定,将每一纳税年度的收入总额减除不征税收入、免税收入和各项扣除后小于零的数额。税法规定,企业纳税年度发生的亏损,准予向以后年度结转，用以后年度的所得弥补，但结转年限最长不得超过五年。而且，企业在汇总计算缴纳企业所得税时，其境外营业机构的亏损不得抵减境内营业机构的盈利。

自 2018 年 1 月 1 日起，当年具备高新技术企业或科技型中小企业资格的企业，其具备资格年度之前 5 个年度发生的尚未弥补完的亏损，准予结转以后年度弥补，最长结转年限由 5 年延长至 10 年。

七、源泉扣缴

(一)扣缴义务人

(1)对非居民企业在中国境内未设立机构、场所的，或者虽设立机构、场所但取得的所得与其所设机构、场所没有实际联系的所得应缴纳的所得税实行源泉扣缴，以支付人为扣缴义务人。税款由扣缴义务人在每次支付或者到期应支付时，从支付或者到期应支付的款项中扣缴。

上述所称支付人，是指依照有关法律规定或者合同约定对非居民企业直接负有支付相关款项义务的单位或者个人。

上述所称支付，包括现金支付、汇拨支付、转账支付和权益兑价支付等货币支付和非货币支付。

上述所称到期应支付的款项，是指支付人按照权责发生制原则应当计入相关成本、费用的应付款项。

(2)对非居民企业在中国境内取得工程作业和劳务所得应缴纳的所得税，税务机关可以指定工程价款或者劳务费的支付人为扣缴义务人。

(二)扣缴方法

(1)扣缴义务人扣缴税款时，按非居民企业计算方法计算税款。

(2)应当扣缴的所得税，扣缴义务人未依法扣缴或者无法履行扣缴义务的，由企业在所得发生地缴纳。企业未依法缴纳的，税务机关可以从该企业在中国境内其他收入项目的支付人应付的款项中，追缴该企业的应纳税款。

上述所称所得发生地，是指依照实施条例规定的原则确定的所得发生地。在中国境内存在多处所得发生地的，由企业选择其中之一申报缴纳企业所得税。

上述所称该企业在中国境内其他收入，是指该企业在中国境内取得的其他各种来源的收入。

(3)税务机关在追缴该企业应纳税款时，应当将追缴理由、追缴数额、缴纳期限和缴纳方式等告知该企业。

(4)扣缴义务人每次代扣的税款，应当自代扣之日起 7 日内缴入国库，并向所在地的税务机关报送扣缴企业所得税报告表。

八、特别纳税的调整

(一)调整范围

特别纳税调整的范围，是指企业与其关联方之间的业务往来，不符合独立交易原则而减少企业或者其关联方应纳税收入或者所得额的，税务机关有权按照合理方法调整。企业与其关联方共同开发、受让无形资产，或者共同提供、接受劳务发生的成本，在计算应纳税所得额时应当按照独立交易原则进行分摊。

上述所称独立交易原则，是指没有关联关系的交易各方，按照公平成交价格和营业常规进行业务往来遵循的原则。

1.关联方

关联方是指与企业有下列关联关系之一的企业、其他组织或者个人，具体指：

(1)在资金、经营、购销等方面存在直接或者间接的控制关系。

(2)直接或者间接地同为第三者控制。

(3)在利益上具有相关联的其他关系。

2.关联企业之间关联业务的税务处理

(1)企业与其关联方共同开发、受让无形资产，或者共同提供、接受劳务发生的成本，在计算应纳税所得额时应当按照独立交易原则进行分摊。

(2)企业与其关联方分摊成本时，应当按照成本与预期收益相配比的原则进行分摊，并在税务机关规定的期限内，按照税务机关的要求报送有关资料。

(3)企业与其关联方分摊成本时违反以上规定的，其自行分摊的成本不得在计算应纳税所得额时扣除。

(4)企业可以向税务机关提出与其关联方之间业务往来的定价原则和计算方法，税务机关与企业协商、确认后，达成预约定价安排。

预约定价安排，是指企业就其未来年度关联交易的定价原则和计算方法，向税务机关提出申请，与税务机关按照独立交易原则协商、确认后达成的协议。

(5)企业向税务机关报送年度企业所得税纳税申报表时，应当就其与关联方之间的业务往来，附送年度关联业务往来报告表。

税务机关在进行关联业务调查时，企业及其关联方，以及与关联业务调查有关的其他企业，应当按照规定提供相关资料。

(6)由居民企业，或者由居民企业和中国居民控制的设立在实际税负明显低于25%的税率水平的国家(地区)的企业，并非由于合理的经营需要而对利润不做分配或者减少分配的，上述利润中应归属于该居民企业的部分，应当计入该居民企业的当期收入。所指控制包括：居民企业或者中国居民直接或者间接单一持有外国企业10%以上有表决权股份，且由其共同持有该外国企业50%以上股份；居民企业，或者居民企业和中国居民持股比例没有达到以上规定的标准，但在股份、资金、经营、购销等方面对该外国企业构成实质控制。上述所指的实际税负明显偏低是指实际税负明显低于企业所得税法规定的25%所得税税率的50%。

(7)企业从其关联方接受的债权性投资与权益性投资的比例超过规定标准而发生的利息支出，不得在计算应纳税所得额时扣除。企业间接从关联方获得的债权性投资，包括：关联方通过无关联第三方提供的债权性投资；无关联第三方提供的、由关联方担保且负有连带责任的债权性投资；其他间接从关联方获得的具有负债实质的债权性投资。

前述所称权益性投资，是指企业接受的不需要偿还本金和支付利息，投资人对企业净资产拥有所有权的投资。

(二)调整方法

企业所得税税法规定对关联企业所得不实的,调整方法如下:

(1)可比非受控价格法,是指按照没有关联关系的交易各方进行相同或者类似业务往来的价格进行定价的方法。

(2)再销售价格法,是指按照从关联方购进商品再销售给没有关联关系的交易方的价格,减除相同或者类似业务的销售毛利进行定价的方法。

(3)成本加成法,是指按照成本加合理的费用和利润进行定价的方法。

(4)交易净利润法,是指按照没有关联关系的交易各方进行相同或者类似业务往来取得的净利润水平确定利润的方法。

(5)利润分割法,是指将企业与其关联方的合并利润或者亏损在各方之间采用合理标准进行分配的方法。

(6)其他符合独立交易原则的方法。

(三)核定征收

企业不提供与其关联方之间业务往来资料,或者提供虚假、不完整资料,未能真实反映其关联业务往来情况的,税务机关有权依法核定其应纳税所得额。核定方法有:

(1)参照同类或者类似企业的利润率水平核定。

(2)按照企业成本加合理的费用和利润的方法核定。

(3)按照关联企业集团整体利润的合理比例核定。

(4)按照其他合理方法核定。

企业对税务机关按照以上规定的方法核定的应纳税所得额有异议的,应当提供相关证据,经税务机关认定后,调整核定的应纳税所得额。

(四)加收利息

企业实施其他不具有合理商业目的的安排而减少其应纳税收入或者所得额的,税务机关有权按照合理方法调整。不具有合理商业目的,是指以减少、免除或者推迟缴纳税款为主要目的。

税务机关依照规定进行特别纳税调整后,除了应当补征税款外,并按照国务院规定加收利息。

应当对补征的税款,自税款所属纳税年度的次年 6 月 1 日起至补缴税款之日止的期间,按日加收利息。加收的利息不得在计算应纳税所得额时扣除。

利息,应当按照税款所属纳税年度中国人民银行公布的与补税期间同期的人民币贷款基准利率加 5 个百分点计算。

企业依照企业所得税法规定,在报送年度企业所得税纳税申报表时,附送了年度关联业务往来报告表的,可以只按规定的人民币贷款基准利率计算利息。

企业与其关联方之间的业务往来,不符合独立交易原则,或者企业实施其他不具有合理商业目的的安排的,税务机关有权在该业务发生的纳税年度起 10 年内,进行纳税调整。

九、企业所得税的计算

(一)居民企业应纳税额的计算

居民企业应纳税额等于应纳税所得额乘以适用税率,基本计算公式为:

居民企业应纳税额=应纳税所得额×适用税率-减免税额-抵免税额

根据计算公式可以看出,居民企业应纳税额的多少,取决于应纳税所得额和适用税率两个因素。在实际过程中,应纳税所得额的计算一般有两种方法。

1.直接计算法

在直接计算法下,居民企业每一纳税年度的收入总额减除不征税收入、免税收入、各项扣除以及允许弥补的以前年度亏损后的余额为应纳税所得额。

应纳税所得额=收入总额-不征税收入-免税收入-各项扣除金额-弥补亏损

2.间接计算法

在间接计算法下,是在会计利润总额的基础上加或减按照税法规定调整的项目金额后,为应纳税所得额。

应纳税所得额=会计利润总额±纳税调整项目金额

税收调整项目金额包括两方面的内容:一是企业的财务会计处理和税收规定不一致的应予以调整的金额;二是企业按税法规定准予扣除的税收金额。

【例 16-1】假定某企业为居民企业,2019 年经营业务如下:

(1)取得销售收入 2 500 万元。

(2)销售成本 1 100 万元。

(3)发生销售费用 670 万元(其中广告费 450 万元);管理费用 480 万元(其中业务招待费 15 万元);财务费用 60 万元。

(4)销售税金 160 万元(含增值税 120 万元)。

(5)营业外收入 70 万元,营业外支出 50 万元(含通过公益性社会团体向贫困山区捐款 30 万元,支付税收滞纳金 6 万元)。

(6)计入成本、费用中的实发工资总额 150 万元、拨缴职工工会经费 3 万元、支出职工福利费和职工教育经费 29 万元。

要求:计算该企业 2019 年度实际应纳的企业所得税。

(1)会计利润总额=2 500+70-1 100-670-480-60-40-50=170(万元)。

(2)广告费和业务宣传费调增所得额=450-2 500×15%=450-375=75(万元)。

(3)业务招待费调增所得额=15-15×60%=15-9=6(万元)。

2 500×5‰=12.5(万元)>15×60%=9(万元)。

(4)捐赠支出应调增所得额=30-170×12%=9.6(万元)。

(5)“三费”:

工会经费应调增所得额=3-150×2%=0(万元)。

福利费支出和教育经费支出29(万元)<150(14%+8%)=33(万元),可以全额扣除。

(6)应纳税所得额=170+75+6+9.6+6=266.6(万元)。

(7)2019年应缴企业所得税=266.6×25%=66.65(万元)。

(二)非居民企业应纳税额的计算

对于在中国境内未设立机构、场所的,或者虽设立机构、场所但取得的所得与其所设机构、场所没有实际联系的非居民企业的所得,按照下列方法计算应纳税所得额:

(1)股息、红利等权益性投资收益和利息、租金、特许权使用费所得,以收入全额为应纳税所得额;

(2)转让财产所得,以收入全额减除财产净值后的余额为应纳税所得额;

(3)其他所得,参照前两项规定的方法计算应纳税所得额。

财产净值是指财产的计税基础减除已经按照规定扣除的折旧、折耗、摊销、准备金等后的余额。

具体规定如下:

①扣缴义务人在每次向非居民企业支付或者到期应支付所得时,应从支付或者到期应支付的款项中扣缴企业所得税。

②扣缴企业所得税应纳税额的计算。

扣缴企业所得税应纳税额=应纳税所得额×实际征收率

③扣缴义务人未依法扣缴或者无法履行扣缴义务人的,非居民企业应于扣缴义务人支付或者到期支付之日起7日内,到所得发生地主管税务机关申报缴纳企业所得税。

非居民企业未按照企业所得税法第三十九条规定申报缴纳税款的,税务机关可以责令限期缴纳,非居民企业应当按照税务机关确定的期限申报缴纳税款;非居民企业在税务机关责令限期缴纳前自行申报缴纳税款的,视为已按期缴纳税款。

按照新规定,在扣缴义务人未依法履行或者无法履行扣缴义务的情况下,非居民企业在主管税务机关责令限期缴纳税款前自行申报缴纳未扣缴税款的,或者在主管税务机关限期缴纳税款期限内申报缴纳税款的,均视为按期缴纳了税款。

(三)境外所得已纳税额的扣除

企业取得的下列所得已在境外缴纳的所得税税额,可以从其当期应纳税额中抵免,抵免限额为该项所得依照企业所得税法规定计算的应纳税额;超过抵免限额的部分,可以在以后5个年度内,用每年度抵免限额抵免当年应抵税额后的余额进行抵补:

(1)居民企业来源于中国境外的应税所得。

(2)非居民企业在中国境内设立机构、场所,取得发生在中国境外但与该机构、场所有实际联系的应税所得。

居民企业从其直接或者间接控制的外国企业分得的来源于中国境外的股息、红利等权益性投资收益,外国企业在境外实际缴纳的所得税税额中属于该项所得负担的部分,可以作为该居民企业的可抵免境外所得税税额,在企业所得税法规定的抵免限额内抵免。

上述所称直接控制,是指居民企业直接持有外国企业20%以上股份。

上述所称间接控制,是指居民企业以间接持股方式持有外国企业20%以上股份,具体认定办法由国务院财政、税务主管部门另行制定。

已在境外缴纳的所得税税额，是指企业来源于中国境外的所得依照中国境外税收法律以及相关规定应当缴纳并已经实际缴纳的企业所得税性质的税款。企业依照企业所得税法的规定抵免企业所得税税额时，应当提供中国境外税务机关出具的税款所属年度的有关纳税凭证。

抵免限额，是指企业来源于中国境外的所得，依照企业所得税法和本条例的规定计算的应纳税额。除国务院财政、税务主管部门另有规定外，该抵免限额应当分国（地区）不分项计算，计算公式为：

抵免限额＝中国境内、境外所得依照企业所得税法和条例规定计算的应纳税总额×来源于某国（地区）的应纳税所得额÷中国境内、境外应纳税所得总额

【例 16-2】某企业 2008 年度境内应纳税所得额为 500 万元，适用 25%的企业所得税税率。另外，该企业分别在 A、B 两国设有分支机构（我国与 A、B 两国已经缔结避免双重征税协定），在 A 国分支机构的应纳税所得额为 100 万元，A 国企业所得税税率为 20%；在 B 国的分支机构的应纳税所得额为 80 万元，B 国企业所得税税率为 30%。假设该企业在 A、B 两国所得按我国税法计算的应纳税所得额和按 A、B 两国税法计算的应纳税所得额一致，两个分支机构在 A、B 两国分别缴纳了 20 万元和 24 万元的企业所得税。

要求：计算该企业汇总时在我国应缴纳的企业所得税税额。

(1)该企业按我国税法计算的境内、境外所得的应纳税额

应纳税额＝(500＋100＋80)×25%＝170(万元)

(2)A、B 两国的扣除限额

A 国扣除限额＝170×[100÷(500＋100＋80)]＝25(万元)

B 国扣除限额＝170×[80÷(500＋100＋80)]＝20(万元)

在 A 国缴纳的所得税为 20 万元，低于扣除限额 25 万元，可全额扣除。

在 B 国缴纳的所得税为 24 万元，高于扣除限额 20 万元，其超过扣除限额的部分 4 万元当年不能扣除。

(3)汇总时在我国应缴纳的所得税＝170－20－20＝130(万元)。

(四)实行核定征收应纳税额的计算

1. 核定征收企业所得税的范围

居民企业纳税人具有下列情形之一的，核定征收企业所得税：

(1)依照法律、行政法规的规定可以不设置账簿的；

(2)依照法律、行政法规的规定应当设置但未设置账簿的；

(3)擅自销毁账簿或者拒不提供纳税资料的；

(4)虽设置账簿，但账目混乱或者成本资料、收入凭证、费用凭证残缺不全，难以查账的；

(5)发生纳税义务，未按照规定的期限办理纳税申报，经税务机关责令限期申报，逾期仍不申报的；

(6)申报的计税依据明显偏低，又无正当理由的。

特殊行业不得采取核定征收管理办法：

(1)《国家税务总局关于企业所得税核定征收若干问题的通知》(国税函〔2009〕377 号)，以

下类型企业不得核定征收企业所得税：

①享受《中华人民共和国企业所得税法》及其实施条例和国务院规定的一项或几项企业所得税优惠政策的企业（不包括仅享受《中华人民共和国企业所得税法》第二十六条规定免税收入优惠政策的企业）；

小型微利企业无论按查账征收方式或核定征收方式缴纳企业所得税，均可享受上述优惠政策。

②汇总纳税企业；

③上市公司；

④银行、信用社、小额贷款公司、保险公司、证券公司、期货公司、信托投资公司、金融资产管理公司、融资租赁公司、担保公司、财务公司、典当公司等金融企业；

⑤会计、审计、资产评估、税务、房地产估价、土地估价、工程造价、律师、价格鉴证、公证机构、基层法律服务机构、专利代理、商标代理以及其他经济鉴证类社会中介机构；

⑥国家税务总局规定的其他企业。

(2)《国家税务总局关于企业所得税核定征收有关问题的公告》（国家税务总局公告 2012 年第 27 号）：

专门从事股权（股票）投资业务的企业，不得核定征收企业所得税。

(3)《房地产开发经营业务企业所得税处理办法》（国税发〔2009〕31 号）：

房地产开发企业不得事先确定企业的所得税按核定征收方式进行征收、管理。

2.核定征收的办法

税务机关应根据纳税人具体情况，对核定征收企业所得税的纳税人，核定应税所得率或核定应纳所得税额。

(1)具有下列情形之一的，核定其应税所得率：

①能正确核算（查实）收入总额，但不能正确核算（查实）成本费用总额的；

②能正确核算（查实）成本费用总额，但不能正确核算（查实）收入总额的；

③通过合理方法，能计算和推定纳税人收入总额或成本费用总额的。

纳税人不属于以上情形的，核定其应纳所得税额。

(2)税务机关采用下列方法核定征收企业所得税：

①参照当地同类行业或者类似行业中经营规模和收入水平相近的纳税人的税负水平核定；

②按照应税收入额或成本费用支出额定率核定；

③按照耗用的原材料、燃料、动力等推算或测算核定；

④按照其他合理方法核定。

采用上述所列一种方法不足以正确核定应纳税所得额或应纳税额的，可以同时采用两种以上的方法核定。采用两种以上方法测算的应纳税额不一致时，可按测算的应纳税额从高核定。

采用应税所得率方式核定征收企业所得税的，应纳所得税额计算公式如下：

$$应纳所得税额=应纳税所得额\times适用税率$$

$$应纳税所得额=应税收入额\times应税所得率$$

或：　应纳税所得额＝成本(费用)支出额/(1－应税所得率)×应税所得率

实行应税所得率方式核定征收企业所得税的纳税人，经营多业的，无论其经营项目是否单独核算，均由税务机关根据其主营项目确定适用的应税所得率。

主营项目应为纳税人所有经营项目中，收入总额或者成本(费用)支出额或者耗用原材料、燃料、动力数量所占比重最大的项目。应税所得率按表16-1规定的幅度标准确定：

表16-1　应税所得率

行　业	应税所得率/%
农、林、牧、渔业	3～10
制造业	5～15
批发和零售贸易业	4～15
交通运输业	7～15
建筑业	8～20
饮食业	8～25
娱乐业	15～30
其他行业	10～30

第四节　企业所得税的征收管理

一、企业所得税的纳税期限

企业所得税按年计征，分月或者分季预缴，年终汇算清缴，多退少补。

企业所得税的纳税年度，自公历每年1月1日起至12月31日止。企业在一个纳税年度的中间开业，或者由于合并、关闭等原因终止经营活动，使该纳税年度的实际经营期不足12个月的，应当以其实际经营期为一个纳税年度。

企业清算时，应当以清算期间作为一个纳税年度。

企业应当自月份或者季度终了之日起15日内，向税务机关报送预缴企业所得税纳税申报表，预缴税款。自年度终了之日起5个月内，向税务机关报送年度企业所得税纳税申报表，并汇算清缴，结清应缴应退税款。

企业在年度中间终止经营活动的，应当自实际经营终止之日起60日内，向税务机关办理当期企业所得税汇算清缴。

纳税人需要报经税务机关审批、审核或备案的事项，应按有关程序、时限和要求报送材料等有关规定，在办理企业所得税年度纳税申报前及时办理。纳税人在汇算清缴期内发现当年企业所得税申报有误的，可在汇算清缴期内重新办理企业所得税年度纳税申报。

实行核定定额征收企业所得税的纳税人，不进行汇算清缴。

二、企业所得税的纳税地点

除税收法律、行政法规另有规定外，居民企业以企业登记注册地为纳税地点；但登记注册地在境外的，以实际管理机构所在地为纳税地点。企业注册登记地，是指企业依照国家有关规定登记注册的住所地。

居民企业在中国境内设立不具有法人资格的营业机构的，应当汇总计算并缴纳企业所得税。

非居民企业在中国境内设立机构、场所的，应当就其所设机构、场所取得的来源于中国境内的所得，以及发生在中国境外但与其所设机构、场所有实际联系的所得，以机构、场所所在地为纳税地点。

非居民企业在中国境内设立两个或者两个以上机构、场所的，经税务机关审核批准，可以选择由其主要机构、场所汇总缴纳企业所得税。

非居民企业经批准汇总缴纳企业所得税后，需要增设、合并、迁移、关闭机构、场所或者停止机构、场所业务的，应当事先由负责汇总申报缴纳企业所得税的主要机构、场所向其所在地税务机关报告；需要变更汇总缴纳企业所得税的主要机构、场所的，依照前款规定办理。

非居民企业在中国境内未设立机构、场所的，或者虽设立机构、场所但取得的所得与其所设机构、场所没有实际联系的所得，以扣缴义务人所在地为纳税地点。

习　题

一、单项选择题

1. 企业所得税法规定，符合条件的小型微利企业，减按(　)税率征收企业所得税。

A. 10%　　B. 15%　　C. 20%　　D. 25%

2. 企业所得税法规定，国家重点扶持的高新技术企业，减按(　)税率征收企业所得税。

A. 10%　　B. 15%　　C. 20%　　D. 25%

3. 企业所得税法规定，下列各项中，计算企业应纳税所得额时，不准从收入总额中扣除的是(　)。

A. 增值税　　B. 印花税　　C. 资源税　　D. 关税

4. 除法律、法规另有规定外，居民企业以企业(　)为纳税地点。

A. 机构所在地　　B. 登记注册地　　C. 经营所在地　　D. 户籍所在地

5. 企业所得税按(　)计算。

A. 季　　B. 纳税年度　　C. 月　　D. 年

6. 某企业当期销售货物实际缴纳增值税 20 万元、消费税 15 万元、城建税 2.45 万元、教育费附加 1.05 万元、房产税 1 万元、城镇土地使用税 0.5 万元、印花税 0.6 万元，企业当期所得税前可扣除的税金合计是(　)万元。

A. 2.1　　B. 18.5　　C. 20.6　　D. 40.6

7. 某企业 2019 年销售货物收入 2 000 万元，出租固定资产租金收入 100 万元，提供劳务收入 300 万元，视同销售货物收入 600 万元，转让固定资产收入 200 万元，投资收益 80 万元，当年实际发生业务招待费 30 万元。该企业当年可在所得税前列支的业务招待费金额是(　)万元。

A. 15　　B. 16　　C. 16.4　　D. 18

8. 某企业按照会计准则计算出的利润总额 300 万元，当年通过政府机关对受灾地区捐赠 50 万元，则当年应纳税所得额为( )万元。

A. 300　　B. 314　　C. 336　　D. 350

9. 下列单位不属于企业所得税纳税人的是( )。

A. 股份制企业　　B. 个人独资企业　　C. 外商投资企业　　D. 有经营所得的其他组织

10. 计算应纳税所得额时，在以下项目中，不超过规定比例的准予扣除，超过部分，准予在以后纳税年度结转扣除的项目是( )。

A. 职工福利费　　B. 工会经费　　C. 职工教育经费　　D. 社会保险费

11. 某公司 2019 年度“财务费用”账户中利息，含有以年利率 8%从银行借入的 9 个月期的生产用 200 万元贷款的借款利息；也包含 12 万元的向本企业职工借入与银行同期的生产用 100 万元资金的借款利息。该公司 2019 年度可在计算应纳税所得额时扣除的利息费用是( )万元。

A. 28　　B. 21　　C. 20　　D. 18

12. 某国有企业 2019 年度主营业务收入 5 000 万元，其他业务收入 1 000 万元，债务重组收益 100 万元，固定资产转让收入 50 万元；当年管理费用中的业务招待费 60 万元；该企业当年度可在企业所得税前扣除的业务招待费为( )万元。

A. 60　　B. 30.75　　C. 30.5　　D. 30

13. 某企业 2019 年度向主管税务机关申报应税收入 1 000 万元，应扣除的税金、成本、费用合计 800 万元，其中，包含通过政府机关向贫困地区捐款 15 万元，向红十字事业捐赠 8 万元，向受赠人直接捐赠 2 万元；其他纳税调整增加额 10 万元，纳税调整减少额 5 万元。2016 年度该企业应缴纳企业所得税为( )万元。

A. 51.75　　B. 51.5　　C. 51　　D. 50

14. 在计算企业所得税应纳税所得额时，下列项目准予从收入总额中扣除的是( )。

A. 经济合同的违约金支出　　B. 各项税收滞纳金、罚款支出

C. 罚金支出　　D. 非广告性质的赞助支出

15. 以下各项中，最低折旧年限为 3 年的固定资产是( )。

A. 家具　　B. 小汽车　　C. 飞机　　D. 电子设备

16. 企业所得税法规定，无形资产的摊销年限不得( )。

A. 低于 5 年　　B. 高于 5 年　　C. 低于 10 年　　D. 高于 10 年

17. 某企业(一般纳税人)因意外事故损失外购材料 50 万元(不含税)。保险公司审理后同意赔付 5 万元，则该企业所得税前可以扣除的损失为( )万元。

A. 45　　B. 50　　C. 53.5　　D. 58.5

18. 企业来源于中国境外的所得的抵免限额，除国务院财政、税务主管部门另有规定外，应当( )。

A. 分国(地区)分项计算　　B. 世界各国汇总计算

C. 分国(地区)不分项计算　　D. 每类项目汇总计算

19. 企业安置残疾人员的，在按照支付给予残疾职工工资据实扣除的基础上，按照支付给予上述人员工资的( )加计扣除。

A. 10%　　B. 20%　　C. 50%　　D. 100%

20. 符合条件的小型微利企业有年度应纳税所得额、从业人数、资产总额等条件，其中年度应纳税所得额不超过(　)万元。

A. 10　　B. 20　　C. 300　　D. 50

21. 企业为开发新技术、新产品、新工艺发生的研究开发费用，未形成无形资产计入当期损益的，在按照规定据实扣除的基础上，按照研究开发费用的加计扣除(　)。

A. 10%　　B. 20%　　C. 75%　　D. 175%

22. 企业从事符合条件的环境保护、节能节水项目的所得，从项目取得第一笔生产经营收入所属纳税年度起(　)。

A. 第一年至第五年免征企业所得税

B. 第一年免征企业所得税，第二年至第三年减半征收企业所得税

C. 第一年至第二年免征企业所得税，第三年至第五年差事半征收企业所得税

D. 第一年至第三年免征企业所得税，第四年至第六年减半征收企业所得税

二、多项选择题

1. 依据企业所得税法的规定，判断居民企业的标准有(　)。

A. 登记注册地　　B. 所得来源地

C. 经营行为实际发生地　　D. 实际管理机构所在地

2. 以下适用25%税率的企业有(　)。

A. 在中国境内的居民企业

B. 在中国境内设立机构场所，且所得与机构场所有关联的非居民企业

C. 在中国境内设立机构场所，且所得与机构场所没有实际联系的非居民企业

D. 在中国境内未设立机构场所的非居民企业

3. 在计算应纳税所得额时不得扣除的项目有(　)。

A. 为企业子女入托支付给幼儿园的赞助支出

B. 利润分红支出

C. 企业违反销售协议被采购方索取的罚款

D. 违反食品法被政府处以的罚款

4. 下列固定资产不得计算折旧扣除(　)。

A. 企业购置的尚未投入使用的固定资产

B. 以融资租赁方式租入的固定资产

C. 已提足折旧仍继续使用的固定资产

D. 以经营租赁方式租入的固定资产

5. 企业所得税法规定的转让财产收入包括转让(　)。

A. 生物资产　　B. 低值易耗品　　C. 股权　　D. 债权

6. 企业在计算全年应纳税所得额时，应计入应纳税所得额的收入有(　)。

A. 购买国库券到期兑现的利息收入　　B. 外单位欠款付给予的利息

C. 收取的逾期未收回包装物的押金　　D. 无法付出的应付款

7. 可在所得税前扣除的税金包括(　)。

A. 增值税　　B. 土地增值税　　C. 出口关税　　D. 资源税

8. 企业所得税法规定，企业在生产经营活动中发生的下列利息支出，准予据实扣除（ ）。

A. 非金融企业向金融企业借款的利息支出

B. 非金融企业向非金融企业借款的利息支出

C. 金融企业的各项存款利息支出

D. 金融企业的同业拆借利息支出

9. 企业申报的广告费支出应具备以下条件（ ）。

A. 通过工商部门批准的专门机构制作　　B. 已支付费用

C. 取得相应发票　　D. 通过一定媒体传播

10. 在计算应纳税所得额时不得扣除的项目是（ ）。

A. 被没收财物的损失　　B. 计提的固定资产减值准备

C. 迟纳税款的滞纳金　　D. 法院判处的罚金

11. 下列固定资产不得计算折旧扣除的是（ ）。

A. 以融资租赁方式租出的固定资产　　B. 以融资租赁方式租入的固定资产

C. 以经营租赁方式租出的固定资产　　D. 以经营租赁方式租入的固定资产

12. 生产性生物资产，是指为生产农产品、提供劳务或者出租等目的持有的生物资产，包括（ ）。

A. 经济体　　B. 薪炭林　　C. 产畜　　D. 役畜

13. 企业使用或者销售的存货的成本计算方法，可以在（ ）中选用一种。

A. 先进先出法　　B. 后进先出法　　C. 加权平均法　　D. 个别计价法

14. 企业下列项目的所得免征企业所得税（ ）。

A. 水果种植　　B. 花卉种植　　C. 中药材种植　　D. 家禽饲养

15. 企业下列项目的所得免征企业所得税（ ）。

A. 麻类种植　　B. 油料种植　　C. 林木种植　　D. 远洋捕捞

16. 企业下列项目的所得减半征收企业所得税（ ）。

A. 海水养殖　　B. 内陆养殖　　C. 牲畜饲养　　D. 家禽饲养

17. 以下关于企业所得税征收管理的规定正确的有（ ）。

A. 非居民企业在中国境内设立机构、场所取得的所得，以机构、场所取得的所得，以机构、场所所在地为纳税地点

B. 登记注册地在境外的，以实际管理机构所在地为纳税地点

C. 非居民企业在中国境内设立两个或者两个以上机构、场所的，经税务机关审核批准，可以选择由其主要机构、场所汇总缴纳企业所得税

D. 企业应当自年度终了之日起五个月内，向税务机关报送年度企业所得税纳税申报表，并汇算清缴，结清应缴应退税款

18. 根据跨地区经营汇总纳税企业所得税征收管理规定，总机构应按照以前年度分支机构的（ ）3个因素计算各分支机构应分摊所得税款的比例。

A. 经营收入　　B. 经营利润　　C. 资产总额　　D. 职工工资

三、判断题

1. 企业已经确认销售收入的售出商品发生销售折让和销售退回，应当追溯冲减原销售期

间销售商品收入。( )

2. 企业在计算应纳税所得额时,对于非金融企业在生产、经营期间向金融机构借款的利息支出,可按照实际发生额从收入总额中扣除。( )

3. 新企业所得税法规定,纳税人发生的全部工资薪金支出准予据实扣除。( )

4. 企业所得税法规定,纳税人采取加速折旧方法的,可以采取双倍余额递减法或者年数总和法。( )

5. 企业应当从固定资产使用月份的当月起计算折旧;停止使用的固定资产,应当从停止使用月份的当月起停止计算折旧。( )

6. 企业为开发新技术、新产品、新工艺发生的研究开发费用,形成无形资产的,按照无形资产成本的150%摊销。( )

7. 国家需要重点扶持的高新技术产业区内的高新技术企业,减按15%的税率征收企业所得税;高新技术产业区外的高新技术企业不得享受此项优惠。( )

8. 企业可以向税务机关提出与其关联方之间业务往来的定价原则和计算方法,税务机关与企业协商、确认后,达成预约定价安排。( )

9. 非居民企业在中国境内未设立机构、场所的,或者虽设立机构、场所但取得的所得与其所设机构、场所没有实际联系的,应当就其来源于中国境内的收入全额缴纳企业所得税。( )

10. 居民企业登记注册地在境外的,以实际经营所在地为纳税地点。( )

11. 合伙企业生产经营所得和其他所得采取"先税后分"的原则,就合伙人的不同而缴纳个人所得税或企业所得税。( )

四、计算题

1. 某外商投资企业在甲、乙两国分设分支机构,假定2019年来源于中国境内应税所得800万元;在甲国的分支机构取得应税所得200万元,甲国公司所得税税率20%;从乙国分支机构分回利润45万元,已在乙国纳税15万元。

要求:计算该企业2019年度应纳的企业所得税。

2. 某企业2019年发生下列业务:

(1)销售产品收入2 000万元;

(2)接受捐赠材料一批,取得赠出方开具的增值税专用发票,注明价款10万元,增值税1.7万元;企业找一运输公司将该批材料运回企业,支付运杂费0.3万元;

(3)转让一项商标所有权,取得营业外收入60万元;

(4)收取当年让渡资产使用权的专利实施许可费,取得其他业务收入10万元;

(5)取得国债利息2万元;

(6)全年销售成本1 000万元;税金及附加100万元;

(7)全年销售费用500万元,含广告费400万元;全年管理费用200万元,含招待费80万元,新产品开发费用70万元;全年财务费用50万元;

(8)全年营业外支出40万元,含通过政府部门对灾区捐款20万元;直接对私立小学捐款10万元;违反政府规定被工商局罚款2万元。

要求:

(1)计算该企业的会计利润总额;

(2)计算该企业对收入的纳税调整额；

(3)计算该企业对广告费用的纳税调整额；

(4)计算该企业对招待费、三新费用的纳税调整额合计数；

(5)计算该企业对营业外支出的纳税调整额；

(6)计算该企业应纳税所得额；

(7)计算该企业应纳所得税额。

3.某机械制造企业2019年产品销售收入3 000万元，销售成本1 500万元，税金及附加12万元，销售费用200万元(含广告费100万元)，管理费用500万元(含招待费20万元，办公室房租36万元，存货跌价准备2万元)。投资收益25万元(含国债利息6万元、从深圳联营企业分回税后利润34万元、权益法计算投资某公司损失15万元)，营业外支出10.5万元，系违反购销合同被供货方处以的违约罚款。

其他补充资料：(1)当年9月1日起租用办公室，支付2年房租36万元；(2)企业已预缴税款190万元。

要求：计算该企业2019年度应补(退)的所得税税额。

4.某工业企业2019年度生产经营情况如下：

(1)销售收入4 500万元；销售成本2 000万元；增值税700万元，税金及附加80万元；

(2)其他业务收入300万元；

(3)销售费用1 500万元，其中含广告费800万元、业务宣传费20万元；

(4)管理费用500万元，其中含业务招待费50万元、研究新产品费用40万元；

(5)财务费用80万元，其中含向非金融机构借款1年的利息50万元，年息10%(银行同期限同类贷款利率6%)；

(6)营业外支出30万元，其中含向供货商支付违约金5万元，接受工商局罚款1万元，通过政府部门向灾区捐赠20万元；

(7)投资收益18万元，系从直接投资外地居民公司而分回税后利润17万元(该居民公司适用税率15%)和国债利息1万元；

(8)已预交企业所得税157万元。

要求：计算该企业2019年度应退补的所得税额。

五、综合分析题

某机器设备生产企业，2019年全年主营业务收入6 000万元，其他业务收入1 800万元，营业外收入800万元，主营业务成本3 500万元，其他业务成本500万元，营业外支出600万元，税金及附加320万元，销售费用900万元，管理费用700万元，财务费用180万元，投资收益1 000万元。

当年发生部分业务如下：

(1)实际发放职工工资1 500万元，含向本企业安置的十名残疾人员支付的工资薪金40万元。

(2)发生职工福利费用支出220万元，拨缴工会经费24万元并取得专用收据，发生职工教育经费支出100万元。

(3)发生广告费支出500万元，以前年度累计结转至本年的广告费扣除额为200万元。发生与企业生产经营业务相关的业务招待费支出 80 万元。

(4)取得经国务院批准,所在省财政厅财政补贴款 100 万元并已全额计入营业外收入,省政府文件具体要求该资金专门用于某种设备生产技术的研发,企业对该资金及支出单独进行核算,当年尚未使用该资金。

(5)向境外非关联公司支付与经营有关的担保费 50 万元,另支付不超过金融机构同期同类贷款利率计算的借款利息 30 万元。

(6)取得股息 300 万元,其中含来自境内 40%持股子公司的股息 200 万元(非上市居民企业);来自海外 100%持股子公司的股息 100 万元(不考虑预提所得税),海外子公司已在所在国缴纳了企业所得税,企业所得税税率 20%(其相关资料:除非特别说明,各扣除项项目均已取得有效凭证,相关优惠及税收抵免已办理必要手续,不考虑税收协定的影响)。

要求:根据上述材料,计算该企业当年应纳企业所得税额。

第十七章 个人所得税

★ 本章学习要点

- 个人所得税的概念
- 个人所得税的作用
- 个人所得税的课征制度
- 个人所得税的计算
- 个人所得税的征收管理

个人所得税是以自然人取得的各类应税所得为征税对象而征收的一种所得税。个人所得税的纳税人不仅包括个人,还包括具有自然人性质的企业。从世界范围看,个人所得税的税制模式有3种:分类征收制、综合征收制与混合征收制。目前,我国个人所得税征收采用的是分类与综合相结合的混合征收模式。

个人所得税的基本规范是1980年9月10日第五届全国人民代表大会第三次会议制定、根据1993年10月31日第八届全国人民代表大会常务委员会第四次会议决定修改的《中华人民共和国个人所得税法》,多年来通过了七次修改,目前适用的是2018年8月31日,由第十三届全国人大常务委员会第五次会议通过并公布,自2019年1月1日起施行,2018年10月1日起施行最新基本减除费用和税率。

第一节 个人所得税概述

一、个人所得税的概念

个人所得税是以自然人取得的各类应税所得为征税对象而征收的一种所得税,是政府利用税收对个人收入进行调节的一种手段。个人所得税的征税对象不仅包括个人,还包括个体工商户、个人独资企业、合伙企业中的个人投资者、承租承包者等具有自然人性质的企业。

个人所得税最早诞生于英国。18世纪末英国由于与法国交战致使财政吃紧,而作为当时主要税收收入来源的消费税和关税都无法解决这个问题,于是有人提议向高收入者征收所得税。1799年英国开始开征个人所得税。然而战争一结束,认为个人所得税侵犯隐私和个人权利的言论就占据了上风,个人所得税被停征。到了1842年,英国财政部门才又一次让议会和民众信服个人所得税的必要性,重新恢复征收个人所得税。随着现代国家的发展和公共财政的建立,国家机构日益膨胀,国家担负起越来越多的公共职能,相应地对于财政收入的需求也就越来越大。个人所得税在20世纪被世界上大多数国家所采纳,已经成为许多发达国家税收收入的主要来源。个人所得税在调节收入分配、缓解贫富悬殊、促进社会稳定、增加财政收入等方面的作用也得到了公认。它也被称为经济调节的“内在稳定器”。

二、个人所得税的特点

(一)实行混合征收

世界各国的个人所得税制大体可分为 3 种类型:分类所得税制、综合所得税制和混合所得税制。这 3 种税制各有所长,各国可根据本国具体情况选择和运用。我国在 2018 年 12 月 31 日前个人所得税采用的是分类所得税制,即将个人取得的各种所得划分为 11 类,分别适用不同的费用减除规定、税率和计税方法。实行分类课征制度,可以广泛采用源泉扣缴办法,加强源泉控管,简化纳税手续,方便征纳双方。同时,还可以对不同所得实行不同的征税方法,便于体现国家的政策。自 2019 年 1 月 1 日起,我国个人所得税采用混合征收,即将居民个人的工资、薪金所得,劳务报酬所得,稿酬所得和特许权使用费所得采用综合征收,除这些之外的其他各项所得采用分类征收。

(二)超额累进税率与比例税率并用

分类所得税制一般采用比例税率,综合所得税制通常采用超额累进税率。比例税率计算简便,便于实行源泉扣缴;超额累进税率可以合理调节收入分配,体现公平。我国现行个人所得税根据各类个人所得的不同性质和特点,将这两种形式的税率综合运用于个人所得税制。其中,对工资、薪金所得,劳务报酬所得,稿酬所得,特许权使用费所得,经营所得使用超额累进税率,实现量能负担。其他各项应税所得采用比例税率。

(三)费用扣除额较宽

各国的个人所得税均有费用扣除的规定,只是扣除的方法及额度不尽相同。我国本着费用扣除从宽、从简的原则,费用扣除采用定额扣除、定率扣除和核算扣除等方法。对工资、薪金所得,劳务报酬所得,稿酬所得,特许权使用费所得适用的减除费用标准为每月 5 000 元的基本费用,在此基础上再扣除专项扣除费用和专项附加扣除费用,使得中低水平所得的个人大多数不用负担个人所得税;对其他各项应税所得采用定额和定率相结合的扣除方法。

(四)计算较复杂

我国个人所得税自 2019 年 1 月 1 日起采用混合征收模式,对综合所得和经营所得的费用扣除既采取总额扣除法,又采取分类分项的多种扣除方法。如专项附加扣除在同一个家庭中还得分为不同的纳税主体分别扣除,在按月或按次预缴的基础上,符合一定条件的还要进行汇算清缴,增加了税款的计算复杂程度和税务机关征收管理的难度。

(五)采取源泉扣缴和个人申报两种征纳方法

《中华人民共和国个人所得税法》(以下简称《个人所得税法》)规定,对纳税人的应纳税额分别采取扣缴义务人源泉扣缴和纳税人自行申报两种方法。对凡是可以在应纳所得的支付环节扣缴个人所得税的,均由扣缴义务人履行代扣代缴义务;对于没有扣缴义务人的,取得工资、薪金所得,劳务报酬所得,稿酬所得和特许权使用费综合所得的,由纳税人自行申报纳税和年终汇算清缴。此外,对其他不便于扣缴税款的,亦规定由纳税人自行申报纳税。我国个人所得税目前是以个人作为纳税单位,不实行家庭(夫妻联合)申报纳税。

三、个人所得税的计税原理

个人所得税以个人的纯所得为计税依据。因此计税时以纳税人的收入或报酬扣除有关费用以后的余额为计税依据。有关费用一方面是指与获取收入和报酬有关的经营费用;另一方面是指维持纳税人自身及家庭生活需要的费用。具体分为3类:第一,与应税收入相配比的经营成本和费用;第二,与个人总体能力相匹配的免税扣除和家庭生计扣除;第三,为了体现特定社会目标而鼓励的支出,称为"特别费用扣除",如慈善捐赠等。

四、个人所得税的征收模式

一般来说,个人所得税的征收模式有3种,即分类征收制、综合征收制和混合征收制。分类征收制,就是将纳税人不同来源、性质的所得项目,分别规定不同的税率征税;综合征收制,是对纳税人全年的各项所得加以汇总,就其总额进行征税;混合征收制,是对纳税人不同来源、不同性质的所得先分别按照不同的税率征税,然后将全年的各项所得进行汇总征税。目前,我国个人所得税的征收采用的是第三种模式,即分类与综合相结合的模式。

五、我国现行个人所得税的作用

(一)调节收入分配,体现社会公平

在保证人们基本生活费用支出不受影响的前提下,高收入者多纳税,中等收入者少纳税,低收入者不纳税,以此缓解社会分配不公的矛盾,在不损害分配效率的前提下体现社会公平。

(二)扩大聚财渠道,增加财政收入

随着经济的发展,居民的收入水平还将继续提高,个人所得税占全部税收收入的比重还将继续提高,最终将成为我国的主体税种之一。

(三)增强纳税意识,树立义务观念

长期以来,我国公民的纳税意识普遍较为淡薄,义务观念也比较缺乏。通过个人所得税税法宣传,税收的管理和税款的缴纳,源泉扣缴和自行申报制度的实施,使公民在纳税过程中逐步树立公民必须依法履行纳税义务的观念。

第二节　个人所得税的课征制度

一、纳税义务人

个人所得税的纳税义务人是指在中国境内有住所,或者虽无住所而在一个纳税年度内在境内居住累计满183天,以及无住所又不居住或者在一个纳税年度内居住累计不满183天但

从中国境内取得所得的个人,包括中国公民、个体工商业户以及在中国有所得的外籍人员(包括无国籍人员,下同)和香港、澳门、台湾同胞。上述纳税义务人依据住所和居住时间两个标准,区分为居民和非居民,分别承担不同的纳税义务。

(一)居民纳税义务人与非居民纳税人的判定标准

个人所得税的纳税人可以泛指取得所得的自然人,包括居民个人和非居民个人。在实际生活中,自然人的情况比较复杂。自然人在一国有无住所,是否居住,居住多长时间,情况各异。根据什么样的标准确定其纳税人身份和应当承担的纳税义务,涉及纳税人身份尤其是居民纳税人身份如何确定的问题。对此,各国的税收立法和税收政策有所不同。为了有效地行使税收管辖权,我国根据国际惯例,对居民个人和非居民个人的划分,采用了国际上常用的住所标准和居住时间标准。

在中国境内有住所,或者虽无住所而在一个纳税年度内在中国境内居住累计满 183 天的个人,为居民个人。居民个人从中国境内和境外取得的所得,依照规定缴纳个人所得税。

在中国境内无住所又不居住,或者虽有住所而一个纳税年度内在中国境内居住累计不满 183 天但从中国境内取得所得的个人,为非居民个人。非居民个人从中国境内取得的所得,依照本法规定缴纳个人所得税。

纳税年度,自公历 1 月 1 日起至 12 月 31 日止。

1. 住所标准

个人所得税法所称在中国境内有住所,是指因户籍、家庭、经济利益关系而在中国境内习惯性居住。住所通常指公民长期生活和活动的主要场所。由于公民实际的生活和活动场所很多,因此,我国《民法通则》明确规定:"公民以他的户籍所在地的居住地为住所。"也就是以公民本人户口簿登记的住址为住所,我国的公民一人只有一个住所。一般情况下,公民的住所就是其户籍所在地的居住地。但由于种种原因,公民经常居住地可能与户籍所在地不一致。

住所分为永久性住所和习惯性住所。《民法通则》上规定的住所,通常是指永久性的住所,具有法律意义。经常性居住地则属于习惯性住所,它与永久性住所有时是一致的,有时又是不一致的。根据这种情况,我国税法将在中国境内有住所的个人界定为:因户籍、家庭、经济利益关系而在中国境内习惯性居住的个人。可见,我国目前采用的住所标准实际是习惯性住所标准。采用这一标准,就把中、外籍人员,以及我国港、澳、台地区公民与在境内居住的中国公民区别开来。

所谓习惯性居住或住所,是在税收上判断居民和非居民的一个法律意义上的标准,不是指实际居住或在某一特定时期内的居住地。例如,个人因学习、工作、探亲、旅游等而在中国境外居住的,当其在境外居住的原因消除之后,则必须回到中国境内居住。那么,即使该人并未居住在中国境内,仍应将其判定为在中国境内习惯性居住。所以,我国《个人所得税法》中所说的"住所",其概念与通常所说的住所是有区别的。

2. 居住时间标准

居住时间是指个人在一国境内实际居住的天数。在实际生活中,有时一个人在一国境内并无住所,又没有经常性居住地,但是却在该国内停留的时间较长,从该国取得了收入,应对其行使税收管辖权,甚至视为该国的居民征税。各国在对个人所得税征税的实践中,逐渐形成以个人居住时间长短作为衡量居民与非居民的居住时间标准。我国《个人所得税法》也采用了这一标准。

在中国境内无住所的个人，在中国境内居住累计满183天的年度连续不满6年的，经向主管税务机关备案，其来源于中国境外且由境外单位或者个人支付的所得，免予缴纳个人所得税；在中国境内居住累计满183天的任一年度中有一次离境超过30天的，其在中国境内居住累计满183天的年度的连续年限重新起算。

在中国境内无住所的个人，在一个纳税年度内在中国境内居住累计不超过90天的，其来源于中国境内的所得，由境外雇主支付并且不由该雇主在中国境内的机构、场所负担的部分，免予缴纳个人所得税。

我国税法规定的住所标准和居住时间标准，是判定居民身份的两个并列性标准，个人只要符合或达到其中任何一个标准，就可以被认定为居民纳税人。

(二)纳税义务范围

1.居民纳税人的纳税义务范围

根据两个判定标准确定为中国居民的个人，是指在中国境内有住所，或者无住所，而在境内居住满183天的个人，应就其来源于中国境内和境外的所得，向我国政府履行全面纳税义务，依法缴纳个人所得税。

为了便于人员的国际交流，本着从宽、从简的原则，对于无住所个人一个纳税年度在中国境内累计居住183天的，如果此前六年在中国境内每年累计居住天数都满183天而且没有任何一年单次离境超过30天，该纳税年度来源于中国境内、境外所得应当缴纳个人所得税；如果此前六年的任一年在中国境内累计居住天数不满183天或者单次离境超过30天，该纳税年度来源于中国境外且由境外单位或者个人支付的所得，免予缴纳个人所得税。

前款所称此前六年，是指该纳税年度的前一年至前六年的连续六个年度，此前六年的起始年度自2019年(含)以后年度开始计算。

2.非居民纳税义务人的纳税义务范围

根据两个判定标准被确定为非居民纳税义务人，即在中国境内无住所又不居住，或者无住所而在境内居住不满183天的个人，属于我国税法中的非居民纳税人，仅就其来源于中国境内的所得向中国政府履行有限纳税义务，依法缴纳个人所得税。

非居民纳税人的情况比较复杂，涉及的所得来源及其支付形式也比较多，我国税法根据国际惯例，对于非居民纳税人的纳税义务范围作了规定。

(1)非居民个人境内居住时间累计不超过90天的情形。

对于在中国境内无住所而一个纳税年度内在中国境内累计居住不超过90天的非居民个人，仅就归属于境内工作期间并由境内雇主支付或者负担的工资薪金所得计算缴纳个人所得税。

(2)非居民个人境内居住时间累计超过90天不满183天的情形。

在一个纳税年度内，在境内累计居住超过90天但不满183天的非居民个人，取得归属于境内工作期间的工资薪金所得，均应当计算缴纳个人所得税；其取得归属于境外工作期间的工资薪金所得，不征收个人所得税。

在现实生活中，习惯性居住地不在中国境内的个人，只有外籍人员、华侨或香港、澳门和台湾同胞，因此，非居民纳税义务人，实际上只能是在一个纳税年度内，没有在中国境内居住，或者在中国境内累计居住不满一百八十三天的外籍人员、华侨或香港、澳门和台湾同胞。

3. 自2019年1月1日起，对境内居住的天数和境内、境外工作的天数按以下规定为准

(1)计算无住所个人在中国境内居住的天数。

无住所个人一个纳税年度内在中国境内累计居住天数，按照个人在中国境内累计停留的天数计算。在中国境内停留的当天满24小时的，计入中国境内居住天数，在中国境内停留的当天不足24小时的，不计入中国境内居住天数。(财政部、税务总局公告2019年第34号)

(2)计算无住所个人在中国境内、境外工作的天数。

个人取得归属于中国境内(以下称境内)工作期间的工资薪金所得为来源于境内的工资薪金所得。境内工作期间按照个人在境内工作天数计算，包括其在境内的实际工作日以及境内工作期间在境内、境外享受的公休假、个人休假、接受培训的天数。在境内、境外单位同时担任职务或者仅在境外单位任职的个人，在境内停留的当天不足24小时的，按照半天计算境内工作天数。

无住所个人在境内、境外单位同时担任职务或者仅在境外单位任职，且当期同时在境内、境外工作的，按照工资薪金所属境内、境外工作天数占当期公历天数的比例计算确定来源于境内、境外工资薪金所得的收入额。境外工作天数按照当期公历天数减去当期境内工作天数计算。(财政部、税务总局公告2019年第35号)

(三)扣缴义务人

我国个人所得税实行代扣代缴和个人申报纳税相结合的征收管理制度。个人所得税采取代扣代缴办法，有利于控制税源，保证税收收入，简化征纳手续，加强个人所得税管理。税法规定，凡支付应纳税所得的单位或个人，都是个人所得税的扣缴义务人。扣缴义务人在向纳税人支付各项应纳税所得(个体工商户的生产、经营所得除外)时，必须履行代扣代缴税款的义务。

二、所得来源的确定

(一)判定的标准

判断所得来源地，是确定该项所得是否应该征收个人所得税的重要依据。对于居民纳税义务人，因为要承担无限纳税义务，因此，有关判断其所得来源地的问题，相对来说不那么重要。但是，对于非居民纳税义务人，由于只就其来源于中国境内的所得征税，因此判断其所得来源地，就显得十分重要。中国的个人所得税，依据所得来源地的判断应反映经济活动的实质，要遵循方便税务机关实行有效征管的原则，具体规定如下：

(1)工资、薪金所得，以纳税人任职、受雇的公司、企业、事业单位、机关、团体、部队、学校等单位的所在地，作为所得来源地。

(2)生产、经营所得，以生产、经营活动实现地，作为所得来源地。

(3)劳务报酬所得，以纳税人实际提供劳务的地点，作为所得来源地。

(4)不动产转让所得，以不动产坐落地为所得来源地；动产转让所得，以实现转让的地点作

为所得来源地。

(5)财产租赁所得，以被租赁财产的使用地，作为所得来源地。

(6)利息、股息、红利所得，以支付利息、股息、红利的企业、机构、组织的所在地，作为所得来源地。

(7)特许权使用费所得，以特许权的使用地，作为所得来源地。

(二)来源于中国境内的所得

所得的来源地与所得的支付地并不是同一概念，有时两者是一致的，有时却是不相同的。根据上述原则和方法，来源于中国境内的所得有：

(1)工资薪金所得。

个人取得归属于中国境内(以下称境内)工作期间的工资薪金所得为来源于境内的工资薪金所得。境内工作期间按照个人在境内工作天数计算，包括其在境内的实际工作日以及境内工作期间在境内、境外享受的公休假、个人休假、接受培训的天数。在境内、境外单位同时担任职务或者仅在境外单位任职的个人，在境内停留的当天不足 24 小时的，按照半天计算境内工作天数。

无住所个人在境内、境外单位同时担任职务或者仅在境外单位任职，且当期同时在境内、境外工作的，按照工资薪金所属境内、境外工作天数占当期公历天数的比例计算确定来源于境内、境外工资薪金所得的收入额。境外工作天数按照当期公历天数减去当期境内工作天数计算。

(2)数月奖金以及股权激励所得。

无住所个人取得的数月奖金或者股权激励所得按照规定确定所得来源地，无住所个人在境内履职或者执行职务时收到的数月奖金或者股权激励所得，归属于境外工作期间的部分，为来源于境外的工资薪金所得；无住所个人停止在境内履约或者执行职务离境后收到的数月奖金或者股权激励所得，对属于境内工作期间的部分，为来源于境内的工资薪金所得。具体计算方法为：数月奖金或者股权激励乘以数月奖金或者股权激励所属工作期间境内工作天数与所属工作期间公历天数之比。

无住所个人一个月内取得的境内外数月奖金或者股权激励包含归属于不同期间的多笔所得的，应当先分别按照规定计算不同归属期间来源于境内的所得，然后再加总计算当月来源于境内的数月奖金或者股权激励收入额。

数月奖金是指一次取得归属于数月的奖金、年终加薪、分红等工资薪金所得，不包括每月固定发放的奖金及一次性发放的数月工资。股权激励包括股票期权、股权期权、限制性股票、股票增值权、股权奖励以及其他因认购股票等有价证券而从雇主取得的折扣或者补贴。

(3)董事、监事及高层管理人员取得报酬所得。

对于担任境内居民企业的董事、监事及高层管理职务的个人(以下统称高管人员)，无论是否在境内履行职务，取得由境内居民企业支付或者负担的董事费、监事费、工资薪金或者其他类似报酬(以下统称高管人员报酬，包含数月奖金和股权激励)，属于来源于境内的所得。高层管理职务包括企业正、副(总)经理、各职能总师、总监及其他类似公司管理层的职务。

(4)稿酬所得。

由境内企业、事业单位、其他组织支付或者负担的稿酬所得，为来源于境内的所得。

(5)在中国境内从事生产、经营活动而取得的生产经营所得。

(6)因任职、受雇、履约等而在中国境内提供各种劳务取得的劳务报酬所得。

根据国际惯例,对跨国独立个人劳务报酬所得的征税一般也有限制性的标准,即一国居民到另一国从事独立个人劳动,其在另一国有经常使用的固定基地,或虽然没有固定基地,但连续或累计停留超过一定时间,或虽然没有超过一定的时间,但取得劳务报酬数额较大的,可以由另一国征税,否则,另一国对其所得没有征税权。因此,对于跨国劳务报酬所得来说,也存在划定征税范围的问题。

(7)将财产出租给承租人在中国境内使用而取得的所得。

(8)转让中国境内的建筑物、土地使用权等财产,以及在中国境内转让其他财产取得的所得。

(9)提供专利权、非专利技术、商标权、著作权,以及其他特许权在中国境内使用的所得。

(10)因持有中国的各种债券、股票、股权而从中国境内的公司、企业或者其他经济组织及个人取得的利息、股息、红利所得。

三、应税所得项目

确定应税所得项目可以使纳税人掌握自己都有哪些收入是要纳税的。下列各项个人所得,应纳个人所得税。

(一)工资、薪金所得

工资、薪金所得,是指个人因任职或者受雇而取得的工资、薪金、奖金、年终加薪、劳动分红、津贴、补贴以及任职或者受雇有关的其他所得。

(1)一般来说,工资、薪金所得属于非独立个人劳动所得。所谓非独立个人劳动,是指个人所从事的是由他人指定、安排并接受管理的劳动,工作或服务于公司、工厂、行政、事业单位的人员(私营企业主除外)均为非独立劳动者。

他们从上述单位取得的劳动报酬,是以工资、薪金的形式体现的。在这类报酬中,工资和薪金的收入主体略有差异。通常情况下,把直接从事生产、经营或服务的劳动者(工人)的收入称为工资,即所谓"蓝领阶层"所得;而将从事社会公职或管理活动的劳动者(公职人员)的收入称为薪金,即所谓"白领阶层"所得。但实际立法过程中,各国都从简便易行的角度考虑,将工资、薪金合并为一个项目计征个人所得税。

除工资、薪金以外,奖金、年终加薪、劳动分红、津贴、补贴也被确定为工资、薪金范畴。其中,年终加薪、劳动分红不分种类和取得情况,一律按工资、薪金所得课税。津贴、补贴等则有例外。

(2)根据我国目前个人收入的构成情况,规定对于一些不属于工资、薪金性质的补贴、津贴或者不属于纳税人本人工资、薪金所得项目的收入,不予征税。这些项目包括:

①独生子女补贴。

②执行公务员工资制度未纳入基本工资总额的补贴、津贴差额和家属成员的副食品补贴。

③托儿补助费。

④差旅费津贴、误餐补助。其中,误餐补助是指按照财政部规定,个人因公在城区、郊区工作,不能在工作单位或返回就餐的,根据实际误餐顿数,按规定标准领取的误餐费。单位以误

餐补助名义发给职工的补助、津贴不能包括在内。

(3)退休人员再任职取得的收入,在减除按税法规定的费用扣除标准后,按“工资、薪金所得”应税项目缴纳个人所得税。

(4)参照《国家税务总局关于联想集团改制员工取得的用于购买企业国有股权的劳动分红征收个人所得税问题的批复》(国税函〔2001〕832号)的规定,公司职工取得的用于购买企业国有股权的劳动分红,按“工资、薪金所得”项目计征个人所得税。

(5)出租汽车经营单位对出租车驾驶员采取单车承包或承租方式运营,出租车驾驶员从事客货运营取得的收入,按“工资、薪金所得”项目计征个人所得税。

(二)劳务报酬所得

劳务报酬所得,指个人独立从事各种非雇佣的各种劳务所取得的所得。内容如下:

(1)设计。指按照客户的要求,代为制定工程、工艺等各类设计业务。

(2)装潢。指接受委托,对物体进行装饰、修饰,使之美观或具有特定用途的作业。

(3)安装。指按照客户要求,对各种机器、设备的装配、安置,以及与机器、设备相连的附属设施的装设和被安装机器设备的绝缘、防腐、保温、油漆等工程作业。

(4)制图。指受托按实物或设想物体的形象,依体积、面积、距离等,用一定比例绘制成平面图、立体图、透视图等的业务。

(5)化验。指受托用物理或化学的方法,检验物质的成分和性质等业务。

(6)测试。指利用仪器仪表或其他手段代客对物品的性能和质量进行检测试验的业务。

(7)医疗。指从事各种病情诊断、治疗等医护业务。

(8)法律。指受托担任辩护律师、法律顾问,撰写辩护词、起诉书等法律文书的业务。

(9)会计。指受托从事会计核算的业务。

(10)咨询。指对客户提出的政治、经济、科技、法律、会计、文化等方面的问题进行解答、说明的业务。

(11)讲学。指应邀(聘)进行讲课、作报告、介绍情况等业务。

(12)翻译。指受托从事中、外语言或文字的翻译(包括笔译和口译)。

(13)审稿。指对文字作品或图形作品进行审查、核对的业务。

(14)书画。指按客户要求,或自行从事书法、绘画、题词等业务。

(15)雕刻。指代客镌刻图章、牌匾、碑、玉器、雕塑等业务。

(16)影视。指应邀或应聘在电影、电视节目中出任演员或担任导演、音响、化妆、道具、制作、摄影等与拍摄影视节目有关的业务。

(17)录音。指用录音器械代客录制各种音响带的业务,或者应邀演讲、演唱、采访而被录音的服务。

(18)录像。指用录像器械代客录制各种图像、节目的业务,或者应邀表演、采访被录像的业务。

(19)演出。指参加戏剧、音乐、舞蹈、曲艺等文艺演出活动的业务。

(20)表演。指从事杂技、体育、武术、健美、时装、气功以及其他技巧性表演活动的业务。

(21)广告。指利用图书、报纸、杂志、广播、电视、电影、招贴、路牌、橱窗、霓虹灯、灯箱、墙面及其他载体,为介绍商品、经营服务项目、文体节目或通告、声明等事项,所做的宣传和提供相关服务的业务。

(22)展览。指举办或参加书画展、影展、盆景展、邮展、个人收藏品展、花鸟虫鱼展等各种展示活动的业务。

(23)技术服务。指利用一技之长而进行技术指导、提供技术帮助的业务。

(24)介绍服务。指介绍供求双方商谈,或者介绍产品、经营服务项目等服务的业务。

(25)经纪服务。指经纪人通过居间介绍,促成各种交易和提供劳务等服务的业务。

(26)代办服务。指代委托人办理受托范围内的各项事宜的业务。

(27)其他劳务。指上述列举26项劳务项目之外的各种劳务。

自2004年1月20日起,对商品营销活动中,企业和单位对其营销业绩突出的非雇员以培训班、研讨会、工作考察等名义组织旅游活动,通过免收差旅费、旅游费对个人实行的营销业绩奖励(包括实物、有价证券等),应根据所发生费用的全额作为该营销人员当期的劳务收入,按照“劳务报酬所得”项目征收个人所得税,并由提供上述费用的企业和单位代扣代缴。

(三)稿酬所得

稿酬所得,是指个人因其作品以图书、报刊等形式出版、发表而取得的所得。这里所说的作品,包括文学作品、书画作品、摄影作品,以及其他作品。作者去世后,财产继承人取得的遗作稿酬,亦应征收个人所得税。

(1)将稿酬所得独立划归一个征税项目,而对不以图书、报刊形式出版、发表的翻译、审稿、书画所得归为劳务报酬所得,主要是考虑了出版、发表作品的特殊性。第一,它是一种依靠较高智力创作的精神产品;第二,它具有普遍性;第三,它与社会主义精神文明和物质文明密切相关;第四,它的报酬相对偏低。因此,稿酬所得应当与一般劳务报酬相对区别,并给予适当优惠照顾。

(2)根据《国家税务总局关于个人所得税若干业务问题的批复》(国税函〔2002〕146号),对报纸、杂志、出版等单位的职员在本单位的刊物上发表作品、出版图书取得所得征税的问题明确如下:

①任职、受雇于报纸、杂志等单位的记者、编辑等专业人员,因在本单位的报纸、杂志上发表作品取得的所得,属于因任职、受雇而取得的所得,应与其当月工资收入合并,按“工资、薪金所得”项目征收个人所得税。除上述专业人员以外,其他人员在本单位的报纸、杂志上发表作品取得的所得,应按“稿酬所得”项目征收个人所得税。

②出版社的专业作者撰写、编写或翻译的作品,由本社以图书形式出版而取得的稿费收入,应按“稿酬所得”项目计算缴纳个人所得税。

(四)特许权使用费所得

特许权使用费所得,是指个人提供专利权、商标权、著作权、非专利技术以及其他特许权的使用权取得的所得;提供著作权的使用权取得的所得,不包括稿酬所得。

(1)专利权,是由国家专利主管机关依法授予专利申请人或其权利继承人在一定期间内实施其发明创造的专有权。对于专利权,许多国家只将提供他人使用取得的所得,列入特许权使用费,而将转让专利权所得列为资本利得税的征税对象。我国没有开征资本利得税,故将个人提供和转让专利权取得的所得,都列入特许权使用费所得征收个人所得税。

(2)商标权，是指商标注册人依法律规定而取得的对其注册商标在核定商品上的独占使用权。商标权也是一种工业产权，可以依法取得、转让、许可使用、继承、丧失、请求排除侵害。

(3)著作权，即版权，是作者依法对文学、艺术和科学作品享有的某些特殊权利。著作权是公民的一项民事权利，既具有民法中的人身权性质，也具有民法中的财产权性质，主要包括发表权、署名权、修改权、保护权、使用权和获得报酬权。

(4)非专利技术，即专利技术以外的专有技术。这类技术大多尚处于保密状态，仅为特定人知晓并占有。

上述4种权利及其他权利由个人提供或转让给他人使用时，会取得相应的收入。这类收入不同于一般所得，所以单独列为一类征税项目。对特许权使用费所得的征税办法，各国不尽一致。如有的国家对转让专利权所得征收资本利得税，而我国是将使用权和所有权的转让合在一起，一并列入个人所得税的征税范围。

根据税法规定，提供著作权的使用权取得的所得，不包括稿酬所得，对于作者将自己的文字作品手稿原件或复印件公开拍卖(竞价)取得的所得，属于提供著作权的使用所得，故应按“特许权使用费所得”项目征收个人所得税。

个人取得特许权的经济赔偿收入，应按“特许权使用费所得”应税项目缴纳个人所得税，税款由支付赔款的单位或个人代扣代缴。

从2002年5月1日起，编剧从电视剧的制作单位取得的剧本使用费，不再区分剧本的使用方是否为其任职单位，统一按“特许权使用费所得”项目计征个人所得税。

(五)经营所得

经营所得，包括：①个体工商户从事生产、经营活动取得的所得，个人独资企业投资人、合伙企业的个人合伙人来源于境内注册的个人独资企业、合伙企业生产、经营的所得。②个人依法从事办学、医疗、咨询以及其他有偿服务活动取得的所得。③个人对企业、事业单位承包经营、承租经营以及转包、转租取得的所得。④个人从事其他生产、经营活动取得的所得。

1.个体工商户的生产、经营所得

(1)个体工商户从事工业、手工业、建筑业、交通运输业、商业、饮食业、服务业、修理业以及其他行业生产、经营取得的所得。

(2)个人经政府有关部门批准，取得执照，从事办学、医疗、咨询、以及其他有偿服务活动取得的所得。

(3)上述个体工商户和个人取得的与生产、经营有关的各项应税所得。

(4)其他个人从事个体工商业生产、经营取得的所得。具体规定有：

①个体工商户或个人专营种植业、养殖业、饲养业、捕捞业，不征收个人所得税；不属于原农业税、牧业税征税范围的，应对其所得计征个人所得税；同时对进入各类市场销售自产农产品的农民取得的所得暂不征收个人所得税。兼营上述“四业”并且“四业”的所得单独核算的，比照上述原则办理。对属于征收个人所得税的，应与其他行业的生产、经营所得合并计征个人所得税；对于“四业”的所得不能单独核算的，应就其全部所得计征个人所得税。

②从事个体出租车运营的出租车驾驶员取得的收入，按生产、经营所得项目缴纳个人所得税。

③出租车属个人所有，但挂靠出租汽车经营单位或企事业单位，驾驶员向挂靠单位缴纳管

理费的，或出租汽车经营单位将出租车所有权转移给驾驶员的，出租车驾驶员从事客货运营取得的收入，比照生产、经营所得项目征税。

④个人因从事彩票代销业务而取得所得，应按照"生产、经营所得"项目计征个人所得税。

个体工商户的上述生产、经营所得实际上可以分为两类：一类是纯生产、经营所得，是指个人直接从事工商各业生产、经营活动取得的生产性、经营性所得以及有关的其他所得。另一类是独立劳动所得，是指个人所从事的是由自己自由提供的，不受他人指定、安排和具体管理的劳动。例如，私人诊所的医生、私人会计师事务所的会计师，以及独立从事教学、文艺等活动的个人均为独立劳动者，他们的收入具有不确定性。

在国际税收协定中，也将独立的个人劳务严格界定为从事独立的科学、文学、艺术、教育或教学活动以及医师、律师、工程师、建筑师、牙医师和会计师的独立活动。严格来说，个体工商户的劳动虽然也属于独立劳动，但没有包括在人们通常所说的"独立劳动"之内。

2. 个人独资企业和合伙企业的生产、经营所得

个人独资企业、合伙企业的个人投资者以企业资金为本人、家庭成员及其相关人员支出与企业生产经营无关的消费性支出及购买汽车、住房等财产性支出，视为企业对个人投资者利润分配，并入投资者个人的生产经营所得，依照"生产经营所得"项目计征个人所得税。

合伙企业以每一个合伙人为纳税义务人。合伙企业合伙人是自然人的，缴纳个人所得税。合伙企业生产经营所得和其他所得采取"先分后税"的原则。生产经营所得和其他所得，包括合伙企业分配给所有合伙人的所得和企业当年留存的所得（利润）。具体应纳税所得额的计算按照《财政部 国家税务总局关于印发〈关于个人独资企业和合伙企业投资者征收个人所得税的法规〉的通知》（财税〔2000〕91号）及《财政部 国家税务总局关于调整个体工商户、个人独资企业和合伙企业个人所得税税前扣除标准有关问题的通知》（财税〔2008〕65号）。

3. 对企事业单位的承包经营、承租经营所得

对企事业单位的承包经营、承租经营所得，是指个人承包经营、承租经营以及转包、转租取得的所得，还包括个人按月或者按次取得的工资、薪金性质的所得。个人对企事业单位的承包经营、承租经营形式较多，分配方式也不尽相同，大体上可以分为两类：

(1)个人对企事业单位承包、承租经营后，工商登记改变为个体工商户的。这类承包、承租经营所得，实际上属于个体工商户的生产、经营所得，应按"生产、经营所得"项目征收个人所得税，不再征收企业所得税。

(2)个人对企事业单位承包、承租经营后，工商登记仍为企业的，不论其分配方式如何，均应先按企业所得税的有关规定缴纳企业所得税，然后根据承包、承租经营者按合同（协议）规定取得的所得，依照《个人所得税法》的有关规定缴纳个人所得税。具体为：

①承包、承租人对企业经营成果不拥有所有权，仅按合同（协议）规定取得一定所得的，应按"工资、薪金所得"项目征收个人所得税。

②承包、承租人按合同（协议）规定只向发包方、出租人缴纳一定的费用，缴纳承包、承租费后的企业的经营成果归承包人、承租人所有的，其取得的所得，按"生产、经营所得"项目征收个人所得税。

外商投资企业采取发包、出租经营且经营人为个人的，对经营人从外商投资企业分享的收

益或取得的所得，亦按照个人对企事业单位的承包、承租经营所得征收个人所得税。

承包项目可分多种，如生产经营、采购、销售、建筑安装等各种承包，转包包括全部转包或部分转包。

4.个人从事其他生产、经营活动取得的所得

个体工商户和从事生产、经营的个人，取得与生产、经营活动无关的其他各项应税所得，应分别按照有关规定，计算征收个人所得税。如对外投资取得的股息所得，应按“利息、股息、红利所得”税目的规定单独计征个人所得税。同样地，个人独资企业对外投资分回的利息或者股息、红利，不并入企业的收入，而应单独作为投资者个人取得的利息、股息、红利所得，按“利息、股息、红利所得”应税项目计算缴纳个人所得税。以合伙企业名义对外投资分回利息或者股息、红利的，应按比例确定各个投资者的利息、股息、红利所得，分别按“利息、股息、红利所得”应税项目计算缴纳个人所得税。

（六）利息、股息、红利所得

利息、股息、红利所得，是指个人拥有债权、股权等而取得的利息、股息、红利所得。

利息，是指个人拥有债权而取得的利息，包括存款利息、贷款利息和各种债券的利息。按税法规定，个人取得的利息所得，除国债和国家发行的金融债券利息外，应当依法缴纳个人所得税。股息、红利，指个人拥有股权取得的股息、红利。按照一定的比率对每股发给的息金叫股息；公司、企业应分配的利润，按股份分配的叫红利。股息、红利所得，除另有规定外，都应当缴纳个人所得税。有关具体规定如下：

(1)除国家规定外的其他专户存款。

个人从银行及其他储蓄机构开设的用于支付电话、水、电、煤气等有关费用，或者用于购买股票等方面的投资、生产经营业务往来结算以及其他用途，取得的利息收入，属于储蓄存款利息所得性质，应依法缴纳个人所得税，税款由结付利息的储蓄机构代扣代缴。但自 2008 年 10 月 9 日起，对储蓄存款利息所得暂免征收个人所得税。

(2)职工个人取得的量化资产。

根据国家有关规定，允许集体所有制企业在改制为股份合作制企业时，可以将有关资产量化给职工个人。为了支持企业改组改制的顺利进行，对于企业在改制过程中个人取得量化资产的征税问题按以下规定处理：

①对职工个人以股份形式取得的仅作为分红依据、不拥有所有权的企业量化资产，不征收个人所得税。

②对职工个人以股份形式取得的企业量化资产参与企业分配而获得的股息、红利，应按“利息、股息、红利所得”项目征收个人所得税。

(3)外籍居民个人的储蓄存款利息。

①根据《国家税务总局关于外籍个人和港澳台居民个人储蓄存款利息所得个人所得税有关问题的通知》(国税发〔1999〕201 号)规定，外籍居民个人可凭其护照或其他有效证件及居民国税务主管当局为其签发的居民证明，直接向储蓄机构办理享受税收协定待遇手续。

②外籍居民个人在银行首次开户取得利息时，凡能提供居民证明的，由县级以上储蓄机构

报送同级税务机关审核确认后准予享受税收协定待遇。

③外籍居民个人在过渡期间再次存款取得利息时，可凭护照、其他有效证件或经税务机关审核确认的居民证明复印件享受税收协定待遇，不必再提供居民证明原件。

④凡储蓄机构不能认定的护照或其他证件，应会同税务机关审核确认后按有关规定办理。

(4)个人银行结算账户利息。

个人在个人银行结算账户的存款自2003年9月1日起孳生的利息，应按“利息、股息、红利所得”项目计征个人所得税，税款由办理个人银行结算账户业务的储蓄机构在结付利息时代扣代缴。自2008年10月9日起，个人银行结算账户利息视同储蓄存款利息，暂免个人所得税。

(5)除个人独资企业、合伙企业以外的其他企业的个人投资者，以企业资金为本人、家庭成员及其相关人员支付与企业生产经营无关的消费性支出及购买汽车、住房等财产性支出，视为企业对个人投资者的红利分配，依照“利息、股息、红利所得”项目计征个人所得税。企业的上述支出不允许在所得税前扣除。

(6)纳税年度内个人投资者从其投资企业(个人独资企业、合伙企业除外)借款，在该纳税年度终了后既不归还，又未用于企业生产经营的，其未归还的借款可视为企业对个人投资者的红利分配，依照“利息、股息、红利所得”项目计征个人所得税。

(七)财产租赁所得

财产租赁所得，是指个人出租不动产、机器设备、车船以及其他财产取得的所得。

(1)个人取得的财产转租收入，属于“财产租赁所得”的征税范围，由财产转租人缴纳个人所得税。在确认纳税义务人时，应以产权凭证为依据；无产权凭证的，由主管税务机关根据实际情况确定。产权所有人死亡，在未办理产权继承手续期间，该财产出租而有租金收入的，以领取租金的个人为纳税义务人。

(2)房地产开发企业与商铺购买者个人签订协议，以优惠价格出售其开发的商铺给购买者个人，购买者个人在一定期限内必须将购买的商铺无偿提供给房地产开发企业对外出租使用。该行为实质上是购买者个人以所购商铺交由房地产开发企业出租而取得的房屋租赁收入支付了部分购房价款。根据《个人所得税法》的有关规定，对购买者个人少支出的购房价款，应视同个人财产租赁所得，按照“财产租赁所得”项目征收个人所得税。每次财产租赁所得的收入额，按照少支出的购房价款和协议规定的租赁月份数平均计算确定。

(八)财产转让所得

财产转让所得，是指个人转让有价证券、股权、合伙企业中的财产份额、不动产、机器设备、车船以及其他财产取得的所得。

在现实生活中，个人进行的财产转让主要是个人财产所有权的转让。财产转让实际上是一种买卖行为，当事人双方通过签订、履行财产转让合同，形成财产买卖的法律关系，使出让财产的个人从对方取得价款(收入)或其他经济利益。财产转让所得因其性质的特殊性，需要单独列举项目征税。对个人取得的各项财产转让所得，除股票转让所得外，都要征收个人所得税。具体规定为：

1.股票转让所得

根据《个人所得税法实施条例》规定,对股票转让所得征收个人所得税的办法,由国务院另行规定,并报全国人民代表大会常务委员会备案。鉴于我国证券市场发育还不成熟,股份制还处于试点阶段,对股票转让所得的计算、征税办法和纳税期限的确认等都需要做深入的调查研究后,结合国际通行的做法,做出符合我国实际的规定。因此,对个人在上海证券交易所、深圳证券交易所转让从上市公司公开发行和转让市场取得的上市公司股票所得,继续免征个人所得税。

2.量化资产股份转让

集体所有制企业在改制为股份合作制企业时,对职工个人以股份形式取得的拥有所有权的企业量化资产,暂缓征收个人所得税;待个人将股份转让时,就其转让收入额,减除个人取得该股份时实际支付的费用支出和合理转让费用后的余额,按"财产转让所得"项目计征个人所得税。

3.个人出售自有住房

(1)自 2010 年 10 月 1 日起,对出售自有住房并在 1 年内重新购房的纳税人不再减免个人所得税。

(2)对个人转让自用 5 年以上,并且是家庭唯一生活用房取得的所得,继续免征个人所得税。

(3)为了确保有关住房转让的个人所得税政策得到全面、正确的实施,各级房地产交易管理部门应与税务机关加强协作、配合,主管税务机关需要有关本地区房地产交易情况的,房地产交易管理部门应及时提供。

(九)偶然所得

偶然所得,是指个人得奖、中奖、中彩以及其他偶然性质的所得。得奖是指参加各种有奖竞赛活动,取得名次得到的奖金;中奖、中彩是指参加各种有奖活动,如有奖销售、有奖储蓄,或者购买彩票,经过规定程序,抽中、摇中号码而取得的奖金。偶然所得应缴纳的个人所得税税款,一律由发奖单位或机构代扣代缴。

(1)对个人购买社会福利有奖募捐奖券一次中奖收入不超过 1 万元的,暂免征收个人所得税,超过 1 万元的,按全额征税。

(2)企业对累计消费达到一定额度的顾客,给予额外抽奖机会,个人的获奖所得,按照"偶然所得"项目,全额适用 20%的税率计算缴纳个人所得税。

个人取得的所得,难以界定应纳税所得项目的,由国务院税务主管部门确定。

四、税率

1.综合所得适用税率

综合所得,适用 3%~45%的七级超额累进税率,税率如表 17-1 所示。

表 17-1 综合所得个人所得税税率

级数	全年应纳税所得额	税率/%
1	不超过 36 000 元	3
2	超过 36 000 元至 144 000 元的部分	10
3	超过 144 000 元至 300 000 元的部分	20
4	超过 300 000 元至 420 000 元的部分	25
5	超过 420 000 元至 660 000 元的部分	30
6	超过 660 000 元至 960 000 元的部分	35
7	超过 960 000 元的部分	45

(注 1:本表所称全年应纳税所得额是指居民个人取得综合所得以每一纳税年度收入额减除费用六万元以及专项扣除、专项附加扣除和依法确定的其他扣除后的余额。

注 2:非居民个人取得工资、薪金所得,劳务报酬所得,稿酬所得和特许权使用费所得,依照本表按月换算后计算应纳税额。)

2.经营所得适用税率

经营所得,适用 5%～35%的五级超额累进税率,见表 17-2。

表 17-2 经营所得个人所得税税率

级数	全年应纳税所得额	税率/%
1	不超过 30 000 元的	5
2	超过 30 000 元至 90 000 元部分	10
3	超过 90 000 元至 300 000 元部分	20
4	超过 300 000 元至 500 000 元部分	30
5	超过 500 000 元的部分	35

(注:本表所称全年应纳税所得额是指依照本法第六条的规定,以每一纳税年度的收入总额减除成本、费用以及损失后的余额。)

3.利息、股息、红利所得,财产租赁所得,财产转让所得和偶然所得适用税率

适用 20%的比例税率。

4.居民个人综合所得预扣预缴适用税率

(1)工资薪金所得适用税率。

工资、薪金所得,按照累计预扣法计算预扣税款,适用 3%～45%的税率,税率如表 17-3 所示。

表 17-3　居民个人工资、薪金所得预扣预缴税率

级数	累计预扣预缴应纳税所得额	预扣率/%	速算扣除数
1	不超过 36 000 元	3	0
2	超过 36 000 元至 14 4000 元的部分	10	2 520
3	超过 144 000 元至 300 000 元的部分	20	16 920
4	超过 300 000 元至 420 000 元的部分	25	31 920
5	超过 420 000 元至 660 000 元的部分	30	52 920
6	超过 660 000 元至 960 000 元的部分	35	85 920
7	超过 960 000 元的部分	45	181 920

(2)劳务报酬所得适用税率。

劳务报酬所得以收入减除费用后的余额为收入额,以每次收入额为预扣预缴应纳税所得额,计算应预扣预缴税额。预扣预缴税款时,劳务报酬所得每次收入不超过 4 000 元的,减除费用按 800 元计算;每次收入 4 000 元以上的,减除费用按收入的 20%计算。居民个人劳务报酬所得适用 20%、30%、40%的预扣率(表 17-4)。

表 17-4　居民个人劳务报酬所得预扣预缴税率

级数	预扣预缴应纳税所得额	预扣率/%	速算扣除数
1	不超过 20 000 元	20	0
2	超过 20 000 元至 50 000 元的部分	30	2 000
3	超过 50 000 元的部分	40	7 000

(3)稿酬所得适用税率。

稿酬所得,以收入减除费用后的余额为收入额,以每次收入额为预扣预缴应纳税所得额,稿酬所得的收入额减按 70%计算,适用 20%的比例预扣率。

(4)特许权使用费所得适用税率。

特许权使用费所得,以收入减除费用后的余额为收入额,以每次收入额为预扣预缴应纳税所得额,计算应预扣预缴税额,适用 20%的比例预扣率。

五、应纳税所得额的规定

(一)每次收入的确定

《个人所得税法》对纳税义务人取得的劳务报酬所得,稿酬所得,特许权使用费所得,利息、股息、红利所得,财产租赁所得,偶然所得,都是明确应该以"每次收入"计算征税的,正确确定每次收入,是准确计算每项所得应纳税所得额的关键。

由于扣除费用依据每次应纳税所得额的大小,分别规定了定额和定率两种标准。因此,无论是从正确贯彻税法的立法精神,维护纳税义务人的合法权益方面来看,还是从避免税收漏洞,防止税款流失,保证国家税收收入方面来看,如何准确划分"次",都是十分重要的。劳务报

酬所得等6个项目的"次"《个人所得税法实施条例》中作出了明确规定。具体是：

(1)劳务报酬所得、稿酬所得、特许权使用费所得，属于一次性收入的，以取得该项收入为一次；属于同一项目连续性收入的，以一个月内取得的收入为一次。

(2)财产租赁所得，以一个月内取得的收入为一次。

(3)利息、股息、红利所得，以支付利息、股息、红利时取得的收入为一次。

(4)偶然所得，以每次取得该项收入为一次。

(二)费用减除标准

按税法规定：

(1)工资、薪金所得，以每月收入额减除费用5 000元后的余额(施行时间起点为2018年10月1日)为应纳税所得额。

(2)个体工商户的生产、经营所得，以每一纳税年度的收入总额减除成本、费用以及损失后的余额，为应纳税所得额。成本、费用，是指生产、经营活动中发生的各项直接支出和分配计入成本的间接费用以及销售费用、管理费用、财务费用；所称损失，是指生产、经营活动中发生的固定资产和存货的盘亏、毁损、报废损失，转让财产损失，坏账损失，自然灾害等不可抗力因素造成的损失以及其他损失。从事生产、经营活动，未提供完整、准确的纳税资料，不能正确计算应纳税所得额的，由主管税务机关核定应纳税所得额或者应纳税额。

个人独资企业的投资者以全部生产经营所得为应纳税所得额；合伙企业的投资者按照合伙企业的全部生产经营所得和合伙协议约定的分配比例，确定应纳税所得额，合伙协议没有约定分配比例的，以全部生产经营所得和合伙人数量平均计算每个投资者的应纳税所得额。

上述所称生产经营所得，包括企业分配给投资者个人的所得和企业当年留存的所得(利润)。对个体工商户业主、个人独资企业和合伙企业自然人投资者的生产经营所得依法计征个人所得税时，个体工商户业主、个人独资企业和合伙企业是自然人投资者本人的费用扣除标准统一确定为5 000元/月。

(3)对企事业单位的承包经营、承租经营所得，以每一纳税年度的收入总额，减除必要费用后的余额，为应纳税所得额。每一纳税年度的收入总额，是指纳税义务人按照承包经营、承租经营合同规定分得的经营利润和工资、薪金性质的所得；所说的减除必要费用，是指按月减除5 000元。

(4)劳务报酬所得、稿酬所得、特许权使用费所得，预扣预缴税款时每次收入不超过4 000元的，减除费用按800元计算；每次收入4 000元以上的，减除费用按收入的20%计算。收入减除费用后的余额为收入额，以每次收入额为预扣预缴应纳税所得额，计算应预扣预缴税额。

(5)财产租赁所得，每次收入不超过4 000元的，减除费用800元；4 000元以上的，减除20%的费用，其余额为应纳税所得额。

(6)财产转让所得，以转让财产的收入额减除财产原值和合理费用后的余额，为应纳税所得额。财产原值，具体指：

①有价证券，为买入价以及买入时按照规定交纳的有关费用。

②建筑物，为建造费或者购进价格以及其他有关费用。

③土地使用权，为取得土地使用权所支付的金额、开发土地的费用以及其他有关费用。

④机器设备、车船，为购进价格、运输费、安装费以及其他有关费用。

⑤其他财产，参照前款规定的方法确定财产原值。

纳税人未提供完整、准确的财产原值凭证，不能按照本条第一款规定的方法确定财产原值的，由主管税务机关核定财产原值。

合理费用，是指卖出财产时按照规定支付的有关税费。

(7)利息、股息、红利所得和偶然所得，以每次收入额为应纳税所得额。

(三)应纳税所得额的其他规定

(1)个人将其所得通过中国境内的公益性社会组织、国家机关向教育、扶贫、济困等公益慈善事业的捐赠，捐赠额未超过纳税人申报的应纳税所得额30%的部分，可以从其应纳税所得额中扣除；国务院规定对公益慈善事业捐赠实行全额税前扣除的，从其规定。

个人捐赠住房作为公共租赁住房，符合税收法律法规规定的，对其公益性捐赠支出未超过其申报的应纳税所得额30%的部分，准予从其应纳税所得额中扣除。

(2)从2000年开始，财政部、国家税务总局陆续放宽公益救济性捐赠限额，出台了全额税前扣除的规定，允许个人通过非营利性的社会团体和政府部门，对下列机构的捐赠准予在个人所得税税前全额扣除：

①对红十字事业的捐赠(财税〔2000〕30号)：个人通过非营利性的社会团体和国家机关(包括中国红十字会)向红十字事业的捐赠，在计算个人所得税时准予全额扣除。

②对福利性、非营利性老年服务机构的捐赠(财税〔2000〕97号)：对个人通过非营利性的社会团体和政府部门向福利性、非营利性的老年服务机构的捐赠，在计算个人所得税时准予全额扣除。老年服务机构是指专门为老年人提供生活照料、文化、护理、健身等多方面服务的福利性、非营利性的机构，主要包括：老年社会福利院、敬老院(养老院)、老年服务中心、老年公寓(含老年护理院、康复中心、托老所)等。

③对公益性青少年活动场所(其中包括新建)的捐赠(财税〔2000〕21号)：对个人通过非营利性的社会团体和政府部门对公益性青少年活动场所(其中包括新建)的捐赠，在计算个人所得税时准予全额扣除。公益性青少年活动场所是指专门为青少年学生提供科技、文化、德育、爱国主义教育、体育活动的青少年宫、青少年活动中心等校外活动的公益性场所。

④对农村义务教育的捐赠(财税〔2001〕103号)：对个人通过非营利性的社会团体和国家机关向农村义务教育的捐赠，在计算个人所得税时准予全额扣除。农村义务教育范围是指政府和社会力量举办的农村乡镇(不含县和县级市政府所在地的镇)、村的小学和初中以及属于这一阶段的特殊教育学校。纳税人对农村义务教育与高中在一起的学校的捐赠，也享受所得税前全额扣除政策。

⑤对教育事业的捐赠(财税〔2004〕39号)：纳税人通过中国境内非营利的社会团体、国家机关向教育事业的捐赠，准予在个人所得税前全额扣除。

⑥对宋庆龄基金会等6家单位的捐赠(财税〔2004〕172号)：对个人通过宋庆龄基金会、中国福利会、中国残疾人福利基金会、中国扶贫基金会、中国煤矿尘肺病治疗基金会、中华环境保护基金会用于公益救助性的捐赠，准予在缴纳个人所得税前全额扣除。

⑦对中国医药卫生事业发展基金会的捐赠(财税〔2006〕67号)：个人通过中国医药卫生事业发展基金会用于公益救济性的捐赠，准予在缴纳个人所得税前全额扣除。

⑧对中国教育发展基金会的捐赠(财税〔2006〕68号)：个人通过中国教育发展基金会用于

公益救济性的捐赠,准予在缴纳个人所得税前全额扣除。

⑨对中国老龄事业发展基金会等8家单位的捐赠(财税〔2006〕66号):对个人通过中国老龄事业发展基金会、中国华文教育基金会、中国绿化基金会、中国妇女发展基金会、中国关心下一代健康体育基金会、中国生物多样性保护基金会、中国儿童少年基金会和中国光彩事业基金会用于公益救济性的捐赠,准予在缴纳个人所得税前全额扣除。

⑩对中华健康快车基金会等5家单位的捐赠(财税〔2003〕204号):个人自2003年1月1日起向中华健康快车基金会和孙冶方经济科学基金会、中华慈善总会、中国法律援助基金会和中华见义勇为基金会的捐赠,准予在缴纳个人所得税前全额扣除。

⑪向地震灾区的捐赠(国税发〔2008〕55号):a.个人通过扣缴单位统一向灾区的捐赠,由扣缴单位凭政府机关或非营利组织开具的汇总捐赠凭据、扣缴单位记载的个人捐赠明细表等,由扣缴单位在代扣代缴税款时,依法据实扣除。b.个人直接通过政府机关、非营利组织向灾区的捐赠,采取扣缴方式纳税的,捐赠人应及时向扣缴单位出示政府机关、非营利组织开具的捐赠凭证,由扣缴单位在代扣代缴税款时,依法据实扣除;个人自行申报纳税的,税务机关凭政府机关、非营利组织开具的接受捐赠凭据,依法据实扣除。

(3)个人的所得(不含偶然所得和经国务院财政部门确定征税的其他所得)用于资助非关联的科研机构和高等学校研究开发新产品、新技术、新工艺所发生的研究开发经费,经主管税务机关确定,可以全额在下月(工资、薪金所得)或下次(按次计征的所得)或当年(按年计征的所得)计征个人所得税时,从应纳税所得额中扣除,不足抵扣的,不得结转抵扣。

(4)个人所得的形式,包括现金、实物、有价证券和其他形式的经济利益;所得为实物的,应当按照取得的凭证上所注明的价格计算应纳税所得额,无凭证的实物或者凭证上所注明的价格明显偏低的,参照市场价格核定应纳税所得额。所得为有价证券的,根据票面价格和市场价格核定应纳税所得额;所得为其他形式的经济利益的,参照市场价格核定应纳税所得额。

六、税收优惠

《中华人民共和国个人所得税法》及其实施条例以及财政部、国家税务总局的若干规定等,对个人所得项目给予了减税免税的优惠,主要有如下几项:

(一)免征个人所得税的优惠

(1)省级人民政府、国务院部委和中国人民解放军军以上单位,以及外国组织、国际组织颁发的科学、教育、技术、文化、卫生、体育、环境保护等方面的奖金。

(2)国债和国家发行的金融债券利息。其中,国债利息,是指个人持有中华人民共和国财政部发行的债券而取得的利息;国家发行的金融债券利息,是指个人持有经国务院批准发行的金融债券而取得的利息。

(3)按照国家统一规定发给的补贴、津贴。是指按照国务院规定发给的政府特殊津贴、院士津贴,以及国务院规定免予缴纳个人所得税的其他补贴、津贴。

(4)福利费、抚恤金、救济金。其中,福利费是指根据国家有关规定,从企业、事业单位、国家机关、社会组织提留的福利费或者工会经费中支付给个人的生活补助费;救济金,是指各级人民政府民政部门支付给个人的生活困难补助费。

(5)保险赔款。

(6)军人的转业费、复员费、退役金。

(7)按照国家统一规定发给干部、职工的安家费、退职费、基本养老金或者退休费、离休费、离休生活补助费。其中,退职费是指符合《国务院关于工人退休、退职的暂行办法》规定的退职条件,并按该办法规定的退职费标准所领取的退职费。

离退休人员除按规定领取离退休工资或养老金外,另从原任职单位取得的各类补贴、奖金、实物,不属于免税的退休工资、离休工资、退休生活补助费,应按"工资、薪金所得"应税项目的规定缴纳个人所得税。

(8)依照有关法律规定应予免税的各国驻华使馆、领事馆的外交代表、领事官员和其他人员的所得。上述"所得",是指依照《中华人民共和国外交特权与豁免条例》和《中华人民共和国领事特权与豁免条例》规定免税的所得。

(9)中国政府参加的国际公约、签订的协议中规定免税的所得。

(10)国务院规定的其他免税所得。此项应由国务院报全国人民代表大会常务委员会备案。

(二)减征个人所得税的优惠

有下列情形之一的,可以减征个人所得税,具体幅度和期限,由省、自治区、直辖市人民政府规定,并报同级人民代表大会常务委员会备案:

(1)残疾、孤老人员和烈属的所得。

(2)因自然灾害遭受重大损失的。

国务院可以规定其他减税情形,报全国人民代表大会常务委员会备案。

(三)暂免征收个人所得税的优惠

(1)对符合《国务院关于高级专家离休退休若干问题的暂行规定》和《国务院办公厅关于杰出高级专家暂缓离退休审批问题的通知》规定,达到离休、退休年龄,但确因工作需要,适当延长离休、退休年龄的高级专家,其在延长离休、退休期间的工资、薪金所得,视同退休工资、离休工资免征个人所得税。

延长离休、退休年龄的高级专家是指:

①享受国家发放的政府特殊津贴的专家、学者。

②中国科学院、中国工程院院士。

高级专家延长离休、退休期间取得的工资薪金所得,其免征个人所得税政策口径按下列标准执行:

①对高级专家从其劳动人事关系所在单位取得的,单位按国家有关规定向职工统一发放的工资、薪金、津贴、补贴等收入,视同离休、退休工资,免征个人所得税;

②除上述第①项所述收入以外各种名目的津贴补贴收入等,以及高级专家从其劳动人事关系所在单位之外的其他地方取得的培训费、讲课费、顾问费、稿酬等各种收入,依法计征个人所得税。

高级专家从两处以上取得应税工资、薪金所得以及具有税法规定应当自行纳税申报的其他情形的,应在税法规定的期限内自行向主管税务机关办理纳税申报。

(2)符合条件的社会保险和住房公积金。

①城镇企业事业单位及其职工个人按照《中华人民共和国失业保险条例》规定的比例,实

际缴付的失业保险费，均不计入职工个人当期的工资、薪金所得，免予征收个人所得税。

城镇企业事业单位和职工个人超过上述规定的比例缴付失业保险费的，应将其超过规定比例缴付的部分计入职工个人当期的工资、薪金所得，依法计征个人所得税。

城镇企业，是指国有企业、城镇集体企业、外商投资企业、城镇私营企业以及其他城镇企业。不包括城镇企业事业单位招用的农民合同制工人。

②城镇企业事业单位按照国家或省（自治区、直辖市）人民政府规定的缴费比例或办法实际缴付的基本养老保险费、基本医疗保险费和失业保险费，免征个人所得税；个人按照国家或省（自治区、直辖市）人民政府规定的缴费比例或办法实际缴付的基本养老保险费、基本医疗保险费和失业保险费，允许在个人应纳税所得额中扣除。

企事业单位和个人超过规定的比例和标准缴付的基本养老保险费、基本医疗保险费和失业保险费，应将超过部分并入个人当期的工资、薪金收入，计征个人所得税。

③单位和个人分别在不超过职工本人上一年度月平均工资12%的幅度内，其实际缴存的住房公积金，允许在个人应纳税所得额中扣除。单位和个人超过上述规定比例和标准缴付的住房公积金，应将超过部分并入个人当期的工资、薪金收入，计征个人所得税。

(3)个人实际领（支）取原提存的基本养老保险金、基本医疗保险金、失业保险金和住房公积金时，免征个人所得税。

(4)按照国家或省级地方政府规定的比例缴付的住房公积金、医疗保险金、基本养老保险金、失业保险金存入银行个人账户所取得的利息所得，免予征收个人所得税。

(5)生育妇女按照县级以上人民政府根据国家有关规定制定的生育保险办法，取得的生育津贴、生育医疗费或其他属于生育保险性质的津贴、补贴，免征个人所得税。

(6)对工伤职工及其近亲属按照《工伤保险条例》规定取得的工伤保险待遇，免征个人所得税。工伤保险待遇，包括工伤职工按照该条例规定取得的一次性伤残补助金、伤残津贴、一次性工伤医疗补助金、一次性伤残就业补助金、工伤医疗待遇、住院伙食补助费、外地就医交通食宿费用、工伤康复费用、辅助器具费用、生活护理费等，以及职工因工死亡，其近亲属按照该条例规定取得的丧葬补助金、供养亲属抚恤金和一次性工亡补助金等。

(7)对被拆迁人按照国家有关城镇房屋拆迁管理办法规定的标准取得的拆迁补偿款，免征个人所得税。

(8)依据《财政部 国家税务总局关于促进公共租赁住房发展有关税收优惠政策的通知》（财税〔2014〕52号）的规定，对符合地方政府规定条件的低收入住房保障家庭从地方政府领取的住房租赁补贴，免征个人所得税。

(9)个人转让自用达5年以上并且是唯一的家庭生活用房取得的所得。

(10)股权分置改革中非流通股股东通过对价方式向流通股股东支付的股份、现金等收入，暂免征收流通股股东应缴纳的个人所得税。

(11)个人取得的教育储蓄存款利息。

对个人取得的教育储蓄存款利息所得以及国务院财政部门确定的其他专项储蓄存款或者储蓄性专项基金存款的利息所得，免征个人所得税。自2008年10月9日起，对居民储蓄存款利息暂免征收个人所得税。

(12)储蓄机构内从事代扣代缴工作的办税人员取得的扣缴利息税手续费所得，免征个人所得税。

(13)个人办理代扣代缴税款手续，按规定取得的扣缴手续费。

(14)个人举报、协查各种违法、犯罪行为而获得的奖金。

(15)对个人购买福利彩票、赈灾彩票、体育彩票，一次中奖收入在1万元以下(含)的暂免征收个人所得税，超过1万元的，全额征收个人所得税。

(16)关于发给见义勇为者的奖金问题。对乡、镇(含乡、镇)以上人民政府或经县(含县)以上人民政府主管部门批准成立的有机构、有章程的见义勇为基金会或者类似组织，奖励见义勇为者的奖金或奖品，经主管税务机关核准，免予征收个人所得税。

(17)凡符合下列条件之一的外籍专家取得的工资、薪金所得，可免征个人所得税：

①根据世界银行专项贷款协议，由世界银行直接派往我国工作的外国专家。

②联合国组织直接派往我国工作的专家。

③为联合国援助项目来华工作的专家。

④援助国派往我国专为该国援助项目工作的专家。

⑤根据两国政府签订的文化交流项目来华工作两年以内的文教专家，其工资、薪金所得由该国负担的。

⑥根据我国大专院校国际交流项目来华工作两年以内的文教专家，其工资、薪金所得由该国负担的。

⑦通过民间科研协定来华工作的专家，其工资、薪金所得由该国政府机构负担的。

(18)外籍个人以非现金形式或实报实销形式取得的住房补贴、伙食补贴、搬迁费、洗衣费。

(19)外籍个人按合理标准取得的境内、境外出差补贴，免征个人所得税。外籍个人取得的探亲费、语言训练费、子女教育费等，经当地税务机关审核批准为合理的部分，免征个人所得税。

2019年1月1日至2021年12月31日期间，外籍个人符合居民个人条件的，可以选择享受个人所得税专项附加扣除，也可以选择享受住房补贴、语言训练费、子女教育费等津补贴免税优惠政策，但不得同时享受。外籍个人一经选择，在一个纳税年度内不得变更。自2022年1月1日起，符合居民个人条件的外籍个人不再享受住房补贴、语言训练费、子女教育费津补贴免税优惠政策，应按规定享受专项附加扣除。

(20)外籍个人从外商投资企业取得的股息、红利所得。

第三节　个人所得税的计算

一、居民个人综合所得的计算

居民个人取得综合所得，按年计算个人所得税；有扣缴义务人的，由扣缴义务人按月或者按次预扣预缴税款；需要办理汇算清缴的，应当在取得所得的次年3月1日至6月30日内办理汇算清缴。

居民个人的综合所得，以每一纳税年度的收入额减除基本费用60 000元以及专项扣除、专项附加扣除和依法确定的其他扣除后的余额，为应纳税所得额。计算公式为：

应纳税所得额＝综合所得收入额－基本减除费用60 000元－专项扣除－专项附加扣除－其他扣除

专项扣除、专项附加扣除和依法确定的其他扣除，以居民个人一个纳税年度的应纳税所得额为限额；一个纳税年度扣除不完的，不结转以后年度扣除。

劳务报酬所得、稿酬所得、特许权使用费所得，属于一次性收入的，以取得该项收入为一次；属于同一项目连续性收入的，以一个月内取得的收入为一次。

其他扣除，包括个人缴付符合国家规定的企业年金、职业年金，个人购买符合国家规定的商业健康保险、税收递延型商业养老保险的支出，以及国务院规定可以扣除的其他项目。

(一)专项附加扣除

专项附加扣除是指个人所得税法规定的子女教育、继续教育、大病医疗、住房贷款利息或者住房租金、赡养老人等6项专项附加扣除。

1. 子女教育

(1)纳税人的子女接受全日制学历教育的相关支出，按照每个子女每月1 000元的标准定额扣除。

学历教育包括义务教育(小学、初中教育)、高中阶段教育(普通高中、中等职业、技工教育)、高等教育(大学专科、大学本科、硕士研究生、博士研究生教育)。

年满3岁至小学入学前处于学前教育阶段的子女，按上述的规定执行。

(2)父母可以选择由其中一方按扣除标准的100%扣除，也可以选择由双方分别按扣除标准的50%扣除，具体扣除方式在一个纳税年度内不能变更。

(3)纳税人子女在中国境外接受教育的，纳税人应当留存境外学校录取通知书、留学签证等相关教育的证明资料备查。

2. 继续教育

(1)纳税人在中国境内接受学历(学位)继续教育的支出，在学历(学位)教育期间按照每月400元定额扣除。同一学历(学位)继续教育的扣除期限不能超过48个月。纳税人接受技能人员职业资格继续教育、专业技术人员职业资格继续教育的支出，在取得相关证书的当年，按照3 600元定额扣除。

(2)个人接受本科及以下学历(学位)继续教育，符合规定扣除条件的，可以选择由其父母扣除，也可以选择由本人扣除。

(3)纳税人接受技能人员职业资格继续教育、专业技术人员职业资格继续教育的，应当留存相关证书等资料备查。

3. 大病医疗

(1)在一个纳税年度内，纳税人发生的与基本医保相关的医药费用支出，扣除医保报销后个人负担(指医保目录范围内的自付部分)累计超过15 000元的部分，由纳税人在办理年度汇算清缴时，在80 000元限额内据实扣除。

(2)纳税人发生的医药费用支出可以选择由本人或者其配偶扣除；未成年子女发生的医药费用支出可以选择由其父母一方扣除。

纳税人及其配偶、未成年子女发生的医药费用支出，按规定分别计算扣除额。

(3)纳税人应当留存医药服务收费及医保报销相关票据原件(或者复印件)等资料备查。医疗保障部门应当向患者提供在医疗保障信息系统记录的本人年度医药费用信息查询服务。

4.住房贷款利息

(1)纳税人本人或者配偶单独或者共同使用商业银行或者住房公积金个人住房贷款为本人或者其配偶购买中国境内住房,发生的首套住房贷款利息支出,在实际发生的贷款利息的年度,按照每月1 000元的标准定额扣除,扣除期限最长不超过240个月。纳税人只能享受一次住房贷款的利息扣除。

上述所称首套住房贷款是指购买住房享受首套住房贷款利率的住房贷款。

(2)经夫妻双方约定,可以选择由其中一方扣除,具体扣除方式在一个纳税年度内不能变更。

夫妻双方婚前分别购买住房发生的首套住房贷款,其贷款利息支出,婚后可以选择其中一套购买的住房,由购买方按扣除标准的100%扣除,也可以由夫妻双方对各自购买的住房分别按扣除标准的50%,具体扣除方式在一个纳税年度内不能变更。

(3)纳税人应当留存住房贷款合同、贷款还款支出凭证备查。

5.住房租金

(1)纳税人在主要工作城市没有自有住房而发生的住房租金支出,可以按照以下标准定额扣除:

①直辖市、省会(首府)城市、计划单列市以及国务院确定的其他城市,扣除标准为每月1 500元。

②除上述①所列城市以外,市辖区户籍人口超过100万的城市,扣除标准为每月1 100元;市辖区户籍人口不超过100万的城市,扣除标准为每月800元。

纳税人的配偶在纳税人的主要工作城市有自有住房的,视同纳税人在主要工作城市有自有住房。

市辖区户籍人口,以国家统计局公布的数据为准。

(2)主要工作城市是指纳税人任职受雇的直辖市、计划单列市、副省级城市、地级市(地区、州、盟)全部行政区域范围;纳税人无任职受雇单位的,为受理其综合所得汇算清缴的税务机关所在城市。

夫妻双方主要工作城市相同的,只能由一方扣除住房租金支出。

(3)住房租金支出由签订租赁住房合同的承租人扣除。

(4)纳税人及其配偶在一个纳税年度内不能同时分别享受住房贷款利息和住房租金专项附加扣除。

(5)纳税人应当留存住房租赁合同、协议等有关资料备查。

6.赡养老人

(1)纳税人赡养一位及以上被赡养人的赡养支出,统一按照以下标准定额扣除:

①纳税人为独生子女的,按照每月2 000元的标准定额扣除。

②纳税人为非独生子女的,由其与兄弟姐妹分摊每月2 000元的扣除额度,每人分摊的额度不能超过每月1 000元。可以由赡养人均摊或者约定分摊,也可以由被赡养人指定分摊。约定或者指定分摊的须签订书面分摊协议,指定分摊优先于约定分摊。具体分摊方式和额度在一个纳税年度内不能变更。

(2)被赡养人是指年满60周岁的父母,以及子女均已去世的年满60周岁的祖父母、外祖父母。

7.保障措施

(1)纳税人向收缴单位索取发票、财政票据、支出凭证,收款单位不能拒绝提供。

(2)纳税人首次享受专项附加扣除,应当将专项附加扣除相关信息提交扣缴义务人或者税务机关,扣缴义务人应当及时将相关信息报送税务机关,纳税人对所提交信息的真实性、准确性、完整性负责。专项附加扣除信息发生变化的,纳税人应当及时向扣缴义务人或者税务机关提供相关信息。

专项附加扣除相关信息,包括纳税人本人、配偶、子女、被赡养人等个人身份信息,以及国务院税务主管部门规定的其他与专项附加扣除相关的信息。

规定纳税人需要留存备查的相关资料应当留存五年。

(3)有关部门和单位有责任和义务向税务部门提供或者协助核实以下与专项附加扣除有关的信息:

①公安部门有关户籍人口基本信息、户成员关系信息、出入境证件信息、相关出国人员信息、户籍人口死亡标识等信息;

②卫生健康部门有关出生医学证明信息、独生子女信息;

③民政部门、外交部门、法院有关婚姻状况信息;

④教育部门有关学生学籍信息(包括学历继续教育学生学籍、考籍信息)、在相关部门备案的境外教育机构资质信息;

⑤人力资源社会保障等部门有关技工院校学生学籍信息、技能人员职业资格继续教育信息、专业技术人员职业资格继续教育信息;

⑥住房城乡建设部门有关房屋(含公租房)租赁信息、住房公积金管理机构有关住房公积金贷款还款支出信息;

⑦自然资源部门有关不动产登记信息;

⑧人民银行、金融监督管理部门有关住房商业贷款还款支出信息;

⑨医疗保障部门有关在医疗保障信息系统记录的个人负担的医药费用信息;

⑩国务院税务主管部门确定需要提供的其他涉税信息。

上述数据信息的格式、标准、共享方式,由国务院税务主管部门及各省、自治区、直辖市和计划单列市税务局商有关部门确定。

有关部门和单位拥有专项附加扣除涉税信息,但未按规定要求向税务部门提供的,拥有涉税信息的部门或者单位的主要负责人及相关人员承担相应责任。

(4)扣缴义务人发现纳税人提供的信息与实际情况不符的,可以要求纳税人修改。纳税人拒绝修改的,扣缴义务人应当报告税务机关,税务机关应当及时处理。

(5)税务机关核查专项附加扣除情况时,纳税人任职受雇单位所在地、经常居住地、户籍所在地的公安派出所、居民委员会或者村民委员会等有关单位和个人应当协助核查。

上述所称父母,是指生父母、继父母、养父母。本办法所称子女,是指婚生子女、非婚生子女、继子女、养子女。父母之外的其他人担任未成年人的监护人的,比照本办法规定执行。

个人所得税专项附加扣除额,一个纳税年度扣除不完的,不能结转以后年度扣除。

(二)专项附加扣除操作办法

1. 享受扣除及办理时间

纳税人享受符合规定的专项附加扣除的计算时间分别为：

(1)子女教育。学前教育阶段，为子女年满3周岁当月至小学入学前一月。学历教育，为子女接受全日制学历教育入学的当月至全日制学历教育结束的当月。

(2)继续教育。学历(学位)继续教育，为在中国境内接受学历(学位)继续教育入学的当月至学历(学位)继续教育结束的当月，同一学历(学位)继续教育的扣除期限最长不得超过48个月。技能人员职业资格继续教育、专业技术人员职业资格继续教育，为取得相关证书的当年。

(3)大病医疗。为医疗保障信息系统记录的医药费用实际支出的当年。

(4)住房贷款利息。为贷款合同约定开始还款的当月至贷款全部归还或贷款合同终止的当月，扣除期限最长不得超过240个月。

(5)住房租金。为租赁合同(协议)约定的房屋租赁期开始的当月至租赁期结束的当月。提前终止合同(协议)的，以实际租赁期限为准。

(6)赡养老人。为被赡养人年满60周岁的当月至赡养义务终止的年末。

上述第(1)项、第(2)项规定的学历教育和学历(学位)继续教育的期间，包含因病或其他非主观原因休学但学籍继续保留的休学期间，以及施教机构按规定组织实施的寒暑假等假期。

2. 享受专项附加扣除信息

(1)享受子女教育、继续教育、住房贷款利息或者住房租金、赡养老人专项附加扣除的纳税人，自符合条件开始，可以向支付工资、薪金所得的扣缴义务人提供上述专项附加扣除有关信息，由扣缴义务人在预扣预缴税款时，按其在本单位本年可享受的累计扣除额办理扣除；也可以在次年3月1日至6月30日内，向汇缴地主管税务机关办理汇算清缴申报时扣除。

纳税人同时从两处以上取得工资、薪金所得，并由扣缴义务人办理上述专项附加扣除的，对同一专项附加扣除项目，一个纳税年度内，纳税人只能选择从其中一处扣除。

享受大病医疗专项附加扣除的纳税人，由其在次年3月1日至6月30日内，自行向汇缴地主管税务机关办理汇算清缴申报时扣除。

(2)扣缴义务人办理工资、薪金所得预扣预缴税款时，应当根据纳税人报送的《个人所得税专项附加扣除信息表》(以下简称《扣除信息表》)为纳税人办理专项附加扣除。

纳税人年度中间更换工作单位的，在原单位任职、受雇期间已享受的专项附加扣除金额，不得在新任职、受雇单位扣除。原扣缴义务人应当自纳税人离职不再发放工资薪金所得的当月起，停止为其办理专项附加扣除。

(3)纳税人未取得工资、薪金所得，仅取得劳务报酬所得、稿酬所得、特许权使用费所得需要享受专项附加扣除的，应当在次年3月1日至6月30日内，自行向汇缴地主管税务机关报送《扣除信息表》，并在办理汇算清缴申报时扣除。

(4)一个纳税年度内，纳税人在扣缴义务人预扣预缴税款环节未享受或未足额享受专项附加扣除的，可以在当年内向支付工资、薪金的扣缴义务人申请在剩余月份发放工资、薪金时补充扣除，也可以在次年3月1日至6月30日内，向汇缴地主管税务机关办理汇算清缴时申报扣除。

3.报送信息及留存备查资料

(1)纳税人选择在扣缴义务人发放工资、薪金所得时享受专项附加扣除的，首次享受时应当填写并向扣缴义务人报送《扣除信息表》；纳税年度中间相关信息发生变化的，纳税人应当更新《扣除信息表》相应栏次，并及时报送给扣缴义务人。

更换工作单位的纳税人，需要由新任职、受雇扣缴义务人办理专项附加扣除的，应当在入职的当月，填写并向扣缴义务人报送《扣除信息表》。

(2)纳税人次年需要由扣缴义务人继续办理专项附加扣除的，应当于每年 12 月份对次年享受专项附加扣除的内容进行确认，并报送至扣缴义务人。纳税人未及时确认的，扣缴义务人于次年 1 月起暂停扣除，待纳税人确认后再行办理专项附加扣除。

扣缴义务人应当将纳税人报送的专项附加扣除信息，在次月办理扣缴申报时一并报送至主管税务机关。

(3)纳税人选择在汇算清缴申报时享受专项附加扣除的，应当填写并向汇缴地主管税务机关报送《扣除信息表》。

(4)纳税人将需要享受的专项附加扣除项目信息填报至《扣除信息表》相应栏次。填报要素完整的，扣缴义务人或者主管税务机关应当受理；填报要素不完整的，扣缴义务人或者主管税务机关应当及时告知纳税人补正或重新填报。纳税人未补正或重新填报的，暂不办理相关专项附加扣除，待纳税人补正或重新填报后再行办理。

(5)纳税人享受子女教育专项附加扣除，应当填报配偶及子女的姓名、身份证件类型及号码、子女当前受教育阶段及起止时间、子女就读学校以及本人与配偶之间扣除分配比例等信息。

纳税人需要留存备查资料包括：子女在境外接受教育的，应当留存境外学校录取通知书、留学签证等境外教育佐证资料。

(6)纳税人享受继续教育专项附加扣除，接受学历(学位)继续教育的，应当填报教育起止时间、教育阶段等信息；接受技能人员或者专业技术人员职业资格继续教育的，应当填报证书名称、证书编号、发证机关、发证(批准)时间等信息。

纳税人需要留存备查资料包括：纳税人接受技能人员职业资格继续教育、专业技术人员职业资格继续教育的，应当留存职业资格相关证书等资料。

(7)纳税人享受住房贷款利息专项附加扣除，应当填报住房权属信息、住房坐落地址、贷款方式、贷款银行、贷款合同编号、贷款期限、首次还款日期等信息；纳税人有配偶的，填写配偶姓名、身份证件类型及号码。

纳税人需要留存备查资料包括：住房贷款合同、贷款还款支出凭证等资料。

(8)纳税人享受住房租金专项附加扣除，应当填报主要工作城市、租赁住房坐落地址、出租人姓名及身份证件类型和号码或者出租方单位名称及纳税人识别号(社会统一信用代码)、租赁起止时间等信息；纳税人有配偶的，填写配偶姓名、身份证件类型及号码。

纳税人需要留存备查资料包括：住房租赁合同或协议等资料。

(9)纳税人享受赡养老人专项附加扣除，应当填报纳税人是否为独生子女、月扣除金额、被赡养人姓名及身份证件类型和号码、与纳税人关系；有共同赡养人的，需填报分摊方式、共同赡养人姓名及身份证件类型和号码等信息。

纳税人需要留存备查资料包括：约定或指定分摊的书面分摊协议等资料。

(10)纳税人享受大病医疗专项附加扣除,应当填报患者姓名、身份证件类型及号码、与纳税人关系、与基本医保相关的医药费用总金额、医保目录范围内个人负担的自付金额等信息。

纳税人需要留存备查资料包括:大病患者医药服务收费及医保报销相关票据原件或复印件,或者医疗保障部门出具的纳税年度医药费用清单等资料。

(11)纳税人应当对报送的专项附加扣除信息的真实性、准确性、完整性负责。

4.信息报送方式

(1)纳税人可以通过远程办税端、电子或者纸质报表等方式,向扣缴义务人或者主管税务机关报送个人专项附加扣除信息。

(2)纳税人选择纳税年度内由扣缴义务人办理专项附加扣除的,按下列规定办理:

①纳税人通过远程办税端选择扣缴义务人并报送专项附加扣除信息的,扣缴义务人根据接收的扣除信息办理扣除。

②纳税人通过填写电子或者纸质《扣除信息表》直接报送扣缴义务人的,扣缴义务人将相关信息导入或者录入扣缴端软件,并在次月办理扣缴申报时提交给主管税务机关。《扣除信息表》应当一式两份,纳税人和扣缴义务人签字(章)后分别留存备查。

(3)纳税人选择年度终了后办理汇算清缴申报时享受专项附加扣除的,既可以通过远程办税端报送专项附加扣除信息,也可以将电子或者纸质《扣除信息表》(一式两份)报送给汇缴地主管税务机关。

报送电子《扣除信息表》的,主管税务机关受理打印,交由纳税人签字后,一份由纳税人留存备查,一份由税务机关留存;报送纸质《扣除信息表》的,纳税人签字确认、主管税务机关受理签章后,一份退还纳税人留存备查,一份由税务机关留存。

(4)扣缴义务人和税务机关应当告知纳税人办理专项附加扣除的方式和渠道,鼓励并引导纳税人采用远程办税端报送信息。

5.后续管理

(1)纳税人应当将《扣除信息表》及相关留存备查资料,自法定汇算清缴期结束后保存5年。

纳税人报送给扣缴义务人的《扣除信息表》,扣缴义务人应当自预扣预缴年度的次年起留存5年。

(2)纳税人向扣缴义务人提供专项附加扣除信息的,扣缴义务人应当按照规定予以扣除,不得拒绝。扣缴义务人应当为纳税人报送的专项附加扣除信息保密。

(3)扣缴义务人应当及时按照纳税人提供的信息计算办理扣缴申报,不得擅自更改纳税人提供的相关信息。

扣缴义务人发现纳税人提供的信息与实际情况不符,可以要求纳税人修改。纳税人拒绝修改的,扣缴义务人应当向主管税务机关报告,税务机关应当及时处理。

除纳税人另有要求外,扣缴义务人应当于年度终了后两个月内,向纳税人提供已办理的专项附加扣除项目及金额等信息。

(4)税务机关定期对纳税人提供的专项附加扣除信息开展抽查。

(5)税务机关核查时,纳税人无法提供留存备查资料,或者留存备查资料不能支持相关情况的,税务机关可以要求纳税人提供其他佐证;不能提供其他佐证材料,或者佐证材料仍不足以支持的，不得享受相关专项附加扣除。

(6)税务机关核查专项附加扣除情况时，可以提请有关单位和个人协助核查，相关单位和个人应当协助。

(7)纳税人有下列情形之一的，主管税务机关应当责令其改正；情形严重的，应当纳入有关信用信息系统，并按照国家有关规定实施联合惩戒；涉及违反税收征管法等法律法规的，税务机关依法进行处理：

①报送虚假专项附加扣除信息；

②重复享受专项附加扣除；

③超范围或标准享受专项附加扣除；

④拒不提供留存备查资料；

⑤税务总局规定的其他情形。

纳税人在任职、受雇单位报送虚假扣除信息的，税务机关责令改正的同时，通知扣缴义务人。

(三)居民个人预扣预缴办法

1. 居民个人工资、薪金所得预扣预缴的计算

扣缴义务人向居民个人支付工资、薪金所得时，应当按照累计预扣法计算预扣税款，并按月办理扣缴申报。具体计算公式如下：

本期应预扣预缴税额＝(累计预扣预缴应纳税所得额×预扣率－速算扣除数)－累计减免税额－累计已预扣预缴税额

累计预扣预缴应纳税所得额＝累计收入－累计免税收入－累计减除费用－累计专项扣除－累计专项附加扣除－累计依法确定的其他扣除

其中：累计减除费用，按照5 000元/月乘以纳税人当年截至本月在本单位的任职受雇月份数计算。

这里需要说明的是，累计预扣法，是指扣缴义务人在一个纳税年度内预扣预缴税款时，以纳税人在本单位截至当前月份工资、薪金所得累计收入减除累计免税收入、累计减除费用、累计专项扣除、累计专项附加扣除和累计依法确定的其他扣除后的余额为累计预扣预缴应纳税所得额，适用个人所得税预扣率表(表17-3)，计算累计应预扣预缴税额，再减除累计减免税额和累计已预扣预缴税额，其余额为本期应预扣预缴税额。余额为负值时，暂不退税。纳税年度终了后余额仍为负值时，由纳税人通过办理综合所得年度汇算清缴，税款多退少补。

由于工资、薪金所得在计算应纳个人所得税额时，适用的是超额累进税率，所以，计算比较烦琐。运用速算扣除数计算法，可以简化计算过程。速算扣除数是指在采用超额累进税率征税的情况下，根据超额累进税率表中划分的应纳税所得额级距和税率，先用全额累进方法计算出税额，再减去用超额累进方法计算的应征税额以后的差额。当超额累进税率表中的级距和税率确定以后，各级速算扣除数也固定不变，成为计算应纳税额时的常数。工资、薪金所得适用的速算扣除数见例17-1。

【例17-1】假定居民个人张某2019年1—3月份每月工资收入10 000元，每月基本减除费用5 000元，“三险一金”专项扣除为1 500元，从1月起享受子女教育支出专项附加扣除1 000

元，没有减免收入及减免税额等情况。请依照现行税法规定计算1—3月每月应预扣预缴个人所得税税额。

1月：(10 000－5 000－1 500－1 000)×3%＝75(元)

2月：(10 000×2－5 000×2－1 500×2－1 000×2)×3%－75＝75(元)

3月：(10 000×3－5 000×3－1 500×3－1 000×3)×3%－75－75＝75(元)

【例17-2】假定居民个人王某2019年1—3月份每月工资收入30 000元，每月基本减除费用5 000元，"三险一金"专项扣除为4 500元，从1月起享受子女教育、赡养老人两项专项附加扣除共计2 000元，没有减免收入及减免税额等情况。请依照现行税法规定计算1—3月每月应预扣预缴个人所得税税额。

1月：(30 000－5 000－4 500－2 000)×3%＝555(元)

2月：(30 000×2－5 000×2－4 500×2－2 000×2)×10%－2 520－555＝625(元)

3月：(30 000×3－5 000×3－4 500×3－2 000×3)×10%－2 520－555－625＝1 850(元)

2.居民个人劳务报酬所得、稿酬所得、特许权使用费所得预扣预缴的计算

扣缴义务人向居民个人支付劳务报酬、稿酬所得、特许权使用费所得，按次或者按月预扣预缴个人所得税。具体预扣预缴方法如下：

(1)劳务报酬所得、稿酬所得、特许权使用费所得以收入减除费用后的余额为收入额。其中，稿酬所得的收入额减按70%计算。

(2)减除费用：劳务报酬、稿酬所得、特许权使用费所得每次收入不超过4 000元的，减除费用按800元计算；每次收入4 000元以上的，减除费用按20%计算。

(3)应纳税所得额：劳务报酬所得、稿酬所得、特许权使用费所得，以每次收入额为预扣预缴应纳税所得额。劳务报酬所适用20%、30%、40%的三级超额累进预扣率，稿酬所得、特许权使用费所得适用20%的比例预扣率。

劳务报酬所得应预扣预缴税额＝预扣预缴应纳税所得额×预扣率－速算扣除数

稿酬所得、特许权使用费所得应预扣预缴税额＝预扣预缴应纳税所得额×20%

【例17-3】假定居民个人李某取得劳务报酬所得2 000元。请依照现行税法规定计算该所得应预扣预缴税额。

(1)应纳税所得额＝2 000－800＝1 200(元)

(2)应预扣预缴税额＝1 200×20%＝240(元)

【例17-4】假定居民个人刘某取得稿酬所得40 000元，请依照现行税法规定计算该所得应预扣预缴税额。

(1)应纳税所得额＝40 000×(1－20%)×70%＝22 400(元)

(2)应预扣预缴税额＝22 400×20%＝4 480(元)

(四)居民个人取得综合所得汇算清缴的计算

(1)取得综合所得且符合下列情形之一的纳税人，应当依法办理汇算清缴：

①从两处以上取得综合所得，且综合所得年收入额减除专项扣除后的余额超过60 000元；

②取得劳务报酬所得、稿酬所得、特许权使用费所得中一项或者多项所得，且综合所得年

收入额减除专项扣除的余额超过 60 000 元；

③纳税年度内预缴税额低于应纳税额；

④纳税人申请退税。

需要办理汇算清缴的纳税人，应当在取得所得的次年 3 月 1 日至 6 月 30 日内，向任职、受雇单位所在地主管税务机关办理纳税申报，并报送《个人所得税年度自行纳税申报表》。纳税人有两处以上任职、受雇单位的，选择向其中一处任职、受雇单位所在地主管税务机关办理纳税申报；纳税人没有任职、受雇单位的，向户籍所在地或经常居住地主管税务机关办理纳税申报。

纳税人办理综合所得汇算清缴，应当准备与收入、专项扣除、专项附加扣除、依法确定的其他扣除、捐赠、享受税收优惠等相关的资料，并按规定留存备查或报送。

(2)居民个人的综合所得，以每一纳税年度的收入额减除费用 60 000 元以及专项扣除、专项附加扣除和依法确定的其他扣除后的余额，为应纳税所得额。

劳务报酬所得、稿酬所得、特许权使用费所得以收入减除 20%的费用后的余额为收入额。稿酬所得的收入额减按 70%计算。

【例 17-5】假定居民个人王某 2019 年每月工资收入 30 000 元，每月基本减除费用 5 000 元，“三险一金”专项扣除为 4 500 元，从 1 月起享受子女教育、赡养老人两项专项附加扣除共计 2 000 元，没有减免收入及减免税额等情况。3 月取得劳务报酬所得 2 000 元。8 月取得稿酬所得 40 000 元。请依照现行税法规定计算每月应预扣预缴税额、年终汇算清缴应纳税额及应补(退)税额。

(1)1—12 月工资、薪金所得预扣预缴税额计算：

1 月：(30 000－5 000－4 500－2 000)×3%＝555(元)

2 月：(30 000×2－5 000×2－4 500×2－2 000×2)×10%－2 520－555＝625(元)

3 月：(30 000×3－5 000×3－4 500×3－2 000×3)×10%－2 520－1 180＝1 850(元)

4 月：(30 000×4－5 000×4－4 500×4－2 000×4)×10%－2 520－3 030＝1 850(元)

5 月：(30 000×5－5 000×5－4 500×5－2 000×5)×10%－2 520－4 880＝1 850(元)

6 月：(30 000×6－5 000×6－4 500×6－2 000×6)×10%－2 520－6 730＝1850(元)

7 月：(30 000×7－5 000×7－4 500×7－2 000×7)×10%－2 520－8 580＝1 850(元)

8 月：(30 000×8－5 000×8－4 500×8－2 000×8)×20%－16 920－10 430＝2 250(元)

9 月：(30 000×9－5 000×9－4 500×9－2 000×9)×20%－16 920－12 680＝3 700(元)

10 月：(30 000×10－5 000×10－4 500×10－2 000×10)×20%－16 920－16 380＝3 700(元)

11 月：(30 000×11－5 000×11－4 500×11－2 000×11)×20%－16 920－20 080＝3 700(元)

12 月：(30 000×12－5 000×12－4 500×12－2 000×12)×20%－16 920－23 780＝3 700(元)

1—12 月单位工资、薪金共计预扣预缴税额为 27 480 元。

(2)3 月劳务报酬所得预扣预缴税额计算：

①应纳税所得额(收入额)＝2 000－800＝1 200(元)

②应预扣预缴税额＝1 200×20%＝240(元)

(3)8 月稿酬所得预扣预缴税额计算：

①应纳税所得额(收入额)＝40 000×(1－20%)×70%＝22 400(元)

②应预扣预缴税额＝22 400×20%＝4 480(元)

(4)综合所得年终汇算清缴计算：

①应纳税所得额＝30 000×12＋2 000×(1－20%)＋40 000×(1－20%)×70%－5 000×12－4 500×12－2 000×12＝246 000(元)

②应纳税额＝246 000×20%－16 920＝32 280(元)

③已预扣预缴税额＝27 480＋240＋4 480＝32 200(元)

④应补(退)税额＝32 280－32 200＝80(元)

二、非居民个人综合所得应纳税额的计算

非居民个人取得工资、薪金所得，劳务报酬所得，稿酬所得和特许权使用费所得，有扣缴义务人的，由扣缴义务人按月或者按次代扣代缴税款，不办理汇算清缴。

非居民个人的工资、薪金所得，以每月收入额减除费用 5 000 元后的余额为应纳税所得额；劳务报酬所得、稿酬所得、特许权使用费所得，以每次收入额为应纳税所得额。

劳务报酬所得、稿酬所得、特许权使用费所得以收入减除 20%的费用后的余额为收入额。稿酬所得的收入额减按 70%计算。

根据《个人所得税法》第六条的规定，非居民个人的综合所得的四个征税项目，应分别计算应纳税所得额，适用表 17-5《个人所得税税率表》分别计算应纳税额，除从两处以上取得工资、薪金所得以外，不需要合并计算。

(1)工资、薪金所得，以每月收入额减除费用 5 000 元后的余额为应纳税所得额。应纳税额计算公式为：

非居民个人工资、薪金所得应纳税额＝每月应纳税所得额×税率－速算扣除数

(2)劳务报酬所得、稿酬所得、特许权使用费所得，以每次收入额为应纳税所得额。应纳税额计算公式为：

非居民个人劳务报酬所得、稿酬所得、特许权使用费所得应纳税额＝每次应纳税所得额×税率－速算扣除数

表 17-5　个人所得税税率表

(非居民个人工资、薪金所得，劳务报酬所得，稿酬所得，特许权使用费所得适用)

级数	应纳税所得额	税率/%	速算扣除数
1	不超过 3 000 元的	3	0
2	超过 3 000 元至 12 000 元的部分	10	210
3	超过 12 000 元至 25 000 元的部分	20	1 410
4	超过 25 000 元至 35 000 元的部分	25	2 660
5	超过 35 000 元至 55 000 元的部分	30	4 410
6	超过 55 000 元至 80 000 元的部分	35	7 160
7	超过 80 000 元的部分	45	15 160

【例 17-6】假定非居民个人赵某，2019 年 2 月在我国取得收入情况如下：

(1)取得工资薪金 30 000 元。

(2)取得培训劳务收入 20 000 元。

(3)业余撰写专业论文，在国内杂志上发表，获得稿酬 2 000 元。

(4)将其拥有的一项专利技术提供给商业公司使用，收取使用费 500 000 元。

假设不考虑其他税费，请问赵某当月上述各项所得应该缴纳多少个人所得税？

(1)工资、薪金应纳税额的计算：

应纳税所得额＝30 000－5 000＝25 000(元)

应纳税额＝25 000×20%－1 410＝3 590(元)

(2)劳务报酬所得应纳税额的计算：

应纳税所得额＝20 000×(1－20%)＝16 000(元)

应纳税额＝16 000×20%－1 410＝1 790(元)

(3)稿酬所得应纳税额的计算：

应纳税所得额＝2 000×(1－20%)×70%＝1 120(元)

应纳税额＝1 120×3%＝33.60(元)

(4)特许权使用费所得应纳税额的计算：

应纳税所得额＝500 000×(1－20%)＝400 000(元)

应纳税额＝400 000×45%－15 160＝164 840(元)

三、无住所个人个人所得税的计算

(一)关于无住所个人工资薪金所得收入额计算

无住所个人取得工资薪金所得，按以下规定计算在境内应纳税的工资薪金所得的收入额(以下称工资薪金收入额)：

1. 无住所个人为非居民个人的情形

非居民个人取得工资薪金所得，除本条第 3 项规定以外，当月工资薪金收入额分别按照以下两种情形计算：

(1)非居民个人境内居住时间累计不超过 90 天的情形。

在一个纳税年度内，在境内累计居住不超过 90 天的非居民个人，仅就归属于境内工作期间并由境内雇主支付或者负担的工资薪金所得计算缴纳个人所得税。当月工资薪金收入额的计算公式如下(公式一)：

$$\text{当月工资薪金收入额} = \text{当月境内外工资薪金总额} \times \frac{\text{当月境内支付工资薪金总额}}{\text{当月境内外工资薪金总额}} \times \frac{\text{当月工资薪金所属工作期间境内工作天数}}{\text{当月工资薪金所属工作期间公历天数}} \quad \text{(公式一)}$$

本公告所称境内雇主包括雇佣员工的境内单位和个人以及境外单位或者个人在境内的机构、场所。凡境内雇主采取核定征收所得税或者无营业收入未征收所得税的，无住所个人为其工作取得工资薪金所得，不论是否在该境内雇主会计账簿中记载，均视为由该境内雇主支付或者负担。本公告所称工资薪金所属工作期间的公历天数，是指无住所个人取得工资薪金所属工作期间按公历计算的天数。

本公告所列公式中当月境内外工资薪金包含归属于不同期间的多笔工资薪金的，应当先分别按照本公告规定计算不同归属期间工资薪金收入额，然后再加总计算当月工资薪金收入额。

(2)非居民个人境内居住时间累计超过 90 天不满 183 天的情形。

在一个纳税年度内，在境内累计居住超过 90 天但不满 183 天的非居民个人，取得归属于境内工作期间的工资薪金所得，均应当计算缴纳个人所得税；其取得归属于境外工作期间的工资薪金所得，不征收个人所得税。当月工资薪金收入额的计算公式如下(公式二)：

$$\text{当月工资薪金收入额}=\frac{\text{当月境内外}}{\text{工资薪金总额}}\times\frac{\text{当月工资薪金所属工作期间境内工作天数}}{\text{当月工资薪金所属工作期间公历天数}}\qquad\text{(公式二)}$$

2.无住所个人为居民个人的情形

在一个纳税年度内，在境内累计居住满 183 天的无住所居民个人取得工资薪金所得，当月工资薪金收入额按照以下规定计算：

(1)无住所居民个人在境内居住累计满 183 天的年度连续不满 6 年的情形。

在境内居住累计满 183 天的年度连续不满 6 年的无住所居民个人，符合实施条例第四条优惠条件的，其取得的全部工资薪金所得，除归属于境外工作期间且由境外单位或者个人支付的工资薪金所得部分外，均应计算缴纳个人所得税。工资薪金所得收入额的计算公式如下(公式三)：

$$\frac{\text{当月工资}}{\text{薪金收入额}}=\frac{\text{当月境内外}}{\text{工资薪金总额}}\times\left(1-\frac{\text{当月境外支付工资薪金总额}}{\text{当月境内外工资薪金总额}}\times\frac{\text{当月工资薪金所属工作期间境外工作天数}}{\text{当月工资薪金所属工作期间公历天数}}\right)\qquad\text{(公式三)}$$

(2)无住所居民个人在境内居住累计满 183 天的年度连续满 6 年的情形。

在境内居住累计满 183 天的年度连续满 6 年后，不符合实施条例第四条优惠条件的无住所居民个人，其从境内、境外取得的全部工资薪金所得均应计算缴纳个人所得税。

3.无住所个人为高管人员的情形

无住所居民个人为高管人员的，工资薪金收入额按照本条第 2 项规定计算纳税。非居民个人为高管人员的，按照以下规定处理：

(1)高管人员在境内居住时间累计不超过 90 天的情形。

在一个纳税年度内，在境内累计居住不超过 90 天的高管人员，其取得由境内雇主支付或者负担的工资薪金所得应当计算缴纳个人所得税；不是由境内雇主支付或者负担的工资薪金所得，不缴纳个人所得税。当月工资薪金收入额为当月境内支付或者负担的工资薪金收入额。

(2)高管人员在境内居住时间累计超过 90 天不满 183 天的情形。

在一个纳税年度内，在境内居住累计超过 90 天但不满 183 天的高管人员，其取得的工资薪金所得，除归属于境外工作期间且不是由境内雇主支付或者负担的部分外，应当计算缴纳个人所得税。当月工资薪金收入额计算适用本公告公式三。

(二)关于无住所个人税款计算

1.关于无住所居民个人税款计算的规定

无住所居民个人取得综合所得,年度终了后,应按年计算个人所得税;有扣缴义务人的,由扣缴义务人按月或者按次预扣预缴税款;需要办理汇算清缴的,按照规定办理汇算清缴,年度综合所得应纳税额计算公式如下(公式四):

$$\text{年度综合所得应纳税额}=\left(\text{年度工资薪金收入额}+\text{年度劳务报酬收入额}+\text{年度稿酬收入额}+\text{年度特许权使用费收入额}-\text{减除费用}-\text{专项扣除}-\text{专项附加扣除}-\text{依法确定的其他扣除}\right)\times\text{适用税率}-\text{速算扣除数}\qquad\text{(公式四)}$$

无住所居民个人为外籍个人的,2022 年 1 月 1 日前计算工资薪金收入额时,已经按规定减除住房补贴、子女教育费、语言训练费等 8 项津补贴的,不能同时享受专项附加扣除。

年度工资薪金、劳务报酬、稿酬、特许权使用费收入额分别按年度内每月工资薪金以及每次劳务报酬、稿酬、特许权使用费收入额合计数额计算。

2.关于非居民个人税款计算的规定

(1)非居民个人当月取得工资薪金所得,以按照本公告第二条规定计算的当月收入额,减去税法规定的减除费用后的余额,为应纳税所得额,适用按月换算后的综合所得税率表(以下称月度税率表)计算应纳税额。

(2)非居民个人一个月内取得数月奖金,单独按照本公告第二条规定计算当月收入额,不与当月其他工资薪金合并,按 6 个月分摊计税,不减除费用,适用月度税率表计算应纳税额,在一个公历年度内,对每一个非居民个人,该计税办法只允许适用一次。计算公式如下(公式五):

$$\text{当月数月奖金应纳税额}=[(\text{数月奖金收入额}\div 6)\times\text{适用税率}-\text{速算扣除数}]\times 6\qquad\text{(公式五)}$$

(3)非居民个人一个月内取得股权激励所得,单独按照本公告第二条规定计算当月收入额,不与当月其他工资薪金合并,按 6 个月分摊计税(一个公历年度内的股权激励所得应合并计算),不减除费用,适用月度税率表计算应纳税额,计算公式如下(公式六):

$$\text{当月股权激励所得应纳税额}=[(\text{本公历年度内股权激励所得合计额}\div 6)\times\text{适用税率}-\text{速算扣除数}]\times 6-\text{本公历年度内股权激励所得已纳税额}\qquad\text{(公式六)}$$

(4)非居民个人取得来源于境内的劳务报酬所得、稿酬所得、特许权使用费所得,以税法规定的每次收入额为应纳税所得额,适用月度税率表计算应纳税额。

(三)关于无住所个人适用税收协定

按照我国政府签订的避免双重征税协定、内地与香港、澳门签订的避免双重征税安排(以下称税收协定)居民条款规定为缔约对方税收居民的个人(以下称对方税收居民个人),可以按照税收协定及财政部、税务总局有关规定享受税收协定待遇，也可以选择不享受税收协定待遇计算纳税。除税收协定及财政部、税务总局另有规定外，无住所个人适用税收协定的，按照以下规定执行：

1. 关于无住所个人适用受雇所得条款的规定

(1)无住所个人享受境外受雇所得协定待遇。

本公告所称境外受雇所得协定待遇，是指按照税收协定受雇所得条款规定，对方税收居民个人在境外从事受雇活动取得的受雇所得，可不缴纳个人所得税。

无住所个人为对方税收居民个人，其取得的工资薪金所得可享受境外受雇所得协定待遇的，可不缴纳个人所得税。工资薪金收入额计算适用本公告公式二。

无住所居民个人为对方税收居民个人的，可在预扣预缴和汇算清缴时按前款规定享受协定待遇；非居民个人为对方税收居民个人的，可在取得所得时按前款规定享受协定待遇。

(2)无住所个人享受境内受雇所得协定待遇。

本公告所称境内受雇所得协定待遇，是指按照税收协定受雇所得条款规定，在税收协定规定的期间内境内停留天数不超过183天的对方税收居民个人，在境内从事受雇活动取得受雇所得，不是由境内居民雇主支付或者代其支付的，也不是由雇主在境内常设机构负担的，可不缴纳个人所得税。

无住所个人为对方税收居民个人，其取得的工资薪金所得可享受境内受雇所得协定待遇的，可不缴纳个人所得税。工资薪金收入额计算适用本公告公式一。

无住所居民个人为对方税收居民个人的，可在预扣预缴和汇算清缴时按前款规定享受协定待遇；非居民个人为对方税收居民个人的，可在取得所得时按前款规定享受协定待遇。

2. 关于无住所个人适用独立个人劳务或者营业利润条款的规定

本公告所称独立个人劳务或者营业利润协定待遇，是指按照税收协定独立个人劳务或者营业利润条款规定，对方税收居民个人取得的独立个人劳务所得或者营业利润符合税收协定规定条件的，可不缴纳个人所得税。

无住所居民个人为对方税收居民个人，其取得的劳务报酬所得、稿酬所得可享受独立个人劳务或者营业利润协定待遇的，在预扣预缴和汇算清缴时，可不缴纳个人所得税。

非居民个人为对方税收居民个人，其取得的劳务报酬所得、稿酬所得可享受独立个人劳务或者营业利润协定待遇的，在取得所得时可不缴纳个人所得税。

3. 关于无住所个人适用董事费条款的规定

对方税收居民个人为高管人员，该个人适用的税收协定未纳入董事费条款，或者虽然纳入董事费条款但该个人不适用董事费条款，且该个人取得的高管人员报酬可享受税收协定受雇所得、独立个人劳务或者营业利润条款规定待遇的，该个人取得的高管人员报酬可不适用本公告第二条第(三)项规定，分别按照本条第(一)项、第(二)项规定执行。

对方税收居民个人为高管人员，该个人取得的高管人员报酬按照税收协定董事费条款规定可以在境内征收个人所得税的，应按照有关工资薪金所得或者劳务报酬所得规定缴纳个人所得税。

4. 关于无住所个人适用特许权使用费或者技术服务费条款的规定

本公告所称特许权使用费或者技术服务费协定待遇，是指按照税收协定特许权使用费或者技术服务费条款规定，对方税收居民个人取得符合规定的特许权使用费或者技术服务费，可按照税收协定规定的计税所得额和征税比例计算纳税。

无住所居民个人为对方税收居民个人，其取得的特许权使用费所得、稿酬所得或者劳务报酬所得可享受特许权使用费或者技术服务费协定待遇的，可不纳入综合所得，在取得当月按照税收协定规定的计税所得额和征税比例计算应纳税额，并预扣预缴税款。年度汇算清缴时，该个人取得的已享受特许权使用费或者技术服务费协定待遇的所得不纳入年度综合所得，单独按照税收协定规定的计税所得额和征税比例计算年度应纳税额及补退税额。

非居民个人为对方税收居民个人，其取得的特许权使用费所得、稿酬所得或者劳务报酬所得可享受特许权使用费或者技术服务费协定待遇的，可按照税收协定规定的计税所得额和征税比例计算应纳税额。

四、经营所得应纳税额的计算

(一)个体工商户的生产、经营所得应纳税额的计算

个体工商户的生产、经营所得应纳税额的计算公式为：

应纳税额＝应纳税所得额×适用税率－速算扣除数

或　　＝(全年收入总额－成本、费用以及损失)×适用税率－速算扣除数

个体工商户应纳税所得额的计算，以权责发生制为原则，属于当期的收入和费用，不论款项是否收付，均作为当期的收入和费用；不属于当期的收入和费用，即使款项已经在当期收付，均不作为当期收入和费用。财政部、国家税务总局另有规定的除外。基本规定如下：

1. 计税基本规定

(1)个体工商户的生产、经营所得，以每一纳税年度的收入总额，减除成本、费用、税金、损失、其他支出以及允许弥补的以前年度亏损后的余额，为应纳税所得额。

(2)个体工商户从事生产经营以及与生产经营有关的活动(以下简称生产经营)取得的货币形式和非货币形式的各项收入，为收入总额。包括：销售货物收入、提供劳务收入、转让财产收入、利息收入、租金收入、接受捐赠收入、其他收入。

前款所称其他收入包括个体工商户资产溢余收入、逾期一年以上的未退包装物押金收入、确实无法偿付的应付款项、已作坏账损失处理后又收回的应收款项、债务重组收入、补贴收入、违约金收入、汇兑收益等。

(3)成本，是指个体工商户在生产经营活动中发生的销售成本、销货成本、业务支出以及其他耗费。

(4)费用，是指个体工商户在生产经营活动中发生的销售费用、管理费用和财务费用，已经计入成本的有关费用除外。

(5)税金，是指个体工商户在生产经营活动中发生的除个人所得税和允许抵扣的增值税以外的各项税金及其附加。

(6)损失，是指个体工商户在生产经营活动中发生的固定资产和存货的盘亏、毁损、报废损失，转让财产损失，坏账损失，自然灾害等不可抗力因素造成的损失以及其他损失。

个体工商户发生的损失，减除责任人赔偿和保险赔款后的余额，参照财政部、国家税务总

局有关企业资产损失税前扣除的规定扣除。

个体工商户已经作为损失处理的资产，在以后纳税年度又全部收回或者部分收回时，应当计入收回当期的收入。

(7)其他支出，是指除成本、费用、税金、损失外，个体工商户在生产经营活动中发生的与生产经营活动有关的、合理的支出。

(8)个体工商户发生的支出应当区分收益性支出和资本性支出。收益性支出在发生当期直接扣除；资本性支出应当分期扣除或者计入有关资产成本，不得在发生当期直接扣除。

前款所称支出，是指与取得收入直接相关的支出。

除税收法律法规另有规定外，个体工商户实际发生的成本、费用、税金、损失和其他支出，不得重复扣除。

(9)个体工商户下列支出不得扣除：

①个人所得税税款。

②税收滞纳金。

③罚金、罚款和被没收财物的损失。

④不符合扣除规定的捐赠支出。

⑤赞助支出。

⑥用于个人和家庭的支出。

⑦与取得生产经营收入无关的其他支出。

⑧国家税务总局规定不准扣除的支出。

(10)个体工商户生产经营活动中，应当分别核算生产经营费用和个人、家庭费用。对于生产经营与个人、家庭生活混用难以分清的费用，其40%视为与生产经营有关费用，准予扣除。

(11)个体工商户纳税年度发生的亏损，准予向以后年度结转，用以后年度的生产经营所得弥补，但结转年限最长不得超过5年。

(12)个体工商户使用或者销售存货，按照规定计算的存货成本，准予在计算应纳税所得额时扣除。

(13)个体工商户转让资产，该项资产的净值，准予在计算应纳税所得额时扣除。

(14)所称亏损，是指个体工商户依照本办法规定计算的应纳税所得额小于0的数额。

2.扣除项目及标准

(1)个体工商户实际支付给从业人员的、合理的工资薪金支出，准予扣除。

个体工商户业主的费用扣除标准，确定为5 000元/月。

个体工商户业主的工资薪金支出不得税前扣除。

(2)个体工商户按照国务院有关主管部门或者省级人民政府规定的范围和标准为其业主和从业人员缴纳的基本养老保险费、基本医疗保险费、失业保险费、生育保险费、工伤保险费和住房公积金，准予扣除。

个体工商户为从业人员缴纳的补充养老保险费、补充医疗保险费，分别在不超过从业人员工资总额5%标准内的部分据实扣除；超过部分，不得扣除。

个体工商户业主本人缴纳的补充养老保险费、补充医疗保险费，以当地(地级市)上年度社会平均工资的3倍为计算基数，分别在不超过该计算基数5%标准内的部分据实扣除；超过部分，不得扣除。

(3)除个体工商户依照国家有关规定为特殊工种从业人员支付的人身安全保险费和财政部、国家税务总局规定可以扣除的其他商业保险费外，个体工商户业主本人或者为从业人员支付的商业保险费，不得扣除。

(4)个体工商户在生产经营活动中发生的合理的不需要资本化的借款费用，准予扣除。

个体工商户为购置、建造固定资产、无形资产和经过12个月以上的建造才能达到预定可销售状态的存货发生借款的，在有关资产购置、建造期间发生的合理的借款费用，应当作为资本性支出计入有关资产的成本，并依照本办法的规定扣除。

(5)个体工商户在生产经营活动中发生的下列利息支出，准予扣除：

①向金融企业借款的利息支出。

②向非金融企业和个人借款的利息支出，不超过按照金融企业同期同类贷款利率计算的数额的部分。

(6)个体工商户在货币交易中，以及纳税年度终了时将人民币以外的货币性资产、负债按照期末即期人民币汇率中间价折算为人民币时产生的汇兑损失，除已经计入有关资产成本部分外，准予扣除。

(7)个体工商户向当地工会组织拨缴的工会经费、实际发生的职工福利费支出、职工教育经费支出分别在工资薪金总额的2%、14%、2.5%的标准内据实扣除。

工资薪金总额是指允许在当期税前扣除的工资薪金支出数额。

职工教育经费的实际发生数额超出规定比例当期不能扣除的数额，准予在以后纳税年度结转扣除。

个体工商户业主本人向当地工会组织缴纳的工会经费、实际发生的职工福利费支出、职工教育经费支出，以当地(地级市)上年度社会平均工资的3倍为计算基数，在本条第一款规定比例内据实扣除。

(8)个体工商户发生的与生产经营活动有关的业务招待费，按照实际发生额的60%扣除，但最高不得超过当年销售(营业)收入的5‰。

业主自申请营业执照之日起至开始生产经营之日止所发生的业务招待费，按照实际发生额的60%计入个体工商户的开办费。

(9)个体工商户每一纳税年度发生的与其生产经营活动直接相关的广告费和业务宣传费不超过当年销售(营业)收入15%的部分，可以据实扣除；超过部分，准予在以后纳税年度结转扣除。

(10)个体工商户代其从业人员或者他人负担的税款，不得税前扣除。

(11)个体工商户按照规定缴纳的摊位费、行政性收费、协会会费等，按实际发生数额扣除。

(12)个体工商户根据生产经营活动的需要租入固定资产支付的租赁费，按照以下方法扣除：

①以经营租赁方式租入固定资产发生的租赁费支出，按照租赁期限均匀扣除。

②以融资租赁方式租入固定资产发生的租赁费支出，按照规定构成融资租入固定资产价值的部分应当提取折旧费用，分期扣除。

(13)个体工商户参加财产保险，按照规定缴纳的保险费，准予扣除。

(14)个体工商户发生的合理的劳动保护支出，准予扣除。

(15)个体工商户自申请营业执照之日起至开始生产经营之日止所发生符合本办法规定的

费用，除为取得固定资产、无形资产的支出，以及应计入资产价值的汇兑损益、利息支出外，作为开办费，个体工商户可以选择在开始生产经营的当年一次性扣除，也可自生产经营月份起在不短于 3 年期限内摊销扣除，但一经选定，不得改变。

开始生产经营之日为个体工商户取得第一笔销售(营业)收入的日期。

(16)个体工商户通过公益性社会团体或者县级以上人民政府及其部门，用于《中华人民共和国公益事业捐赠法》规定的公益事业的捐赠，捐赠额不超过其应纳税所得额 30%的部分可以据实扣除。

财政部、国家税务总局规定可以全额在税前扣除的捐赠支出项目，按有关规定执行。

个体工商户直接对受益人的捐赠不得扣除。

公益性社会团体的认定，按照财政部、国家税务总局、民政部有关规定执行。

(17)本办法所称赞助支出，是指个体工商户发生的与生产经营活动无关的各种非广告性质支出。

(18)个体工商户研究开发新产品、新技术、新工艺所发生的开发费用，以及研究开发新产品、新技术而购置单台价值在 10 万元以下的测试仪器和试验性装置的购置费准予直接扣除；单台价值在 10 万元以上(含 10 万元)的测试仪器和试验性装置，按固定资产管理，不得在当期直接扣除。

【例 17-7】某个体工商户从事餐饮业务，账证比较健全，2019 年 12 月取得经营业务收入 100 000 元，购进菜、肉、蛋、面粉、大米等原材料支付费用 55 000 元，缴纳水费、电费、房租、煤气费等 15 000 元，缴纳税费合计 7 650 元。1—11 月累计应纳税所得额为 66 000 元，1—11 月累计已预缴所得税 3 600 元。请依照现行税法规定计算该个体户 12 月应缴的个人所得税。

解：(1)12 月应纳税所得额：

100 000－55 000－15 000－7 650－5 000＝17 350(元)

(2)全年累计应纳税所得额：

17 350＋66 000＝8 3350(元)

(3)12 月应缴纳个人所得税：

83 350×10%－1 500－3 600＝3 235(元)

(二)个人独资企业和合伙企业应纳个人所得税的计算

对个人独资企业和合伙企业生产经营所得，其个人所得税应纳税额的计算有以下两种方法：

第一种：查账征税。

(1)自 2018 年 10 月 1 日起，个人独资企业和合伙企业投资者的生产经营所得依法计征个人所得税时，个人独资企业和合伙企业投资者本人的费用扣除标准统一确定为 60 000 元/年，即 5 000 元/月。投资者的工资不得在税前扣除。

(2)投资者及其家庭发生的生活费用不允许在税前扣除。投资者及其家庭发生的生活费用与企业生产经营费用混合在一起，并且难以划分的，全部视为投资者个人及其家庭发生的生活费用，不允许在税前扣除。

(3)企业生产经营和投资者及其家庭生活共用的固定资产，难以划分的，由主管税务机关根据企业的生产经营类型、规模等具体情况，核定准予在税前扣除的折旧费用的数额或比例。

(4)企业向其从业人员实际支付的合理的工资、薪金支出,允许在税前据实扣除。

(5)企业拨缴的工会经费、发生的职工福利费、职工教育经费支出分别在工资薪金总额的2%、14%、2.5%的标准内据实扣除。

每一纳税年度发生的广告费和业务宣传费用不超过当年销售(营业)收入15%的部分,可据实扣除;超过部分,准予在以后纳税年度结转扣除。

(6)每一纳税年度发生的与其生产经营业务直接相关的业务招待费支出,按照发生额的60%扣除,但最高不得超过当年销售(营业)收入的5‰。

(7)企业计提的各种准备金不得扣除。

(8)投资者兴办两个或两个以上企业,并且企业性质全部是独资的,年度终了后汇算清缴时,应纳税款的计算按以下方法进行:汇总其投资兴办的所有企业的经营所得作为应纳税所得额,以此确定适用税率,计算出全年经营所得的应纳税额,再根据每个企业的经营所得占所有企业经营所得的比例,分别计算出每个企业的应纳税额和应补缴税额。计算公式如下:

$$应纳税所得额 = \sum 各个企业的经营所得$$

$$应纳税额 = 应纳税所得额 \times 税率 - 速算扣除数$$

$$本企业应纳税额 = 应纳税额 \times 本企业的经营所得 \div \sum 各个企业的经营所得$$

$$本企业应补缴的税额 = 本企业应纳税额 - 本企业预缴的税额$$

第二种:核定征收。

核定征收方式,包括定额征收、核定应税所得率征收以及其他合理的征收方式。实行核定应税所得率征收方式的,应纳所得税额的计算公式如下:

$$应纳所得税额 = 应纳税所得额 \times 适用税率$$

$$应纳税所得额 = 收入总额 \times 应税所得率$$

或 $$应纳税所得额 = 成本费用支出额 \div (1 - 应税所得率) \times 应税所得率$$

应税所得率应按表17-6规定的标准执行:

表17-6 个人所得税应税所得率

行业	应税所得率/%
工业、交通运输业、商业	5～20
建筑业、房地产开发业	7～20
饮食服务业	7～25
娱乐业	20～40
其他行业	10～30

企业经营多业的,无论其经营项目是否单独核算,均应根据其主营项目确定其适用的应税所得率。

实行核定征税的投资者,不能享受个人所得税的优惠政策。

实行查账征税方式的个人独资企业和合伙企业改为核定征税方式后,在查账征税方式下认定的年度经营亏损未弥补完的部分,不得再继续弥补。

个体工商户、个人独资企业和合伙企业因在纳税年度中间开业、合并、注销及其他原因，导致该纳税年度的实际经营期不足1年的，对个体工商户业主、个人独资企业投资者和合伙企业自然人合伙人的生产经营所得计算个人所得税时，以其实际经营期为1个纳税年度。投资者本人的费用扣除标准，应按照其实际经营月份数，以每月5 000元的减除标准确定。计算公式如下：

应纳税所得额＝该年度收入总额－成本、费用及损失－当年投资者本人的费用扣除额

当年投资者本人的费用扣除额＝月减除费用(5 000元/月)×当年实际经营月份数

应纳税额＝应纳税所得额×税率－速算扣除数

(三)对企事业单位的承包经营、承租经营所得应纳税额的计算

对企事业单位的承包经营、承租经营所得，其个人所得税应纳税额的计算公式为：

应纳税额＝应纳税所得额×适用税率－速算扣除数

或　　应纳税额＝(纳税年度收入总额－必要费用)×适用税率－速算扣除数

注意：

(1)对企事业单位的承包经营、承租经营所得，以每一纳税年度的收入总额，减除必要费用后的余额，为应纳税所得额。

(2)在一个纳税年度中，承包经营或承租经营期限不足1年的，以其实际经营期为纳税年度。

【例17-8】假定2019年1月1日，某个人与事业单位签订承包合同经营招待所，承包期为3年。2019年招待所实现承包经营利润89 800元，按合同规定承包人每年应从承包经营利润中上缴承包费20 000元，计算承包人2019年应纳个人所得税税额。

①年应纳税所得额＝承包经营利润－上缴费用－每月必要费用扣减合计
＝89 800－20 000－(5 000×12)＝9 800(元)

②应纳税额＝年应纳税所得额×适用税率－速算扣除数
＝9 800×5%－0＝490(元)

五、利息、股息、红利所得应纳税额的计算

利息、股息、红利所得应纳税额的计算公式为：

应纳税额＝应纳税所得额×适用税率＝每次收入额×20%

六、财产租赁所得应纳税额的计算

(一)应纳税所得额

财产租赁所得一般以个人每次取得的收入，定额或定率减除规定费用后的余额为应纳税所得额。每次收入不超过4 000元，定额减除费用800元；每次收入在4 000元以上的，定率减除20%的费用。财产租赁所得以1个月内取得的收入为一次。

在确定财产租赁的应纳税所得额时，纳税人在出租财产过程中缴纳的税金和教育费附加，可持完税(缴款)凭证，从其财产租赁收入中扣除。准予扣除的项目除了规定费用有关税费外，还准予扣除能够提供有效、准确凭证，证明由纳税义务人负担的该出租财产实际开支的修缮费用。允许扣除的修缮费用，以每次800元为限，一次扣除不完的，准予在下一次继续扣除，直到扣完为止。个人出租财产取得的财产租赁收入，在计算缴纳个人所得税时，应依次扣除以下费用：

(1)财产租赁过程中缴纳的税费。

(2)由纳税人负担的租赁财产实际开支的修缮费用。

(3)税法规定的费用扣除标准。

应纳税所得额的计算公式为：

①每次(月)收入不足4 000元的：

应纳税所得额＝每次(月)收入额－准予扣除项目－修缮费用(800元为限)－800元

②每次(月)收入超过4 000元的：

应纳税所得额＝[每次(月)收入额－准予扣除项目－修缮费用(800元为限)]×(1－20%)

(二)个人将承租房屋转租取得的租金收入，属于个人所得税应税所得，应按“财产租赁所得”项目计算缴纳个人所得税

具体规定为：

(1)取得转租收入的个人向房屋出租方支付的租金，凭房屋租赁合同和合法支付凭据允许在计算个人所得税时，从该项转租收入中扣除。

(2)有关财产租赁所得个人所得税前扣除税费的扣除次序调整为：

①财产租赁过程中缴纳的税费。

②向出租方支付的租金。

③由纳税人负担的租赁财产实际开支的修缮费用。

④税法规定的费用扣除标准。

(三)应纳税额的计算方法

财产租赁所得适用20%的比例税率，但对个人按市场价格出租的居民住房取得的所得，自2001年1月1日起暂减按10%的税率征收个人所得税。其应纳税额的计算公式为：

应纳税额＝应纳税所得额×适用税率

【例17-9】刘某于2019年1月将其自有的面积为150平方米的公寓按市场价出租给张某居住。刘某每月取得租金收入2 500元，全年租金收入30 000元。计算刘某全年租金收入应缴纳的个人所得税。

财产租赁收入以每月内取得的收入为一次，按市场价出租给个人居住适用10%的税率，因此，刘某每月及全年应纳税额为：

每月应纳税额＝(2500－800)×10%＝170(元)

全年应纳税额＝170×12＝2 040(元)

本例在计算个人所得税时未考虑其他税费。如果对租金收入计征增值税、城市维护建设税、房产税和教育费附加等，还应将其从税前的收入中先扣除后再计算应缴纳的个人所得税。

假定【17-9】中，当年2月因下水道堵塞找人修理，发生修理费用1 000元，有维修部门的正式收据，则2月和3月的应纳税额为：

2月应纳税额＝(2 500－800－800)×10%＝90(元)

3月应纳税额＝(2 500－200－800)×10%＝150(元)

在实际征税过程中，有时会出现财产租赁所得的纳税人不明确的情况，对此，在确定财产租赁所得纳税人时，应以产权凭证为依据。无产权凭证的，由主管税务机关根据实际情况确定纳税人。产权所有人死亡，在未办理产权继承手续期间，该财产出租而有租金收入的，以领取租金收入的个人为纳税人。

七、财产转让所得应纳税额的计算

(一)一般情况下财产转让所得应纳税额的计算

财产转让所得应纳税额的计算公式为：

应纳税额＝应纳税所得额×适用税率

＝(收入总额－财产原值－合理税费)×20%

【例17-10】某人建房一幢，造价300 000元，支付其他有关税费21 400元。该人转让房屋，售价600 000元，在卖房过程中按规定支付土地增值税、城建税、印花税、教育费附加等有关税费45 900元，其应纳个人所得税税额的计算过程为：

应纳税额＝应纳税所得额×适用税率

＝(收入总额－财产原值－合理税费)×20%

＝(600 000－300 000－21 400－45 900)×20%＝232 700×20%

＝46 540(元)

(二)个人住房转让所得应纳税额的计算

自2006年8月1日起，个人转让住房所得应纳个人所得税的计算具体规定如下：

(1)以实际成交价格为转让收入。纳税人申报的住房成交价格明显低于市场价格且无正当理由的，征收机关依法有权根据有关信息核定其转让收入，但必须保证各税种计税价格一致。

(2)纳税人可凭原购房合同、发票等有效凭证，经税务机关审核后，允许从其转让收入中减除房屋原值、转让住房过程中缴纳的税金及有关合理费用。

①房屋原值具体为：

a.商品房。购置该房屋时实际支付的房价款及交纳的相关税费。

b.自建住房。实际发生的建造费用及建造和取得产权时实际缴纳的相关税费。

c.经济适用房(含集资合作建房、安居工程住房)。原购房人实际支付的房价款及相关税费，以及按规定缴纳的土地出让金。

d.已购公有住房。原购公有住房标准面积按当地经济适用房价格计算的房价款，加上原购公有住房超标准面积实际支付的房价款以及按规定向财政部门(或原产权单位)缴纳的所得收益及相关税费。

已购公有住房是指城镇职工根据国家和县级(含县级)以上人民政府有关城镇住房制度改革政策规定，按照成本价(或标准价)购买的公有住房。经济适用房价格按县级(含县级)以上地方人民政府规定的标准确定。

e.城镇拆迁安置住房。其原值分别为：房屋拆迁取得货币补偿后购置房屋的，为购置该房屋实际支付的房价款及缴纳的相关税费；房屋拆迁采取产权调换方式的，所调换房屋原值为《房屋拆迁补偿安置协议》注明的价款及缴纳的相关税费；房屋拆迁采取产权调换方式，被拆迁人除取得所调换房屋，又取得部分货币补偿的，所调换房屋原值为《房屋拆迁补偿安置协议》注明的价款和缴纳的相关税费，减去货币补偿后的余额；房屋拆迁采取产权调换方式，被拆迁人取得所调换房屋，又支付部分货币的，所调换房屋原值为《房屋拆迁补偿安置协议》注明的价款，加上所支付的货币及缴纳的相关税费。

②转让住房过程中缴纳的税金是指纳税人在转让住房时实际缴纳的城市维护建设税、教育费附加、土地增值税、印花税等税金。

③合理费用是指纳税人按照规定实际支付的住房装修费用、住房贷款利息、手续费、公证费等费用。其中：

a.住房装修费用。纳税人能提供实际支付装修费用的税务统一发票，并且发票上所列付款人姓名与转让房屋产权人一致的，经税务机关审核，其转让的住房在转让前实际发生的装修费用，可在以下规定比例内扣除：

已购公有住房、经济适用房：最高扣除限额为房屋原值的15%；商品房及其他住房：最高扣除限额为房屋原值的10%。纳税人原购房为装修房，即合同注明房价款中含有装修费(铺装了地板，装配了洁具、厨具等)的，不得再重复扣除装修费用。

b.住房贷款利息。纳税人出售以按揭贷款方式购置的住房的，其向贷款银行实际支付的住房贷款利息，凭贷款银行出具的有效证明据实扣除。

c.纳税人按照有关规定实际支付的手续费、公证费等，凭有关部门出具的有效证明据实扣除。

(3)纳税人未提供完整、准确的房屋原值凭证，不能正确计算房屋原值和应纳税额的，税务机关可根据《中华人民共和国税收征收管理法》第三十五条的规定，对其实行核定征税，即按纳税人住房转让收入的一定比例核定应纳个人所得税额。具体比例由省级税务局或者省级税务局授权的地市级税务局根据纳税人出售住房的所处区域、地理位置、建造时间、房屋类型、住房平均价格水平等因素，在住房转让收入1%～3%的幅度内确定。

(三)个人转让股权应纳税额的计算

为加强股权转让所得个人所得税征收管理，规范税务机关、纳税人和扣缴义务人征纳行为，维护纳税人合法权益，自2015年1月1日起，按照国家税务总局发布的《股权转让所得个人所得税管理办法(试行)》计算个人转让股权应纳税额。

1.基本概念

股权是指自然人股东(以下简称“个人”)投资于在中国境内成立的企业或组织(以下统称被投资企业,不包括个人独资企业和合伙企业)的股权或股份。

股权转让是指个人将股权转让给其他个人或法人的行为,包括以下情形:

(1)出售股权。

(2)公司回购股权。

(3)发行人首次公开发行新股时,被投资企业股东将其持有的股份以公开发行方式一并向投资者发售。

(4)股权被司法或行政机关强制过户。

(5)以股权对外投资或进行其他非货币性交易。

(6)以股权抵偿债务。

(7)其他股权转移行为。

个人转让股权,以股权转让收入减除股权原值和合理费用后的余额为应纳税所得额,按“财产转让所得”缴纳个人所得税。合理费用是指股权转让时按照规定支付的有关税费。

个人股权转让所得个人所得税,以股权转让方为纳税人,以受让方为扣缴义务人。

扣缴义务人应于股权转让相关协议签订后5个工作日内,将股权转让的有关情况报告主管税务机关。

被投资企业应当详细记录股东持有本企业股权的相关成本,如实向税务机关提供与股权转让有关的信息,协助税务机关依法执行公务。

2.股权转让收入的确认

股权转让收入,是指转让方因股权转让而获得的现金、实物、有价证券和其他形式的经济利益。

转让方取得与股权转让相关的各种款项,包括违约金、补偿金以及其他名目的款项、资产、权益等,均应当并入股权转让收入。

纳税人按照合同约定,在满足约定条件后取得的后续收入,应当作为股权转让收入。

股权转让收入应当按照公平交易原则确定。

符合下列情形之一的,主管税务机关可以核定股权转让收入:

(1)申报的股权转让收入明显偏低且无正当理由的。

(2)未按照规定期限办理纳税申报,经税务机关责令限期申报,逾期仍不申报的。

(3)转让方无法提供或拒不提供股权转让收入的有关资料。

(4)其他应核定股权转让收入的情形。

符合下列情形之一,视为股权转让收入明显偏低:

(1)申报的股权转让收入低于股权对应的净资产份额的。其中,被投资企业拥有土地使用权、房屋、房地产企业未销售房产、知识产权、探矿权、采矿权、股权等资产的,申报的股权转让收入低于股权对应的净资产公允价值份额的。

(2)申报的股权转让收入低于初始投资成本或低于取得该股权所支付的价款及相关税费的。

(3)申报的股权转让收入低于相同或类似条件下同一企业同一股东或其他股东股权转让

收入的。

(4)申报的股权转让收入低于相同或类似条件下同类行业的企业股权转让收入的。

(5)不具合理性的无偿让渡股权或股份。

(6)主管税务机关认定的其他情形。

符合下列条件之一的股权转让收入明显偏低，视为有正当理由：

(1)能出具有效文件，证明被投资企业因国家政策调整，生产经营受到重大影响，导致低价转让股权。

(2)继承或将股权转让给其能提供具有法律效力身份关系证明的配偶、父母、子女、祖父母、外祖父母、孙子女、外孙子女、兄弟姐妹以及对转让人承担直接抚养或者赡养义务的抚养人或者赡养人。

(3)相关法律、政府文件或企业章程规定，并有相关资料充分证明转让价格合理且真实的本企业员工持有的不能对外转让股权的内部转让。

(4)股权转让双方能够提供有效证据证明其合理性的其他合理情形。

主管税务机关应依次按照下列方法核定股权转让收入：

(1)净资产核定法。

股权转让收入按照每股净资产或股权对应的净资产份额核定。被投资企业的土地使用权、房屋、房地产企业未销售房产、知识产权、探矿权、采矿权、股权等资产占企业总资产比例超过20%的，主管税务机关可参照纳税人提供的具有法定资质的中介机构出具的资产评估报告核定股权转让收入。

6个月内再次发生股权转让且被投资企业净资产未发生重大变化的，主管税务机关可参照上一次股权转让时被投资企业的资产评估报告核定此次股权转让收入。

(2)类比法。

①参照相同或类似条件下同一企业同一股东或其他股东股权转让收入核定。

②参照相同或类似条件下同类行业企业股权转让收入核定。

(3)其他合理方法 。

主管税务机关采用以上方法核定股权转让收入存在困难的，可以采取其他合理方法核定。

3.股权原值的确认

个人转让股权的原值依照以下方法确认：

(1)以现金出资方式取得的股权，按照实际支付的价款与取得股权直接相关的合理税费之和确认股权原值。

(2)以非货币性资产出资方式取得的股权，按照税务机关认可或核定的投资入股时非货币性资产价格与取得股权直接相关的合理税费之和确认股权原值。

(3)通过无偿让渡方式取得股权，具备本办法第十三条第二项所列情形的，按取得股权发生的合理税费与原持有人的股权原值之和确认股权原值。

(4)被投资企业以资本公积、盈余公积、未分配利润转增股本，个人股东已依法缴纳个人所得税的，以转增额和相关税费之和确认其新转增股本的股权原值。

(5)除以上情形外，由主管税务机关按照避免重复征收个人所得税的原则合理确认股权原值。

股权转让人已被主管税务机关核定股权转让收入并依法征收个人所得税的，该股权受让人的股权原值以取得股权时发生的合理税费与股权转让人被主管税务机关核定的股权转让收入之和确认。

个人转让股权未提供完整、准确的股权原值凭证，不能正确计算股权原值的，由主管税务机关核定其股权原值。

对个人多次取得同一被投资企业股权的，转让部分股权时，采用“加权平均法”确定其股权原值。

八、偶然所得应纳税额的计算

偶然所得应纳税额的计算公式为：

应纳税额＝应纳税所得额×适用税率＝每次收入额×20％

【例 17-11】陈某在参加商场的有奖销售过程中，中奖所得共计价值 20 000 元。陈某领奖时告知商场，从中奖收入中拿出 8 000 元通过教育部门向某希望小学捐赠。请按照规定计算商场代扣代缴个人所得税后，陈某实际可得中奖金额。

(1)根据税法有关规定，陈某的捐赠不可以全部从应纳税所得额中扣除(因为 8 000÷20 000×100％＝40％，大于捐赠扣除比例 30％)。

捐赠限额＝20 000×30％＝6 000(元)，可全部扣除。

(2)应纳税所得额＝偶然所得－捐赠额＝20 000－6 000＝14 000(元)。

(3)应纳税额(即商场代扣税款)＝应纳税所得额×适用税率＝14 000×20％＝2 800(元)。

(4)陈某实际可得金额＝20 000－8 000－2 800＝9 200(元)。

九、应纳税额计算中的特殊问题

(一)对个人取得全年一次性奖金等计算征收个人所得税的方法

全年一次性奖金是指行政机关、企事业单位等扣缴义务人根据其全年经济效益和对雇员全年工作业绩的综合考核情况，向雇员发放的一次性奖金。一次性奖金也包括年终加薪、实行年薪制和绩效工资办法的单位根据考核情况兑现的年薪和绩效工资。

(1)居民个人取得全年一次性奖金，符合规定的，在 2021 年 12 月 31 日前，不并入当年综合所得，以全年一次性奖金收入除以 12 得到的数额，按照按月换算后的综合所得税率表(简称月度税率表)，确定适用税率和速算扣除数，单独计算纳税。计算公式为：

应纳税额＝全年一次性奖金收入×适用税率－速算扣除数

居民个人取得全年一次性奖金，也可以选择并入当年综合所得计算纳税。

自 2022 年 1 月 1 日起，居民个人取得全年一次性奖金，应并入当年综合所得计算缴纳个人所得税。

(2)在一个纳税年度内，对每一个纳税人，该计税办法只允许采用一次。

(3)实行年薪制和绩效工资的单位，个人取得年终兑现的年薪和绩效工资按本通知第 1 条、第 2 条执行。

(4)雇员取得除全年一次性奖金以外的其他各种名目奖金，如半年奖、季度奖、加班奖、先进奖、考勤奖等，一律与当月工资、薪金收入合并，按税法规定缴纳个人所得税。

【例 17-12】某人为中国公民，2019 年 12 月份在中国境内企业取得工资收入 6 000 元、年终奖 60 000 元。计算该人 12 月份应缴纳个人所得税。

(1)工资应纳税额＝(6 000－5 000)×3％－0＝30(元)。

(2)年终奖应纳税额的计算：

60 000÷12＝5 000(元)

税率 10％；速算扣除数 210 元

年终奖应纳税额＝60 000×10％－210＝5 790(元)。

(3)12 月份共缴纳税额＝30＋5 790＝5 820(元)。

(二)企业年金、职业年金个人所得税征收管理的规定

企业年金是指根据《企业年金试行办法》(原劳动和社会保障部令第 20 号)的规定，企业及其职工在依法参加基本养老保险的基础上，自愿建立的补充养老保险制度。职业年金是指根据《事业单位职业年金试行办法》(国办发〔2011〕37 号)的规定，事业单位及其工作人员在依法参加基本养老保险的基础上，建立的补充养老保险制度。

根据财政部、人力资源和社会保障部、国家税务总局《财政部、人力资源和社会保障部、国家税务总局关于企业年金、职业年金个人所得税有关问题的通知》(财税〔2013〕103 号)(以下简称“通知”)的精神，自 2014 年 1 月 1 日起，企业年金和职业年金个人所得税的计算征收按以下规定执行：

1. 企业年金和职业年金缴费的个人所得税处理

(1)企业和事业单位(以下统称“单位”)根据国家有关政策规定的办法和标准，为在本单位任职或者受雇的全体职工缴付的企业年金或职业年金(以下统称“年金”)单位缴费部分，在计入个人账户时，个人暂不缴纳个人所得税。

(2)个人根据国家有关政策规定缴付的年金个人缴费部分，在不超过本人缴费工资计税基数的 4％标准内的部分，暂从个人当期的应纳税所得额中扣除。

(3)超过上述第(1)项和第(2)项规定的标准缴付的年金单位缴费和个人缴费部分，应并入个人当期的工资、薪金所得，依法计征个人所得税。税款由建立年金的单位代扣代缴，并向主管税务机关申报解缴。

(4)企业年金个人缴费工资计税基数为本人上一年度月平均工资。月平均工资按国家统计局规定列入工资总额统计的项目计算。月平均工资超过职工工作地所在设区城市上一年度职工月平均工资 300％以上的部分，不计入个人缴费工资计税基数。

职业年金个人缴费工资计税基数为职工岗位工资和薪级工资之和。职工岗位工资和薪级工资之和超过职工工作地所在设区城市上一年度职工月平均工资 300％以上的部分，不计入个人缴费工资计税基数。

2. 年金基金投资运营收益的个人所得税处理

年金基金投资运营收益分配计入个人账户时，个人暂不缴纳个人所得税。

3. 领取年金的个人所得税处理

(1)个人达到国家规定的退休年龄，领取的企业年金、职业年金，符合规定的，不并入综合

所得，全额单独计算应纳税款。其中按月领取的，适用月度税率表计算纳税；按季领取的，平均分摊计入各月，按每月领取额适用月度税率表计算纳税；按年领取的，适用综合所得税率表计算纳税。

(2)单位和个人在本规定实施之前开始缴付年金缴费，个人在本规定实施之后领取年金的，允许其从领取的年金中减除在本规定实施之前缴付的年金单位缴费和个人缴费且已经缴纳个人所得税的部分，就其余额按照本通知第(1)项的规定征税。在个人分期领取年金的情况下，可按本规定实施之前缴付的年金缴费金额占全部缴费金额的百分比减计当期的应纳税所得额，减计后的余额，按照本通知第(1)项的规定，计算缴纳个人所得税。

(3)个人因出境定居而一次性领取的年金个人账户资金，或个人死亡后，其指定的受益人或法定继承人一次性领取的年金个人账户余额，适用综合所得税率表计算纳税。对个人除上述特殊原因外一次性领取年金个人账户资金或余额的，适用月度税率表计算纳税。

(4)个人领取年金时，其应纳税款由受托人代表委托人委托托管人代扣代缴。年金账户管理人应及时向托管人提供个人年金缴费及对应的个人所得税纳税明细。托管人根据受托人指令及账户管理人提供的资料，按照规定计算扣缴个人当期领取年金待遇的应纳税款，并向托管人所在地主管税务机关申报解缴。

(5)建立年金计划的单位、年金托管人，应按照个人所得税法和税收征收管理法的有关规定，实行全员全额扣缴明细申报。受托人有责任协调相关管理人依法向税务机关办理扣缴申报、提供相关资料。

建立年金计划的单位应于建立年金计划的次月 15 日内，向其所在地主管税务机关报送年金方案、人力资源社会保障部门出具的方案备案函、计划确认函以及主管税务机关要求报送的其他相关资料。年金方案、受托人、托管人发生变化的，应于发生变化的次月 15 日内重新向其主管税务机关报送上述资料。

(三)关于保险营销员、证券经纪人佣金收入征税问题

保险营销员、证券经纪人取得的佣金收入，属于劳务报酬所得，以不含增值税的收入减除20%的费用后的余额为收入额，收入额减去展业成本以及附加税费后，并入当年综合所得，计算缴纳个人所得税。保险营销员、证券经纪人展业成本按照收入额的 25%计算。

扣缴义务人向保险营销员、证券经纪人支付佣金收入时，应按照《个人所得税扣缴申报管理办法(试行)》(国家税务总局公告 2018 年第 61 号)规定的累计预扣法计算预扣税款。

(四)关于个人取得公务交通、通信补贴收入征税问题

个人因公务用车和通讯制度改革而取得的公务用车、通信补贴收入，扣除一定标准的公务费用后，按照“工资、薪金”所得项目计征个人所得税：按月发放的，并入当月“工资、薪金”所得计征个人所得税；不按月发放的，分解到所属月份并与该月份“工资、薪金”所得合并后计征个人所得税。

公务费用的扣除标准，由省级税务局根据纳税人公务交通、通信费用的实际发生情况调查测算，报经省级人民政府批准后确定，并报国家税务总局备案。

(五)对个人与用人单位解除劳动关系取得一次性补偿收入的征税方法

根据《财政部、国家税务总局关于个人与用人单位解除劳动关系取得的一次性补偿收入征

免个人所得税问题的通知》(财税〔2001〕157号)和《财政部、税务总局关于个人所得税法修改后有关优惠政策衔接问题的通知》(财税〔2018〕164号)精神,自2019年1月1日起,按以下规定处理:

(1)企业依照国家有关法律法规宣告破产,企业职工从该破产企业取得的一次性安置费收入,免征个人所得税。

(2)个人与用人单位解除劳动关系取得一次性补偿收入(包括用人单位发放的经济补偿金、生活补助费和其他补助费),在当地上年职工平均工资3倍数额以内的部分,免征个人所得税;超过3倍数额的部分,不并入当年综合所得,单独适用综合所得税率表,计算纳税。

(3)个人领取一次性补偿收入时按照国家和地方政府法规的比例实际缴纳的住房公积金、医疗保险费、基本养老保险费、失业保险费,可以在计征其一次性补偿收入的个人所得税时予以扣除。

【例17-13】张某在振华钢厂工作20年,因企业不景气被买断工龄,振华钢厂向张某支付一次性补偿金16万元,同时,从16万元中拿出1万元替张某缴纳"三险一金",当地上年职工平均工资为1.8万元。则:

①免税的部分=18 000×3+10 000=64 000(元)

②应纳个税部分=160 000-64 000=96 000(元)

张某应纳个人所得税部分单独适用综合所得税率表,对应税率10%,速算扣除数2 520。

③应纳个人所得税税额=96 000×10%-2 520=7 080(元)

(六)关于企业减员增效和行政事业单位、社会团体在机构改革过程中实行内部退养办法人员取得收入的征税问题

实行内部退养的个人在其办理内部退养手续后至法定离退休年龄之间从原任职单位取得的工资、薪金,不属于离退休工资,应按"工资、薪金所得"项目计征个人所得税。

个人在办理内部退养手续后从原任职单位取得的一次性收入,应按办理内部退养手续后至法定离退休年龄之间的所属月份进行平均,并与领取当月的"工资、薪金"所得合并后减除当月费用扣除标准,以余额为基数确定适用税率,再将当月工资、薪金加上取得的一次性收入,减去费用扣除标准,按适用税率计征个人所得税。

个人在办理内部退养手续后至法定离退休年龄之间重新就业取得的"工资、薪金"所得,应与其从原任职单位取得的同一月份的"工资、薪金"所得合并,并依法自行向主管税务机关申报缴纳个人所得税。

(七)个人提前退休取得补贴收入征收个人所得税的规定

自2011年1月1日起,个人提前退休取得一次性补贴收入征收个人所得税按以下规定执行:

机关、企事业单位对未达到法定退休年龄、正式办理提前退休手续的个人,按照统一标准向提前退休工作人员支付一次性补贴,不属于免税的离退休工资收入,应按照"工资、薪金所得"项目征收个人所得税。

个人办理提前退休手续而取得的一次性补贴收入,应按照办理提前退休手续至法定离退休年龄之间实际年度数平均分摊,确定适用税率和速算扣除数,单独适用综合所得税率表,计

算纳税。计算公式：

应纳税额＝{〔(一次性补贴收入÷办理提前退休手续至法定退休年龄的实际年度数)－费用扣除标准〕×适用税率－速算扣除数}×办理提前退休手续至法定退休年龄的实际年度数

(八)办理补充养老保险退保和提供担保个人所得税的征税方法

关于单位为个人办理补充养老保险退保后个人所得税及企业所得税的处理问题。单位为职工个人购买商业性补充养老保险等，在办理投保手续时应作为个人所得税的“工资、薪金所得”项目，按税法规定缴纳个人所得税；因各种原因退保，个人未取得实际收入的，已缴纳的个人所得税应予以退回。

关于个人提供担保取得收入征收个人所得税问题。个人为单位或他人提供担保获得报酬，应按照个人所得税法规定的“偶然所得”项目缴纳个人所得税，税款由支付所得的单位或个人代扣代缴。

(九)个人兼职和退休人员再任职取得收入个人所得税的征税方法

个人兼职取得的收入应按照“劳务报酬所得”应税项目缴纳个人所得税；退休人员再任职取得的收入，在减除按个人所得税法规定的费用扣除标准后，按“工资、薪金所得”应税项目缴纳个人所得税。

(十)企事业单位将自建住房以低于购置或建造成本价格销售给职工的个人所得税的征税规定

(1)根据住房制度改革政策的有关规定，国家机关、企事业单位及其他组织(以下简称“单位”)在住房制度改革期间，按照所在地县级以上人民政府规定的房改成本价格向职工出售公有住房，职工因支付的房改成本价格低于房屋建造成本价格或市场价格而取得的差价收益，免征个人所得税。

(2)除上述符合规定的情形外，根据《中华人民共和国个人所得税法》及其实施条例的有关规定，单位按低于购置或建造成本价格出售住房给职工，职工因此而少支出的差价部分，属于个人所得税应税所得，应按照“工资、薪金所得”项目缴纳个人所得税。其中“差价部分”，是指职工实际支付的购房价款低于该房屋的购置或建造成本价格的差额。

对职工取得的上述应税所得，不并入当年综合所得，以差价收入除以12个月得到的数额，按照月度税率表确定适用税率和速算扣除数，单独计算纳税。此前未征税款不再追征，已征税款不予退还。计算公式为：

应纳税额＝职工实际支付的购房价款低于该房屋的购置或建造成本价格的差额×适用税率－速算扣除数

(十一)房屋赠与个人所得税的计算方法

以下情形的房屋产权无偿赠与，对当事双方不征收个人所得税：

(1)房屋产权所有人将房屋产权无偿赠与配偶、父母、子女、祖父母、外祖父母、孙子女、外孙子女、兄弟姐妹。

(2)房屋产权所有人将房屋产权无偿赠与对其承担直接抚养或者赡养义务的抚养人或者赡养人。

(3)房屋产权所有人死亡,依法取得房屋产权的法定继承人、遗嘱继承人或者受遗赠人。

除上述情形以外,房屋产权所有人将房屋产权无偿赠与他人的,受赠人因无偿受赠房屋取得的受赠所得,按照“偶然所得”项目缴纳个人所得税。

对受赠人无偿受赠房屋计征个人所得税时,其应纳税所得额为房地产赠与合同上标明的赠与房屋价值减除赠与过程中受赠人支付的相关税费后的余额。赠与合同标明的房屋价值明显低于市场价格或房地产赠与合同未标明赠与房屋价值的,税务机关可依据受赠房屋的市场评估价格或采取其他合理方式确定受赠人的应纳税所得额。

受赠人转让受赠房屋的,以其转让受赠房屋的收入减除原捐赠人取得该房屋的实际购置成本以及赠与和转让过程中受赠人支付的相关税费后的余额,为受赠人的应纳税所得额,依法计征个人所得税。受赠人转让受赠房屋价格明显偏低且无正当理由的,税务机关可以依据该房屋的市场评估价格或其他合理方式确定的价格核定其转让收入。

(十二)离婚析产个人所得税的计算方法

(1)通过离婚析产的方式分割房屋产权是夫妻双方对共同共有财产的处置,个人因离婚办理房屋产权过户手续,不征收个人所得税。

(2)个人转让离婚析产房屋所取得的收入,允许扣除其相应的财产原值和合理费用后,余额按照规定的税率缴纳个人所得税;其相应的财产原值,为房屋初次购置全部原值和相关税费之和乘以转让者占房屋所有权的比例。

(3)个人转让离婚析产房屋所取得的收入,符合家庭生活自用5年以上唯一住房的,可以申请免征个人所得税,其购置时间按照离婚财产分割行为前的购房时间确定。《国家税务总局关于房地产税收政策执行中几个具体问题的通知》(国税发〔2005〕172号)

(十三)个人取得拍卖收入征收个人所得税

(1)自2007年5月1日起,个人通过拍卖市场拍卖个人财产,对其取得所得按以下规定征税:

①作者将自己的文字作品手稿原件或复印件拍卖取得的所得,应以其转让收入额减除800元(转让收入额4 000元以下)或者20%(转让收入额4 000元以上)后的余额为应纳税所得额,按照“特许权使用费”所得项目适用20%税率在次月预缴个人所得税,应当汇算清缴的,在年终进行汇算清缴。

②个人拍卖除文字作品原稿及复印件外的其他财产,应以其转让收入额减除财产原值和合理费用后的余额为应纳税所得额,按照“财产转让所得”项目适用20%税率缴纳个人所得税。

(2)对个人财产拍卖所得征收个人所得税时,以该项财产最终拍卖成交价格为其转让收入额。

个人财产拍卖所得适用“财产转让所得”项目计算应纳税所得额时,纳税人凭合法有效凭证(税务机关监制的正式发票、相关境外交易单据或海关报关单据、完税证明等),从其转让收入额中减除相应的财产原值、拍卖财产过程中缴纳的税金及有关合理费用。

①财产原值，是指售出方个人取得该拍卖品的价格（以合法有效凭证为准）。具体为：

a. 通过商店、画廊等途径购买的，为购买该拍卖品时实际支付的价款；

b. 通过拍卖行拍得的，为拍得该拍卖品实际支付的价款及交纳的相关税费；

c. 通过祖传收藏的，为其收藏该拍卖品而发生的费用；

d. 通过赠送取得的，为其受赠该拍卖品时发生的相关税费；

e. 通过其他形式取得的，参照以上原则确定财产原值。

②拍卖财产过程中缴纳的税金，是指在拍卖财产时纳税人实际缴纳的相关税金及附加。

③有关合理费用，是指拍卖财产时纳税人按照规定实际支付的拍卖费（佣金）、鉴定费、评估费、图录费、证书费等费用。

(3)纳税人如不能提供合法、完整、准确的财产原值凭证，不能正确计算财产原值的，按转让收入额的3%征收率计算缴纳个人所得税；拍卖品为经文物部门认定是海外回流文物的，按转让收入额的2%征收率计算缴纳个人所得税。

(4)纳税人的财产原值凭证内容填写不规范，或者一份财产原值凭证包括多件拍卖品且无法确认每件拍卖品对应的原值的，不得将其作为扣除财产原值的计算依据，应视为不能提供合法、完整、准确的财产原值凭证，并按上述规定的征收率计算缴纳个人所得税。

(5)纳税人能够提供合法、完整、准确的财产原值凭证，但不能提供有关税费凭证的，不得按征收率计算纳税，应当就财产原值凭证上注明的金额据实扣除，并按照税法规定计算缴纳个人所得税。

(6)个人财产拍卖所得应纳的个人所得税税款，由拍卖单位负责代扣代缴，并按规定向拍卖单位所在地主管税务机关办理纳税申报。

(7)拍卖单位代扣代缴个人财产拍卖所得应纳的个人所得税税款时，应给纳税人填开完税凭证，并详细标明每件拍卖品的名称、拍卖成交价格、扣缴税款额。

(8)主管税务机关应加强对个人财产拍卖所得的税收征管工作，在拍卖单位举行拍卖活动期间派工作人员进入拍卖现场，了解拍卖的有关情况，宣传辅导有关税收政策，审核鉴定原值凭证和费用凭证，督促拍卖单位依法代扣代缴个人所得税。

(十四)对从事建筑安装业个人取得所得的征税办法

从事建筑安装业的个人取得收入的情况比较复杂，因此，税法制定有专门的征税办法。

1. 纳税人

从事建筑安装业并取得个人所得的工程承包人、个体工商户及其他个人为纳税义务人。

2. 应纳项目的适用

应区别承包人、个体工商户及其他个人取得所得的不同情况，确定应税项目。

(1)凡建筑安装业各项工程作业实行承包经营，对承包人取得的所得，分两种情况处理：对经营成果归承包个人所有的所得，或按合同（协议）规定，将一部分经营成果归承包个人的所得，按“对企事业单位的承包经营、承租经营所得”项目征税；对承包人以其他方式取得的所得，按“工资、薪金所得”项目征税。

(2)从事建筑安装业的个体工商户和未领取营业执照承揽建筑安装业工程作业的建筑安装队和个人，以及建筑安装企业实行个人承包后，工商登记改变为个体经济性质的，其从事建筑安装业取得的收入，应依照“个体工商户的生产、经营所得”项目计征个人所得税。

(3)对从事建筑安装业工程作业的其他人员取得的所得，分别按照“工资、薪金所得”项目和“劳务报酬所得”项目计征个人所得税。

(十五)律师事务所从业人员个人所得税的计算方法

为了规范和加强律师事务所从业人员个人所得税的征收管理，根据《国家税务总局关于律师事务所从业人员个人所得税问题的公告》(国家税务总局公告 2012 年第 53 号)规定，自 2013 年 1 月 1 日起，按下列规定计算缴纳个人所得税。

(1)律师个人出资兴办的独资和合伙性质的律师事务所的年度经营所得，从 2 000 年 1 月 1 日起，停止征收企业所得税，作为出资律师的个人经营所得，比照“个体工商户的生产、经营所得”应税项目征收个人所得税。在计算其经营所得时，出资律师本人的工资、薪金所得不得扣除。

(2)律师个人出资兴办的律师事务所，凡有《税收征管法》第二十三条所列情形之一的，主管税务机关有权核定出资律师个人的应纳税额。

(3)律师事务所支付给雇员(包括律师及行政辅助人员，但不包括律师事务所的投资者)的所得，按“工资、薪金所得”应税项目征收个人所得税。

(4)作为律师事务所雇员的律师与律师事务所按规定的比例对收入分成，律师事务所不负担律师办理案件支出的费用(如交通费、资料费、通信费及聘请人员等费用)，律师当月的分成收入按规定扣除办理案件支出的费用后，余额与律师事务所发给的工资合并，按工资、薪金所得应税项目计征个人所得税。

律师从其分成收入中扣除办理案件支出费用的标准，由各省级税务局根据当地律师办理案件费用支出的一般情况、律师与律师事务所之间的收入分成比例及其他相关参考因素，在律师当月分成收入的 30%比例内确定。

对作为律师事务所雇员的律师，其办案费用或其他个人费用在律师事务所报销的，在计算其收入时不得再扣除上述规定的其收入 30%以内的办理案件支出费用。

(5)兼职律师从律师事务所取得工资、薪金性质的所得，律师事务所在代扣代缴其个人所得税时，不再减除税法规定的费用扣除标准，以收入全额(取得分成收入的为扣除办理案件支出费用后的余额)直接确定适用税率，计算扣缴个人所得税。兼职律师应于次月 7 日内自行向主管税务机关申报两处或两处以上取得的工资、薪金所得，合并计算缴纳个人所得税。

(6)律师以个人名义再聘请其他人员为其工作而支付的报酬，应由该律师按劳务报酬所得项目负责代扣代缴个人所得税。

(7)律师从接受法律事务服务的当事人处取得法律顾问费或其他酬金等收入，应并入其从律师事务所取得的其他收入，按照规定计算缴纳个人所得税。

(十六)关于数月奖金以及股权激励所得来源地的规定

无住所个人取得的数月奖金或者股权激励所得按照工资薪金规定确定所得来源地的，无住所个人在境内履职或者执行职务时收到的数月奖金或者股权激励所得，归属于境外工作期间的部分，为来源于境外的工资薪金所得；无住所个人停止在境内履约或者执行职务离境后收到的数月奖金或者股权激励所得，对属于境内工作期间的部分，为来源于境内的工资薪金所得。具体计算方法为:数月奖金或者股权激励乘以数月奖金或者股权激励所属工作期间境内工作天数与所属工作期间公历天数之比。

无住所个人一个月内取得的境内外数月奖金或者股权激励包含归属于不同期间的多笔所得的,应当先分别按照规定计算不同归属期间来源于境内的所得,然后再加总计算当月来源于境内的数月奖金或者股权激励收入额。

所称数月奖金是指一次取得归属于数月的奖金、年终加薪、分红等工资薪金所得,不包括每月固定发放的奖金及一次性发放的数月工资。本公告所称股权激励包括股票期权、股权期权、限制性股票、股票增值权、股权奖励以及其他因认购股票等有价证券而从雇主取得的折扣或者补贴。

(十七)个人股票期权所得个人所得税的征税方法

1.股票期权所得

企业员工股票期权(以下简称股票期权)是指上市公司按照规定的程序授予本公司及其控股企业员工的一项权利,该权利允许被授权员工在未来时间内以某一特定价格购买本公司一定数量的股票。

上述“某一特定价格”被称为“授予价”或“施权价”,即根据股票期权计划可以购买股票的价格,一般为股票期权授予日的市场价格或该价格的折扣价格,也可以是按照事先设定的计算方法约定的价格;“授予日”,也称“授权日”,是指公司授予员工上述权利的日期;“行权”,也称“执行”,是指员工根据股票期权计划选择购买股票的过程;员工行使上述权利的当日为“行权日”,也称“购买日”。

2.股票期权所得性质的确认及其具体征税规定

(1)员工接受实施股票期权计划企业授予的股票期权时,除另有规定外,一般不作为应税所得征税。

(2)员工行权时,其从企业取得股票的实际购买价(施权价)低于购买日公平市场价(指该股票当日的收盘价,下同)的差额,是因员工在企业的表现和业绩情况而取得的与任职、受雇有关的所得,应按“工资、薪金所得”适用的规定计算缴纳个人所得税。

对因特殊情况,员工在行权日之前将股票期权转让的,以股票期权的转让净收入,作为工资、薪金所得征收个人所得税。

员工行权日所在期间的工资、薪金所得,应按下列公式计算工资、薪金应纳税所得额:

股票期权形式的工资薪金应纳税所得额=(行权股票的每股市场价－员工取得该股票期权支付的每股施权价)×股票数量

(3)员工将行权后的股票再转让时获得的高于购买日公平市场价的差额,是因个人在证券二级市场上转让股票等有价证券而获得的所得,应按照“财产转让所得”适用的征免规定计算缴纳个人所得税。

(4)员工因拥有股权而参与企业税后利润分配取得的所得,应按照“利息、股息、红利所得”适用的规定计算缴纳个人所得税。

3.应纳税款的计算

(1)居民个人取得股票期权(简称股权激励)符合《财政部 国家税务总局关于个人股票期

权所得征收个人所得税问题的通知》(财税〔2005〕35 号)规定的相关条件的，在 2021 年 12 月 31 日前，不并入当年综合所得，全额单独适用综合所得税率表，计算纳税。计算公式为：

应纳税额＝股权激励收入×适用税率－速算扣除数

居民个人一个纳税年度内取得两次以上(含两次)股权激励的，应合并按上述规定计算纳税。

2022 年 1 月 1 日之后的股权激励政策另行明确。

【例 17-14】某企业员工小李目前月薪 6 000 元，两年前公司承诺：小李在企业工作满两年，则在一个纳税年度内分两次以每股 1 元的面值购买该企业股票 40 000 股，每次 20 000 股，第一次行权时，该股票市场价格是每股 2.5 元，第二次行权时，该股票市场价格是每股 2.7 元，该股权不可公开交易。两年前小李得到期权时不需要对此行为纳税；两年后，小李行权时所得应纳个人所得税。

小李月薪和行权所得各自纳税：

①小李 6 000 元月薪应纳税：

(6 000－5 000)×3%＝30(元)

②小李股票行权所得应纳税：

应纳税所得额＝20 000×(2.5－1)＋20 000×(2.7－1)＝64 000(元)

应单独计算税额＝64 000×10%－2 520＝3 880(元)

小李当月共纳个人所得税＝30＋3 880＝3 910(元)

(2)转让股票(销售)取得所得的税款计算。对于员工转让股票等有价证券取得的所得，应按现行税法和政策规定征免个人所得税。即：个人将行权后的境内上市公司股票再行转让而取得的所得，暂不征收个人所得税；个人转让境外上市公司的股票而取得的所得，应按税法的规定计算应纳税所得额和应纳税额，依法缴纳税款。

【例 17-15】中国公民潘某为外资企业工作人员，2019 年全年被派往境外工作，每月工资 12 000 元。2019 年潘某获得境外上市公司股票期权并在当年行权，2019 年 3 月转让了该股票，取得转让净所得 500 000 元人民币。请计算按我国税法规定潘某 2019 年的所得应缴纳个人所得税。

应纳税额＝[(12 000×12－5 000×12)×10%－2 520]＋500 000×20%

＝105 880(元)

(3)参与税后利润分配取得所得的税款计算。员工因拥有股权参与税后利润分配而取得的股息、红利所得，除依照有关规定可以免税或减税的外，应全额按规定税率计算纳税。

(十八)关于企业转增股本个人所得税规定

(1)自 2016 年 1 月 1 日起，全国范围内的中小高新技术企业以未分配利润、盈余公积、资本公积向个人股东转增股本时，个人股东一次缴纳个人所得税确有困难的，可根据实际情况自行制定分期缴税计划，在不超过 5 个公历年度内(含)分期缴纳，并将有关资料报主管税务机关备案。

(2)个人股东获得转增的股本，应按照“利息、股息、红利所得”项目，适用 20%税率征收个人所得税。

(3)股东转让股权并取得现金收入的，该现金收入应优先用于缴纳尚未缴清的税款。

(4)在股东转让该部分股权之前，企业依法宣告破产，股东进行相关权益处置后没有取得收益或收益小于初始投资额的，主管税务机关对其尚未缴纳的个人所得税可不予追征。

(5)本通知所称中小高新技术企业，是指注册在中国境内实行查账征收的、经认定取得高新技术企业资格，且年销售额和资产总额均不超过2亿元，从业人数不超过500人的企业。

(6)上市中小高新技术企业或在全国中小企业股份转让系统挂牌的中小高新技术企业向个人股东转增股本，股东应纳的个人所得税，继续按照现行有关股息红利差别化个人所得税政策执行，不适用本通知规定的分期纳税政策。

(十九)关于高新技术企业转化科技成果给予技术人员的股权奖励的个人所得税规定

(1)自2016年1月1日起，全国范围内的高新技术企业转化科技成果，给予本企业相关技术人员的股权奖励，个人一次缴纳税款有困难的，可根据实际情况自行制订分期缴税计划，在不超过5个公历年度内(含)分期缴纳，并将有关资料报主管税务机关备案。

(2)个人获得股权奖励时，按照"工资薪金所得"项目，参照《财政部、税务总局关于个人所得税法修改后有关优惠政策衔接问题的通知》(财税〔2018〕164号)有关规定计算确定应纳税额。在2021年12月31日前，不并入当年综合所得，全额单独使用综合所得税率表，计算纳税，2022年1月1日后的股权激励政策另行明确。计算公式为：

应纳税额＝股权激励收入×适用税率－速算扣除数

居民个人一个纳税年度内取得两次以上(含两次)股权激励的，应合并按上述规定计算纳税。

2022年1月1日之后的股权激励政策另行明确。

股权奖励的计税价格参照获得股权时的公平市场价格确定，具体按以下方法确定：

①上市公司股票的公平市场价格，按照取得股票当日的收盘价确定。取得股票当日为非交易时间的，按照上一个交易日收盘价确定。

②非上市公司股权的公平市场价格，依次按照净资产法、类比法和其他合理方法确定。

(3)技术人员转让奖励的股权(含奖励股权孳生的送、转股)并取得现金收入的，该现金收入应优先用于缴纳尚未缴清的税款。

(4)技术人员在转让奖励的股权之前企业依法宣告破产，技术人员进行相关权益处置后没有取得收益或资产，或取得的收益和资产不足以缴纳其取得股权尚未缴纳的应纳税款的部分，税务机关可不予追征。

(5)优惠适用的条件。

①所称相关技术人员，是指经公司董事会和股东大会决议批准获得股权奖励的以下两类人员：

a.对企业科技成果研发和产业化作出突出贡献的技术人员，包括企业内关键职务科技成果的主要完成人，重大开发项目的负责人，对主导产品或者核心技术、工艺流程做出重大创新或者改进的主要技术人员。

b.对企业发展做出突出贡献的经营管理人员，包括主持企业全面生产经营工作的高级管理人员，负责企业主要产品（服务）生产经营合计占主营业务收入（或者主营业务利润）50%以上的中、高级经营管理人员。

企业面向全体员工实施的股权奖励，不得按本通知规定的税收政策执行。

②所称股权奖励，是指企业无偿授予相关技术人员一定份额的股权或一定数量的股份。

③高新技术企业，是指实行查账征收、经省级高新技术企业认定管理机构认定的高新技术企业。

（二十）个人转让限售股征收个人所得税规定

自2010年1月1日起，对个人转让限售股取得的所得，按照“财产转让所得”，适用20%的比例税率征收个人所得税。

(1)限售股定义范围：

①上市公司股权分置改革完成后股票复牌日之前股东所持原非流通股股份，以及股票复牌日至解禁日期间由上述股份孳生的送、转股（以下统称“股改限售股”）。

②2006年股权分置改革新老划断后，首次公开发行股票并上市的公司形成的限售股，以及上市首日至解禁日期间由上述股份孳生的送、转股（以下统称“新股限售股”）。

③个人从机构或其他个人受让的未解禁限售股。

④个人因依法继承或家庭财产依法分割取得的限售股。

⑤个人持有的从代办股份转让系统转到主板市场（或中小板、创业板市场）的限售股。

⑥上市公司吸收合并中，个人持有的原被合并方公司限售股所转换的合并方公司股份。

⑦上市公司分立中，个人持有的被分立方公司限售股所转换的分立后公司股份。

⑧财政部、税务总局、法制办和证监会共同确定的其他限售股。

(2)限售股在解禁前被多次转让的，转让方对每一次转让所得均应按规定缴纳个人所得税。对具有下列情形的，应按规定征收个人所得税：

①个人通过证券交易所集中交易系统或大宗交易系统转让限售股。

②个人用限售股认购或申购交易型开放式指数基金（ETF）份额。

③个人用限售股接受要约收购。

④个人行使现金选择权将限售股转让给提供现金选择权的第三方。

⑤个人协议转让限售股。

⑥个人持有的限售股被司法扣划。

⑦个人因依法继承或家庭财产分割让渡限售股所有权。

⑧个人用限售股偿还上市公司股权分置改革中由大股东代其向流通股股东支付的对价。

⑨其他具有转让实质的情形。

(3)个人转让限售股，以每次限售股转让收入，减除股票原值和合理税费后的余额，为应纳税所得额。即：

应纳税所得额＝限售股转让收入－（限售股原值＋合理税费）

应纳税额＝应纳税所得额×20%

上述所称的限售股转让收入，是指转让限售股股票实际取得的收入。限售股原值，是指限售股买入时的买入价及按照规定缴纳的有关费用。合理税费，是指转让限售股过程中发生的印花税、佣金、过户费等与交易相关的税费。

如果纳税人未能提供完整、真实的限售股原值凭证的，不能准确计算限售股原值的，主管税务机关一律按限售股转让收入的15%核定限售股原值及合理税费。

(4)限售股转让所得个人所得税，以限售股持有者为纳税义务人，以个人股东开户的证券机构为扣缴义务人。限售股个人所得税由证券机构所在地主管税务机关负责征收管理。

(5)限售股转让所得个人所得税，采取证券机构预扣预缴、纳税人自行申报清算和证券机构直接扣缴相结合的方式征收。证券机构预扣预缴的税款，于次月 7 日内以纳税保证金形式向主管税务机关缴纳。主管税务机关在收取纳税保证金时，应向证券机构开具《中华人民共和国纳税保证金收据》，并纳入专户存储。

根据证券机构技术和制度准备完成情况，对不同阶段形成的限售股，采取不同的征收管理办法。

①证券机构技术和制度准备完成前形成的限售股，证券机构按照股改限售股股改复牌日收盘价，或新股限售股上市首日收盘价计算转让收入，按照计算出的转让收入的15%确定限售股原值和合理税费，以转让收入减去原值和合理税费后的余额，适用20%税率，计算预扣预缴个人所得税额。

纳税人按照实际转让收入与实际成本计算出的应纳税额，与证券机构预扣预缴税额有差异的，纳税人应自证券机构代扣并解缴税款的次月 1 日起 3 个月内，持加盖证券机构印章的交易记录和相关完整、真实凭证，向主管税务机关提出清算申报并办理清算事宜。主管税务机关审核确认后，按照重新计算的应纳税额，办理退(补)税手续。纳税人在规定期限内未到主管税务机关办理清算事宜的，税务机关不再办理清算事宜，已预扣预缴的税款从纳税保证金账户全额缴入国库。

②证券机构技术和制度准备完成后新上市公司的限售股，按照证券机构事先植入结算系统的限售股成本原值和发生的合理税费，以实际转让收入减去原值和合理税费后的余额，适用20%税率，计算直接扣缴个人所得税额。

(6)纳税人同时持有限售股及该股流通股的，其股票转让所得，按照限售股优先原则，即：转让股票视同为先转让限售股，按规定计算缴纳个人所得税。

(7)证券机构等应积极配合税务机关做好各项征收管理工作，并于每月 15 日前，将上月限售股减持的有关信息传递至主管税务机关。限售股减持信息包括：股东姓名、公民身份证号码、开户证券公司名称及地址、限售股股票代码、本期减持股数及减持取得的收入总额。证券机构有义务向纳税人提供加盖印章的限售股交易记录。

(8)对个人在上海证券交易所、深圳证券交易所转让从上市公司公开发行和转让市场取得的上市公司股票所得，继续免征个人所得税。

(二十一)关于个人取得有奖发票奖金征免个人所得税

个人取得单张有奖发票奖金所得不超过 800 元(含 800 元)的，暂免征收个人所得税；个人取得单张有奖发票奖金所得超过 800 元的，应全额按照《个人所得税法》规定的“偶然所得”项目征收个人所得税。税务机关或其指定的有奖发票兑奖机构，是有奖发票奖金所得个人所得税的扣缴义务人，应依法认真做好个人所得税代扣代缴工作。

(二十二)企业向个人支付不竞争款项征收个人所得税

不竞争款项是指资产购买方企业与资产出售方企业自然人股东之间在资产购买交易中，通过签订保密和不竞争协议等方式，约定资产出售方企业自然人股东在交易完成后一定期限内，承诺不从事有市场竞争的相关业务，并负有相关技术资料的保密义务，资产购买方企业则在约定期限内，按一定方式向资产出售方企业自然人股东所支付的款项。

鉴于资产购买方企业向个人支付的不竞争款项，属于个人因偶然因素取得的一次性所得，为此，资产出售方企业自然人股东取得的所得，应按照“偶然所得”项目计算缴纳个人所得税，税款由资产购买方企业在向资产出售方企业自然人股东支付不竞争款项时代扣代缴。

(二十三)企业促销展业赠送礼品有关个人所得税的规定

自2011年6月9日起，企业和单位(包括企业、事业单位、社会团体、个人独资企业、合伙企业和个体工商户等，以下简称“企业”)在营销活动中以折扣折让、赠品、抽奖等方式，向个人赠送现金、消费券、物品、服务等(以下简称“礼品”)有关个人所得税的具体规定如下：

(1)企业在销售商品(产品)和提供服务过程中向个人赠送礼品，属于下列情形之一的，不征收个人所得税：

①企业通过价格折扣、折让方式向个人销售商品(产品)和提供服务。

②企业在向个人销售商品(产品)和提供服务的同时给予赠品，如通信企业对个人购买手机赠话费、入网费，或者购话费赠手机等。

③企业对累积消费达到一定额度的个人按消费积分反馈礼品。

(2)企业向个人赠送礼品，属于下列情形之一的，取得该项所得的个人应依法缴纳个人所得税，税款由赠送礼品的企业代扣代缴：

①企业在业务宣传、广告等活动中，随机向本单位以外的个人赠送礼品(包括网络红包，下同)，以及企业在年会、座谈会、庆典以及其他活动中向本单位以外的个人赠送礼品，对个人取得的礼品收入，按照“偶然所得”项目计算缴纳个人所得税，但企业赠送的具有价格折扣或折让性质的消费券、代金券、抵用券、优惠券等礼品除外。

前款所称礼品收入的应纳税所得额按照《财政部 国家税务总局关于企业促销展业赠送礼品有关个人所得税问题的通知》(财税〔2011〕50号)第三条规定计算。企业赠送的礼品是自产产品(服务)的，按该产品(服务)的市场销售价格确定个人的应税所得；是外购商品(服务)的，按该商品(服务)的实际购置价格确定个人的应税所得。

②企业对累积消费达到一定额度的顾客，给予额外抽奖机会，个人的获奖所得，按照“偶然所得”项目，全额适用20%的税率缴纳个人所得税。

(二十四)在外商投资企业、外国企业和外国驻华机构工作的中方人员取得的工资、薪金所得的征税的问题

(1)在外商投资企业、外国企业和外国驻华机构工作的中方人员取得的工资、薪金收入，凡是由雇佣单位和派遣单位分别支付的，支付单位应依照税法第八条的规定代扣代缴个人所得税。同时，按税法规定，纳税义务人应以每月全部工资、薪金收入减除规定费用后的余额为应纳税所得额。为了有利于征管，对雇佣单位和派遣单位分别支付工资、薪金的，采取由支付者

中的一方减除费用的方法，即只由雇佣单位支付工资、薪金时，按税法法规减除费用，计算扣缴个人所得税；派遣单位支付的工资、薪金不再减除费用，以支付全额直接确定适用税率，计算扣缴个人所得税。

上述纳税义务人，应持两处支付单位提供的原始明细工资、薪金单（书）和完税凭证原件，选择并固定到一地税务机关申报每月工资、薪金收入，汇算清缴其工资、薪金收入的个人所得税，多退少补。具体申报期限，由各省、自治区、直辖市税务局确定。

【例 17-16】王某为一外商投资企业雇佣的中方人员，假定 2019 年 1 月，该外商投资企业支付给王某的薪金为 7 500 元，同月，王某还收到其所在的派遣单位发给的工资 3 900 元。请问：该外商投资企业，派遣单位应如何扣缴个人所得税？王某实际应缴的个人所得税为多少？

①外商投资企业应为王某扣缴的个人所得税为：

扣缴税额＝（每月收入额－5 000）×适用税率－速算扣除数＝（7 500－5 000）×3%－0＝75（元）

②派遣单位应为王某扣缴的个人所得税为：

扣缴税额＝每月收入额×适用税率－速算扣除数＝3 900×3%－0＝117（元）

③王某实际应缴的个人所得税为：

应纳税额＝（每月收入额－5 000）×适用税率－速算扣除数
＝（7500＋3900－5 000）×3%－0＝192（元）

因此，在王某到某税务机关申报时，还应补缴 0 元。

（2）对外商投资企业、外国企业和外国驻华机构发放给中方工作人员的工资、薪金所得，应全额征税。但对可以提供有效合同或有关凭证，能够证明其工资、薪金所得的一部分按照有关法规上交派遣（介绍）单位的，可扣除其实际上交的部分，按其余额计征个人所得税。

（二十五）关于沪港、深港股票市场交易互联互通机制试点个人所得税的规定

（1）内地个人投资者通过沪港通、深港通投资香港联交所上市股票的转让差价个人所得税。

①对内地个人投资者通过沪港通投资香港联交所上市股票取得的转让差价所得，自 2014 年 11 月 17 日起至 2017 年 11 月 16 日止，暂免征收个人所得税。对内地个人投资者通过沪港通投资香港联交所上市股票取得的转让差价所得，自 2017 年 11 月 17 日起至 2019 年 12 月 4 日止，继续暂免征收个人所得税。

②对内地个人投资者通过深港通投资香港联交所上市股票取得的转让差价所得，自 2016 年 12 月 5 日起至 2019 年 12 月 4 日止，暂免征收个人所得税。

（2）内地个人投资者通过沪港通、深港通投资香港联交所上市股票的股息红利所得税。

①自 2014 年 11 月 17 日起，对内地个人投资者通过沪港通投资香港联交所上市 H 股取得的股息红利，H 股公司应向中国证券登记结算有限责任公司（以下简称中国结算）提出申请，由中国结算向 H 股公司提供内地个人投资者名册，H 股公司按照 20%的税率代扣个人所得税。内地个人投资者通过沪港通投资香港联交所上市的非 H 股取得的股息红利，由中国结算按照 20%的税率代扣个人所得税。个人投资者在国外已缴纳的预提税，可持有效扣税凭证

到中国结算的主管税务机关申请税收抵免。

对内地证券投资基金通过沪港通投资香港联交所上市股票取得的股息红利所得,按照上述规定计征个人所得税。

②自2016年12月5日起,对内地个人投资者通过深港通投资香港联交所上市H股取得的股息红利,H股公司应向中国证券登记结算有限责任公司(以下简称中国结算)提出申请,由中国结算向H股公司提供内地个人投资者名册,H股公司按照20%的税率代扣个人所得税。内地个人投资者通过深港通投资香港联交所上市的非H股取得的股息红利,由中国结算按照20%的税率代扣个人所得税。个人投资者在国外已缴纳的预提税,可持有效扣税凭证到中国结算的主管税务机关申请税收抵免。

对内地证券投资基金通过深港通投资香港联交所上市股票取得的股息红利所得,按照上述规定计征个人所得税。

(3)香港市场投资者(包括企业和个人)投资上交所、深交所上市A股取得的转让差价所得税。

①自2014年11月17日起,对香港市场投资者(包括企业和个人)投资上交所上市A股取得的转让差价所得,暂免征收所得税。

②自2016年12月5日起,对香港市场投资者(包括企业和个人)投资深交所上市A股取得的转让差价所得,暂免征收所得税。

(4)自2014年11月17日起,对香港市场投资者(包括企业和个人)投资上交所上市A股取得的股息红利所得,在香港中央结算有限公司(以下简称香港结算)具备向中国结算提供投资者的身份及持股时间等明细数据的条件之前,暂不执行按持股时间实行差别化征税政策,由上市公司按照10%的税率代扣所得税,并向其主管税务机关办理扣缴申报。对于香港投资者中属于其他国家税收居民且其所在国与中国签订的税收协定规定股息红利所得税率低于10%的,企业或个人可以自行或委托代扣代缴义务人,向上市公司主管税务机关提出享受税收协定待遇的申请,主管税务机关审核后,应按已征税款和根据税收协定税率计算的应纳税款的差额予以退税。

(5)自2016年12月5日起,对香港市场投资者(包括企业和个人)投资深交所上市A股取得的股息红利所得,在香港中央结算有限公司(以下简称香港结算)具备向中国结算提供投资者的身份及持股时间等明细数据的条件之前,暂不执行按持股时间实行差别化征税政策,由上市公司按照10%的税率代扣所得税,并向其主管税务机关办理扣缴申报。对于香港投资者中属于其他国家税收居民且其所在国与中国签订的税收协定规定股息红利所得税率低于10%的,企业或个人可以自行或委托代扣代缴义务人,向上市公司主管税务机关提出享受税收协定待遇的申请,主管税务机关查实后,对符合退税条件的,应按已征税款和根据税收协定税率计算的应纳税款的差额予以退税。

(二十六)境外所得缴纳税额抵免的计算方法(综合所得、经营所得,其他分类所得)

在对纳税人的境外所得征税时,会存在其境外所得已在来源国家或者地区缴税的实际情况。基于国家之间对同一所得应避免双重征税的原则,我国在对纳税人的境外所得行使税收管辖权时,对该所得在境外已纳税额采取了分不同情况从应征税额中予以扣除的做法。

税法规定，居民个人从中国境外取得的所得，可以从其应纳税额中抵免已在境外缴纳的个人所得税税额，但抵免额不得超过该纳税人境外所得依照本法规定计算的应纳税额。

(1)居民个人从中国境内和境外取得的综合所得、经营所得，应当分别合并计算应纳税额；从中国境内和境外取得的其他所得，应当分别单独计算应纳税额。

(2)税法所说的已在境外缴纳的个人所得税税额，是指居民个人来源于中国境外的所得，依照该所得来源国家(地区)的法律应当缴纳并且实际已经缴纳的所得税税额。

(3)税法所说的纳税人境外所得依照本法规定计算的应纳税额，是居民个人抵免已在境外缴纳的综合所得、经营所得以及其他所得的所得税税额的限额(以下简称抵免限额)。除国务院财政、税务主管部门另有规定外，来源于中国境外一个国家(地区)的综合所得抵免限额、经营所得抵免限额以及其他所得抵免限额之和，为来源于该国家(地区)所得的抵免限额。

居民个人在中国境外一个国家(地区)实际已经缴纳的个人所得税税额，低于依照前款规定计算出的来源于该国家(地区)所得的抵免限额的，应当在中国缴纳差额部分的税款；超过来源于该国家(地区)所得的抵免限额的，其超过部分不得在本纳税年度的应纳税额中抵免，但是可以在以后纳税年度来源于该国家(地区)所得的抵免限额的余额中补扣。补扣期限最长不得超过5年。

(4)居民个人申请抵免已在境外缴纳的个人所得税税额，应当提供境外税务机关出具的税款所属年度的有关纳税凭证。

综上所述，计算步骤如下：

第一步，依照税法规定计算应纳税额。

居民个人来源于中国境外的所得，区别不同国家或者地区和不同所得项目，依照规定计算应纳税额；同一国家或者地区内不同所得项目的应纳税额之和，为该国家或者地区的抵免限额。计算公式如下：

①来源于一国(地区)综合所得的抵免限额＝中国境内、境外综合所得依照中国税法规定计算的综合所得应纳税总额×(来源于该国(地区)的综合所得收入额÷中国境内、境外综合所得收入总额)。

境内、境外综合所得应纳税所得额＝(境内、境外全年工资薪金所得＋境内、境外全年劳务报酬所得×(1－20%)＋境内、境外全年特许权使用费所得×(1－20%)＋境内、境外全年稿酬所得×(1－20%)×70%)－免税收入－60 000－专项扣除－专项附加扣除－其他扣除－准予扣除的捐赠额。

②来源于一国(地区)的经营所得抵免限额＝中国境内、境外经营所得依照中国税法规定计算的经营所得应纳税总额×(来源于该国(地区)的经营所得的应纳税所得额÷中国境内、境外经营所得的应纳税所得额)。

境内、境外经营所得应纳税所得额＝境内、境外全年收入总额－成本－费用－损失－基本扣除费用－专项扣除－其他扣除－准予扣除的捐赠额。

③来源于一国(地区)的其他所得项目抵免限额，为来源于该国(地区)的其他所得项目依照中国税法规定计算的应纳税额。

④来源于一国(地区)的抵免限额＝该国综合所得抵免限额＋该国经营所得抵免限额＋该国其他所得项目抵免限额。

第二步，依照税法规定计算抵免税额。

纳税人在计算抵免税额前,应按照"分国不分项"的原则计算抵免限额,并在各国限额内扣除,超过该国抵免限额的,可在该国以后年度所得中结转扣除,但结转期限不超过 5 年。计算公式如下:

①某国抵免限额=该国各项所得抵免限额之和。

②某国实际抵免额=最小值(该国抵免限额、该国实际缴纳税额加上以前年度结转抵免税额)。

③本年实际抵免额=境外各国实际抵免额之和。

【例 17-17】纳税人钱某 2019 年在 A 国取得讲学收入 150 000 元、股息所得 100 000 元,经营所得应纳税所得额 220 000 元,已在 A 国缴纳税款 60 000 元;在 B 国取得讲学收入 100 000 元,经营所得应纳税所得额为 120 000 元,利息所得为 50 000 元,已在 B 国缴纳税款 50 000 元。2019 年钱某境内综合所得为 200 000 元,允许扣除的三险一金 50 000 元、专项附加扣除 10 000 元。请按新税法规定计算钱某 2019 年应补缴(结转)个人所得税税额。

第一步,不分国分项计算应纳税额。

①境内境外综合所得应合并计算应纳税额:

境内、境外综合所得应税收入额=150 000×80%+100 000×80%+200 000=400 000(元)

应纳税所得额=400 000-60 000-50 000-10 000=280 000(元)

综合所得应纳税额=280 000×20%-16 920=39 080(元)

A 国综合所得应纳税额=39 080×120 000÷400 000=11 724(元)

B 国综合所得应纳税额=39 080×80 000÷400 000=7 816(元)

②境内、境外经营所得应合并计算应纳税额:

境内、境外经营所得应纳税所得额=220 000+120 000=340 000(元)

境内、境外经营所得应纳税额=340 000×30%-40 500=61 500(元)

A 国经营所得应纳税额=61 500×220 000÷340 000=39 794.12(元)

B 国经营所得应纳税额=61 500×120 000÷340 000=21 705.88(元)

第二步,分国不分项计算抵免限额。

①A 国抵免限额=11 724+39 794.12+20 000=71 518.12(元)

②B 国抵免限额=7 816+21 705.88+10 000=39 521.88(元)

第三步,计算实际抵免税额。

①A 国实际抵免税额=最小值(71 518.12>60 000)=60 000(元)

应补缴个人所得税=71 518.12-60 000=11 518.12(元)

②B 国实际抵免税额=最小值(39 521.88<50 000)=39 521.88(元)

可结转以后年度抵免税额=50 000-39 521.88=10 478.12(元)

(二十七)两个以上的纳税人共同取得同一项所得的计税问题

两个以上的个人共同取得同一项目收入的,应当对每个人取得的收入分别按照个人所得税法的规定计算纳税。

【例 17-18】张某和李某共同承担一项装修工程,共获得装修费 5 000 元,根据协议,张某分得 4 200 元,李某分得 800 元。则:

张某应缴纳个人所得税＝4 200×(1－20％)×20％＝672(元)

李某应缴纳个人所得税＝0(元)

(二十八)个人所得为外币时的换算方法

企业和个人取得的收入和所得为美元、日元、港币的，仍统一使用中国人民银行公布的人民币对上述三种货币的基准汇价计税。企业和个人取得的收入和所得为上述三种货币以外的其他货币的，应根据美元对人民币的基准汇价和国家外汇管理局提供的纽约外汇市场美元对主要外币的汇价进行套算，按套算后的汇价作为折合汇率计算缴纳税款。套算公式为：

某种货币对人民币的汇价＝美元对人民币的基准汇价/纽约外汇市场美元对该种货币的汇价

第四节　个人所得税的征收管理

个人所得税的纳税办法，有代扣代缴和自行申报两种。

一、代扣代缴纳税

代扣代缴，是指按照税法规定负有扣缴税款义务的单位和个人，在向个人支付应纳税所得时，应计算应纳税额，从其所得中扣除并缴入国库，同时向税务机关报送扣缴个人所得税报告表。这种方法，有利于控制税源、防止漏税和逃税。

(一)扣缴义务人和代扣代缴的范围

(1)扣缴义务人，是指向个人支付所得的单位或者个人。扣缴义务人应当依法办理全员全额扣缴申报。

全员全额扣缴申报，是指扣缴义务人应当在代扣税款的次月 15 日内，向主管税务机关报送其支付所得的所有个人的有关信息、支付所得数额、扣除事项和数额、扣缴税款的具体数额和总额以及其他相关涉税信息资料。

(2)代扣代缴的范围。实行个人所得税全员全额扣缴申报的应税所得包括：

①工资、薪金所得。

②劳务报酬所得。

③稿酬所得。

④特许权使用费所得。

⑤利息、股息、红利所得。

⑥财产租赁所得。

⑦财产转让所得。

⑧偶然所得。

扣缴义务人向个人支付应税款项时，应当依照个人所得税法规定预扣或者代扣税款，按时缴库，并专项记载备查。

这里所说的支付，包括现金支付、汇拨支付、转账支付和以有价证券、实物以及其他形式的支付。

(二)扣缴义务人的法定义务

(1)扣缴义务人首次向纳税人支付所得时,应当按照纳税人提供的纳税人识别号等基础信息,填写《个人所得税基础信息表(A表)》,并于次月扣缴申报时向税务机关报送。

扣缴义务人对纳税人向其报告的相关基础信息变化情况,应当于次月扣缴申报时向税务机关报送。

(2)扣缴义务人向居民个人支付工资、薪金所得时,应当按照累计预扣法计算预扣税款,并按月办理扣缴申报。

(3)纳税人需要享受税收协定待遇的,应当在取得应税所得时主动向扣缴义务人提出,并提交相关信息、资料,扣缴义务人代扣代缴税款时按照享受税收协定待遇有关办法办理。

(4)支付工资、薪金所得的扣缴义务人应当于年度终了后两个月内,向纳税人提供其个人所得和已扣缴税款等信息。纳税人年度中间需要提供上述信息的,扣缴义务人应当提供。

纳税人取得除工资、薪金所得以外的其他所得,扣缴义务人应当在扣缴税款后,及时向纳税人提供其个人所得和已扣缴税款等信息。

(5)扣缴义务人应当按照纳税人提供的信息计算税款、办理扣缴申报,不得擅自更改纳税人提供的信息。

扣缴义务人发现纳税人提供的信息与实际情况不符的,可以要求纳税人修改。纳税人拒绝修改的,扣缴义务人应当报告税务机关,税务机关应当及时处理。

纳税人发现扣缴义务人提供或者扣缴申报的个人信息、支付所得、扣缴税款等信息与实际情况不符的,有权要求扣缴义务人修改。扣缴义务人拒绝修改的,纳税人应当报告税务机关,税务机关应当及时处理。

(6)扣缴义务人对纳税人提供的《个人所得税专项附加扣除信息表》,应当按照规定妥善保存备查。

(7)扣缴义务人应当依法对纳税人报送的专项附加扣除等相关涉税信息和资料保密。

(8)扣缴义务人有未按照规定向税务机关报送资料和信息、未按照纳税人提供信息虚报虚扣专项附加扣除、应扣未扣税款、不缴或少缴已扣税款、借用或冒用他人身份等行为的,依照《中华人民共和国税收征收管理法》等相关法律、行政法规处理。

(9)行政机关、事业单位工资发放方式改革后扣缴个人所得税问题。

①行政机关、事业单位改革工资发放方式后,随着支付工资所得单位的变化,其扣缴义务人也有所变化。根据《中华人民共和国个人所得税法》第八条的法规,凡是有向个人支付工薪所得行为的财政部门(或机关事务管理、人事等部门)、行政机关、事业单位均为个人所得税的扣缴义务人。

②财政部门(或机关事务管理、人事等部门)向行政机关、事业单位工作人员发放工资时应依法代扣代缴个人所得税。行政机关、事业单位再向个人支付与任职、受雇有关的其他所得时,应将个人的这部分所得与财政部门(或机关事务管理、人事等部门)发放的工资合并计算应纳税所得额和应纳税额,并就应纳税额与财政部门(或机关事务管理、人事等部门)已扣缴税款的差额部分代扣代缴个人所得税。

(三)法律责任

(1)属于 2001 年 5 月 1 日前发生的应税行为,如果纳税人拒绝履行纳税义务,扣缴义务人应当及时报告税务机关处理,并暂时停止支付其应纳税所得额。否则,纳税人应缴纳的税款由扣缴义务人补缴。同时,扣缴义务人还要承担应扣未扣、应收未收的税款应缴纳的滞纳金或罚款。扣缴义务人应补缴的税款按下列公式计算:

应纳税所得额=(支付的收入额-费用扣除标准-速算扣除数)÷(1-税率)

应纳税额=应纳税所得额×适用税率-速算扣除数

(2)属于 2001 年 5 月 1 日后发生的应税行为,按照《中华人民共和国税收征收管理法》进行处理:扣缴义务人应扣未扣、应收而不收税款的,由税务机关向纳税人追缴税款,对扣缴义务人处应扣未扣、应收未收税款 50%以上 3 倍以下的罚款;纳税人、扣缴义务人逃避、拒绝或者以其他方式阻挠税务机关检查的,由税务机关责令改正,可以处 10 000 元以下的罚款;情节严重的,处 10 000 元以上 50 000 元以下的罚款。

(3)扣缴义务人的法人代表(或单位主要负责人)、财会部门的负责人及具体办理代扣代缴税款的有关人员,共同对依法履行代扣代缴义务负法律责任。根据税法规定,扣缴义务人有偷税或者抗税行为的,除依法追缴税款、处以罚款(罚金)外,对情节严重的,还应追究直接责任人的刑事责任。

(四)代扣代缴税款的手续费

对扣缴义务人按照规定扣缴的税款,按年付给 2%的手续费。不包括税务机关、司法机关等查补或者责令补扣的税款。

扣缴义务人领取的扣缴手续费可用于提升办税能力、奖励办税人员。

二、自行申报纳税

自行申报纳税,是指纳税人自行在税法规定的纳税期限内,向税务机关申报取得的应税所得项目和数额,如实填写个人所得税纳税申报表,并按照税法规定计算应纳税额,据此缴纳个人所得税的一种方法。

(一)取得综合所得需要办理汇算清缴的纳税申报

取得综合所得且符合下列情形之一的纳税人,应当依法办理汇算清缴:

(1)从两处以上取得综合所得,且综合所得年收入额减除专项扣除后的余额超过 60 000 元。

(2)取得劳务报酬所得、稿酬所得、特许权使用费所得中一项或者多项所得,且综合所得年收入额减除专项扣除的余额超过 60 000 元。

(3)纳税年度内预缴税额低于应纳税额;

(4)纳税人申请退税。

需要办理汇算清缴的纳税人,应当在取得所得的次年 3 月 1 日至 6 月 30 日内,向任职、受雇单位所在地主管税务机关办理纳税申报,并报送《个人所得税年度自行纳税申报表》。纳税人有两处以上任职、受雇单位的，选择向其中一处任职、受雇单位所在地主管税务机关办理纳税申报；纳税人没有任职、受雇单位的，向户籍所在地或经常居住地主管税务机关办理纳税申报。

纳税人办理综合所得汇算清缴，应当准备与收入、专项扣除、专项附加扣除、依法确定的其他扣除、捐赠、享受税收优惠等相关的资料，并按规定留存备查或报送。

(二)取得经营所得的纳税申报

个体工商户业主、个人独资企业投资者、合伙企业个人合伙人、承包承租经营者个人以及其他从事生产、经营活动的个人取得经营所得，包括以下情形：

(1)个体工商户从事生产、经营活动取得的所得，个人独资企业投资人、合伙企业的个人合伙人来源于境内注册的个人独资企业、合伙企业生产、经营的所得。

(2)个人依法从事办学、医疗、咨询以及其他有偿服务活动取得的所得。

(3)个人对企业、事业单位承包经营、承租经营以及转包、转租取得的所得。

(4)个人从事其他生产、经营活动取得的所得。

纳税人取得经营所得，按年计算个人所得税，由纳税人在月度或季度终了后 15 日内，向经营管理所在地主管税务机关办理预缴纳税申报，并报送《个人所得税经营所得纳税申报表(A表)》。在取得所得的次年 3 月 31 日前，向经营管理所在地主管税务机关办理汇算清缴，并报送《个人所得税经营所得纳税申报表(B 表)》；从两处以上取得经营所得的，选择向其中一处经营管理所在地主管税务机关办理年度汇总申报，并报送《个人所得税经营所得纳税申报表(C表)》。

(三)取得应税所得，扣缴义务人未扣缴税款的纳税申报

纳税人取得应税所得，扣缴义务人未扣缴税款的，应当区别以下情形办理纳税申报：

(1)居民个人取得综合所得的，按照第(一)条办理。

(2)非居民个人取得工资、薪金所得，劳务报酬所得，稿酬所得，特许权使用费所得的，应当在取得所得的次年 6 月 30 日前，向扣缴义务人所在地主管税务机关办理纳税申报，并报送《个人所得税自行纳税申报表(A 表)》。有两个以上扣缴义务人均未扣缴税款的，选择向其中一处扣缴义务人所在地主管税务机关办理纳税申报。

非居民个人在次年 6 月 30 日前离境(临时离境除外)的，应当在离境前办理纳税申报。

(3)纳税人取得利息、股息、红利所得，财产租赁所得，财产转让所得和偶然所得的，应当在取得所得的次年 6 月 30 日前，按相关规定向主管税务机关办理纳税申报，并报送《个人所得税自行纳税申报表(A 表)》。

税务机关通知限期缴纳的，纳税人应当按照期限缴纳税款。

(四)取得境外所得的纳税申报

居民个人从中国境外取得所得的，应当在取得所得的次年 3 月 1 日至 6 月 30 日内，向中国境内任职、受雇单位所在地主管税务机关办理纳税申报；在中国境内没有任职、受雇单位的，向户籍所在地或中国境内经常居住地主管税务机关办理纳税申报；户籍所在地与中国境内经常居住地不一致的，选择其中一地主管税务机关办理纳税申报；在中国境内没有户籍的，向中

国境内经常居住地主管税务机关办理纳税申报。

(五)因移居境外注销中国户籍的纳税申报

纳税人因移居境外注销中国户籍的，应当在申请注销中国户籍前，向户籍所在地主管税务机关办理纳税申报，进行税款清算。

(1)纳税人在注销户籍年度取得综合所得的，应当在注销户籍前，办理当年综合所得的汇算清缴，并报送《个人所得税年度自行纳税申报表》。尚未办理上一年度综合所得汇算清缴的，应当在办理注销户籍纳税申报时一并办理。

(2)纳税人在注销户籍年度取得经营所得的，应当在注销户籍前，办理当年经营所得的汇算清缴，并报送《个人所得税经营所得纳税申报表(B表)》。从两处以上取得经营所得的，还应当一并报送《个人所得税经营所得纳税申报表(C表)》。尚未办理上一年度经营所得汇算清缴的，应当在办理注销户籍纳税申报时一并办理。

(3)纳税人在注销户籍当年取得利息、股息、红利所得，财产租赁所得，财产转让所得和偶然所得的，应当在注销户籍前，申报当年上述所得的完税情况，并报送《个人所得税自行纳税申报表(A表)》。

(4)纳税人有未缴或者少缴税款的，应当在注销户籍前，结清欠缴或未缴的税款。纳税人存在分期缴税且未缴纳完毕的，应当在注销户籍前，结清尚未缴纳的税款。

(5)纳税人办理注销户籍纳税申报时，需要办理专项附加扣除、依法确定的其他扣除的，应当向税务机关报送《个人所得税专项附加扣除信息表》《商业健康保险税前扣除情况明细表》《个人税收递延型商业养老保险税前扣除情况明细表》等。

(六)非居民个人在中国境内从两处以上取得工资、薪金所得的纳税申报

非居民个人在中国境内从两处以上取得工资、薪金所得的，应当在取得所得的次月15日内，向其中一处任职、受雇单位所在地主管税务机关办理纳税申报，并报送《个人所得税自行纳税申报表(A表)》。

(七)纳税申报方式

纳税人可以采用远程办税端、邮寄等方式申报，也可以直接到主管税务机关申报。其中，采取邮寄申报纳税的，以寄出地的邮戳日期为实际申报日期。

三、个人财产对外转移提交税收证明或者完税凭证的规定

(1)税务机关对申请人缴纳税款情况进行证明。税务机关在为申请人开具税收证明时，应当按其收入或财产的不同类别、来源，由收入来源地或者财产所在地税务局开具。

(2)申请人拟转移的财产已取得完税凭证的，可直接向外汇管理部门提供完税凭证，不需向税务机关另外申请税收证明。

申请人拟转移的财产总价值在人民币15万元以下的，可不需向税务机关申请税收证明。

(3)申请人申请领取税收证明的程序如下：

①申请人按照本通知第五条的规定提交相关资料，按财产类别和来源地，向税务局申请开具税收证明。

开具税收证明的税务机关为县级或者县级以上税务局。

②申请人资料齐全的，税务机关应当在15日内开具税收证明；申请人提供资料不全的，可要求其补正，待补正后开具。

③申请人有未完税事项的，允许补办申报纳税后开具税收证明。

④税务机关有根据认为申请人有偷税、骗税等情形，需要立案稽查的，在稽查结案并完税后可开具税收证明。

申请人与纳税人姓名、名称不一致的，税务机关只对纳税人出具证明，申请人应向外汇管理部门提供其与纳税人关系的证明。

(4)申请人向税务机关申请税收证明时，应当提交的资料分别为：代扣代缴单位报送的含有申请人明细资料的《扣缴个人所得税报告表》复印件，《个体工商户所得税年度申报表》《个人承包承租经营所得税年度申报表》原件，有关合同、协议原件，取得有关所得的凭证，以及税务机关要求报送的其他有关资料。

申请人发生财产变现的，应当提供交易合同、发票等资料。

必要时税务机关应当对以上资料进行核实；对申请人没有缴税的应税行为，应当责成纳税人缴清税款并按照《税收征收管理法》的规定处理后开具税收证明。

(5)税务机关必须按照申请人实际入库税额如实开具证明，并审查其有无欠税情况，严禁开具虚假证明。

申请人编造虚假的计税依据骗取税收证明的，伪造、变造、涂改税收证明的，按照《税收征收管理法》及其实施细则的规定处理。

四、自然人税收管理系统(简称ITS)

(1)自然人税收管理系统是核心税收业务系统之一，是对原金税三期个人税收管理系统的重大优化升级，将按照个人所得税改革的政策要求和业务需求，分步把金税三期个人税收管理系统的功能，转为依托云平台建设、全国数据大集中的自然人税收管理系统的功能。

ITS办税渠道主要包括：金税三期自然人税收管理系统(简称局端大厅)、扣缴义务人使用的扣缴客户端、以及自然人纳税人使用Web端(网页端)、App端(手机客户端)等渠道。

(2)ITS(扣缴客户端)操作功能的内容主要包括：实名办税管理、完善个人信息、专项附加扣除、纳税申报这4项功能。

①实名办税管理是指根据《国家税务总局关于推行实名办税的意见》(税总发〔2016〕111号)和《国家税务总局关于发布〈纳税信用管理办法(试行)〉的公告》(国家税务总局公告2014年第40号)的要求，为验证纳税人、扣缴义务人(以下统称为“纳税人”)及其办税人员的身份真实性，保护其隐私信息和身份不被冒用，而采取的“先实名认证、后办税”的管理方式，为全面记录和归集纳税人办税行为与办税信息、建立健全纳税信用体系奠定坚实基础。

实名办税管理包括实名注册和登录。实名注册是为了验证绑定的账户是否属于本人，对纳税人信息的真实性进行验证审核，保障纳税人的合法权益和涉税数据安全。纳税人可以通过访问各省局门户网站首页或登录各省电子税务局后，点击自然人办税服务平台链接进行登录。

②完善个人信息，是为了便于纳税人查看和维护个人信息、享受税收优惠以及后续快速补退税款，需先采集相关信息。目前需要完善的信息主要包括：个人信息、任职受雇信息、家庭成

员信息、银行卡和安全中心的相关信息等5项内容。

③专项附加扣除信息采集是纳税人根据税收法律法规的有关规定，需要进行专项附加扣除的，自行或通过扣缴义务人向税务机关报告。此次税法的修改的亮点之一就是在基本减除费用的基础之上，以国家税收和个人共同分担的方式，适度缓解个人在教育、医疗、住房等方面的支出压力。在施行综合和分类税制初期，专项附加扣除项目包括子女教育、继续教育、大病医疗、住房贷款利息或者住房租金、赡养老人等6项。

④纳税申报功能提供个人专项应税所得申报服务，办理纳税申报后，如发现申报表填写的金额、征收品目等存在错误，可进行更正和作废申报。

习　题

一、单项选择题

1. 国内某大学教授取得的下列所得中，免予征收个人所得税的是（　　）。

A. 因任某高校兼职教授取得的课酬

B. 按规定领取原提存的住房公积金

C. 因拥有持有期不足1年的某上市公司股票取得的股息

D. 被学校评为校级优秀教师获得的奖金

2. 某个体工商户发生的下列支出中，允许在个人所得税税前扣除的是（　　）。

A. 家庭生活用电支出

B. 直接向某灾区小学的捐赠

C. 已缴纳的城市维护建设税及教育费附加

D. 代员工负担的个人所得税税款

3. 中国公民吴某购买“打包”债权实际支出为40万元，2019年3月处置该债权的40%，取得处置收入25万元，在债权处置过程中发生评估费用2万元。吴某处置“打包”债权应缴纳个人所得税（　　）万元。

A. 1.20　　B. 1.40　　C. 1.56　　D. 1.80

4. 中国公民王某于2018年9月起以6万元的资金持有上海证券交易所的某境内上市公司的股票10 000股。2019年2月，该上市公司宣布实施每股0.8元的分红决定，王某在3月将上述股票以7万元的价格转让，王某上述行为应缴纳个人所得税（　　）元。

A. 0　　B. 800　　C. 2 700　　D. 2 800

5. 张某将一处新购置的房产无偿赠与同窗好友林某，房地产赠与合同上标明该房产价值60万元，赠与过程中林某支付契税等可扣除的相关税费2万元。则林某接受赠与取得该房产时应纳个人所得税为（　　）万元。

A. 0　　B. 11.6　　C. 12　　D. 24

6. 某演员一次获得表演收入60 000元，则应按照“劳务报酬所得”项目预扣预缴个人所得税为（　　）元。

A. 0　　B. 12 400　　C. 48 000　　D. 24 000

7. 教授王某2020年3月在北京日报发表一篇评论文章，取得稿酬1 500元；当月他的一部著作由某出版社出版，取得稿酬 40 000 元。王某所获稿酬在 3 月应预扣预缴的个人所得税为(　　)元。

A. 0　　B. 1 240　　C. 4 480　　D. 98

8. 居民个人取得的下列所得中，适用按次征收个人所得税的是(　　)。

A. 个体工商户的经营所得

B. 出租房产取得的租金所得

C. 在公司任职取得的季度奖

D. 承包某乡镇企业取得的经营所得

9. 对个人代销彩票取得的所得计征个人所得税时，适用的所得项目是(　　)。

A. 劳务报酬所得　　B. 工资、薪金所得

C. 偶然所得　　D. 经营所得

10. 某高校教师 2020 年 3 月所取得的下列收入中，应计算缴纳个人所得税的是(　　)。

A. 国债利息收入

B. 任职高校发放的误餐补助

C. 为某企业开设讲座取得的酬金

D. 任职高校为其缴付的住房公积金

二、多项选择题

1. 下列所得，属于个人所得税"工资、薪金所得"应税项目的有(　　)。

A. 甲公司会计张三利用每周末到乙事务所做业余审计助理的兼职所得

B. 李四出差取得的规定标准的差旅费津贴

C. 任职于杂志社的记者王五在本单位杂志上发表作品取得的所得

D. 某公司总经理赵六兼任本公司董事取得的董事费所得

2. 下列各项中，应当按照工资、薪金所得项目征收个人所得税的有(　　)。

A. 劳动分红　　B. 独生子女补贴

C. 差旅费津贴　　D. 超过规定标准的误餐费

3. 下列各项中，按"劳务报酬所得 "项目缴纳个人所得税的有(　　)。

A. 外部董事的董事费收入

B. 个人业余兼职收入

C. 某高校在职教师为某企业讲课取得的收入

D. 个人举办盆景展取得的收入

4. 张某承包了一家餐厅，餐厅每年支付张某报酬 10 万元，张某不参与分享餐厅经营成果；李某承包了一家国有招待所，承包合同规定每月支付李某工资 4 000 元，同时李某每年要上缴承包费 50 万元，其余招待所经营成果归李某所有。则下列关于个人所得税的说法正确的有(　　)。

A. 张某取得的所得按照工资、薪金所得项目征税

B. 张某取得的所得按照经营所得项目征税

C. 李某取得的工资按照工资、薪金所得项目征税

D. 李某取得的工资和承包经营成果都按照经营所得项目征税

5. 以下应按照利息、股息、红利所得项目征收个人所得税的有(　　)。

A. 个人购买上市公司股票分得的股利分红

B. 合伙企业的个人投资者以企业资金为本人购买住房

C. 股份有限公司的个人投资者以企业资金为本人购买汽车

D. 单位经批准向个人集资支付的集资利息

6. 李某在2020年1月将一处住房出租给某公司作为招待客房(已签订合同,该公司也索要了增值税专用发票)。下列各项税务处理中,正确的有(　　)。

A. 应按12%的税率缴纳房产税

B. 应按0.05%的税率缴纳印花税

C. 应按10%的税率缴纳个人所得税

D. 应在5% 征收率基础上减按1.5%计算缴纳增值税

7. 以下属于个人所得税专项扣除的项目有(　　)。

A. 基本医疗保险　　B. 住房公积金　　C. 大病医疗　　D. 住房租金

8. 张某在足球世界杯期间参加下列活动所获得的收益中,应当缴纳个人所得税的有(　　)。

A. 参加某电商的秒杀活动,以100元购得原价2 000元的足球鞋一双

B. 为赴巴西看球,开通手机全球漫游套餐,获赠价值1 500元的手机一部

C. 参加某电台举办世界杯竞猜活动,获得价值6 000元的赴巴西机票一张

D. 作为某航空公司金卡会员被邀请参加世界杯抽奖活动,抽得市价2 500元球衣一套

9. 纳税人应当依法自行办理纳税申报的情形有(　　)。

A. 取得应税所得没有扣缴义务人　　B. 取得境外所得

C. 取得偶然所得　　D. 因移居境外注销中国户籍

10. 小雨全日制本科毕业后被保送读本校全日制研究生,下列关于读研期间教育费用的扣除,说法正确的有(　　)。

A. 由其父母扣除

B. 可以选择由其父母扣除,也可以选择由本人扣除

C. 按照每月1 000元(每年12 000元)的标准定额扣除

D. 按照每月400元(每年4 800元)定额扣除

三、判断题

1. 对非居民纳税人来源于中国境内但支付地点在境外的所得,免征个人所得税。(　　)

2. 在中国境内无住所,但在华居住满5年的个人,从第6年起的以后年度中,凡在境内居住满1年的,应当就其来源于境内,境外的所得申报纳税;凡在境内居住不满1年的,则仅就该年内来源于境内的所得申报纳税。(　　)

3. 个人因用人单位解除劳动关系而取得一次性补偿收入,其收入在当地上年职工工资平均工资3倍数额以内的部分,免征个人所得税。(　　)

4. 王某为国内某大学的著名教授,他经常到全国各地进行演讲。七月,他在一大学就环保问题连续演讲两次,分别获演讲费3 000元和5 000元。因此,王某应缴个人所得税1 240元。(　　)

5. 2019 年度某外籍专家在中国工作，居住了 70 天，在中国任职期间的工资 20 000 美元，其中 10 000 美元中方直接支付，另外 10 000 美元中方转交其本国派出公司支付。外籍专家应就其中方支付的 10 000 美元在中国缴纳个人所得税。（ ）

6. 超过政府规定标准缴纳的失业、养老、医疗保险，其超过规定缴付的部分应计入职工当期工资、薪金收入，依法计征个人所得税。（ ）

7. 员工接受企业授予的不可公开交易的股票期权时，应于接受当月，作为工资薪金所得计算缴纳个人所得税。（ ）

8. 个体户张某对外投资，从被投资企业分得红利，属投资经营所得，应依法按个体工商业户的生产、经营所得缴纳个人所得税。（ ）

9. 承包经营、承租经营的承租人取得的所得，一律按照个人所得税法中的五级超额累进税率计算其应纳税额。（ ）

10. 某畅销书出版后添加印数，则其因添加印数追加的稿酬应与以前出版发表时的稿酬合并为一次计算个人所得税。（ ）

11. 某作者由出版社出版一部小说，取得稿酬 3 万元，该书在北京晚报上连载刊登，连载完后报社支付其稿酬 2 万元。该作者的两笔稿酬应该合并缴纳个人所得税。（ ）

12. 个人向社会公益事业以及遭受自然灾害地区、贫困地区捐赠，捐赠额未超过纳税人申报的应纳税所得额 3%的部分，可以从其应纳税所得额中扣除。（ ）

13. 扣缴义务人未履行扣缴个人所得税义务的，由扣缴义务人承担应纳的税款、滞纳金和罚款。（ ）

14. 个人购买国家发行的金融债券和企业债券的利息免税。（ ）

四、计算题

1. 我国居民金好 2019 年在 A 国取得讲学收入 15 万元、股息所得 10 万元、经营所得的应纳税所得额 22 万元，已在 A 国缴纳税款 6 万元；在 B 国取得讲学收入 10 万元、利息所得 5 万元、经营所得的应纳税所得额 12 万元，已在 B 国缴纳税款 5 万元。2019 年金好境内的综合所得为 20 万元，允许扣除的三险一金 5 万元，专项附加扣除 1 万元。

要求：计算金好 2019 年在我国应缴纳的个人所得税税额。

2. 居民个人李某为独生子，2019 年交完社保和住房公积金后共取得税前工资收入 25 万元，劳务报酬收入 6 万元，稿酬收入 1 万元。李某有两个上小学的小孩且均由其扣除子女教育专项附加扣除，李某的父母健在且均已年满 60 岁。

要求：计算李某当年应纳的个人所得税税额。

3. 假定某美国专家（非居民个人）临时来华工作，2020 年 2 月取得由该企业发放的工资收入 40 000 元人民币，此外还受某大学邀请担任外语比赛评委，取得劳务报酬 6 000 元人民币。

要求：计算当月其应纳个人所得税税额 。

4. 徐某 2019 年承包某加工厂，根据协议变更登记为个体工商户，当年加工厂取得收入总额 100 万元，准予扣除的成本 、费用及损失等合计 85 万元（不含业主扣除费用，含徐某每月从加工厂领取的工资 4 000 元）。徐某没有综合所得，但有 1 个上小学的孩子且由他扣除子女教育专项附加扣除。

要求：计算徐某 2019 年个人所得税应纳税所得额。

5. 中国公民肖某2020年1月份取得2019年的年终奖金60 000元。肖某选择不并入当年综合所得的计税方法。

要求：计算肖某年终奖应纳个人所得税。

6. 某居民个人2019年每月取得工资收入12 000元，每月缴纳社保费用和住房公积金1 400元，该居民个人作为独生子独立赡养自己60岁以上的父母，全年均享受住房贷款利息专项附加扣除。

要求：请计算该居民个人的工资薪金扣缴义务人2019年1月、2月和12月预扣预 缴的税款金额 。(对上述专项附加扣除该个人选择在任职单位预扣预缴其税款时扣除)

7. 孙某为中国公民，2019年收入情况如下：

(1)每月取得工资9 000元，12月取得年终奖60 000元；

(2)担任兼职取得收入80 000元，从中捐给希望工程教育基金会40 000元；

(3)3月购入一批债券，买入价20 000元，支付相关税费共计300元。年底将该批债券一次性卖出，卖出价25 000元，；另支付卖出债券的税费共计200元；

(4)在A国发表专业文章取得稿酬收入30 000元，已按收入来源国税法规定缴纳了个人所得税2 000元；

(5)在B国其专著被出版，获得版权收入200 000元，该项所得在B国已纳个人所得税20 000元；

(6)个人出租住房，每月取得收入3 000元，每月发生的准予扣除的修缮费用850元；

(7)临时担任配音，取得收入30 000元；

(8)出版小说一部，取得稿酬50 000元，后因小说加印和报刊连载，分别取得出版社稿酬10 000元和报社稿酬3 800元；

(9)与王某、刘某共同投资的一家合伙企业，未确定分配比例，该企业年度经营所得82 500元(已扣除规定的投资者费用)；

(10) 取得上市公司分配的股息、红利所得20 000元；

(11)每月扣缴五险一金800元，子女教育1 000元。

要求：

(1)计算李某2019年各月在我国预缴的个人所得税。

(2)计算李某2019年全年在我国汇算清缴的个人所得税。

8. 国内某高校张教授2019年取得部分收入项目如下：

(1)5月份出版了一本书稿，获得稿酬20 000元；

(2)9月份教师节期间获得全国教学名师奖，获得教育部颁发的奖金50 000元；

(3)10月份取得5年期国债利息收入8 700元 ，一年期定期储蓄存款利息收入500元，某上市公司发行的企业债利息收入1 500元；

(4)11月份因持有两年前购买的某境内上市公司股票10 000股，取得该公司股票分红所得2 000元，随后将该股票卖出，获得股票转让所得50 000元；

(5)12月份应A公司邀请给本公司财务人员培训，取得收入30 000元，A公司未履行扣缴个人所得税义务。

要求：根据上述资料，按照下列序号回答问题，如有计算需计算出合计数。

(1)计算张教授5月份稿酬所得应预扣预缴的个人所得税。

(2)9 月份张教授获得的全国教学名师奖金是否需要纳税，请说明理由。如需要，请计算应预扣预缴的个人所得税。

(3)10 月份张教授取得的利息收入是否需要纳税。如需要，请计算其应纳税额。

(4)11 月份张教授股息所得和股票转让所得是否需要纳税，请说明理由。如需要，请计算其应纳税额。

(5)回答 A 公司未履行代扣代缴个人所得税义务应承担的法律责任，税务机关应对该项纳税事项如何进行处理。

第十八章　环境保护税

★ 本章学习要点

- 环境保护税的概念
- 环境保护税的税制要素
- 环境保护税的计算
- 环境保护税的征收管理

第一节　环境保护税概述

一、环境保护税的概念和特点

(一)环境保护税的概念

环境保护税是对在我国领域以及管辖的其他海域直接向环境排放应税污染物的企事业单位和其他生产经营者征收的一种税。

(二)基本法律依据

现行环境保护税的基本规范，是2016年12月25日第十二届全国人民代表大会常务委员会第二十五次会议通过的《中华人民共和国环境保护税法》，该法自2018年1月1日起施行。2017年12月25日，根据《中华人民共和国环境保护税法》(以下简称环境保护税法)，制定《中华人民共和国环境保护税法实施条例》。

(三)环境保护税的特点

(1)征税项目为4种重点污染源。

本法所称应税污染物，是指本法所附《环境保护税税目税额表》《应税污染物和当量值表》规定的大气污染物、水污染物、固体废物和噪声。

(2)纳税人主要是企事业单位和其他经营者。

(3)直接排放应税污染物是必要条件。

(4)税额为统一定额税和浮动定额税结合。

(5)税收收入全部归地方。

第二节　纳税人和征税对象

一、环境保护税的纳税义务人

在中华人民共和国领域和中华人民共和国管辖的其他海域，直接向环境排放应税污染物的企业事业单位和其他生产经营者。

家庭和个人即便有排放污染物的行为，也不属于环境保护税的纳税人。

二、征税对象

大气污染物、水污染物、固体废物和噪声（仅指工业噪声）。

三、征税与不征税项目

有下列情形之一的，不属于直接向环境排放污染物，不缴纳相应污染物的环境保护税：

（1）企业事业单位和其他生产经营者向依法设立的污水集中处理、生活垃圾集中处理场所排放应税污染物的。

【征税项目】依法设立的城乡污水集中处理、生活垃圾集中处理场所超过国家和地方规定的排放标准向环境排放应税污染物的，应当缴纳环境保护税。

（2）企业事业单位和其他生产经营者在符合国家和地方环境保护标准的设施、场所贮存或者处置固体废物的。

【征税项目】企业事业单位和其他生产经营者，贮存或者处置固体废物不符合国家和地方环境保护标准的，应当缴纳环境保护税。

（3）达到省级人民政府确定的规模标准并且有污染物排放口的畜禽养殖场，依法对畜禽养殖废弃物进行综合利用和无害化处理的。

【征税项目】达到省级人民政府确定的规模标准并且有污染物排放口的畜禽养殖场，应当依法缴纳环境保护税。

【例 18-1】下列各项中，属于环境保护税征税范围的有（　　）。

A. 大气污染物

B. 光污染物

C. 煤矸石

D. 危险废物

E. 建筑施工噪声

【答案】ACD

【解析】光污染物不属于环保税征税范围，应税噪声污染目前只包括工业噪声，建筑施工噪声不属于工业噪声。

第三节　税目及税率

环境保护税的税目、税额，依照环境保护税法所附《环境保护税税目税额表》(表 18-1)执行。

应税大气污染物和水污染物的具体适用税额的确定和调整，由省、自治区、直辖市人民政府统筹考虑本地区环境承载能力、污染物排放现状和经济社会生态发展目标要求，在本法所附《环境保护税税目税额表》规定的税额幅度内提出，报同级人民代表大会常务委员会决定，并报全国人民代表大会常务委员会和国务院备案。

表 18-1　环境保护税税目税额表

税目		计税单位	税率——定额税率
1.大气污染物	列举：二氧化硫、一般性粉尘、烟尘等	每污染当量	各省浮动定额税制，税额上限则设定为下限的 10 倍
2.水污染物	列举：悬浮物、动植物油、氟化物、甲醛等		
3.固体废物	列举：煤矸石；尾矿；危险废物；冶炼渣、粉煤灰、炉渣等	每吨	全国统一的定额税制
4.噪声	工业噪声	超标分贝	(1)全国统一的定额税制； (2)一个单位有不同地点作业场所，应分别计算税额，合并计征； (3)噪声税额：声源一个月内超标不足 15 天，减半计税

第四节　计税依据与应纳税额计算

一、计税依据

应税污染物的计税依据，按照下列方法确定：

(1)应税大气污染物按照污染物排放量折合的污染当量数确定；

(2)应税水污染物按照污染物排放量折合的污染当量数确定；

(3)应税固体废物按照固体废物的排放量确定；

(4)应税噪声按照超过国家规定标准的分贝数确定。

应税大气污染物、水污染物的污染当量数，以该污染物的排放量除以该污染物的污染当量值计算。每种应税大气污染物、水污染物的具体污染当量值，依照环境保护税法所附《应税污染物和当量值表》(表 18-2)执行。

每一排放口或者没有排放口的应税大气污染物，按照污染当量数从大到小排序，对前 3 项污染物征收环境保护税。

每一排放口的应税水污染物，按照本法所附《应税污染物和当量值表》，区分第一类水污染物和其他类水污染物，按照污染当量数从大到小排序，对第一类水污染物按照前五项征收环境保护税，对其他类水污染物按照前三项征收环境保护税。

省、自治区、直辖市人民政府根据本地区污染物减排的特殊需要，可以增加同一排放口征收环境保护税的应税污染物项目数，报同级人民代表大会常务委员会决定，并报全国人民代表大会常务委员会和国务院备案。

表 18-2 应税污染物和当量值表

征税对象	计税依据	具体要求
应税大气污染物	污染当量数	每一排放口或者没有排放口的应税大气污染物，按照污染当量数从大到小排序，对前三项污染物征税
应税水污染物		每一排放口的应税水污染物：第一类水污染物按照前五项征税；其他类水污染物按照前三项征税
应税固体废物	固体废物的排放量	排放量＝当期应税固体废物的产生量－当期应税固体废物贮存量－处置量－综合利用量
应税噪声	超过国家规定标准的分贝数	每月统一定额税

【专有名词解释】

污染当量：是指根据污染物或者污染排放活动对环境的有害程度以及处理的技术经济性，衡量不同污染物对环境污染的综合性指标或者计量单位。同一介质相同污染当量的不同污染物，其污染程度基本相当。

污染当量值：是以环境污染因素中指定单位量的主要污染物有害程度和对生物体的毒性以及处理费用为基准，其他污染物与之相比，相当的量值。污染当量值是单位污染当量，即其他污染物相当于每一单位基准污染物污染危害及处理费用时的量值。

污染当量数：污染当量的数量，即污染当量的总数。污染当量数＝该污染物的排放量÷该污染物的污染当量值

假定 A 为基准污染物，B 污染物污染当量值为 0.5 千克，则意味着：0.5 千克的 B 污染物与 1 千克的 A 污染物的污染危害及处理费用基本相等。所以，下列式子成立，从而推导出污染当量数计算公式：

$$\frac{\text{污染当量值}}{1}=\frac{\text{排放量}}{\text{污染当量数}}$$

（一）应税大气污染物和应税水污染物污染当量数的确定

（1）计算公式：应税大气污染物、水污染物的污染当量数＝该污染物的排放量÷该污染物的污染当量值。

（2）纳税人有下列情形之一的，以其当期应税大气污染物、水污染物的产生量作为污染物的排放量：

①未依法安装使用污染物自动监测设备或者未将污染物自动监测设备与环境保护主管部门的监控设备联网；

②损毁或者擅自移动、改变污染物自动监测设备；

③篡改、伪造污染物监测数据；

④通过暗管、渗井、渗坑、灌注或者稀释排放以及不正常运行防治污染设施等方式违法排放应税污染物；

⑤进行虚假纳税申报。

【例 18-2】某企业 2018 年 8 月向水体直接排放第一类水污染物总汞、总镉、总铬、总砷、总铅、总银各 40 千克。已知水污染物污染当量值：分别为总汞 0.000 5、总镉 0.005、总铬 0.04、总砷 0.02、总铅 0.025、总银 0.02。

要求：请计算企业 8 月第一类水污染物应该缴纳环保税的污染当量数。

【解析】污染当量数＝该污染物的排放量÷该污染物的污染当量值

污染物	污染当量数
总汞	40÷0.000 5＝80 000
总镉	40÷0.005＝8 000
总铬	40÷0.04＝1 000
总砷	40÷0.02＝2 000
总铅	40÷0.025＝1 600
总银	40÷0.02＝2 000

对第一类水污染物污染当量数排序：

总汞(80 000)＞总镉(8 000)＞总砷(2 000)＝总银(2 000)＞总铅(1 600)＞总铬(1 000)

取前五项，计算第一类水污染物应该缴纳环保税的污染当量数＝93 600

(二)应税固体废物按照固体废物的排放量确定

(1)计算公式：固体废物的排放量＝当期应税固体废物的产生量－当期应税固体废物贮存量－处置量－综合利用量

(2)纳税人有下列情形之一的，以其当期应税固体废物的产生量作为固体废物的排放量：

①非法倾倒应税固体废物；

②进行虚假纳税申报。

(三)应税噪声按照超过国家规定标准的分贝数确定

(1)应税噪声的应纳税额为超过国家规定标准分贝数对应的具体适用税额。

(2)噪声超标分贝数不是整数值的，按四舍五入取整。

(3)声源一个月内累计昼间超标不足 15 昼或者累计夜间超标不足 15 夜的，分别减半计算应纳税额。

二、计税依据确定时遵循的方法和顺序

应税大气污染物、水污染物、固体废物的排放量和噪声的分贝数，按照下列方法和顺序计算：

(1)纳税人安装使用符合国家规定和监测规范的污染物自动监测设备的，按照污染物自动监测数据计算；

(2)纳税人未安装使用污染物自动监测设备的，按照监测机构出具的符合国家有关规定和监测规范的监测数据计算；

(3)因排放污染物种类多等原因不具备监测条件的，按照国务院环境保护主管部门规定的排污系数、物料衡算方法计算；

(4)不能按照本条第一项至第三项规定的方法计算的，按照省、自治区、直辖市人民政府环境保护主管部门规定的抽样测算的方法核定计算。

注意1：对于纳税人从两个以上排放口排放应税污染物的，对每一排放口排放的应税污染物分别计算征收环境保护税；纳税人持有排污许可证的，其污染物排放口按照排污许可证载明的污染物排放口确定。

注意2：对于纳税人未安装使用污染物自动监测设备的，自行对污染物进行监测所获取的监测数据，符合国家有关规定和监测规范的，视同监测机构出具的监测数据。

【专用名词解释】

排污系数，是指在正常技术经济和管理条件下，生产单位产品所应排放的污染物量的统计平均值。

物料衡算，是指根据物质质量守恒原理对生产过程中使用的原料、生产的产品和产生的废物等进行测算的一种方法。

三、应纳税额的计算

环境保护税应纳税额按照下列方法计算(表18-3)：

(1)应税大气污染物的应纳税额为污染当量数乘以具体适用税额；

(2)应税水污染物的应纳税额为污染当量数乘以具体适用税额；

(3)应税固体废物的应纳税额为固体废物排放量乘以具体适用税额；

(4)应税噪声的应纳税额为超过国家规定标准的分贝数对应的具体适用税额。

表18-3 环境保护税应纳税额计算方法

征税对象	计税公式
应税大气污染物	应纳税额＝污染当量数×适用税额 应税大气污染物的污染当量数＝该污染物的排放量÷该污染物的污染当量值
应税水污染物	应纳税额＝污染当量数×适用税额 应税水污染物的污染当量数＝该污染物的排放量÷该污染物的污染当量值
应税固体废物	应纳税额＝固体废物排放量×适用税额
应税噪声	应纳税额＝超过国家规定标准的分贝数对应的具体适用税额

【例 18-3】某企业 2019 年 6 月向大气直接排放二氧化硫 160 吨、氮氧化物 228 吨，烟尘 45 吨、一氧化碳 20 吨，该企业所在地区大气污染物的税额标准为 1.2 元/污染当量，该企业只有一个排放口。已知二氧化硫、氮氧化物的污染当量值为 0.95，烟尘污染当量值为 2.18，一氧化碳污染当量值为 16.7。

要求：请计算该企业 6 月大气污染物应缴纳的环境保护税（结果保留两位小数）。

【解析】第一步，计算各污染物的污染当量数

污染物污染当量数

二氧化硫：160×1 000÷0.95＝168 421.05

氮氧化物：228×1 000÷0.95＝240 000

烟尘：45×1000÷2.18＝20 642.20

一氧化碳：20×1 000÷16.7＝1 197.60

第二步，按污染物的污染当量数排序：

氮氧化物（240 000）＞二氧化硫（16 8421.05）＞烟尘（20 642.20）＞一氧化碳（1 197.60）

第三步，选取前三项污染物计算应纳税额：

氮氧化物：240 000×1.2＝288 000（元）

二氧化硫：168 421.05×1.2＝202 105.26（元）

烟尘：20 642.20×1.2＝24 770.64（元）

该企业 6 月应纳环保税税额＝288 000＋202 105.26＋24 770.64＝514 875.90（元）。

【例 18-4】某企业为环境保护税的纳税人，该企业 2018 年 4 月直接向河流排放总铅 5 000 千克，已知总铅污染当量值 0.025 千克，假设其所在省公布的环境保护税税额为每污染当量 4 元。甲企业当月应缴纳环境保护税（ ）元。

A. 80 0000 B. 500 000 C. 824 000 D. 850 000

【答案】A

【解析】污染当量数＝该污染物的排放量÷该污染物的污染当量值＝5 000÷0.025＝200 000

应缴纳环境保护税＝污染当量数×适用税额＝200 000×4＝80 0000（元）。

【例 18-5】某企业 2018 年 5 月产生尾矿 2 000 吨，其中综合利用的尾矿 800 吨（符合标准），在符合国家和地方环境保护标准的设施贮存 500 吨，适用税额为 15 元/吨。该企业 5 月尾矿应缴纳环境保护税（ ）元。

A. 10 500 B. 30 000 C. 22 500 D. 18 000

【答案】A

【解析】应税固体废物的计税依据按照固体废物的排放量确定。固体废物的排放量为当期应税固体废物的产生量减去当期应税固体废物的贮存量、处置量、综合利用量的余额。

应税固体废物的应纳税额＝固体废物排放量×适用税额＝（2 000－800－500）×15＝10 500（元）。

第五节 税收减免

一、环境保护税免征规定

(1)农业生产(不包括规模化养殖)排放应税污染物的；

(2)机动车、铁路机车、非道路移动机械、船舶和航空器等流动污染源排放应税污染物的；

(3)依法设立的城乡污水集中处理场所、生活垃圾集中处理场所排放相应应税污染物，不超过国家和地方规定的排放标准的；

(4)纳税人综合利用的固体废物，符合国家和地方环境保护标准的；

(5)国务院批准免税的其他情形。

第5项免税规定，由国务院报全国人民代表大会常务委员会备案。

【例18-6】下列情形，不予免征环境保护税的是(　　)。

A. 农业种植排放应税污染物的

B. 船舶行驶排放应税污染物的

C. 规模化养殖排放应税污染物的

D. 纳税人综合利用的固体废物，符合国家和地方环境保护标准的

【答案】C

【解析】达到省级人民政府确定的规模标准并且有污染物排放口的畜禽养殖场，应当依法缴纳环境保护税。

二、环境保护税减征规定

纳税人排放应税大气污染物或者水污染物的浓度值低于国家和地方规定的污染物排放标准30%的，减按75%征收环境保护税。

纳税人排放应税大气污染物或者水污染物的浓度值低于国家和地方规定的污染物排放标准50%的，减按50%征收环境保护税。

第六节 征收管理

一、纳税义务发生时间为纳税人排放应税污染物的当日。

二、纳税地点：税人应当向应税污染物排放地的税务机关申报缴纳环境保护税。

三、纳税期限：环境保护税按月计算，按季申报缴纳。不能按固定期限计算缴纳的，可以按次申报缴纳。

纳税人按季申报缴纳的，应当自季度终了之日起15日内，向税务机关办理纳税申报并缴纳税款。纳税人按次申报缴纳的，应当自纳税义务发生之日起15日内，向税务机关办理纳税申报并缴纳税款。

四、申报要求

纳税人申报缴纳时，应当向税务机关报送所排放应税污染物的种类、数量，大气污染物、水污染物的浓度值，以及税务机关根据实际需要要求纳税人报送的其他纳税资料。

五、税务机关与环境保护主管部门职责分工

环境保护税由税务机关依照《中华人民共和国税收征收管理法》和本法的有关规定征收管理。

环境保护主管部门依照本法和有关环境保护法律法规的规定负责对污染物的监测管理。

县级以上地方人民政府应当建立税务机关、环境保护主管部门和其他相关单位分工协作工作机制，加强环境保护税征收管理，保障税款及时足额入库。

环境保护主管部门和税务机关应当建立涉税信息共享平台和工作配合机制。

环境保护主管部门应当进行污染物排放信息纠正，并将排污单位的排污许可、污染物排放数据、环境违法和受行政处罚情况等环境保护相关信息以及涉税信息，定期交送税务机关。

税务机关应当进行纳税人识别、信息比对及涉税信息提交，并将纳税人的纳税申报、税款入库、减免税额、欠缴税款以及风险疑点等环境保护税涉税信息，定期交送环境保护主管部门。

税务机关应当将纳税人的纳税申报数据资料与环境保护主管部门交送的相关数据资料进行比对。

税务机关发现纳税人的纳税申报数据资料异常或者纳税人未按照规定期限办理纳税申报的，可以提请环境保护主管部门进行复核，环境保护主管部门应当自收到税务机关的数据资料之日起15日内向税务机关出具复核意见。税务机关应当按照环境保护主管部门复核的数据资料调整纳税人的应纳税额。

习　题

一、单项选择题

1. 下列情形中应当缴纳环境保护税的是（　　）。

A. 规模化养殖直接排放的应税污染物

B. 航空器排放应税污染物

C. 纳税人综合利用的固体废物，符合环境保护标准

D. 建筑噪声

2. 下列各项中，属于固体废物计算缴纳环境保护税计税依据的是（　　）。

A. 产生量　　B. 污染量　　C. 污染当量　　D. 排放量

3. 甲企业为环境保护税的纳税人，该企业有一个污水排放口，2018年4月排放总铅600千克，污染当量值0.025千克，假设当地公布的环境保护税税额为每污染当量为3.6元。甲企业当月应缴纳环境保护税（　　）元。

A. 84 000　　B. 86 400　　C. 84 600　　D. 85 000

4. 某企业2018年3月向大气直接排放二氧化硫、氟化物各10千克，一氧化碳、氯化氢各100千克，假设大气污染物每污染当量税额按1.3元计算，该企业只有一个排放口。对应污染物的污染当量值（单位：千克）分别为0.95、0.87、16.7、10.75。该企业3月大气污染物应缴纳环境保护税（　　）元。

A. 40.72　　B. 46.99　　C. 42.03　　D. 55.98

二、多项选择题

1. 下列应税污染物以污染当量数为计税依据的有(　　)。

A. 二氧化硫　　B. 水污染物　　C. 一般性粉尘

D. 固体废物　　E. 噪声

2. 下列各项中,属于环境保护税纳税人的有(　　)。

A. 直接向河流排放污水的造纸企业

B. 向废品收购公司处理固体废物的甲公司

C. 未经处理直接排放污水的养鸡场

D. 直接排放大气污染物的化工厂

E. 产生建筑噪声的施工企业

3. 某工业企业只有一个生产场所,昼间生产时产生噪声为70分贝,《工业企业厂界环境噪声排放标准》规定1类功能区昼间的噪声排放限值为55分贝,当月超标天数为12天。下列关于该企业环境保护税的说法正确的有(　　)。

A. 计税依据为产生的噪声值70分贝数

B. 计税依据为噪声排放限值55分贝数

C. 计税依据为噪声的超标值15分贝数

D. 当月累计昼间超标天数不足15天,免税

E. 当月累计昼间超标天数不足15天,可减半纳税

4. 下列关于环境保护税纳税地点的表述中,正确的有(　　).

A. 应税大气污染物的产生地

B. 水污染物排放口所在地

C. 应税固体废物的产生地

D. 应税固体废物的存放地

E. 应税噪声的产生地

第十九章 税务行政救济

★ 本章学习要点

- 税务行政救济
- 税务行政复议
- 税务行政诉讼
- 税务行政赔偿

税务行政救济是指国家机关通过解决税收行政争议,制止和纠正违法或不当的税收行政行为,进而对税收行政相对人的合法权益进行补救的法律制度。税收行政救济是一种事后救济,主要包括税务行政复议、税务行政诉讼和税务行政赔偿三部分。

第一节 税务行政复议

一、税务行政复议的概念

税务行政复议是指纳税人、扣缴义务人、纳税担保人及其他当事人对税务机关的具体行政行为不服,依法向上一级税务机关提出申请,请求上一级税务机关对引起争议的下级机关的行政行为进行审议,并依法做出维持、变更、撤销原行政行为或责令下级税务机关补正、限期履行和重新做出行政行为裁决的一项行政法律制度。

(一)税务行政复议的特点

(1)税务行政复议以税务行政争议为自己的调整对象。也就是说,税务行政复议所需要解决的是税务机关在税收行政执法过程中与纳税人、扣缴义务人及其他涉税当事人之间的税务纠纷,不属于税务纠纷的事项不应纳入税务行政复议的范围。

(2)税务行政复议以当事人不服税务机关的行政行为而提出,申请前如果税务机关并未做出相应行政行为,当事人就不会提出复议要求。如果当事人已经服从行政处理或没有提出复议申请,税务机关也就不需要做出复议处理。

(3)税务行政复议审理权属于原处理机关的上一级税务机关,本级税务复议委员会只负责审理其所属的下一级税务机关同当事人之间发生的税务争议案件,税务机关与当事人之间发生的税务争议案件,其审理权属于上一级税务机关的税务复议委员会。

(二)税务行政复议的原则

税务行政复议的原则是复议机关在解决和处理税务争议案件时,所必须遵守的基本原则。

包括下列内容：

(1)一级复议原则。一级复议原则是指申请人不服原处理机关的具体行政行为，依法向上一级税务机关申请复议，对复议裁决仍不服的，申请人可向人民法院起诉，而不能再逐级向税务机关申请复议。

(2)以事实为依据，以法律为准绳原则。以事实为依据是指税务行政复议机关审理复议案件，必须以查明的事实情况，作为裁决的依据。以法律为准绳是指税务行政复议机关在掌握客观情况基础上，正确运用法律，严格依法办案。

(3)复议机关依法对具体行政行为是否合法和适当进行审查的原则。即税务行政复议机关审理税务争议案件的范围仅限于税务机关的具体行政行为，而复议机关审理税务争议案件的权限不仅包括具体行政行为是否合法进行审查，还可对具体行为是否适当进行审查。

(4)公开、公正原则。税务行政复议机关受理行政复议时，应当公开进行；审理中的文书、证据、资料对双方当事人应当公开；在审理和审查行政复议申请时，必须依法公正进行。

(5)便民原则。税务行政复议要做到方便复议申请人，不使申请人浪费过多人力、财力和物力。

二、税务行政复议的范围

税务行政复议的范围，即税务行政复议的受案范围，它既是公民、法人和其他组织可以申请税务行政复议的范围，也是复议机关有复议审查权的税务行政行为的范围或受理税务行政复议案件的范围。从《行政复议法》及有关税收法律规范的规定看，税务行政复议的范围从可以申请复议和不能申请复议两方面确定。

(一)可以申请复议的事项

按照《行政复议法》及有关税收法律规范的规定，复议机关可以受理申请人对下列税务行政行为不服申请的复议：

(1)征税行为，包括确认纳税主体、征税对象、征税范围、减税、免税、退税、抵扣税款、适用税率、计税依据、纳税环节、纳税期限、纳税地点和税款征收方式等具体行政行为，以及征收税款、加收滞纳金，扣缴义务人、受税务机关委托的单位和个人做出的代扣代缴、代收代缴、代征行为等。

(2)行政许可、行政审批行为。

(3)发票管理行为，包括发售、收缴、代开发票等。

(4)税收保全措施、强制执行措施。

(5)行政处罚行为：罚款；没收财物和违法所得；停止出口退税权。

(6)不依法履行下列职责的行为：颁发税务登记；开具、出具完税凭证、外出经营活动税收管理证明；行政赔偿；行政奖励；其他不依法履行职责的行为。

(7)资格认定行为。

(8)不依法确认纳税担保行为。

(9)政府信息公开工作中的具体行政行为。

(10)纳税信用等级评定行为。

(11)通知出入境管理机关阻止出境行为。

(12)其他具体行政行为。

(二)不能申请复议的事项

(1)不服行政处分及其他人事处理决定。对行政处分不服,根据《行政监察法》《国家公务员法》的规定,可通过内部行政申诉的途径获得救济;对任免、录用、考核、调动等人事处理决定引起的复议,可按《国家公务员法》和 1997 年人事部颁布的《人事争议处理暂行规定》,采用申诉或人事仲裁的方式予以解决。

(2)不服行政机关对民事纠纷做出的调解和其他处理的。对此,可通过仲裁或直接向法院起诉的方式获得解决。

三、税务行政复议的管辖

税务行政复议的管辖是指税务行政复议机关之间受理税务行政复议案件的职权划分,是税务行政复议受案范围的具体化。根据我国税务行政复议规则的规定,我国税务行政复议管辖的基本制度原则上是实行由上一级税务机关管辖的一级复议制度。

具体内容如下:

(1)对各级税务机关做出的具体行政行为不服的,向其上一级税务机关申请行政复议。对计划单列市税务机关的具体行政行为不服的,向国家税务总局申请行政复议。

(2)对国家税务总局做出的具体行政行为不服的,向国家税务总局申请行政复议。对行政复议决定不服的,申请人可以向人民法院提出行政诉讼;也可以向国务院申请裁决,国务院的裁决为最终裁决。应该注意的是,向国务院申请二级复议审理是特殊规定,只适用于纳税人不服,由国家税务总局直接做出的具体税务行政行为的情况。对纳税人不服省级税务机关具体做出的税务行政行为,而向国家税务总局申请复议,并且对总局的复议决定不服的,此种情况,纳税人不能向国务院申请裁决,只能向人民法院起诉,即仍按一级复议原则处理。

(3)对上述规定以外的其他税务具体行政行为不服的,按照下列规定申请行政复议:

①对税务所(分局)、各级税务局的稽查局的税务具体行政行为不服的,向其所属税务局申请行政复议。

②对扣缴义务人做出的扣缴税款行为不服的,向主管该扣缴义务人的税务机关的上一级税务机关申请复议;对受税务机关委托的单位做出的代征税款行为不服的,向委托税务机关的上一级税务机关申请复议。

③对两个以上税务机关以共同的名义做出的具体行政行为不服的,向共同上一级税务机关申请行政复议;对税务机关与其他行政机关以共同的名义做出的具体行政行为不服的,向其共同上一级行政机关申请行政复议。

④对被撤销的税务机关在撤销前所做出的具体行政行为不服的,向继续行使其职权的税务机关的上一级税务机关申请行政复议。

⑤对税务机关做出逾期不缴纳罚款加处罚款的决定不服的,向做出行政处罚决定的税务机关申请行政复议。但是对已处罚款和加处罚款都不服的,一并向作出行政处罚决定的税务机关的上一级税务机关申请行政复议。

为方便纳税人,按《行政复议法》有关规定,在上述情况下,复议申请人也可以向具体行政行为发生地的县级地方人民政府提出行政复议申请,由接受申请的县级地方人民政府依法进行转送。

四、税务行政复议的申请

(一)申请复议的时间

纳税人、扣缴义务人和其他税务当事人同税务机关在纳税上发生争议时,应当先向行政复议机关申请行政复议;对行政复议决定不服的,可以向人民法院提起行政诉讼。申请人申请行政复议的,必须依照税务机关根据法律、法规确定的税额、期限,先行缴纳或者解缴税款和滞纳金,或者提供相应的担保,才可以在缴清税款和滞纳金以后或者所提供的担保得到做出具体行政行为的税务机关确认之日起 60 日内提出行政复议申请。申请人对征税行为以外的其他具体行政行为不服,可以申请行政复议,也可以直接向人民法院提起行政诉讼。因不可抗力或者被申请人设置障碍等原因耽误法定申请期限的,申请期限的计算应当扣除被耽误时间。

(二)申请复议应当符合下列条件

(1)申请人认为具体行政行为直接侵犯了其合法权益;
(2)有明确的被申请人;
(3)有具体的复议请求和事实依据;
(4)属于申请复议范围;
(5)属于复议机关管辖;
(6)在提出复议申请前已经依照国家税务机关根据法律、行政法规确定的税额缴纳或者解缴税款及滞纳金;
(7)复议申请是在法定期限内提出的。

(三)复议申请书应当载明下列内容

(1)申请人的姓名、性别、年龄、职业、住址等(法人或其他组织的名称、地址、法定代表人的姓名);
(2)被申请人的名称;
(3)行政复议请求、申请行政复议的主要事实和理由;
(4)申请人的签名或者盖章
(5)提出复议申请的日期。

(四)纳税人、扣缴义务人、纳税担保人和其他税务争议当事人应当以自己的名义申请复议

有权申请复议的公民死亡的,其近亲属可以申请复议;有权申请复议的公民是无行为能力或限制行为能力人的,其法定代理人可以代理申请复议;有权申请复议的具体行政行为有利害关系的人或者组织,经复议机关批准,可以作为第三人申请参加复议。

五、税务行政复议的审理

税务行政复议机关对受理的案件进行调查、收集证据。运用法律、法规和规章,以查明具

体行政行为是否合法、适当，从而为复议案件的最终裁决做准备的活动。

审理的程序主要包括：

(1)向被申请人发送复议申请书副本。复议机关受理复议申请后，应在受理之日起 7 日内将复议申请书副本送达被申请人。被申请人应当在收到复议申请书副本之日起 10 日内，向复议机关提交做出具体行政行为的有关资料或者证据，并提出答辩书，逾期不答辩的，不影响复议。

(2)审阅复议材料。复议人员要审阅的复议材料包括：

①申请人的复议申请书；

②被申请人做出具体行政行为的书面材料；

③被申请人的答辩书；

④被申请人做出具体行政行为所依据的案情事实和证据事实，适用的法律、法规、规章和其他规范性文件等。复议人员在审阅复议材料的过程中，如果发现上述复议材料有可疑之处，就要对其重新调查、核实，以最后确定具体行政行为是否合法和适当。

(3)确定审理方式。在一般情况下，税务行政复议实行书面审理方式。但是，对于案情重大、案情复杂，或影响较大及复议当事人要求开庭审理的案件，复议机关可以开庭审理。书面审理指的是复议机关对税务争议的双方当事人所提供的各种复议材料进行审查，然后依法做出复议决定的审理方式。书面审理首先要调查取证，然后召开复议委员会会议，集体讨论。在调查取证的基础上，就案件的实际情况写出案件审理报告，复议委员会通过集体研究，讨论提出处理意见，由复议委员会表决通过。

六、税收行政复议的决定

税务复议机关应当在自收到受理复议申请之日起 60 日内做出行政复议决定。情况复杂，不能在规定期限内做出决定的，经行政机关负责人批准，可适当延长，并告知申请人、被申请人，但延长期限最多不超过 30 日。经过审查，按下列规定做出决定：

(1)具体行政行为认定事实清楚，证据确凿，适用依据正确，程序合法，内容适当，决定维持。

(2)被申请人不履行法定职责的，决定其在一定期限内履行。

(3)具体行政行为有下列情形之一的，决定撤销、变更或者确认该具体行政行为违法；决定撤销或确认该具体行政行为违法的，可责令被申请人在一定期限内重新做出具体行政行为：

①主要事实不清、证据不足的；

②适用依据错误的；

③违反法定程序的；

④超越或滥用职权的；

⑤具体行政行为明显不当的。

(4)被申请人不按照规定对申请书副本或申请笔录提出书面答复，不提交当初做出具体行政行为的证据、依据和其他有关材料的，视为该具体行政行为没有证据、依据，决定撤销。

第二节 税务行政诉讼

行政诉讼是人民法院处理行政纠纷、解决行政争议的法律制度，与刑事诉讼、民事诉讼一起，共同构筑起现代国家的诉讼制度。具体来讲，行政诉讼是指公民、法人和其他组织认为行政机关及其工作人员的具体行政行为侵犯其合法权益，依照行政诉讼法向人民法院提起诉讼，由人民法院进行审理并做出裁决的诉讼制度和诉讼活动。《行政诉讼法》颁布实施后，人民法院审理行政案件以及公民、法人和其他组织与行政机关进行行政诉讼进入了一个有法可依的新阶段。税务行政诉讼作为行政诉讼的一个重要组成部分，也必须遵循《行政诉讼法》所确立的基本原则和普遍程序；同时税务行政诉讼又不可避免地具有本部门的特点。

一、税务行政诉讼的概念

税务行政诉讼是指公民、法人和其他组织认为税务机关及其工作人员的具体税务行政行为违法或者不当，侵犯了其合法权益，依法向人民法院提起行政诉讼，由人民法院对具体税务行政行为的合法性进行审查并做出裁决的司法活动。其目的是保证人民法院正确、及时审理税务行政案件，保护纳税人、扣缴义务人等当事人的合法权益，维护和监督税务机关依法行使行政职权。

从税务行政诉讼与税务行政复议及其他行政诉讼活动的比较中可以看出，税务行政诉讼具有以下特殊性：

(1)税务行政诉讼是由人民法院进行审理并做出裁决的一种诉讼活动。这是税务行政诉讼与税务行政复议的根本区别。税务行政复议和税务行政诉讼是解决税务行政争议的两条重要途径。由于税务行政争议范围广、数量多、专业性强，大量税务行政争议由税务机关以税务复议方式解决，只有由人民法院对税务行政案件进行审理并做出裁决的活动，才是税务行政诉讼。

(2)税务行政诉讼以解决税务行政争议为前提，这是税务行政诉讼与其他行政诉讼活动的根本区别，具体体现在：

①被告必须是税务机关，或经法律、法规授权的行使税务行政管理权的组织，而不是其他行政机关或组织。

②税务行政诉讼解决的争议发生在税务行政管理过程中。

③因税款征纳问题发生的争议，当事人在向人民法院提起行政诉讼前，必须先经税务行政复议程序，即复议前置。

二、税务行政诉讼的原则

除共有原则外(如人民法院独立行使审判权，实行合议、回避、公开、辩论、两审、终审等)，税务行政诉讼还必须和其他行政诉讼一样，遵循以下几个特有原则：

(1)人民法院特定主管原则。即人民法院对税务行政案件只有部分管辖权。根据《行政诉讼法》第十一条的规定，人民法院只能受理因具体行政行为引起的税务行政争议案。

(2)合法性审查原则。除审查税务机关是否滥用权力、税务行政处罚是否显失公正外，人民法院只对具体税务行为是否合法予以审查，并不审查具体税务行为的适当性。与此相适应，人民法院原则上不直接判决变更。

(3)不适用调解原则。税收行政管理权是国家权力的重要组成部分,税务机关无权依自己意愿进行处置,因此,人民法院也不能对税务行政诉讼法律关系的双方当事人进行调解。行政赔偿、补偿以及行政机关行使法律、法规规定的自由裁量权的案件,不得调解。

(4)起诉不停止执行原则。即当事人不能以起诉为理由而停止执行税务所作出的具体行政行为,如税收保全措施和税收强制执行措施。

(5)税务机关负举证责任原则。由于税务行政行为是税务机关单方依一定事实和法律作出的,只有税务机关最了解作出该行为的证据。如果税务机关不提供或不能提供证据,就可能败诉。

(6)由税务机关负责赔偿的原则。依据《中华人民共和国国家赔偿法》(以下简称《国家赔偿法》)的有关规定,税务机关及其工作人员因执行职务不当,给当事人造成人身及财产损害,应负担赔偿责任。

三、税务行政诉讼的管辖

税务行政诉讼管辖,是指人民法院受理第一审税务案件的职权分工。《行政诉讼法》第十四条至第二十四条具体地规定了行政诉讼管辖的各类和内容。这对税务行政诉讼当然也是适用的。

具体来讲,税务行政诉讼的管辖分为级别管辖、地域管辖和裁定管辖。

(一)级别管辖

级别管辖是上下级人民法院之间受理第一审税务案件的分工和权限。根据《行政诉讼法》的规定,基层人民法院管辖一般的税务行政诉讼案件;中高级人民法院管辖本辖区内重大、复杂的第一审税务行政诉讼案件;最高人民法院管辖全国范围内重大、复杂的第一审税务行政诉讼案件。

(二)地域管辖

地域管辖是同级人民法院之间受理第一审行政案件的分工和权限,分一般地域管辖和特殊地域管辖两种。

1. 一般地域管辖

指按照最初做出具体行政行为的机关所在地来确定管辖法院。凡是未经复议直接向人民法院提起诉讼的,或者经过复议,复议裁决维持原具体行政行为,当事人不服向人民法院提起诉讼的,根据《行政诉讼法》第十八条的规定,均由最初做出具体行政行为的税务机关所在地人民法院管辖。

2. 特殊地域管辖

指根据特殊行政法律关系或特殊行政法律关系所指的对象来确定管辖法院。税务行政案件的特殊地域管辖主要是指:经过复议的案件,复议机关改变原具体行政行为的,由原告选择最初做出具体行政行为的税务机关所在地的人民法院,或者复议机关所在地人民法院管辖。原告可以向任何一个有管辖权的人民法院起诉,最先收到起诉状的人民法院为第一审法院。

(三)裁定管辖

裁定管辖是指人民法院依法自行裁定的管辖,包括移送管辖、指定管辖及管辖权的转移三种情况。

1.移送管辖

指人民法院将已经受理的案件,移送给有管辖权的人民法院审理。根据《行政诉讼法》第二十二条的规定,移送管辖必须具备三个条件:一是移送人民法院已经受理了该案件;二是移送法院发现自己对该案件没有管辖权;三是接受移送的人民法院必须对该案件确有管辖权。

2.指定管辖

上级人民法院以裁定的方式,指定某下一级人民法院管辖某一案件。根据《行政诉讼法》第二十三条的规定,有管辖权的人民法院因特殊原因不能行使对行政诉讼的管辖权的,由其上级人民法院指定管辖;人民法院对管辖权发生争议,由争议双方协商解决。协商不成的,由他们共同的上级人民法院指定管辖。

3.管辖权的转移

根据《行政诉讼法》第二十四条的规定,上级人民法院有权审理下级人民法院管辖的第一审税务行政案件,也可以将自己管辖的第一审行政案件移交下级人民法院审判;下级人民法院对其管辖的第一审税务行政案件,认为需要由上级人民法院审判的,可以报请上级人民法院决定。

四、税务行政诉讼的受案范围

税务行政诉讼的受案范围,是指人民法院对税务机关的哪些行为拥有司法审查权。换言之,公民、法人或者其他组织对税务机关的哪些行为不服可以向人民法院提起税务行政诉讼。在实际生活中,税务行政争议种类多、涉及面广,不可能也没有必要都诉诸人民法院通过诉讼程序解决。界定税务行政诉讼的受案范围,便于明确人民法院、税务机关及其他国家机关间在解决税务行政争议方面的分工和权限。

税务行政诉讼案件的受案范围除受《行政诉讼法》有关规定的限制外,也受《征管法》及其他相关法律、法规的调整和制约。具体说来,税务行政诉讼的受案范围与税务行政复议的受案范围基本一致,包括:

(1)税务机关做出的征税行为:一是征收税款、加收滞纳金;二是扣缴义务人、受税务机关委托的单位做出代扣代缴、代收代缴行为及代征行为。

(2)税务机关做出的责令纳税人提交纳税保证金或者纳税担保行为。

(3)税务机关做出的行政处罚行为:一是罚款;二是没收违法所得;三是停止出口退税权;四是收缴发票和暂停供应发票。

(4)税务机关做出的通知出境管理机关阻止出境行为。

(5)税务机关做出的税收保全措施:一是书面通知银行或者其他金融机构冻结存款;二是扣押、查封商品、货物或者其他财产。

(6)税务机关做出的税收强制执行措施:一是书面通知银行或者其他金融机构扣缴税款;二是拍卖所扣押、查封的商品、货物或者其他财产抵缴税款。

(7)认为符合法定条件申请税务机关颁发税务登记证和发售发票,税务机关拒绝颁发、发售或者不予答复的行为。

(8)税务机关的复议行为:一是复议机关改变了原具体行政行为;二是期限届满,税务机关不予答复。

五、税务行政诉讼的起诉和受理

(一)税务行政诉讼的起诉

税务行政诉讼起诉,是指公民、法人或者其他组织认为自己的合法权益受到税务机关具体行政行为的侵害,而向人民法院提出诉讼请求,要求人民法院行使审判权,依法予以保护的诉讼行为。起诉,是法律赋予税务行政管理相对人,用以保护其合法权益的权利和手段。在税务行政诉讼等行政诉讼中,起诉权是单向性的权利,税务机关不享有起诉权,只有应诉权,即税务机关只能作为被告;与民事诉讼不同,作为被告的税务机关不能反诉。

纳税人、扣缴义务人等税务管理相对人在提起税务行政诉讼时,必须符合下列条件:

(1)原告是认为具体税务行为侵犯其合法权益的公民、法人或者其他组织。

(2)有明确的被告。

(3)有具体的诉讼请求和事实、法律根据。

(4)属于人民法院的受案范围和受诉人民法院管辖。

此外,提起税务行政诉讼,还必须符合法定的期限和必经的程序。根据《征管法》第八十八条及其他相关规定,对税务机关的征税行为提起诉讼,必须先经过复议;对复议决定不服的,可以在接到复议决定书之日起 15 日内向人民法院起诉。对其他具体行政行为不服的,当事人可以在接到通知或者知道之日起 15 日内直接向人民法院起诉。

税务机关做出具体行政行为时,未告知当事人诉权和起诉期限,致使当事人逾期向人民法院起诉的,其起诉期限从当事人实际知道诉权或者起诉期限时计算。但最长不得超过 2 年。

(二)税务行政诉讼的受理

原告起诉,经人民法院审查,认为符合起诉条件并立案审理的行为,称为受理。对当事人的起诉,人民法院一般从以下几方面进行审查并做出是否受理的决定:一是审查是否属于法定的诉讼受案范围;二是审查是否具备法定的起诉条件;三是审查是否已经受理或者正在受理;四是审查是否有管辖权;五是审查是否符合法定的期限;六是审查是否经过必经复议程序。

根据法律规定,人民法院接到诉状,经过审查,应当在 7 日内立案或者做出裁定不予受理。原告对不予受理的裁定不服的,可以提起上诉。

六、税务行政诉讼的审理和判决

(一)税务行政诉讼的审理

人民法院审理行政案件实行合议、回避、公开审判和两审终审的审判制度。审理的核心是审查被诉具体行政行为是否合法,即做出该行为的税务机关是否依法享有该税务行政管理权;该行为是否依据一定的事实和法律做出;税务机关做出该行为是否遵照必备的程序等。

人民法院审查具体行政行为是否合法，依据法律、行政法规和地方性法规、民族自治地方的自治条例和单行条例等法律法规；参照部门规章和地方性规章。

(二)税务行政诉讼的判决

人民法院对受理的税务行政案件，经过调查、收集证据、开庭审理之后，分别做出如下判决：

1. 维持判决

适用于具体行政行为证据确凿，适用法律、法规正确，符合法定程序的案件。

2. 撤销判决

被诉的具体行政行为主要证据不足，适用法律、法规错误，违反法定程序，或者超越职权、滥用职权，人民法院应判决撤销或部分撤销，同时可判决税务机关重新做出具体行政行为。

3. 履行判决

税务机关不履行或拖延履行法定职责的，判决其在一定期限内履行。

4. 变更判决

税务行政处罚显失公正的，可以判决变更。

对一审人民法院的判决不服，当事人可以上诉。对发生法律效力的判决，当事人必须执行，否则人民法院有权依对方当事人的申请予以强制执行。

第三节　税务行政赔偿

一、税务行政赔偿概述

税务机关作为履行国家赔偿义务的机关，对本机关及其工作人员职务违法行为给纳税人和其他税务当事人的合法权益造成侵害，代表国家予以赔偿的制度。

(一)税务行政赔偿的概念

税务行政赔偿，是指税务机关及其工作人员在行使职权过程中，因其行为违法而侵犯纳税人、扣缴义务人及其他当事人的合法权益并造成损害，由税务机关依法给予赔偿的一项法律责任。

(二)税务行政赔偿的性质

税务行政赔偿是对纳税人、扣缴义务人或者其他当事人因税务行政违法侵权所受的损害给予救济的一种手段，在性质上属于国家赔偿，赔偿责任由国家整体负担。当事人向税务行政赔偿义务机关请求赔偿，其实质是通过税务行政赔偿义务机关向国家请求赔偿。因此，税务行政赔偿费用来自国家财政的专项拨款，原则上不影响税务行政赔偿义务机关从事其他法定活动的预算经费及其合法拥有的自有资金，而且税务行政赔偿以国家所有的全部资产作为保障，并不以税务行政赔偿义务机关有权支配的财产为限，税务行政赔偿义务机关不得以行政赔偿费用超出本部门的能力为由拒绝或者拖延履行行政赔偿义务。

税务行政赔偿是一种国家赔偿,意味着税务人员违法行政导致侵权损害的责任由国家承担,税务人员不因违法行使职权造成损害而对受害人负个人责任,即使税务人员有故意或者重大过失也不例外。因此,对于税务人员违法行使行政职权造成的损害,在任何情况下受害人都不能向税务人员个人请求赔偿。也就是说,税务行政赔偿的性质决定了税务人员个人不能成为赔偿的被请求人或者被告。同时,对于税务违法行政造成的损害,受害人也不能针对侵权机关和个人提出民事赔偿诉讼,对于这类损害,受害人只能通过请求行政赔偿的方式得到救济。

(三)税务行政赔偿构成要件

(1)税务机关或者其工作人员的职务违法行为。这是构成税务行政赔偿责任的核心要件,也是税务行政赔偿责任存在的前提。如果税务机关及其工作人员合法行使职权,对纳税人和其他税务当事人合法权益造成损害的,可以给予税务行政补偿,而不存在赔偿问题。

(2)存在对纳税人和其他税务当事人合法权益造成损害的事实。这是构成税务行政赔偿责任的必备要件。如果税务机关及其工作人员违法行使职权没有侵犯纳税人和其他税务当事人合法权益,或者侵犯的是非法利益,均不发生税务行政赔偿。这里的损害事实指的是实际发生的损害,对尚未发生的损害,税务机关没有赔偿义务。

(3)税务机关及其工作人员的职务违法行为与现实发生的损害事实存在因果关系。如果税务机关及其工作人员在行使职务时虽有违法行为,纳税人和其他税务当事人合法权益也受到损害了,但是这种损害却不是税务机关及其工作人员的职务违法行为引起的,税务机关没有赔偿义务。

(四)税务行政赔偿请求人

受侵害的法人或者其他组织终止,承受其权利的法人或者其他组织有权要求赔偿。受损害的公民死亡,其继承人和其他有抚养关系的亲属有权要求赔偿。受损害的法人或者其他组织终止,承受其权利的法人或者其他组织有权要求赔偿。

(五)税务行政赔偿义务机关

税务机关及其工作人员行使行政职权侵犯公民、法人和其他组织的合法权益造成损害的,该税务机关为赔偿义务机关。

两个以上税务机关或税务机关与其他行政机关共同行使行政职权时侵犯公民、法人和其他组织的合法权益造成损害的,共同行使行政职权的行政机关为共同赔偿义务机关。

受税务机关委托的组织或个人在行使受委托的行政权力时侵犯公民、法人和其他组织的合法权益造成损害的,委托的税务机关为赔偿义务机关。

税务机关被撤销的,继续行使其职权的税务机关为赔偿义务机关;没有继续行使其职权的税务机关的,撤销该税务机关的税务机关为赔偿义务机关。

经复议机关复议的,最初造成侵权行为的税务机关为赔偿义务机关,但复议机关的复议决定加重损害的,复议机关对加重的部分履行赔偿义务。

(六)税务行政赔偿请求时效

税务行政赔偿请求人请求赔偿的时效为 2 年,自税务机关及其工作人员行使职权时的行为被依法确认为违法之日起计算。如果税务行政赔偿请求人在赔偿请求时效的最后6个月内,因不可抗力或者其他障碍不能行使请求权的,时效中止。从时效中止的原因消除之日起,赔偿请求时效期间继续计算。

二、税务行政赔偿的范围

(1)税务机关及其工作人员在行使行政职权时有下列侵犯纳税人或者其他税务当事人合法财产权情形之一的,纳税人或者其他税务当事人有权请求赔偿。

①违法实施罚款、责令停产停业、没收财物等行政处罚的;

②违法对财产采取查封、扣押、冻结等行政强制措施的;

③违反国家规定征收税款的;

④造成财产损害的其他违法行为。

(2)税务机关及其工作人员在行使行政职权时有下列侵犯纳税人或者其他税务当事人人身权情形之一的,纳税人或者其他税务当事人有权请求赔偿。

①税务机关及其他工作人员非法拘禁纳税人和其他税务当事人或者以其他方式剥夺纳税人和其他税务当事人人身自由的;

②税务机关及其他工作人员以殴打等暴力行为或唆使他人以殴打等暴力行为造成纳税人和其他税务人身体伤害或者死亡的;

③造成纳税人和其他税务人身体伤害或者死亡的税务机关及其他工作人员的其他违法行为。

(3)属于下列情形之一的,国家不承担赔偿责任:

①税务机关工作人员与行使职权无关的个人行为;

②因纳税人或者其他税务当事人自己的行为致使损害发生的;

③法律规定的其他情形。

三、税务行政赔偿程序

(1)赔偿义务机关对依法确认有《国家赔偿法》第三条、第四条规定的情形之一的,应当给予赔偿。

赔偿请求人要求赔偿应当先向赔偿义务机关提出,也可以在申请行政复议和提起行政诉讼时一并提出。

(2)赔偿请求人可以向共同赔偿义务机关中的任何一个赔偿义务机关要求赔偿,该赔偿义务机关应当先予赔偿。

(3)要求赔偿应当递交申请书,申请书应当载明下列事项:

①受害人的姓名、性别、年龄、工作单位和住所,法人或者其他组织的名称、住所和法定代表人或者主要负责人的姓名、职务;

②具体的要求、事实根据和理由;

③申请的年、月、日。

赔偿请求人书写申请书确有困难的,可以委托他人代书;也可以口头申请,由赔偿义务机关记入笔录。

(4)赔偿义务机关应当自收到申请之日起两个月内依照《国家赔偿法》第四章的规定给予

赔偿；逾期不予赔偿或者赔偿请求人对赔偿数额有异议的，赔偿请求人可以自期间届满之日起3个月内向人民法院提起诉讼。

（5）赔偿义务机关赔偿损失后，应当责令有故意或者重大过失的工作人员或者受委托的组织或者个人承担部分或者全部赔偿费用。

对有故意或者重大过失的责任人员，有关机关应当依法给予行政处分；构成犯罪的，应当依法追究刑事责任。

四、税务行政赔偿方式

（一）对侵害人身权的赔偿

（1）侵犯公民人身自由的，每日赔偿金按照国家上年度职工日平均工资计算。

（2）造成公民身体伤害的应当支付医疗费以及赔偿因误工减少的收入。减少的收入每日赔偿金按照国家上年度职工日平均工资计算，最高限额为国家上年度职工平均工资的5倍。

（3）造成部分或全部丧失劳动能力的，应当支付医疗费以及残疾赔偿金，最高限额为国家上年度职工平均工资的10倍，全部丧失劳动能力的为国家上年度职工平均工资的20倍。造成全部丧失劳动能力的对其抚养的无劳动能力的人，还应当支付生活费。

（4）造成死亡的，应当支付丧葬费以及死亡赔偿金，最高限额为国家上年度职工平均工资的20倍，对死者生前抚养的无劳动能力的人，还应当支付生活费。

（二）对侵害财产权的赔偿

（1）违法实施罚款、没收财产或者违反国家规定征收税款的，返还财产。

（2）违法实施查封、扣押、冻结财产的，解除对财产的查封、扣押、冻结，造成财产损坏的，能够恢复原状的恢复原状，不能恢复原状的，按照损害程度给付相应的赔偿金；造成财产灭失的，给付相应的赔偿金。

（3）财产已经拍卖的，给付拍卖所得的价款。

（4）责令停产停业的，赔偿停产停业期间必要的经常性费用开支。

（5）对财产权造成其他损害的，按照直接损失给予赔偿。

习　题

一、单项选择题

1. 下列各项中，(　　)是违反《行政处罚法》规定的。

A. 全国人民代表大会及其常务委员会可以通过法律的性质设定各种税务行政处罚

B. 国务院可以通过行政法规的形式设定除限制人身自由以外的税务行政处罚

C. 国家税务总局可以通过规章的形式设定警告和罚款

D. 国家各级税务部门可以规章的形式设定罚款

2. 税务机关对当事人作出罚款行政处罚决定的，当事人缴纳罚款的期限是在收到行政处罚决定书之日起(　　)日内。

A. 10　　B. 15　　C. 30　　D. 45

3. 纳税人违反税收法律、行政法规规定，在(　　)年内未被发现的，不再给予行政处罚。

A. 2　　B. 3　　C. 5　　D. 10

4. 偷税数额不满1万元或偷税数额占应纳税额不到(　　)的，处以偷税数额5倍以下罚款。

A. 10%　　B. 20%　　C. 30%　　D. 50%

5. 根据我国《国家赔偿法》的规定，税务行政赔偿请求人请求赔偿的时效为(　　)。

A. 3个月　　B. 6个月　　C. 1年　　D. 2年

6.《国家赔偿法》在侵害人身权的赔偿标准中规定，造成全部丧失劳动能力的，应当支付医疗费以及残疾赔偿金，全部丧失劳动能力的为国家上年度职工平均工资的(　　)倍。

A. 5　　B. 10　　C. 20　　D. 30

二、多项选择题

1. 税务行政处罚的类型有(　　)。

A. 罚款　　B. 没收非法所得　　C. 停止出口退税权　　D. 注销税务登记

2. 税务行政复议的受案范围包括(　　)。

A. 税务机关作出的征税行为

B. 税务机关作出的税务行政处罚行为

C. 税务机关不予依法办理或答复的行为

D. 税务机关作出的取消增值税一般纳税人资格的行为

3. 税务行政诉讼的受案范围包括(　　)。

A. 税务机关作出的罚款行为

B. 税务机关作出的复议行为

C. 税务机关作出的税收保全措施

D. 税务机关作出的税收强制执行措施

4. 人民法院对受理的税务行政案件，经过调查、收集证据、开庭审理之后，分别作出如下(　　)判决。

A. 维持　　B. 撤销　　C. 履行　　D. 变更

5. 下列情况下，税务机关不承担赔偿责任的有(　　)。

A. 行政机关工作人员与行使职权无关的行为

B. 行政机关工作人员对当事人违法实施罚款、没收非法所得等行政处罚

C. 因纳税人和其他税务当事人自己的行为致使损害发生

D. 税务工作人员非法征收税款和滞纳金

6. 税务行政赔偿方式为(　　)。

A. 支付赔偿金　　B. 退还税款　　C. 恢复原状　　D. 返还财产

三、判断题

1. 企事业单位采用欺骗手段假报出口，骗取国家出口退税款数额1万元以上的，处以骗取的退税款额5倍以下的罚款，并对负有直接责任的主管人员和其他直接责任人员，处3年以下

有期徒刑或拘役。(　　)

2.纳税人向税务人员行贿,不缴或少缴应纳税款的,按行贿罪追究刑事责任,并处不缴或少缴税款5倍以下罚款。(　　)

3.税务行政处罚听证的范围是对公民做出2 000元以上,或者对法人或者其他组织1万元以上罚款的案件。(　　)

4.纳税人对税务机关做出的具体行政行为不服的,可以申请行政复议,也可以直接向人民法院提起诉讼。(　　)

5.税务行政诉讼不适用调解,而税务行政赔偿诉讼可以进行调解。(　　)

6.税务机关工作人员行使与职权无关的个人行为,造成纳税人和其他税务人身体伤害或者死亡的税务机关及其他工作人员的其他违法行为时,国家不承担赔偿责任。(　　)